思维型教学理论引领下的学科教学实践

中学生物学

—————— 编委会 ——————

总主编　胡卫平

编　著　朱家华　崔　鸿

编　委（以姓氏笔画为序）

朱家华　吴开其　邹传龙　崔　鸿　温馨扬

陕西师范大学出版总社　西安

图书代号　　JY24N0702

图书在版编目（CIP）数据

思维型教学理论引领下的学科教学实践．中学生物学 ∕ 胡卫平总主编；朱家华，崔鸿编著．— 西安：陕西师范大学出版总社有限公司，2024.6

ISBN 978-7-5695-4385-8

Ⅰ．①思⋯　Ⅱ．①胡⋯　②朱⋯　③崔⋯　Ⅲ．①生物课－中学－教学研究　Ⅳ．① G633

中国国家版本馆 CIP 数据核字（2024）第 091999 号

思维型教学理论引领下的学科教学实践　中学生物学

SIWEIXING JIAOXUE LILUN YINLING XIA DE XUEKE JIAOXUE SHIJIAN ZHONGXUE SHENGWUXUE

胡卫平　总主编

朱家华　崔　鸿　编著

出 版 人	刘东风
出版统筹	杨　沁
责任编辑	王　婉
责任校对	张慧君　温彬丽
封面设计	李梦瑶
出版发行	陕西师范大学出版总社有限公司
	（西安市长安南路 199 号　　邮编　710062）
网　　址	http://www.snupg.com
印　　刷	陕西信亚印务有限公司
开　　本	720 mm×1020 mm　　1/16
印　　张	22.5
字　　数	270 千
版　　次	2024 年 6 月第 1 版
印　　次	2024 年 6 月第 1 次印刷
书　　号	ISBN 978-7-5695-4385-8
定　　价	80.00 元

读者使用时若发现印装质量问题，请与本社联系、调换。
电话:（029）85308697

序　言

　　21世纪培养的学生应该具备哪些核心知识、关键能力和必备品格，才能适应社会需要，推动社会健康发展，成为国际组织和世界各国共同面对的课题，基于核心素养推进基础教育课程改革成为国际趋势。党的十八大报告指出："坚持教育为社会主义现代化建设服务、为人民服务，把立德树人作为教育的根本任务，培养德智体美全面发展的社会主义建设者和接班人。"党的二十大报告明确提出："育人的根本在于立德。全面贯彻党的教育方针，落实立德树人根本任务，培养德智体美劳全面发展的社会主义建设者和接班人。坚持以人民为中心发展教育，加快建设高质量教育体系，发展素质教育，促进教育公平。"核心素养是落实立德树人根本任务的重要抓手，是衡量教育质量的关键指标，为学校的育人画像，为教师的教学架桥，为学生的发展导航。发展学生的核心素养，已经得到国内外专家的广泛认同，也是我国新一轮基础教育课程改革的重要特征。

　　教学是发展学生核心素养的重要途径。那么，教学的本质是什么？这是我们需要回答的问题。30多年来，我们从四个方面对其进行了系统的研究：一是系统总结了教学思想的研究成果；二是全面概括了学习研究的最新进展；三是深入分析了核心素养的形成机制；四是利用脑科学、行为学、教育实验等方法系统研究教学方式对学生发展的影响。在此基础上，提出了"核心素养的核心是思维""教学的本质是思维"等观点，建构了以核心素养发展为目标、思维型教学理论为依据、教学实践和活动课程为核心，以综合评价为引领，以教师专业发展为支撑的教学、课程、评价与教师发展的思维型教学体系，系统回答了培养什么人、怎样培养人、谁来培养人和培养效果如何评价等问题。研究成果获得了 3 项国家级基础教育教学成果奖、1 项国家级高等教育教学成果二等奖、2 项山西省社会科学研究优秀成果一等奖和 1 项陕西省科学技术二等奖，应用于《义务教育科学课程标准（2022 年版）》、教育部"国培计划"、国务院教育体制改革项目、国家义务教育质量监测等方面，推广到 20 多个省份的 5 000 余所学校，受益学生 500 余万，大幅提升了学生的核心素养、教师的专业素质、学校的办学水平以及区域的教育质量。建立了辽宁省、湖南省、重庆市、深圳市、武汉市和西安市等思维型探究实践基地。成果还被美国、俄罗斯等国家的部分学校使用，产生了广泛影响。

近年来，我们系统地总结思维型教学在各个领域的应用成果，陆续出版了系列专著和丛书。如在教师专业能力发展领域，出版了"思维型教学理论引领下的教师专业能力实训"丛书；在教学实践方面，出版了《思维型教学理论操作指南》；在课程建设方面，出版了《学思维活动课程》；在评价领域，开发了思维型教学引领下的学生核心素养、教师专业能力、学校创新指数等评价标准和工具；在科学教育方面，出版了"思维型教学理论引领下的科学教育研究"丛书；在区域和学校实践方面，出版了"思维型教学的实践探索"丛书。

为了便于教师更好地将思维型教学理论应用于学科教学，我们团队策划了"思维型教学理论引领下的学科教学实践"丛书。在丛书出版之际，感谢现代教学技术教育部重点实验室的大力支持，感谢团队成员的共同努力，感谢陕西师范大学出版总社领导的精心组织和编辑的认真工作。基于思维型教学理论进行教学设计是一项复杂的工作，由于水平所限，本丛书在理论与实践方面还有许多不足之处，恳请广大读者批评指正。

现代教学技术教育部重点实验室

2024 年 4 月

前　言

　　课堂教学中，教师和学生的核心活动是思维。[1]一节课精彩与否，其关键不在于教师和学生进行了多少次频繁的交流互动，也不在于教师组织了多少个热热闹闹的活动，更不在于教师在课堂中紧锣密鼓地呈现了多少知识内容——这些环节并非不重要，而更重要的是要透过这些课堂环节，关注学生的思维是否得到了真切的发展，关注教师能否有效地引导学生使用多侧面、多形态、多水平、多联系的思维结构，去学习知识、建构概念、解决问题。

　　习近平总书记强调，要在教育"双减"中做好科学教育加法，激发青少年好奇心、想象力、探求欲，培育具备科学家潜质、愿意献身科学研究事业的青少年群体。中学生物学是自然科学中的一门基础学科，是科学教育的重要领域，学习生物学有利于学生养成科学思维的习惯，形成积极的科学态度，学会学习，提升科学素养，对学生的健康生活、终身发展具有重要意义。在中学生物学课堂上，做好科学教育的加法，也应把"加法"做到学生思维的培养上，要在课堂上进行思维型教学，充分发展学生的思维。

　　思维型课堂教学理论以聚焦思维结构的智力理论为基础，着眼于课堂教学中的思维活动，意在提高课堂的教学质量。伴随《义务教育课程方案

----

[1]林崇德、胡卫平：《思维型课堂教学的理论与实践》，《北京师范大学学报（社会科学版）》2010年第1期。

（2022 年版）》和各学科义务教育课程标准（2022 年版）的颁布，基础教育从过去的"三维目标"全面迈入了"核心素养"时代。中学生物学课程要培养的学生核心素养，包括生命观念、科学思维、探究实践、态度责任等方面——这是中学生物学课程育人价值的集中体现。为什么在课堂上要如此重视思维的培养呢？首先，作为核心素养的重要方面，科学思维与其他素养的发展息息相关。谭永平老师指出，科学思维是核心素养"能力"因素的核心部分，既是建立生命观念、开展探究实践、形成科学态度、担当社会责任的基本思维工具，又在探究实践和社会担当中磨砺。其次，在当前的教学中，许多教师虽然能够关注到学生思维培养的重要性，却很少能提出系统的教学方案，通过思维型教学，进而对学生的学业表现、自我效能、学习动机、人格塑造产生积极的影响。

为此，在陕西师范大学胡卫平教授的引领下，我们基于胡卫平教授团队的"思维型教学理论"，结合当前初中、高中生物学教学的实际，策划编写了本书。本书编写的初衷，即围绕着如何指引中学生物学教师更好地立足核心素养的教学要求，从思维型教学设计与实践的方方面面入手，以理论为引领、以案例为示范，开展中学生物学思维型教学的实践。

本书共分上、中、下三篇。上篇为理论部分，概述了思维型教学的基本理论，阐述了思维型教学理论引领下的中学生物学教学设计的基本过程。中篇、下篇均以大概念为引领，通过案例的形式，分别呈现了初中、高中思维型教学的若干教学实践案例。为了保证案例的代表性，这些案例大都取材于不同的重要概念，且尽可能在初中、高中不同学段中选取了有衔接性的学习内容，以彰显学习进阶。每个案例在呈现中，均以单元教学的思路，介绍了对应重要概念教学的整体思路，梳理了概念进阶的水平层次，提供了大单元教学设计，并具体展示了课时设计部分案例，案例最后进行了点评。

本书在编写中，充分考虑了中学生物学教师思维型教学的现实需求，一方面，坚持立足课程标准，贯彻落实课程标准的课程宗旨、课程理念、内容和教学要求；另一方面，充分吸纳一线教育先进经验和成果，尤其注意案例的遴选和更新；再一方面，尽可能还原原汁原味的教学现场，确保案例的丰富度和启发性，要求选材要真实、鲜活，具有启发性和引导性，以便唤起读者共鸣，从而让教学理论更好地与教学实践接轨。

任何一门课程的教学都是一个极其复杂开放的系统。近年来，关于中学生物学课程教学的新理论、新观点不断涌现，概念教学、学习进阶、跨学科实践、"教—学—评"一致性、单元教学……尽管本书在编写中，多次改弦更张、屡次调整思路，但书中呈现的内容系统仍然具有局限性。然而，本书从打磨框架直至勘定章节诸文，始终秉持"融通理论、深化实践"的目的，力争通过案例，真正让使用本书的中学生物学教师能以思维型教学的理念开展教学实践。本书面向的读者群体包括就读中学生物学教育专业的大学生、研究生，从事中学生物学教育的教师、教研员等。"他山之石，可以攻玉"，希冀本书的观点、理论和案例能够给广大读者带来启发和思考。

本书写作历时一年时间，组建了中学一线教师、教研员和高校相关专业人员为主体的编写团队。团队分工如下：本书由崔鸿（华中师范大学教授）勘定章节布局，组建编写团队；上篇由朱家华（临沂大学副教授、人民教育出版社博士后）、温馨扬（华中师范大学在读博士）执笔撰写；中篇由邹传龙（华中师范大学在读博士、青岛市教育科学研究院初中生物教研员）执笔撰写；下篇由吴开其（华中师范大学在读博士、四川省泸县第二中学）执笔撰写。崔鸿、朱家华进行了案例的完善与点评，并对全书进行了统稿、审定。

此外，李雪（陕西师范大学在读博士）、张娜（德州市第十中学）、蔡燕卿（惠州市第一中学）、张译匀（曲靖市第二小学）、潘羿丽（成都西北中学）、夏玖艳（长沙市第十一中学）、陈雪怡（杭州第四中学）、郭婵影（邯郸市第十二中学）、宋帆（成都市升庵中学）、冯雪琴（中国科学院深圳理工大学附属实验高级中学）、魏诗琴（武汉市光谷第二高级中学）、张晋（四川省泸县第二中学）、刘俞含（山西大学附属中学晋中学校）等老师参与了本书案例的修改和内容审读；华中师范大学在读研究生陆艺、廖玮宁、杨乐、蒋雪、张岚欣、黄今、陈馨瑜、高璐璐、裴南琪、程奥、王玉玲、贺映玮、李欣慧、缪梓欣、杜欣桐、彭钰、赵盼，河北师范大学在读研究生董佳莹参与了本书案例的搜集。以上参与人员均为本书付出了大量心血，谨此表示诚挚的感谢!

感谢陕西师范大学出版总社的领导和编辑,以严肃负责的学术态度,于字里行间进行了认真、细致的修缮勘定。尽管本书几易其稿、反复打磨,但由于时间仓促,个别内容难以考证,对于书中可能存在的引证漏标之处,向相关作者致以诚挚的歉意!此外,本书还得到了诸多专家、社会各界人士的关心和指导,谨致谢忱。

最后,因编者学识有限,书中难免挂一漏万,欢迎各位读者批评指正!

编著者　谨识

2024 年 4 月

目　录

下 篇 ▷ 高中教学设计案例与分析

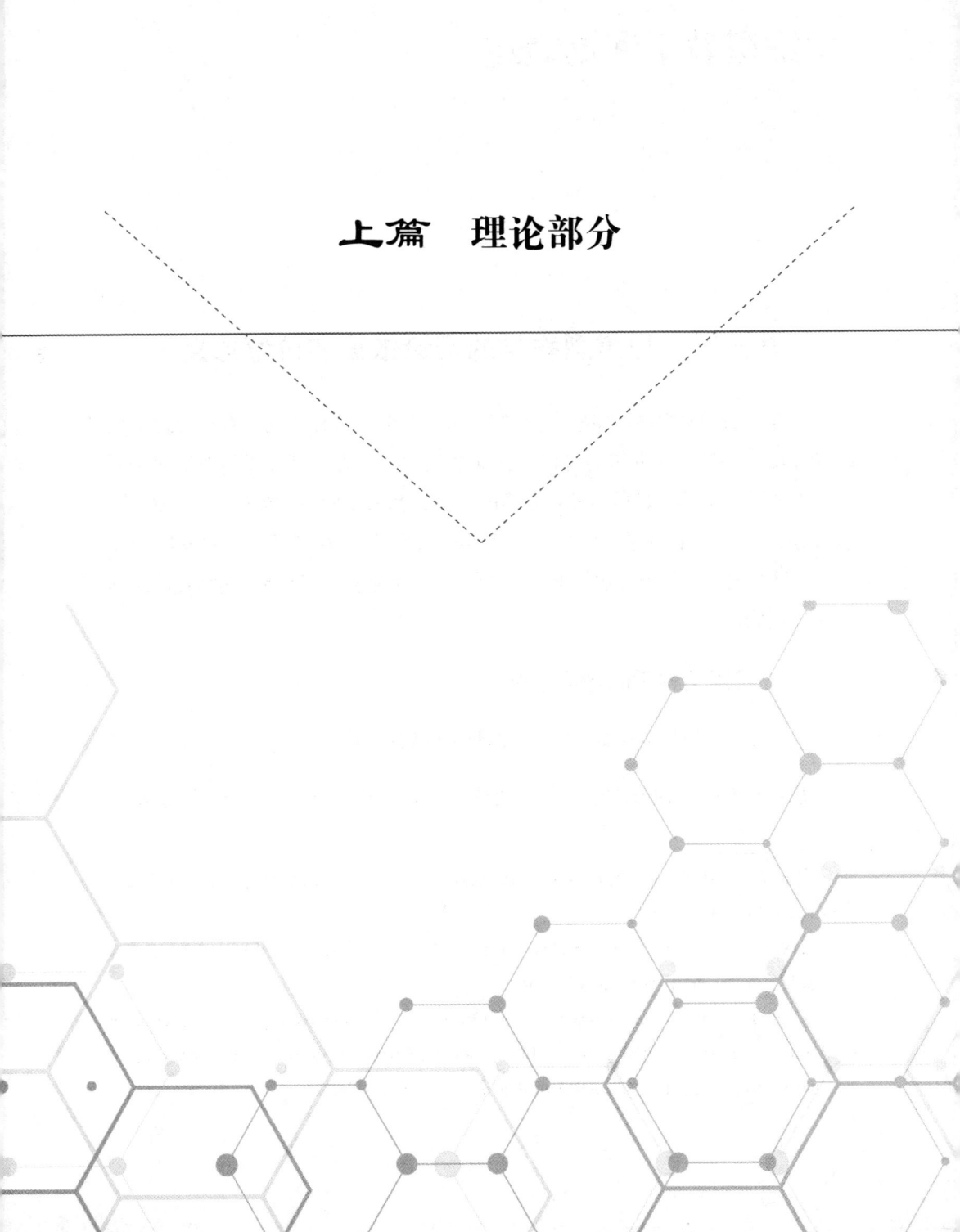

上篇　理论部分

第一章
思维型教学理论概述

第一节 思维型教学的理论依据和价值意义

教学过程是教师和学生共同参与的活动，是教师有计划、有目的地创设教学环境、促进学生发展的过程。在这个过程中，无论是教师的教学活动还是学生的学习活动，其核心都是思维的活动，都需要依靠积极的思维投入。[①] 思维是衔接不同维度素养的核心，多维素养的发展需要以思维的发展为基础。[②] 只有学生形成了科学的思维，才能将科学观念和实践能力相结合以达到解决问题的目的。[③]

一、思维型教学的理论依据

（一）林崇德思维的心理结构模型理论

思维活动作为课堂教学中师生的核心活动，其构成要素及影响因素直接

[①] 林崇德、胡卫平：《思维型课堂教学的理论与实践》，《北京师范大学学报（社会科学版）》2010年第1期。

[②] 胡卫平、郭习佩、季鑫、严国红、张晓：《思维型科学探究教学的理论建构》，《课程·教材·教法》2021年第41卷第6期。

[③] van der Graaf J, van de Sande E, Gijsel M, et al, "A Combined Approach to Strengthen Children's Scientific Thinking, Direct Instruction on Scientific Reasoning and Training of Teacher's Verbal Support," *International Journal of Science Education*, no.9（2019）：1119-1138.

决定着课堂教学的思想和方法。正确认识思维的结构，是实现有效课堂教学的前提。经过 30 多年的理论研究和实践研究，林崇德教授提出了聚焦思维结构的智力理论，其核心是思维的心理结构模型（如图 1-1）。[1]

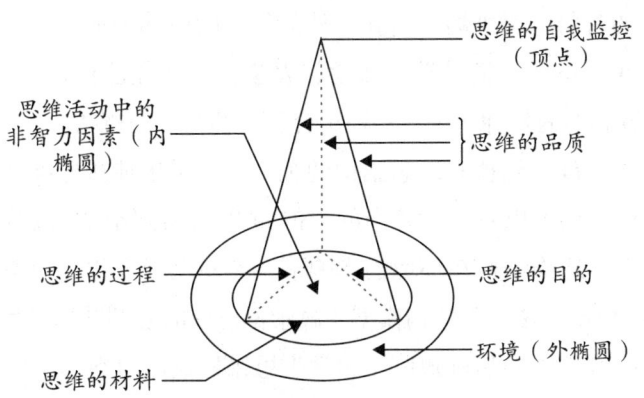

图 1-1　林崇德思维的心理结构模型

思维结构是一个多侧面、多形态、多水平、多联系的结构，主要包括思维的自我监控、思维活动中的非智力因素、思维的品质、思维的目的、思维的过程和思维的材料。

1. 思维的自我监控。它是整个思维结构的统领者。思维的自我监控可以确定思维的目的；管理和控制非智力因素，有效地保护积极的非智力因素，努力将消极的非智力因素转化成积极的非智力因素；搜索和选择恰当的思维材料；搜索和选择恰当的思维策略；实施并监督思维的过程；评价思维的结果，检查当前的思维结果是否与既定的目的一致，如果不一致，对前五种功能作必要的调整和修正。如此循环往复，直到实现既定的目的为止。

2. 思维的非智力因素。它是指不直接参与认知过程，但对认知过程起直接作用的心理因素，主要包括情感因素、意志因素、个性意识倾向性、气质和性格等。

3. 思维的品质。思维的品质是思维结果的评价依据。思维的品质中最重要的五种形式是深刻性、灵活性、独创性、批判性和敏捷性。

4. 思维的目的。思维的目的就是思维活动的方向和预期的结果。思维的

---

[1] LIN C, LI T, "Multiple intelligence and the structure of thinking," *Theory and Psychology*, no.13（2003）：829-845.

目的的发展变化，主要表现于定向、适应、决策、图式和预见等五个指标。

5. 思维的过程。思维的过程可以归结为这样强调智力活动的框架：确定目标→接受信息→加工编码→概括抽象→操作运用→获得成功。

6. 思维的材料。思维的材料就是外部信息的内部表征，主要包括两种类型：一是感性材料，包括感觉、知觉、表象；二是理性材料，主要指概念，即用语言对数和形的各种状态、各种组合和各种特征的概括。

思维结构是静态结构和动态结构的统一。如果单纯从思维结构的具体成分来看，思维结构可以看成是静态的；但如果从思维结构的成分的内在关系和联系上来看，思维结构在环境的影响下，不断发展变化。动态性是思维结构的精髓。[①]根据三棱思维结构模型（林崇德思维的心理结构模型），教师可在教学活动中将具体的学科知识作为学生思维发展的材料，努力营造良好的教学环境，将内涵于学科知识中的思维结构展示给学生，促进学生思维能力的提升、思维品质的养成。此外，教师应该充分考虑到思维自我监控的作用，引导学生反思并优化自身的思维活动。

胡卫平教授提出的思维型教学理论的主要理论基础就是林崇德教授提出的思维的心理结构模型理论。

（二）皮亚杰的认知发展理论阶段

皮亚杰是个体建构主义认知理论的先驱。他认为认知发展是个体自出生之后，通过参与各种活动所培养出的对事物的认知及面对问题情境时的思维方式与能力表现。这种思维方式与能力会随着年龄增长而改变。他将个体的认知发展分成了四个阶段，即感知运动阶段（0~2 岁）、前运算阶段（2~7 岁）、具体运算阶段（7~11 岁）和形式运算阶段（11 岁以后）。皮亚杰认为个体认知发展的过程中，都会依次经历四个阶段，但经历每个阶段的年龄、时间长短等方面存在个体差异。近年来，新皮亚杰主义学派进一步对皮亚杰的认知发展阶段理论进行了完善和发展。新皮亚杰主义学派的研究发现，许多重要的认知能力在儿童十分年幼时就已存在，并提出了承认思维发展的模式，认为形式运算阶段并非是认知与思维发展的最后阶段。新皮亚杰主义学派还进

---

①林崇德：《多元智力与思维结构——兼质疑加登纳的多元智力》，《心理发展与教育》2005 年第 21 卷第 z1 期。

一步提出了对儿童心理进行整体研究的观点，虽然儿童认知发展的几个阶段及顺序不可改变，但通过正确的教育和技术环境的支持，有可能大大缩短认知发展阶段的时间。思维型教学关注学生的认知发展水平，认为教学可以促进学生认知发展水平的提升，其核心就是更加关注学生思维的发展，通过教学提高学生的认知水平和解决问题的能力。

（三）维果茨基的社会建构主义学习理论

维果茨基的社会建构主义学习理论认为学习是通过学习者之间的交互来实现的，鼓励教学应该重视学习者之间发生任务交互；其次，社会建构主义学习理论认为有些任务仅仅依靠学生的力量无法完成，教师应该为学生提供"脚手架"，引导学生完成任务；此外，社会建构主义学习理论认为学习者现有发展水平与可能达到的发展水平之间存在差距，教师不仅需要了解学习者的现有发展水平，还应了解学习者的潜在发展水平，引发学习者的认知冲突，引导学习者向潜在的、更高的水平发展。

思维型教学是以引发认知冲突为基础，以核心问题为形式，引起学生的自主探究和合作交流，开展基于思维和情感参与的课堂互动，促使学生将学到的知识应用到相似的情境中。该教学模式可以实现学生的积极思维，促进学生认知发展水平的提升。

二、思维型教学的价值意义

面对技术的快速发展以及全球化带来的威胁和挑战，当前社会更加强调培养学生的创造力以及科学的思维习惯。[1]思维型教学是一种活动范式，坚持以"活动促发展"为基本指导思想，倡导以"主动学习"为基本学习方式，强调以思维能力和创造能力的培养为核心，以素质整体发展为取向的教学模式。思维型教学强调思维是贯穿教学活动始终的核心活动，重视课堂教学中思维方法的训练，以促进学生深度学习，提升学生思维能力和学科素养。[2]

---

[1] Chu S K W, Reynolds R B, Tavares N J, et al, *21st Century Skills Development Through Inquiry-Based Learning*（Springer, 2017），p.5.

[2] 王宏：《让思维型教学充盈课堂》，《中学政治教学参考》2022 年第 31 期。

（一）有助于构建学科能力，发展多元智力

所谓的学科能力，一是学生掌握某学科的特殊能力；二是学生在学习某学科的智力活动及其有关的智力与能力成分；三是学生学习某学科的能力具有明显的个性差异。任何一种学科能力，既有某学科能力常见的表层结构，也有着与非智力相联系的深层结构。学科能力是学科教育与学生智力发展的结晶。聚焦思维结构的智力理论不仅反映了多元智力的思想，也可以应用于教学，发展学生的学科能力。[①] 因此，基于思维结构智力理论的思维型教学要帮助学生构建学科能力，发展多元智力。

（二）有助于核心素养的发展

思维型课堂教学是以思维能力的培养为核心，注重学生思维活动的成效，以此辐射其他素养的发展，整合多维素养的协同发展。

1. 促成学生知识和方法的深度理解与灵活应用

思维是以知识经验为基础的对客观事物进行的间接的反应。孔子曰："学而不思则罔。"这是指学习了知识不思考便会使人迷茫，知识的获得与理解需要学生思维活动的参与。思维型教学强调将知识迁移到真实情境中，要求突出知识的形成过程，重视形成知识的方法和途径，以培养学生对知识的深度理解与应用。在教学中，每一门学科都有一些独特的思想方法及与其他学科共通的方法，这些方法在教学过程中需要加以渗透，帮助学生形成深度学习能力。

2. 培养学生的批判性思维与创造性思维

批判性思维与创造性思维能力是高阶思维的核心。[②] 创造性思维是一种有开创意义的思维活动过程，它可以突破思维定式，从多角度、多层次、多方面看待问题，从而得出具有开创意义的成果。批判性思维是一种能够做出判断与分析，根据客观标准去看待问题的态度，是一种不被任何信念或假定知

---

① 胡卫平、魏运华：《思维结构与课堂教学——聚焦思维结构的智力理论对课堂教学的指导》，《课程·教材·教法》2010 年第 30 卷第 6 期。

② 首新、黄秀莉、李健、胡卫平：《基于 STEM 学习目标的高阶思维评价》，《现代教育技术》2021 年第 31 卷第 3 期。

识约束，始终对问题和事物保持理性且乐观的思维。具备这样思维的学生，可以养成良好的创新素质，提升学生的综合能力。思维型教学坚持以"活动促发展"为基本指导思想，倡导以"主动学习"为基本学习方式，强调以思维能力和创造能力的培养为核心，对培养学生的批判性思维和创造性思维以及创新能力具有重要意义。

3. 提高学生合作能力与交流能力

维果茨基的社会建构主义学习理论认为学习是通过学习者之间的交互来实现的，交互是一种强调交流合作的教学方式。思维型教学是依据这种理论建构的一种新型课堂教学模式，教学过程重视小组之间的合作交流。在思维型教学中，学生通常是以小组的形式承担任务，小组不再是形式上的组合，而是各成员间具有实质性联系的活动组织。学生之间不同形式和不同程度的互动行为，如交流、讨论、帮助、竞争等是思维型教学得以实施的基本条件。思维型教学对学生合作能力与交流能力的养成具有重要意义。

4. 激发学生内在学习动机和实现自主学习的能力

真实情境是指以真实事物或真切现实为原型的情境，创设真实情境是激发学生学习动机最好的方式。生物世界充满生机活力，丰富多样、千奇百怪。"为什么鼠妇喜欢潮湿的地方？为什么鸟会飞行？人类从哪里来……"生物世界的真实情境吸引着学生的探究欲望，学生对这门学科有着天然的积极性与期待。思维型教学便是基于这样的真实情境展开的教学方式，更加重视激发学生的内在学习动机，这为学生的积极性和期待的延续提供了更好的支持。

自主学习是学生个体自由选择并独立开展学习的一种能力。自主学习能够体现出学生个体的特质，是个性化学习的基本形式。培养学生自主学习能力的核心在于学生思维方式的科学化运作与养成，因此，思维型教学有利于学生自主学习能力的发展。

5. 发展学生的创新能力

孟子曰："尽信《书》，则不如无《书》。"学生在学习时，不能仅局限于书中所写，应该经过自己的思考，取其精华，去其糟粕，敢于质疑，获得见解。自古至今，创新能力一直是学习者应具备的一种能力。思维型教学是基于皮亚杰认知发展理论、维果茨基的社会建构主义学习理论、林崇德思维的心理结构模型理论建构的一种由思维内容、思维方法和思维品质构成的新型教学模式。在教学过程中，教师经常设计一些能够引发学生认知冲突的案例或情境，学生需要对知识深入学习、思考，才可以对问题提出质疑，由疑而创，不断闪现创造思维的火花。由此看来，思维型教学对于学生创新能力的培养也具有一定的价值。

📖 拓展阅读

我国古代教育家有很多关于思维型课堂教学的思想。孔子曰："学而不思则罔。"孔子认为君子应该有九思，即"视思明，听思聪，色思温，貌思恭，言思忠，事思敬，疑思问，忿思难，见得思义"。荀子认为真正的学习应做到"志安公，行安修，知通统类"。董仲舒提到"辞不能及，皆在于指，非精心达思者，其孰能知之"。我国古代教育家对于思维是智力和能力的核心这一点已经有了丰富的思想积淀，给我们当今课堂教学改革以深刻的启示：一方面，在课堂教学中，教师要树立发展学生思维的意识，从课堂目标的制订到课堂的教学过程，再到课堂教学的评价、反思，都应该始终坚持发展学生思维的原则；另一方面，教师自身也应该具备思考的能力，做一名能思考、会思考的思维型教师。

第二节　思维型教学的原则和要求

传统教学的痼疾在于固化的课堂流程、单一的互动模式和浅表的分析环节，[①] 以及过分看重知识的传授而忽视对学生思维能力的培养。思维型教学是激发学习者积极主动思考并加深对知识深度理解的关键路径。[②] 思维型教学没有固定的教学模式，但需满足以下教学原则和要求。

一、思维型教学原则

思维的培养应潜移默化地贯穿于日常教学，促进学生对自身思维过程进行主动反思和构建，使学生具有独立思考的能力和科学理性的思维方式。[③] 思维型教学的基本原则如下：[④]

（一）动机激发原则

已有研究表明动机是制约青少年创造力发展的重要因素，[⑤] 而思维型教学强调激发学生学习动机。动机激发是指在一定教学情境创设下，利用诱因使学生已形成的需要由潜在状态变为活跃状态，最终形成对目标活动的积极性。思维型教学理论强调，课堂教学过程中教师需通过创设良好的教学情境，充分激发学生的内在学习动机，使学生产生强烈的求知欲望，保持积极的学习情感与态度，为后续教学活动的开展奠定良好的基础。

---

① 邢秀凤：《语文课思维教学的必要性和实施策略》，《教育研究》2018 年第 39 卷第 12 期。

② 赵国庆：《思维教学研究百年回顾》，《现代远程教育研究》2013 年第 6 期。

③ 王宏：《让思维型教学充盈课堂》，《中学政治教学参考》2022 年第 31 期。

④ 林崇德、胡卫平：《思维型课堂教学的理论与实践》，《北京师范大学学报（社会科学版）》2010 年第 1 期。

⑤ 胡卫平：《青少年科技创新素质的培养途径》，《科普研究》2020 年第 15 卷第 6 期。

（二）认知冲突原则

认知冲突是指学生学习过程中原有认知结构与现实情境不相符时在心理上所产生的矛盾或冲突。它是促进学生积极思考和主动学习的"引发器"，是促进学生认知发展和认知结构转变的有效手段。

思维型教学理论强调，课堂教学过程中教师要根据课堂教学目标，抓住教学重点，联系已有的经验，以此激发学生的参与欲望，启发学生积极思考，引导学生在探究问题的过程中领悟方法、学会知识、发展能力，促进学生认知发展与主动学习。

（三）自主建构原则

自主建构是指学习者在内在动机的激发下，激活和控制自身的认知、情感和行为，自主确定学习目标、制订学习计划、实施并监控学习行为、评价学习结果的学习方式或者能力。自主建构强调在真实的情境中，在内在动机的激发下，面对新信息、新概念、新现象或新问题，学习者基于已有知识经验和认知水平，通过自主探究与合作交流的方式，激活和控制自身的认知、情感和行为，通过高层次思维活动，整合各种信息和观念，解释现象和解决问题，并对学习活动进行积极自主地自我管理和调节，实现对所学知识的意义建构，促进学习者认知结构的不断发展和完善。自主学习有两个基本的要求：一是内在动机的学习，二是自我监控的学习。

（四）自我监控原则

思维的自我监控，是自我意识在思维中的表现，是思维结构的顶点或最好形式，包括确定思维目的、管理和控制非智力因素、搜索和选择恰当的思维材料和策略、实施并监督思维过程、评价思维的结果。自我监控能力是教师教学能力以及学生学习能力的核心，不仅影响教学过程和教学效果，也会影响其他能力的发展。教师在教学设计环节不仅要设计好每节课，而且要有一个长期的教学规划和系统的教学设计。

（五）应用迁移原则

知识和技能与智力思维发展相辅相成，智力思维发展是在掌握和运用知识、技能的过程中完成的。思维品质的训练是学生思维能力发展的突破口，关于思维灵活性品质的训练，需要抓住知识、方法之间的应用与迁移，引导学生发散式、立体式思考，教给学生灵活解决问题的方法。重视知识与方法的应用与迁移，对学生加深理解知识、提高思维能力具有重要作用。

以上五个教学原则之间并非是孤立的，而是相互联系、相互支撑，共同构成一个有机整体，其相互关系如图1-2所示。其中动机是学生积极思维和自主建构的动力，动机激发支撑着认知冲突、自主建构和自我监控；自主建构以认知冲突为基础，以核心问题为形式，引起学生的自主探究和交流合作。在教学过程中，认知冲突和自主建构一般交替进行，实现学生的积极思维。自我监控是对学习活动的自我监控，应用迁移在其基础上将学习过程中所获得的知识、方法和态度应用于新的学习活动中以解决真实情境中的问题。

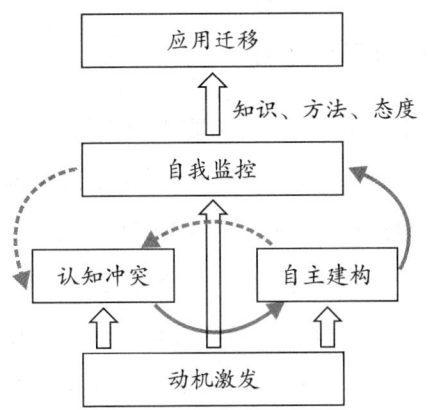

图1-2　思维型教学五大教学原则间的相互关系

二、思维型教学要求

教育的重要目的是培养学生的思维能力，[①] 在教学过程中师生的核心活动是思维。因此，依据思维的构成要素及其影响因素，我们提出了思维型教学的基本要求。[②]

[①] Venville G, Adey P, Larkin S, et al, "Fostering thinking through science in the early years of schooling," *Internati onal journal of science education*, no.11（2003）：1313-1331.

[②] 林崇德、胡卫平:《思维型课堂教学的理论与实践》,《北京师范大学学报(社会科学版)》2010 年第 1 期。

（一）明确教学目标

目的性是思维的根本特点，它反映了思维活动的自觉性、有意性、方向性和能动性，并成为思维的核心要素。为了使教学能够有目的、有计划地促进学生学习知识、发展能力、形成态度，课堂教学必须有明确的目标。

一是要基于学情和教学内容分析，制订明确的教学规划和教学目标。在教学过程中，教师要监控课堂教学，根据学生的学习反馈，及时调整教学目标。

二是基于教学情境提出高认知问题，引发学生的认知冲突，使学生明确教学活动的目标，激发学生主动思考。

三是重视学生分析问题和解决问题的目的性与方向性，增强学生思维活动的自觉性和能动性。

（二）突出知识的形成过程

思维的过程是思维的第二个成分，它不仅强调分析、综合、抽象、概括、比较、归类、系统化和具体化，而且强调思维活动的框架为：确定目标→接受信息→加工编码→概括抽象→操作运用→获得成功。在课堂教学中强调思维过程，就是要突出知识的形成过程，注重各种学习方法。

一是重视概念、规律、理论等形成过程，包括为什么引出这个概念和规律，怎样得出概念和规律，以及怎么认识概念和规律在学科结构中的地位及其应用。

二是让学生掌握建立概念、把握规律、形成知识、分析问题、解决问题的方法，以及观察、实验、思维等方法。

三是提出能够引发学生认知冲突的高认知问题，给学生留有足够的时间，引导学生进行积极主动的探究。

（三）联系已有的知识和经验

已有的知识和经验对学生建构知识、发展思维具有重要作用。在教学过程中要使学生积极主动地思考，必须丰富学生的感性认识，联系学生的已有知识和经验，并不断地促进学生认知结构的发展和完善。

将思维结构的动态性和思维材料的思想运用到课堂教学中，一是要认识到学习是一个积极主动的建构过程，知识是个体经验的合理化，教学就是学生主动建构知识的过程。教师的教学要帮助学生完成这个建构过程。

二是先前的经验对学生来说是非常重要的，教师应该恰当地列举生活中的典型事例，唤起学生已有的感性认识，运用观察和实验来展示有关事物发生、发展和变化的现象及过程，联系学生已有的生活经验和已学的知识进行教学，这样才能使学生真正理解和掌握知识。

三是要重视中小学生的思维，逐步地从具体形象成分占主导地位，发展到抽象逻辑成分占主导地位，创造一切条件使学生的理性思维材料越来越多，以增强他们思维活动的抽象性和逻辑性，从而增强他们对抽象知识的理解能力。

（四）重视非智力因素的培养

思维活动中的非智力因素是思维的第四个成分，包括情感因素、意志因素、个性意识倾向性、气质和性格，对学生的学习活动起着动力作用、定型作用和补偿作用。思维活动是智力因素和非智力因素的统一，两者相辅相成，只有有机结合才能充分发挥思维活动的效能。在课堂教学中，教师要将非智力因素的培养作为一种目标，不仅包括情感态度与价值观，而且也要重视动机、兴趣、理想、信念、世界观等。在教学过程中教师要创设一种愉快的氛围，激发学生的学习动机和兴趣。但要注意的是，氛围的创设和情感因素的调动仅仅作为一种手段，其目的是促进学生积极主动地思考，发挥思维的效能，因此避免在课堂教学中仅仅是形式上的生动活泼。

（五）训练学生的思维品质

作为思维的第五个成分，思维的品质是指智力活动特别是思维活动中个体表现出来的智力与能力特点，体现了个体之间思维水平以及智力与能力的差异，具体表现在以下几个方面：

1.深刻性：是指思维活动的抽象程度和逻辑水平，以及思维活动的广度、深度和难度。它表现在善于深入地、逻辑清晰地思考问题；善于把握事物的本质和规律；善于开展系统全面的思维活动；善于从整体上用联系的观点认识事物，掌握知识和严密地推理论证。

2. 灵活性：是指思维活动的灵活程度，反映了智力和能力的"迁移"，具有四个显著特点。一是思维的方向灵活，即一个人善于从不同角度思考问题，善于应用不同的知识、方法正确地解决问题；二是思维的过程灵活，即从分析到综合，从综合到分析，善于组合分析问题；三是思维的结果灵活，即思维的结果具有多样性、灵活性和合理性；四是迁移能力强，即能够有效地正迁移知识和方法。

3. 批判性：是指人在思维活动中善于严格地评估思维材料和精细地检查思维过程的智力品质，具有分析性、策略性、全面性、独立性和正确性五个特点。

4. 敏捷性：是指在正确基础上的速度。

5. 独创性：即创造性思维，表现为善于独立思考，善于创造性地发现问题和解决问题，具有独特性、新颖性和发散性的特点。

思维的这五个品质全面地反映了学生的思维能力，在教师的教学过程和学生的学习过程中，训练学生的思维品质是培养学生能力的突破口，从而为促进学生以思维能力为核心发展智力提供了科学的理论和有效的操作方法。

（六）创设良好的教学情境

根据思维的心理结构模型，积极思维的前提条件是具有良好的环境。它要求教师创设良好的教学情境，促进学生积极主动地思考。

一是要营造创造型的课堂教学情境。创造型的课堂教学情境指的是教师采取民主的教学方式，平等地对待学生，建构以培养创新意识和创造能力为核心的"学生主体"教育观念；鼓励学生独立思考，让学生敢于标新立异、敢于挑战权威；形成学生主动学习、积极参与的生动活泼的课堂教学氛围。

二是要创设鼓励学生质疑的课堂教学情境。教师对待学生提问的态度是指教师对学生提问产生的一般而稳定的心理倾向，包括积极倾向和消极倾向。教师对待学生的提问应该持积极态度，即喜欢、支持、鼓励、引导学生提问。

三是应该尽量提出高认知问题。所谓高认知问题，就是能使学生产生认知冲突、激发学生积极思考的问题。在课堂教学中创设情境只是一种手段，其目的是激发学生积极主动地思考和学习。

（七）分层教学和因材施教

智力的多元和个性差异越来越受到人们的重视。学生之间的差异是客观存在的，从学生发展的水平来看，表现为超常、正常和低常三种类型。从发展方式的差异来看，有认知方式的区别。从组成类型来看，表现为各种学科能力的组合和使用的区别。从表现范围来看，表现为学习领域和非学习领域的区别。由于思维和智力的多元性以及个体之间的这种差异性，在教学实践过程中教师应注重分层教学和因材施教。

第三节　核心素养视域下的中学生物学思维型教学

2022 年 4 月，《义务教育课程方案（2022 年版）》和各学科义务教育课程标准（2022 年版）正式颁布，这是我国基础教育的大事，同时也昭示着，第八轮基础教育课程改革 20 余年来，基础教育全面迈入了"核心素养"时代。核心素养是党的教育方针的具体化，是连接宏观教育理念、培养目标和具体教育教学实践的中间环节。由生物学课程培育的核心素养，包括生命观念、科学思维、探究实践和态度责任等方面。思维型教学对于发展学生的核心素养有着重要意义。

一、新时代的中学生物学教育

21 世纪是知识经济、全球化、信息化的时代，身处科技创新加速与国际竞争加剧的世界大环境，人才是百年未有之大变局中大国博弈的核心竞争力。21 世纪应该培养学生什么样的品格和能力，是值得我们关注的话题。核心素养作为应对时代发展挑战的素养，培养适应终身发展和社会发展需要的正确价值观、必备品格和关键能力，是落实立德树人根本任务的一项重要举措，也是适应世界教育改革发展趋势、提升我国教育国际竞争力的迫切需求。[①]

（一）中学生物学教育进入核心素养时代

国际上最早关于核心素养的研究可追溯至经济合作与发展组织（Organization for Economic Cooperation and Development，简称 OECD）于 1997 年末启动的核心素养框架项目，即"素养的界定与遴选：理论和概念基础"，简称"迪斯科"计划（DeSeCo）。"迪斯科"计划于 2003 年发表了一

---

①褚宏启：《核心素养十年路：持续引领基础教育质量提升》，《中小学管理》2022 年第 7 期。

篇名为《为了成功人生和健全社会的核心素养》的最终报告，标志着 OECD 核心素养框架的完成，也代表了国际核心素养研究的最高水平。[①] 此后，在全球范围内掀起了学生核心素养研究热潮，欧盟、新西兰、法国、美国、新加坡、日本等相继提出了符合自身发展的学生核心素养框架。多个国际组织和国家、地区投身于核心素养理论构建和实践探索中，其中引人注目的是，"国际学生评价项目"（Programme for International Student Assessment，简称 PISA）对 15 岁学生进行阅读、数学、科学能力等素养测评。PISA 测试也侧面反映了国际教育的价值观念从只讲究掌握知识、技能转移至开始关注现实中解决问题的能力，可以说，素养教育已经成为各国未来基础教育的关键。[②]

我国积极主动地应对 21 世纪挑战和国际教育竞争。2014 年，《教育部关于全面深化课程改革落实立德树人根本任务的意见》发布，这是首次提出"核心素养"概念的官方政策文件，明确了我国核心素养的研究旨在落实立德树人这一教育的根本任务。2016 年，《中国学生发展核心素养》框架公布，《中国学生发展核心素养》深入回答了"立什么德、树什么人"的问题，框架以培养"全面发展的人"为核心，分为文化基础、自主发展、社会参与三个方面，综合表现为人文底蕴、科学精神、学会学习、健康生活、责任担当、实践创新六大素养，具体细化为国家认同等十八个基本要点，对于全面推进素质教育、深化基础教育综合改革有很大影响。[③]2015 年 1 月起，我国普通高中课程方案和各学科课程标准开始全面、系统化修订，这标志着我国基础教育课程改革进入新的发展阶段，同时，中学生物学教育也迈入核心素养时代。2018 年 1 月，普通高中课程方案和课程标准发布，按照要求将核心素养落实到每一门学科中，凝练出每门学科核心素养，《普通高中生物学课程标准（2017 年版）》指出生物学核心素养涵盖生命观念、科学思维、科学探究、社会责任四个方面。吸收了近几年高中生物学课程改革的经验，2022 年 4 月，历时三年修订的义务教育课程方案和课程标准发布，《义务教育生物学课程标准（2022 年版）》

---

① 张华：《论核心素养的内涵》，《全球教育展望》2016 年第 45 卷第 4 期。

② 张迎春：《理解以"核心素养为本"的义务教育生物学课程标准——〈义务教育生物学课程标准（2022 年版）〉解读》，《全球教育展望》2022 年第 51 卷第 6 期。

③ 林崇德：《中国学生发展核心素养：深入回答"立什么德、树什么人"》，《人民教育》2016 年第 19 期。

将发展学生生命观念、科学思维、探究实践、态度责任核心素养作为课程宗旨，课程目标在纵向上与高中生物学接轨，强化综合性学习与学科实践，在"做中学"培养学生科学精神与创新能力。

（二）核心素养时代的中学生物学教育呼唤思维型教学

生物学的发展与人类未来生活息息相关。课程标准对生物学的学科性质做了详细说明，指出生物学是自然科学中的一门基础学科，是研究生命现象和生命活动规律的科学，其研究对象具有高度复杂性、多样性和统一性。生物学是农业科学、医药科学、环境科学及其他有关科学和技术的基础。生物学的研究经历了从现象到本质、从定性到定量的发展过程，形成了结论丰富的知识体系，以及人类认识自然现象和规律的一些特有的思维方式和探究方法。[1] 当前生物学愈发与人工智能、区块链技术、信息技术等新兴产业、技术深度融合，生命科学的研究和发展向生命健康和安全方面倾斜，如核酸检测、疫苗、抗原试剂盒、线上诊疗等。[2]21 世纪的生物学在微观与宏观层面理论与技术得到快速飞跃，并在人类健康和疾病防治、粮食问题、能源危机等全球性议题上产生巨大的影响。

为回应时代发展的新要求与生物学教育理论和实践的进步，"核心素养"导向下中学生物学教育呼唤思维型教学。教学的一个重要目的是提升学生的思维素养，生物学的教学理论以促进学生积极思维、发展科学思维能力作为课堂教学的核心。在师生互动过程中，教师的教与学生的学都需要依靠积极的思维投入。[3] 中学生物学思维素养对于探索自然奥秘，解释生物学现象，分析生物学与社会、技术发展间的关系，参与社会性科学议题讨论并给出合理决策建议等，都有着十分重要的意义。科学思维是核心素养的核心，所有核心素养的形

---

[1] 中华人民共和国教育部：《义务教育生物学课程标准（2022 年版）》，北京师范大学出版社，2022，第 1 页。

[2] 丁奕然、李雁冰：《〈义务教育生物学课程标准（2022 年版）〉解读与教学建议》，《天津师范大学学报（基础教育版）》2022 年第 23 卷第 3 期。

[3] 林崇德、胡卫平：《思维型课堂教学的理论与实践》，《北京师范大学学报（社会科学版）》2010 年第 1 期。

成都依赖积极主动的思维。① 科学思维作为生物学核心素养要素之一，与生命观念、探究实践、态度责任紧密联系、相互作用，其不仅影响生物学大概念的建构，还指导着探究实践活动的过程与结果产出，并决定了人们看待事物的态度与行为方式。学生思维素养的培养应该贯穿于生物学学习的全过程，由重视生物学知识价值转向重视生物学学科育人价值，强调以事实与证据为基础，引导学生运用抽象逻辑思维，建构生物学大概念，最终发展生物学核心素养。

二、从核心素养中提炼中学生物学思维素养

核心素养是一套经过系统设计的育人目标框架，学科教学是落实核心素养的途径之一。② 生物学学科构建了包含思维的核心素养框架，透过学科课程标准提炼出中学生物学思维素养。

案例 生物学课程标准中的思维素养

《普通高中生物学课程标准（2017 年版 2020 年修订）》指出，"科学思维"是指尊重事实和证据，崇尚严谨和务实的求知态度，运用科学的思维方法认识事物、解决实际问题的思维习惯和能力。学生应该在学习过程中逐步发展科学思维，如能够基于生物学事实和证据运用归纳与概括、演绎与推理、模型与建模、批判性思维、创造性思维等方法，探讨、阐释生命现象及规律，审视或论证生物学社会议题。

《义务教育生物学课程标准（2022 年版）》指出，科学思维是指在认识事物、解决实际问题的过程中，尊重事实证据，崇尚严谨求实，基于证据和逻辑，运用比较、分类、归纳、演绎、分析、综合、建模等方法，进行独立思考和判断，多角度、辩证地分析问题，对既有观点和结论进行批判审视、质疑包容，乃至提出创造性见解的能力与品格。发展科学思维是培育学生理性思维、批判质疑、勇于探究等科学精神的重要途径。

科学思维是生物学核心素养的重要组成部分。2022 年版义务教育生物学

---

① 胡卫平：《深入理解科学思维 有效实施课程标准》，《课程·教材·教法》2022 年第 42 卷第 8 期。

② 林崇德：《中国学生发展核心素养：深入回答"立什么德、树什么人"》，《人民教育》2016 年第 19 期。

课程标准与 2017 年版普通高中生物学课程标准在"科学思维"内容方面总体保持一致，可以发现，生物学重视基于事实和证据的推理，比较与分类、归纳与概括、演绎与推理、模型与建构等方法的使用，以及批判性、创造性思维高阶思维的形成。并且，义务教育生物学课程标准在普通高中生物学课程标准的基础上进一步明确了科学思维与科学精神的关系，即发展科学思维是培育学生理性思维、批判质疑、勇于探究等科学精神的重要途径。

胡卫平教授认为，科学思维能力是人们在科学活动中成功完成任务所表现出来的、能够有效思考问题的能力。[①] 科学思维能力是由科学思维的内容、方法和品质构成的有机整体，其培养必须贯穿在科学知识和方法的教学中，并以思维品质的训练为突破口。由此，建构了青少年科学思维能力的结构模型，如图 1–3 所示。

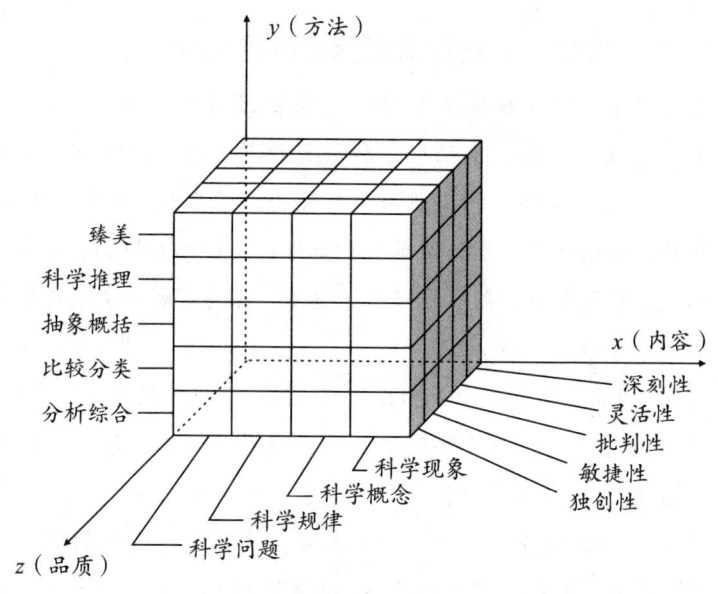

图 1–3　青少年科学思维能力的结构模型

该模型涵盖内容、方法、品质三个维度，每个维度包括 4~5 个因子，由各个因子组合排列形成 100 种元素，每一种元素代表一个基本的科学思维能力单元。该模型具有整体性、动态性和自调性的特点。整体性是指思维的内容、

---

①胡卫平：《深入理解科学思维　有效实施课程标准》，《课程·教材·教法》2022 年第 42 卷第 8 期。

方法、品质有规则有秩序地构成一个相互依赖、相互制约、相互促进、共同发展的整体；动态性是指随着知识的丰富、方法的完善、品质的提高、能力的发展，科学思维能力按一定的规律发展变化；自调性是指该结构模型内各成分为达到平衡，产生了依靠其内部规律而进行的自我调节。[1]

谭永平老师指出，生物学课程中的科学思维要以生物学事实、概念为基础。科学思维作为一种工具时，能够帮助学生建构生物学概念，揭示生命现象之间的因果联系和生物学规律。在尝试获取证据、运用证据与逻辑的过程中，需要设计并进行科学实验，此过程也有科学思维的参与。在学生思维过程中，抽象与概括、归纳与演绎、分析与综合等方法彼此关联。[2]

总之，中学生物学思维素养不仅有能力因素，还包含态度因素，它既是一种能力，也是一种品格。中学生物学思维素养强调在科学活动中思维方法的认知和运用，生物学中常见的思维方法有比较、分类、归纳、演绎、分析、综合、建模等，引导学生运用思维方法思考生物学问题，解释生物学现象，评判和总结观点，以及重视深刻性、灵活性、敏捷性等思维品质的培养。

三、中学生物学思维型教学的策略建议

中学生生物学思维素养的培养离不开在真实情境中对生物学问题的思考、审视和论证。教师要重视问题情境创设，激发学生的探究欲望，指导学生运用科学思维方法，逐渐养成科学思维的习惯和能力。教师将思维素养的培养贯穿于中学生物学课堂教学可遵循以下五点策略建议。

（一）发挥教科书栏目功能，加强思维训练活动

一定难度的思维训练活动可以锻炼学生的科学思维能力，教师需要提炼、发挥教科书中与科学思维有关的栏目价值，以人教版高中生物学教科书为例，教科书中设有"科学方法""思考·讨论""批判性思维"等栏目，"科学方法"中介绍了一些思维方法。例如，"归纳法"是一种重要的思维方式，由一系列具体事实推出一般结论的思维方法，也是人教版高中生物学必修 1 教科书

---

[1] 胡卫平、林崇德：《青少年的科学思维能力研究》，《教育研究》2003 年第 12 期。

[2] 谭永平：《生物学学科核心素养：内涵、外延与整体性》，《课程·教材·教法》2018 年第 38 卷第 8 期。

中出现的第一个思维方法，那么教师可以先引导学生阅读、认识归纳法的定义和分类，再结合"思考·讨论"栏目进行材料分析，将归纳法应用于细胞学说及其建立过程的问题探讨中，针对学生在表达中暴露的思维问题及时进行指导完善。除此之外，还有"加法原理与减法原理""分析循环因果关系""溯因推理"等思维训练，引导学生将当前所学的思维方法与已有经验、已有思维技能建立联系，实现概念、方法和思维技能的整合。①

（二）在概念教学中提升学生思维素养

生物学概念的形成离不开思维。概念既是思维的基本形式，也是思维的工具。因此，概念教学与思维教学要统一起来，注重引导学生在生物学事实的基础上通过抽象和概括等思维方法建构概念。例如，对蛇、鳄、蜥蜴、龟的形态特征、生活习性、生长繁殖等进行抽象与概括，可以形成爬行动物这个概念。在此过程中，教师需要向学生提供感性材料，使学生在必要的感性认识上，依照科学概念的建构过程，对感性材料进行思维加工，通过分析、综合、比较、类比等思维方法，抽象和概括出事物的本质属性和共同特征，形成生物学概念。

（三）生物科学史融入思维教学过程

科学史教学在培养学生质疑态度和批判精神方面，发挥着重要作用。生物学发展中每一段历史背后都蕴含着科学家的思维过程和创新思想。如细胞膜结构模型的探索过程，科学家根据已有的知识信息对细胞膜结构提出假说，再用进一步的观察和实验对已经建立的假说进行修正和补充，细胞膜的结构模型由最初静态的统一结构，即蛋白质—脂质—蛋白质三层结构，发展为现如今被大多数人所认可的流动镶嵌模型。科学史教学能够提高学生的学习兴趣，从历史记录中寻找解决问题的思路与方案，引导学生从科学家视角体验发现问题、获取证据、设计实验等环节，由此提升学生重视事实和证据、敢于质疑、实证创新、逻辑推理等能力。

---

①谭永平：《再论"用教材教"——发展高中生科学思维的视角》，《生物学教学》2020年第45卷第9期。

（四）强调跨学科实践活动中思维素养的运用

跨学科实践能够提升学生的探究实践素养与跨学科素养，这是创新型人才培养必备的素养要求。教师要将思维型教学与跨学科实践活动的设计、实施结合起来。真实问题具有复杂性、特殊性、情境性等特点，解决真实问题不能只依赖于单一学科的知识、方法，还需要结合"跨学科"知识与方法。跨学科实践活动的结果导向是有产品输出、方案生成，在此过程中，就必须涉及思维素养的运用。《义务教育生物学课程标准（2022年版）》指出生物学跨学科实践活动应该包含模型制作、植物栽培和动物饲养、发酵食品制作三大类活动。跨学科实践不仅涉及科学领域多个学科，还要兼顾数学、工程学思想，其中数学技能的培养就与建模策略密切相关。此外，跨学科实践活动还关注对全球性议题的讨论，这也深刻影响了学生批判性思维、创造性思维的成长。

（五）重视思维品质的养成

科学思维品质是科学思维能力的重要组成部分，是指人们在研究和解决科学问题以及学习科学知识的过程中逐渐形成，并表现出来的一种影响工作效率的个体智力特征，包括深刻性、灵活性、批判性、敏捷性和独创性五个方面。[1]思维品质决定了学生解决问题时运用科学思维的意愿、方式和效果，因此教师要注重课堂教学中学生思维品质的培养，加深学生对生物学概念、模型、规律和理论的认知，表达交流方面加强抽象和概括能力的训练。分析问题的全面性与推理的严密性反映了思维的深刻性，教师还要引导学生进行发散式思维和立体思考，提高思维的灵活性，并传授给学生一定的提高思维速度的方法和技巧。结合生物学的学科特点，鼓励学生在真实情境中独立思考、提出质疑，发展学生的创造性思维、辩证思维和系统思维。

---

① 胡卫平、林崇德：《青少年的科学思维能力研究》，《教育研究》2003年第12期。

第二章
思维型教学理论引领下的中学生物学教学设计

第一节　教学目标设计

教学目标设计是教学设计的关键一环。教学目标为教学内容设计、教学情境设计、教学问题设计、教学活动设计以及教学评价设计提供了基础和依据。许多教师在实际教学中对课堂教学目标的理解存在误区，有的直接将教学参考书中对教师的教学要求作为教学目标，有的把教育目的或教育目标、课程目标作为教学目标，有的甚至把教学内容与进度作为教学目标。同时，许多教师往往仅着眼于一个单元或一节课的教学目标，很少从整体的视角建构目标体系，忽视各级目标之间的区别和联系。

一、课程目标与教学目标

（一）课程目标

课程目标是对学生某一课程门类或科目学习完以后所要达到的发展水平和状态的预期，是课程设计的基础环节和重要因素。课程目标是将一门课程当作一个整体而设计出来的目标，它一般由课程与教学专家完成，课程标准之中一般有具体呈现。

《义务教育生物学课程标准（2022年版）》明确将义务教育阶段学生核心素养的发展分为生命观念、科学思维、探究实践、态度责任四个核心素养维度，立足于学生核心素养的发展，确定了五个初中阶段生物学课程目标：

1.掌握生物学基础知识，形成基本的生命观念；2.初步掌握科学思维方法，具备一定的科学思维习惯和能力；3.初步具有科学探究和跨学科实践能力，能够分析解决真实情境中的生物学问题；4.初步确立严谨求实的科学态度，乐于探索生命的奥秘；5.树立健康意识和社会责任感，能够强身健体和服务社会。

在《普通高中生物学课程标准（2017 年版 2020 年修订）》中，高中阶段生物学的课程目标也依据生命观念、科学思维、科学探究、社会责任四个核心素养维度确定。

学生核心素养的发展是制订课程目标的核心，在生物学课程要培养的学生核心素养四要素中，思维的发展始终是重要的一环，贯穿整个基础教育阶段始终。在基于核心素养发展的导向下，中学生物学教学需要转向思维型教学，在教学过程中积极促进学生思维能力的提升，以促进学生探究实践能力的提高，在思维进阶和探究实践过程中培养学生的生命观念和社会责任。

（二）教学目标

教学目标是指教学活动实施的方向和预期达成的结果，是一切教学活动的出发点和最终归宿。在中学生物学课程教学中，教师必须根据课程目标和教学内容来设计相应的教学目标。

教学目标涉及的范围，可以从一个知识条目的要求、一个课时（40 或 45 分钟）再扩大到一个单元、一个学期、一个学年甚至一个学段的要求。教学目标要努力落实单元或课时的教学内容，促进学生全面发展中可能具备的必备品格与关键能力，即要实现以核心素养为导向的综合发展。中学生物学教学在转向思维型教学的过程中，教学目标的设计也需要聚焦于学生思维能力的发展。

二、思维型教学目标的设计

（一）思维型教学目标的设计要求

1. 立足核心素养，发展科学思维

随着新课程改革的不断深入，生物学课程的发展迈进新台阶，生物学课

程目标实现了从"双基目标"到"三维目标"、从"三维目标"到"核心素养"的转变。不同于三维目标中"知识与技能""过程与方法""情感态度与价值观"三个维度的阐述，核心素养从生命观念、科学思维、探究实践和态度责任四个维度明确了生物学课程为学生终身发展和社会发展需要培育的正确价值观、必备品格和关键能力。三维目标易将知识、能力、情感态度和价值观割裂，表现为重知识、泛化能力、虚化情感态度价值观的问题。核心素养是对三维目标的继承和发展、聚焦和综合，突出以人为本的育人理念。生命观念的形成离不开科学思维和科学探究，科学思维和科学探究二者互为倚重，共同发展，而态度责任则是在形成生命观念、进行科学思维和科学探究的过程中形成的，四者构成一个统一的整体。在核心素养的发展过程中，观念的形成需要大量的知识作为基础，探究实践则涉及对技能、过程与方法的掌握，态度责任的发展需要培养学生正确的情感态度价值观。可以看出，核心素养在综合三维目标的基础上，更加综合和全面，且突出了对学生科学思维的培养。生物学是一门自然科学，生物学课程的学习有利于学生养成科学思维的习惯，促进学生生命观念的形成和探究实践能力的提升，并形成积极的态度责任。因此，生物学学科中思维型教学目标的设计必须立足于生物学学科核心素养，促进学生科学思维的发展。

2.注重行为动词，聚焦思维提升

教学目标的陈述包括了动词和名词，动词一般说明预期的认知过程，名词则一般说明期望学习者所获得或建构的知识。要想促进学生思维的发展，教学目标的制订首先要做到注重行为动词的使用。不同的学派存在不同的关于教育目标的理论研究，其中布鲁姆的教育目标分类具有深远的影响。布鲁姆按照认知的复杂程度，将思维过程具体化为六个教学目标，即学习时需要掌握的六个类目的行为表现，由低到高包括记忆、理解、应用、分析、综合、评价。记忆、理解和应用，通常被称为低阶思维；分析、综合和评价，通常被称为高阶思维。高阶思维建立在低阶思维的基础上。其后分析、综合和评价三个高阶思维又被修订为分析、评价和创造。六个类别的动词称为一级动词，次分类的动词称为二级动词或行为动词，有19个，分别为：再认、回忆、解释、举例、分类、总结、推断、比较、说明、执行、实施、区别、组织、归属、核查、评判、生成、计划、产生。替换这19个行为动词表述的动词还有40个，比如，替换"再认"的有识别、查找、标记、列出、匹配、命名等。这些动词对课堂教学目标的制订起着导向性作用。教师在制订教学目标时，不同行为动词的使用对于促进学生思维能力的发展非常重要。例如，"学生说出细胞无氧呼吸的原料、阶段和产物"这一教学目标中，"说出"这一行为动词属于"记忆"维度，仅仅体现了学生对细胞无氧呼吸过程这一知识点的记忆是否牢固。而"学生分析酵母菌酿酒的过程"这一教学目标同样考查学生对于细胞无氧呼吸这一知识的掌握，其行为动词"分析"属于更高的认知维度，通过这一行为动词的使用，学生的思维需要经历识别具体情境、匹配相应知识、解决目标问题等过程，其知识迁移能力和解决问题能力得到发展，有效促进了学生思维能力的提升。因此，思维型教学目标的设计需做到注重行为动词的使用，从而促进学生思维能力的提升。

3. 关注具体学情，着眼思维进阶

基于布鲁姆的教育目标分类理论，思维被分为低阶思维和高阶思维，高阶思维的构建以低阶思维为基础。思维是可以培养和教授，通过教育得以改善和提高的，因此，在教学过程中，教师要有意识地聚焦于学生思维的进阶发展，帮助学生发展高阶思维。学生的思维处于不断发展的过程中，由于学生的个体差异性，不同学生的思维处于不同的发展水平。落实到教学目标的设计上，教师需要考虑学生的具体学情，明晰学生思维水平的定位，设计符合学生思维水平的教学目标。"学情"分析主要有三条路径：一是通过书面信息获取学情；二是在"谈话"中把握"个体差异"；三是通过课堂现场观察"学情"。在了解具体学情的基础上，教师才能够掌握学生思维的"最近发展区"，设计合适的教学目标，在教学目标落实的过程中促进学生的思维进阶发展。例如，通过与学生谈话了解到，高中阶段的学生在义务教育阶段虽然已学过细胞分裂的部分知识，但很多学生对细胞分裂的过程印象不深了，若稍加提醒，很多学生能够慢慢回忆起原来所学的知识。据此，可以适当地提高认知要求，让学生进一步通过"观察—分析—归纳—下定义"的过程认识细胞分裂的具体过程，提升学生的科学思维能力，帮助学生的思维从简单的理解记忆发展到更高阶的维度。

（二）思维型教学目标制订的基本程序

思维型教学目标制订的基本程序包括需求分析、需求类别化、目标筛选、目标分解和目标表述五个基本步骤。

1. 需求分析

教学需求分析的目的是发现教学中存在的和需要解决的问题，并在此基础上形成教学目标，为分析学习内容、编写学习目标、制订教学策略、选择和运用教学媒体以及进行教学评价等各项工作提供真实的依据。需求分析的本质是找出"实际水平"和"期望水平"之间的差距，结果是形成目标方向。

其中特别要注意的是，教学并非孤立的师生系统，而是社会的一项子系统，这个子系统要反映社会的需要。因此，在进行需求分析时，除了要关注学生的能力发展之外，也需要从社会视角分析教学与社会的关系。社会对于人才的需要往往比较宏观，强调德智体美劳全面发展的综合型人才。从教学的角度来看，每个课时、每个单元以及每门课程都在响应社会对人才的培养需求，因此在制订教学目标，开展需求分析时，还应充分参考社会发展需要与时代要求，将其融入教学目标与教学实施中去。

在进行教学目标设计时，教师基于需求分析的结果，能够及时了解学生思维发展的具体方向，从而制订有利于促进学生科学思维发展的教学目标。

2. 需求类别化

在完成需求分析之后，要根据核心素养的四个维度（高中阶段：生命观念、科学思维、科学探究、社会责任；义务教育阶段：生命观念、科学思维、探究实践、态度责任）将需求进行类别化，转变为目标项。其中有些目标项可能涉及两种及其以上的核心素养维度。

3. 目标筛选

类别化生成的目标并不能都成为具体的课堂教学目标，需要根据客观条件、学科性质与特点等因素筛选。目标筛选有两种方法：一是结合学科筛选，即只筛选能满足与本学科相关需求的目标，而且筛选出来的目标根据学科特点也会有轻重之分。二是结合环境条件筛选，有的目标虽然可以在理想化的教学条件下实现，但是由于受真实教学环境条件的限制不可能实现，这就需要结合环境条件进一步筛选。[1]

---

① 郭成：《课堂教学设计》，人民教育出版社，2006，第134页。

4. 目标分解

经过需求类别化和目标筛选后形成的目标仍然是概括性的。为了进一步明确目标，必须对目标进行分解细化。目标分解就是使目标进一步具体化、明确化，形成具体目标。[①] 目标分解必须结合学科的具体内容进行。

5. 目标表述

课堂教学目标的表述即课堂教学目标的书写、陈述等，其实质是把已经确定好的课堂教学目标以书面的形式展现出来。

（三）思维型教学目标的表述

一个清晰、准确的教学目标表述应达到三项基本要求：（1）确定预期学习结果所对应的行为；（2）指明产生预期学习结果的条件；（3）明确在规定的条件下学生应达到的行为水平。目前，国内外比较流行的表述方法有ABCD表述法和内外结合表述法。

1.ABCD 表述法

教学目标ABCD表述法主要是由美国学者马杰（R.F.Mager）提出的。ABCD四要素具体是指：

A——对象（audience）：阐明教学对象。

B——行为（behavior）：说明通过学习以后，学习者应能做什么（行为的变化）。

C——条件（condition）：说明上述行为在什么条件下产生。

D——程度（degree）：规定达到上述行为的最低程度（即达到所要求行为的标准）。

（1）对象的表述

教学目标的表述中应注明教学对象，以明确到底是谁得到了发展。例如，"七年级生物学课堂的学生""高一生物学社团的学生""高二生物学实验班的学生"等。有的学者还主张在教学目标中简要阐述教学对象的基本特点。在实际的教学设计过程中，由于教学对象都比较明确，因此教学对象的表述往往可以省略。

---

① 郭成：《课堂教学设计》，人民教育出版社，2006，第134页。

（2）行为的表述

在教学目标中，行为的表述是最基本的成分，说明学习者在教学结束后，应该获得怎样的能力。用传统的方法表述教学目标时，较多使用"知道""理解""掌握""欣赏"等动词来描述学习者将学会的能力，如果需要，再加上表示程度的状语，以反映教学要求的提高，如"深刻理解""充分掌握"等。这些词语的含义较广，教师均可从不同角度理解，因而使目标的表述不明确，给后续的教学评价带来困难。这些词语可用来表述总括性的课程目标和单元目标，但在编写具体的教学目标时并不适合。描述行为的基本方法是使用一个动宾结构的短语，其中行为动词说明学习的类型，宾语则说明学习的内容。例如，"操作""说出""列举""比较"等都是行为动词，在它们后面加上动作的对象，就构成了教学目标中关于行为的表述。行为动词的具体表述可参考课程标准中的相关描述，例如《义务教育科学课程标准（2022 年版）》附录中所列举的行为动词表，如表 2-1。

表 2-1　《义务教育科学课程标准（2022 年版）》行为动词表

类型	水平	行为动词
认知性目标动词	一级水平	知道、举例说出、说出、描述、识别、列举、了解
	二级水平	比较、举例说明、说明、概述、解释、认识、理解
	三级水平	区别、辨析、判断、分析、阐明、分类、应用、预测、评价
技能性目标动词	一级水平	观察、观测、测量、记录
	二级水平	使用、调查、估测、查阅
	三级水平	计算、绘制、设计、制作、检测、优化、改进
体验性目标动词	一级水平	关注、感受、体验
	二级水平	感知、领悟、认同、关心
	三级水平	养成、质疑、形成、树立

（3）条件的表述

条件的表述要说明学生在什么条件或什么情境下展现他们习得的技能。条件或情境则可以指"在哪些提示下？""有哪些资料的帮助下？""利用什么工具（电脑写还是纸笔写）？""多长时间？"等环境因素。条件的表述常与诸如"能不能查阅参考书？""有没有工具？""有没有时间限制？"等问题有关。例如，某一节课的主要教学内容是显微镜的使用，要求学习者"借助显微镜等实验仪器或设备，能完成 500 字的实验报告"。

（4）程度的表述

程度是行为完成质量可被接受的最低标准的衡量依据。对行为标准做出具体描述，为了说明学生必须达到的熟练程度和准确程度，使教学目标具有可测量的特点。

示例：

初中三年级的学生（教学对象），运用多学科的知识和方法（条件）自制（行为）实验装置，模拟香烟烟雾对呼吸道黏膜的危害，形成吸烟有害健康的观念，自觉拒绝吸烟（程度）。

2. 内外结合表述法

1978 年诺曼·E. 格朗伦德（N.E.Gronlund）提出先用描述内部过程的术语来表述学习目标，以反映理解、运用、分析、创造、欣赏、尊重等内在的心理变化，然后列举反映这些内在变化的例子，从而使这些内在心理变化可以被观察和测量。这就是用内部过程与外显行为相结合描述学习结果的方法。

示例：

①根据眼球的结构和成像原理，运用相关学科的知识和方法，选择适当的材料和工艺，制作眼球结构模型和成像模型（外显行为），发展跨学科实践能力（内部过程）。

②分析人类活动对生态环境造成破坏的实例（外显行为），形成保护生物圈的社会责任意识（内部过程）。

③说明生物的不同分类等级及其相互关系（外显行为），初步形成生物进化的观点（内部过程）。

第二节　教学内容设计

教学内容是实现教学目标的主要载体，是教学设计中比较重要、核心的一个环节。教学内容设计主要是指教师合理选择、组织和安排教学内容的表达或呈现的过程。在素养导向的背景之下，如何通过对相应教学内容的设计，促进学生核心素养的发展，是当前教师迫切需要去思考的问题。

一、教学内容设计概述

（一）教学内容设计的定义

从字面上来看，教学内容设计由"教学内容"与"设计"两个部分组成。广义上的教学内容是指人类生产、生活和发展所传授的知识和经验的总和；狭义上的教学内容是指在教学过程中为实现教学目的而规定的，以教材为主要载体的，要求学生系统学习的知识、技能和行为的总和。随着理论研究的不断发展，依托于各类知识载体（如教材）而创生与发展的内容也被纳入教学内容的范畴，例如激发学生动机、学习方法指导、传递给学生的价值观等方面的内容，教学内容的内涵得以不断丰富。

教材是教学内容的主要载体，呈现出相对稳定的状态。一般情况下，教师通过组织加工、延伸拓展教材已有内容，就能形成教学内容，除此之外，教学内容还可以依托其他学习材料进行呈现。"设计"意味着预先、规划、创新与创造或者改良。因此，教学内容不应是静态的课程文本，教师应该具有选择、组织甚至是创造教学内容的能力，而不是只局限于忠实地传授教材内容。[①] 由于受到每位教师主观意识的影响，教学内容的设计也会呈现出差异化的特点。整体来看，教学内容设计是以教学目标为依据，以教材为基础，

---

① 毛梦：《基于生物学学科核心素养的初中生物学教学内容设计与实践》，硕士学位论文，延安大学，2021，第5页。

合理选择、拓展、整合和组织教学内容，科学设计和安排教学内容在课堂教学中表达或呈现的过程。

（二）教学内容设计的类型

教学内容设计的类型是指根据教学目标和学生特点，将教学内容划分为不同的类型，以便更好地进行教学。[①]生物学中常见教学内容的类型包括以下几种：

1. 生物形态结构的教学内容设计

生物的形态结构是生物的生活习性和生理功能的基础，形态结构部分专用名词较多，学生比较生疏；内部结构较细微复杂，学生难以想象和记忆。因此，这种类型的教学内容设计应注重提高学生的记忆水平，依据记忆信息加工理论，积极引导学生参与信息的输入—加工—贮存—输出过程。

2. 生物学概念的教学内容设计

概念学习实质上就是掌握同类事物共同的关键特征，是由具体到抽象，由感性到理性的思维发展过程。因此，这种类型的教学内容设计应注重选择典型的有代表的事物，如何用简洁准确的语言给予定义，如何通过辨析达到强化，是上好这类课的关键。

3. 生理知识的教学内容设计

生物的生命活动及其原理一般比较复杂、细微或抽象，涉及的相关知识较多，学生难以观察，也不易理解，如细胞分裂、光合作用、肺通气和体内的气体交换等。这种类型的教学内容设计要使学生更好地理解有关原理及规律，依据迁移理论，应充分利用学生原有知识或感性认识，构建新旧知识间联系的桥梁，促进知识的正迁移。

4. 生物学规律的教学内容设计

通过阐述生物学的现象、事实或实验结果，揭示生物学的基本理论、观点和规律，如生物的进化、生长素的发现和遗传的基本规律等。这种类型的教学内容设计要注重引导学生透过现象揭示本质，逐步提高学生分析问题、解决问题的能力。

---

①任小贝：《生物学新授课常见类型与教学策略》，《生物学通报》2001年第10期。

以上几种教学内容设计类型并不是相互独立的,它们之间存在着相互联系和相互渗透的关系。在具体的教学过程中,教师应根据具体的教学目标和学生特点,灵活运用不同类型的教学内容设计,以便更好地促进学生的学习和发展。

二、思维型教学内容的设计原则与分析维度、方法

(一)思维型教学内容的设计原则

1.素养导向性原则

教学内容的设计最终是为教学目标服务的,而教学目标则紧紧围绕核心素养的发展,因此素养导向性原则是教学内容的根本设计原则之一。在进行中学生物学教学内容设计时,要充分考虑内容的深度与广度,确定学习内容的范围,界定学生必须达到的知识与能力的广度。

2.学习进阶原则

围绕同一核心概念对教学内容进行学习进阶安排是课程改革的重要成果之一。学习进阶是对学生学习某一核心概念时所遵循的、连续的、典型的学习路径的描述,一般呈现为围绕核心概念展开的一系列由简单到复杂、相互关联的概念序列。基于学生的认知水平和知识经验,科学安排学习进阶,设计适合有序递进、螺旋上升的课程内容结构,实现学习内容由浅入深、由表及里、由易到难以及学习活动从简单到综合。

3.培养学生的思维能力

在教学中,教师应该注重培养学生的分析、判断、推理、归纳和演绎等思维能力,使学生能够理解和解决生物学问题。通过引导学生进行思维活动,提高学生的思维水平,从而促进学生的全面发展。

4.引导学生建立概念体系

生物学是一门概念性很强的学科,学生必须掌握各种生物学概念才能理解和掌握生物学知识。因此,在教学中,教师应该通过讲解、实验等方式引导学生建立生物学概念体系,帮助学生掌握生物学基本概念,从而更好地理解和应用生物学知识。

5.培养学生的实践能力

生物学是一门实践性很强的学科,学生必须具备实践能力才能掌握生物学知

识。因此，在教学中，教师应该通过实验、观察等方式培养学生的实践能力，让学生亲身参与其中，探究生物学现象和规律，从而更好地理解和掌握生物学知识。

（二）教学内容分析的主要维度

对生物学教学内容进行分析时，可从知识、思维方法和态度责任三个维度进行分析，以实现核心素养的综合发展。[①] 知识是学科核心素养的载体，思维方法是知识转化为学科核心素养的桥梁，通过知识的学习培养学科核心素养，在习得关键能力的过程中，正确价值观、必备品格可以得到同步提升。

1. 知识分析

知识是素养形成和发展的载体，能力与素养不可能凭空产生，只能以知识为基础并经由一定的实践才能形成。[②] 从教学的层面讲，深化课程改革就是要克服表面的、表层的、表演的知识教学的局限性，促进知识向核心素养的转化。根据三棱思维结构模型，教师可在教学活动中将具体的学科知识作为学生思维发展的材料，努力营造良好的教学环境，将内涵于学科知识中的思维结构展示给学生，促进学生思维能力的提升、思维品质的养成。思维型教学强调将知识迁移到真实情境中，要求突出知识的形成过程，重视形成知识的方法和途径，以培养学生对知识的深度理解与应用。[③] 在知识分析中，教师不仅要对教材等学习材料进行学科知识梳理，更要分析如何通过思维型教学，引导学生在认知方式、情感体验、思想境界、处事方式等维度发生实质性的变化，而不是把知识仅仅当作符号，通过机械训练、记忆等方式进行的表层学习。通过对教材知识的分析，了解教材中知识内容的编排和选择是如何体现课程标准要求的，发现教材所选内容的特点、教材的体系结构，确定教材的重难点，挖掘出对学生的能力及情感态度价值观方面进行培养的相关内容。

2. 思维方法分析

每一门学科都有一些独特的思想方法及学科共通的方法，这些方法在教学过程中需要加以渗透，帮助学生发展高阶思维能力。知识与思维能力有着

---

① 崔鸿：《中学生物学教学设计》，高等教育出版社，2016，第 26 页。

② 卢媛：《知识与生物学学科核心素养的关系初探》，《生物学教学》2023 年第 48 卷第 9 期。

③ 林崇德：《多元智力与思维结构——兼质疑加登纳的多元智力》，《心理发展与教育》2005 年第 21 卷第 z1 期。

内在的统一性，思维能力是通过知识的学习和练习转化而来的，能力又是知识升华为素养的途径。对生物学教材的思维方法分析就是以生物学教材内容为基础，剖析、挖掘和总结教材中有关思维方法的内容。生物学方法论的内容是指教材中体现的研究生物学所应用的各种基本方法，如观察、实验、逻辑思维（分析、综合、归纳、演绎、类比）等，在学生思维过程中，抽象与概括、归纳与演绎、分析与综合等方法彼此关联。[1]生物学中的一些重要概念，如定律、原理、规律等都是人类科学思维的产物，形成这些概念一般需要进行分析、比较、归纳、演绎、综合、抽象和概括等科学思维的过程和方法。[2]卡尔·萨根说："科学与其说是一种知识体系，不如说是一种思维方式。"同样，我们也可以认为，生物学课程的学习与其说是学习一种知识体系，不如说是学习一种思维方式。通过对比分析，深入挖掘教材等学习材料中有关思维方法的内容，可以帮助学生初步掌握生物学的研究方法，尤其是实验方法与科学思维方法，培养其科学态度，形成正确的世界观和科学观。生物学知识可以分为不同的类型，各种类型的知识在学习过程中都有不同的学习方法，如学习概念时就要注意分析和类比；学习规律时要注意归纳与演绎；开展实验时要注意实验程序和操作规范；运用知识时要注意对象与条件等。

3. 态度责任分析

中学生物学思维素养不仅有能力因素，还包含态度因素，它既是一种能力，也是一种品格。[3]能力与品格具有内在的关联性，能力是品格的基础，品格引导能力发展的方向，两者相互依存，共同支撑着素养的发展。[4]生物学学科中含有大量与核心素养培育有关的素材，教师在传授生物学知识的同时应注重结合生活实际，充分挖掘各种德育素材。[5]比如，讲解"与生物学有

---

① 吴成军：《试论科学思维及其在生物学学科中的独特性》，《生物学教学》2018 年第 43 卷第 11 期。

② 赵占良：《对生物学学科核心素养的理解（二）——科学思维及其教学》，《中学生物教学》2019 年第 10 期。

③ 卢媛：《知识与生物学学科核心素养的关系初探》，《生物学教学》2023 年第 48 卷第 9 期。

④ 李飞燕：《生物学教学中社会责任素养的培养研究》，《中学生物教学》2023 年第 5 期。

⑤ 王万里：《高中生物学教学中学生"社会责任"养成的构建》，《中学课程辅导》2023 年第 1 期。

关的职业"这部分内容时，就可以针对学生开展职业教育；讲解"科学·技术·社会"这部分内容时，则可以强调让学生在日常生活中加强生物学学科与社会生活之间的联系；讲解"生物科学史话"这部分内容时，重点让学生了解生物科学的探索与发展过程，帮助学生形成正确的世界观以及价值观念。生物学教师在进行学习内容分析时，要发现能激发学生的好奇心、求知欲、创新欲和学习兴趣的内容，让他们拥有喜欢观察与探究的情感，还包括挖掘和分析一些适宜于进行审美教育的内容，如自然美、科学美、和谐美等；要发现能够让学生养成热爱学习的态度、实事求是的科学态度、积极健康的生活态度的内容；也要发现能够让学生形成爱国、人与自然和谐发展等价值观的内容。

（三）教学内容分析的主要方法

1. 归类分析法

归类分析法主要是对信息进行分类的方法，旨在鉴别为实现教学目标而需学习的知识点。确定分类方法后，可以选择图示或列提纲的方式，把实现教学目标需学习的知识归纳成若干方面，从而确定学习内容的范围。

2. 图解分析法

图解分析法是一种基于图形的分析方法，它能够将各种复杂的生物学概念及过程用图形化的形式表达出来，从而使学生能更加直观地理解和记忆知识点。首先，学生应该清晰认识图解分析法的构成元素，如结构图、流程图、示意图、过程图等，并能正确地使用不同的图形来表达不同的概念。其次，在绘制生物知识图解的时候，可尽量恰当地使用有色线条，确定关键环节，以便准确表达所描述的生物学过程。再次，图解分析法可培养学生联想能力，将抽象的生物概念转化为图形，如细胞分裂、光合作用等。最后，将图解分析法看作一种系统的分析方法，要从宏观的角度来把握叙述的大致脉络，同时又要从细节的角度来把握叙述的具体内容，综合考查细节与大致脉络之间的逻辑关系，从而辅助分析。

3. 层级分析法

层级分析法是利用教学目标的层次关系，对课堂教学内容进行分析的一种方法。它揭示了为达到教学目标，学生必须学习的知识和技能，逐级向下分析，直至最基础的教学内容。教学中的层级分析法指的是一种评估学习效果的方法，通常用于帮助学生学习新的概念和技能。该方法的基本流程如下：

（1）确定评估标准：确定要评估的知识和技能，如学生是否理解一个新的概念或掌握一项技能，以及其应用是否准确或熟练。

（2）设计测试或任务：根据评估标准和要评估的知识和技能，设计一个测试或任务，以评估学生是否理解或掌握这些知识和技能。

（3）评估学生表现：使用测试或任务来评估学生的表现。通过比较学生的表现和预期的水平，可以确定学生是否达到了学习目标。

（4）反思和改进教学：评估学生表现后，反思和改进教学策略。可能需要更新教学目标和测试，以反映学生的最新发展。

在进行层级分析时，教师可以提出下列问题：

（1）从属技能是否与确认基本概念有关，如学生能说出什么是"细胞"。

（2）从属技能是否包括了要求学生通过下定义的方式确定事物的抽象特征，如学生能说明什么叫"光合作用"吗。

（3）从属技能是否包括了要求学生能运用规则，如学生能否正确使用检索表对植物进行分类和鉴定。

（4）从属技能是否包括了要求学生学会如何解决问题以证明其掌握了教学目标。

三、思维型教学内容的典型案例分析

在中学生物学教学中，如何设计思维型教学内容，以提高学生的学习兴趣和思维能力，是一个非常重要的问题。以下是一个典型的案例分析，可帮助教师更好地设计教学内容。

案例　生物多样性的保护

1. 教学目标

通过关注和搜集当地稀有资源的资料，概述生物多样性的价值，分析生物多样性的形成原因及面临的危机。

通过就近考察稀有资源的保护情况，概述生物多样性保护的措施，形成稳态与平衡相统一的生命观念和社会责任感。

2. 教学内容设计

2.1 激发学生兴趣

通过展示一些珍稀动植物的图片和视频,让学生了解它们的特点和价值,引起学生的兴趣和好奇心。

2.2 知识讲解

介绍生物多样性的概念、价值和面临的威胁,如气候变化、森林砍伐、物种灭绝等,让学生了解保护生物多样性的重要性和紧迫性。

2.3 案例分析

通过具体的案例分析,让学生了解生物多样性的保护方法和策略,如建立自然保护区、限制捕猎和采伐、推广可持续发展等,让学生了解如何保护生物多样性。

2.4 思维拓展

通过提出问题和讨论,让学生思考生物多样性保护面临的难题和挑战,如人口增长、环境污染、生态失衡等,让学生探讨如何解决这些问题。

3. 教学方法

3.1 情境教学法

通过展示珍稀动植物的图片和视频,让学生感受到生物多样性的美丽和价值。

3.2 问题导向法

通过提出问题和讨论,让学生思考生物多样性保护面临的挑战和解决方法。

3.3 合作学习法

通过小组讨论和合作,让学生共同探讨生物多样性保护的方法和策略。

4. 教学评价

通过课堂讨论、作业和考试等方式,对学生的学习效果进行评价,评价标准包括知识掌握程度、思维能力和实际应用能力等。

以上是一个典型的中学生物学思维型教学内容设计案例分析。通过合理的教学目标、内容设计和教学方法,可以激发学生的学习兴趣和思维能力,提高他们的学习效果和实际应用能力,从而达到培养学生综合素质的目的。此外,教师还应根据学生的实际情况和课程特点,灵活调整教学内容和方法,不断完善教学设计,提高教学质量和效果。

第三节 教学情境设计

一、教学情境概述

（一）教学情境的内涵

教学情境是指在教育教学过程中，教师和学生所处的具体场景和环境，是指教学活动所发生的具体时间、地点、人员、工具、材料等方面的条件。教学情境是教育教学过程中的重要组成部分，是教学内容、教学方法和教学评价的基础和前提。

教学情境的内涵包括以下几个方面：首先，它是教育教学活动所发生的具体时间和地点。教师和学生在特定的时间和地点进行教育教学活动，这个时间和地点就构成了教学情境最基本的要素。其次，教学情境还包括参与教育教学活动的人员。教师和学生是教育教学活动的主体，他们在教学情境中的角色和作用是不同的。此外，教学情境还包括教学所需要的工具和材料。这些工具和材料是为了辅助教师进行教学和学生进行学习而准备的，它们的选择和使用对教育教学活动的开展起着重要的作用。最后，教学情境还包括教学活动的具体内容和形式。教学情境不仅是教育教学活动的场景和环境，也是教育教学活动的具体内容和形式的体现。

总之，教学情境是教育教学活动的重要组成部分，它的创设对于教育教学活动的开展和教学效果的提高有着重要的影响。教师需要根据教学目标和学生的实际情况来设计和创设合适的教学情境，以便更好地促进学生的学习和发展。

（二）教学情境创设的特点

教学情境创设是教学过程中非常重要的一环，它是指在教学过程中，创造出一种适宜学生学习的环境，使学生能够更好地理解和掌握所学知识。相比于传统的教学方式，教学情境创设具有以下几个特点：

首先，教学情境创设是一种体验式学习。在创设教学情境的过程中，学生可以通过亲身体验来感受所学知识的真实性和实用性。例如，在学习生态系统的课程中，可以组织学生进行野外考察和调查，使学生能够亲身感受到生态系统的组成和运行规律，从而更好地理解所学知识。

其次，教学情境创设是一种互动式学习。教学情境的创设需要学生参与其中，学生可以通过互动的方式来探究问题和解决问题。例如，在学习遗传学的课程中，可以组织学生进行模拟实验，让学生在实验中自主探究遗传规律，从而培养学生的思维能力和实践能力。

最后，教学情境创设是一种个性化学习。教学情境的创设需要根据学生的不同特点和需求进行个性化设置，让每个学生都能够在学习中得到满足和发展。例如，在学习生物多样性的课程中，可以根据学生的兴趣爱好和特长，设置不同的项目和任务，让学生能够在学习中充分发挥。

整体而言，教学情境创设是一种体验式、互动式和个性化的学习方式，它可以更好地激发学生的学习兴趣和积极性，提高学生的学习效果和成就感。

（三）教学情境创设的作用和意义

教学情境创设是一种有效的教学策略，在提高学生学习兴趣、培养学生思维能力和发展学生个性等方面具有重要的作用和意义。因此，在中学生物学教学中，教师应该积极探索和应用教学情境创设策略，为学生提供更加优质和有趣的学习体验。教学情境创设的作用和意义在于：

1. 教学情境创设有助于提高学生的学习兴趣。教学情境可以通过符合学生认知规律和学科特点的教学手段，使学生在参与教学过程中感受到学科知识的乐趣，从而激发学生的学习兴趣和积极性。

2. 教学情境创设有利于培养学生的思维能力。教学情境可以通过创设具有启发性、挑战性和探究性的教学环境，在经历科学探究实践的过程中，培养学生运用科学思维方法去认识生命、解决问题的习惯和能力，从而培养学生的创造性思维、批判性思维和科学探究实践能力。

3. 教学情境创设有助于发展学生的核心素养。教学情境的创设注重学生的主体地位和个性发展，服务于问题的解决，激发学生的个性潜能，引导学生自主学习和自主思考，促进学生生命观念的形成和发展，还能助推学生社会责任意识的提升，从而促进学生的核心素养全面发展。

二、中学生物学思维型教学情境设计的基本原则

（一）注重培养学生的思维能力

思维是人类认识世界、解决问题的根本方式，而中学生正处于思维能力和认知结构迅速发展的关键时期。随着社会的持续进步与知识体系的不断更新，单纯依赖知识积累已显然无法有效应对日益复杂多变的未来挑战。在此背景下，培养具备触类旁通、独立创新能力的思维型人才显得尤为重要。因此，在中学生物学教学中，注重培养学生的思维能力不仅是学科教学的要求，更是适应未来社会发展的必然选择。

为了实现这一目标，教育者必须摒弃传统的知识灌输式教学模式，转而精心设计思维型教学情境，使之成为培养学生思维能力的有力抓手。在思维型教学情境中，学生不再是被动的知识接受者，而是成为问题的主动发现者和解决者。教育者通过设计具有挑战性和探索性的问题情境，引导学生进行深入思考，激发他们的好奇心和求知欲。同时，教育者还需注重培养学生的批判性思维和创新性思维，鼓励他们对既有知识和观点进行质疑和反思，进而在自主探究的过程中逐步建立起科学、严谨且富有创新性的思维方式。

通过精心设计的思维型教学情境下的系统训练，学生不仅能够更加深入地理解和掌握生物学知识，更能够显著提升其分析问题和解决问题的能力。这种能力的培养不仅有助于学生更好地理解生物学知识，还能激发他们的探索精神和创新意识，为将来的学术研究和职业发展奠定坚实的基础。

（二）注重教学情境的真实性和互动性

在中学生物学思维型教学中，注重教学情境的真实性和互动性是非常重要的。教学情境的真实性指的是教学情境应该与实际生活中的情境相符合，具有真实性和可行性。教学情境的互动性指的是教师和学生之间应该建立起良好的互动关系，促进学生的参与和思考。

在教学中，教师应该尽可能地创造真实的教学情境，让学生能够更好地

理解所学内容，并将所学知识应用到实际生活中。例如，在教学生态系统时，可以组织学生到野外进行实地考察，让学生亲身体验生态系统的构成和运作，从而更好地理解生态系统的本质。这种真实的教学情境能够激发学生的学习兴趣和积极性，提高学习效果。

此外，教学情境的互动性也是非常重要的。教师应该尽可能地与学生建立良好的互动关系，让学生在教学中能够积极参与，提高学习效果。例如，在教学中可以采用小组讨论、问题解决等方式，让学生进行互动交流，从而激发学生的思维能力，提高学生的学习成果。在教学中，教师还应该及时给予学生反馈，让学生了解自己的学习情况，从而更好地调整学习策略和方法。

总之，注重教学情境的真实性和互动性是中学生物学思维型教学的重要方面。教师应该尽可能地创造真实的教学情境，让学生能够更好地理解所学内容，并与学生建立良好的互动关系，促进学生的参与和思考，从而提高学生的学习效果。

（三）重视学生的主体地位和个性发展

在中学生物学思维型教学情境设计中，重视学生的主体地位和个性发展是非常重要的。这种教学模式的核心是培养学生的思维能力，而学生的主体地位和个性发展是思维能力培养的前提和保障。学生主体地位的重视意味着教学过程中学生应该是主角，教师则是指导者。在教学中，教师应该尽可能地让学生参与到教学过程中来，让他们成为自己学习的主导者。教师可以通过让学生自主选择研究课题、自主安排实验方案、自主探究问题等方式，培养学生的自主学习和思考能力，让学生体验到自己的价值和能力。此外，重视学生的个性发展也是非常重要的。每个学生都是独一无二的，他们在学习中拥有不同的兴趣爱好、认知方式和学习习惯等。因此，在教学中，教师应该尊重学生的个性差异，采取差异化教学，让每个学生都能够得到适合自己的学习方式和学习资源。这样不仅可以激发学生的学习兴趣和积极性，还可以帮助学生更好地发挥自己的优势和潜力。通过重视学生主体地位和个性发展，可以帮助学生实现全面发展。在中学生物学思维型教学情境设计中，学生不仅可以获得知识，还可以培养思维能力、实践能力、合作能力等多方面的能力，从而实现全面发展。这对学生未来的发展和成长具有重要的意义。

三、中学生物学思维型教学情境设计的常见类型

（一）基于实验的教学情境设计

基于实验的教学情境设计是一种常见的教学方法，该方法通过设计实验情境，让学生亲身参与实验活动，从而激发学生的学习兴趣，提高学生的学习效果。在中学生物学教学中，基于实验的教学情境设计可以帮助学生深入了解生物学知识，掌握生物学实验技能，提高学生的实践能力和创新能力。

在实验设计中，首先要确定实验目的和实验内容，然后选择适当的实验方法和实验条件，设计实验步骤和实验流程。在实验过程中，教师应该引导学生积极参与实验活动，注意实验安全，培养学生的实验操作技能和实验思维能力。在实验结果的分析和讨论中，教师应该引导学生理性分析实验结果，探讨实验现象背后的生物学原理，培养学生的科学探究精神和科学思维能力。

例如，在教学细胞学知识时，可以设计一个细胞分裂实验情境。在该实验中，学生可以观察细胞分裂的过程，了解细胞分裂的基本原理和细胞分裂的类型，掌握细胞分裂实验的方法和技巧。在实验过程中，教师可以引导学生进行实验操作，解释实验现象，让学生理解细胞分裂的过程和原理。在实验结果的分析和讨论中，教师可以帮助学生理解细胞分裂的生物学意义，探讨细胞分裂的调控机制和异常情况，培养学生的科学思维和实验操作能力。

（二）基于探究的教学情境设计

基于探究的教学情境设计是一种重视学生自主学习和思考的教学模式。在中学生物学教学中，可以通过设计探究实验、问题解决、项目研究等情境，引导学生主动探究、发现问题、解决问题，从而提高学生的思维能力和学科素养。

在探究实验设计中，教师可以根据教学目标和学生的实际情况，选取适合的实验内容，将学生分成小组进行实验，引导学生自主探究、自我发现，同时教师要及时给予指导和反馈，帮助学生理解实验过程和结果。例如，在教学生态学知识时，可以设计"生态环境对植物生长的影响"实验，让学生自行设计实验方案，观察植物在不同环境下的生长情况，通过实验结果分析

环境因素对植物生长的影响。

在问题解决情境设计中，教师可以根据学生的兴趣和实际问题，引导学生提出问题、分析问题、解决问题。例如，在教学遗传学知识时，可以设计"基因突变与疾病"问题情境，让学生自行查找相关资料，分析基因突变与疾病的关系，探究基因突变的成因和预防方法。

在项目研究情境设计中，教师可以将学科知识和社会实践结合，引导学生进行项目研究，培养学生的综合素质和社会责任感。例如，在教学生物多样性保护知识时，可以设计"保护本地区珍稀植物"项目研究，让学生自行收集、整理资料，制订保护计划，实践保护行动。

（三）基于现实生活案例的教学情境设计

在中学生物学教学中，基于现实生活案例的教学情境设计是一种非常有效的教学方法。在教学中通过引入现实生活案例，让学生在情境中进行学习和思考，以培养学生的思维能力和解决问题的能力。在生物学教学中，教师可以通过引入生物学实例，让学生用生物学的眼光去观察生活，进而更深入理解生物学的基本概念和原理，从而提高学生的学习兴趣和学习效果。

现实生活案例教学情境的设计需要符合学生的认知特点和学习需要。教师可以从学生的生活经验、社会现象或历史事件等方面选取适合的案例，引导学生进行思考和讨论。例如，在讲解生态系统知识时，可以引入生态平衡被破坏的案例，让学生思考生态平衡的重要性和保护生态的方法。

现实生活案例教学情境的设计也需要注意教学情境的真实性和互动性。教师可以通过引入多媒体技术、现场考察等方式，让学生在真实的情境中进行学习和思考，提高学生的学习效果和兴趣。此外，教师还可以通过小组讨论、角色扮演等方式，营造良好的互动氛围，促进学生之间的交流和合作，提高对科学本质的理解，进而发展学科核心素养。

基于现实生活案例的情境教学中，教师还需要注重学生的主体地位和个性发展。教师应该充分尊重学生的个性差异，根据学生的兴趣和特长，设计不同的案例教学情境，让学生在自主学习的情境中进行学习和探究。同时，教师还需要通过评价和反馈，激发学生的学习动力，提高学生的学习成效。

（四）基于科学史的教学情境设计

在中学生物学教学中，基于生物科学史创设教学情境也是一种常见的手段。《普通高中生物学课程标准（2017 年版 2020 年修订）》的教学建议中强调中学生物学教学中要"注重生物科学史和科学本质的学习"。在生物科学史的教学情境中，学生能沿着科学家探究生物世界的道路，理解科学探究的过程和思维方式，这对学生对科学本质的深入理解、科学思维能力的提升有着深远意义。

例如，在高中生物学必修 2 "自然选择学说与适应的形成"课时的教学中，教师可以通过任务引导学生阅读、比较和分析拉马克的进化学说与达尔文的自然选择学说之间的联系与区别，引领学生重温自然选择学说科学规律或理论发现的过程。学生在此过程中，运用分类与比较、归纳与总结的科学思维，亲历科学家们基于事实发现规律、提出理论的探究历程，将推理得出的结论按逻辑建构成知识网络，成功建构达尔文自然选择学说主要内容的概念模型，同时也提高了学生信息搜索与处理的能力。

概括来说，在基于科学史的教学情境设计中，教师要注意遵循少而精、循序渐进、价值优先原则。课堂上提供的科学史材料要精简，有内在的线索贯穿，所设计的教学问题要环环相扣、层层深入；教学中，科学史料的呈现不能平铺直叙，要设置挑战性的问题或任务，引导学生主动参与对史料的吸收和理解；在科学史内容选择上，要精选具有较高教育价值、能给学生多方面启发的史料。

第四节　教学问题设计

一、教学问题设计概述

（一）教学问题设计的内涵

教学问题设计是教学活动的重要组成部分，是指在教学过程中，教师针对教学内容和教学目标，有目的地设计出一系列具有启发性、引导性和探究性的问题，以促进学生的思维发展和能力提升。教学问题包括基础知识类问题、探究性问题和综合性问题等，旨在引导学生主动思考、掌握知识，培养科学思维和创新能力。教学问题设计的内涵包括以下几个方面：

1. 教学问题设计是基于学科性质和学生认知规律的。教学问题应该符合学科的本质和特点，具有科学性、严谨性和实用性。同时，教学问题设计也应该考虑到学生的认知规律和心理特点，以便更好地引导学生进行探究和思考。

2. 教学问题设计是具有启发性和引导性的。教学问题应该具有启发性，即通过问题引导学生主动探究和思考，激发学生的学习兴趣和求知欲。同时，教学问题也应该具有引导性，即通过问题引导学生掌握知识和技能，提高学生的学习效果。

3. 教学问题设计是具有探究性的。教学问题应该具有探究性，即通过问题引导学生进行科学探究，培养学生的科学思维和创新能力，提高学生的综合素质。

4. 教学问题设计是具有多元化的。教学问题应该具有多元化，即通过多种形式和不同层次的问题，引导学生进行思考和探究，提高学生的思维层次和能力水平。同时，教学问题设计也应该适应不同学生的认知特点和学习需求，实现个性化教学。

（二）教学问题设计的类型

教学问题设计是教学过程中非常重要的一环，它可以激发学生的学习兴趣，引导学生主动探究和思考，促进学生的深层次学习。教学问题设计的类型主要包括以下几种：

1.基础知识类问题设计：这种类型的问题主要针对学生掌握的知识点进行设计，旨在帮助学生理解和记忆相关的概念、原理和规律。这类问题通常是比较简单和直接的，能够提高学生对基础知识的熟练掌握程度。

2.探究性问题设计：这种类型的问题主要针对学生的思维和探究能力进行设计，旨在引导学生进行深入的思考和探究，通过发现、思考和实践来深入理解和掌握知识。这类问题通常是开放性的，需要学生进行自主思考和探索，帮助学生培养探究和发现问题的能力。

3.综合性问题设计：这种类型的问题主要将不同的知识点和技能进行有机结合，旨在帮助学生理解知识点之间的联系和相互影响，促进学生综合性思维能力的发展。这类问题通常是复杂的，需要学生进行综合分析及运用不同的知识点和技能，帮助学生培养综合性思维和解决问题的能力。

教学问题设计的类型不是固定不变的，而是根据教学目标、学生特点和课程内容的不同进行选择和调整的。教师在进行教学问题设计时，应该根据学生的认知特点和学科性质进行合理的选择和设计，既要考虑学生的学习需要，又要考虑教学的实际情况和效果。

（三）中学生物学教学问题设计与思维型教学

问题是发展学生思维的重要基点，学生能够围绕问题进行积极主动的思考是发展学生的学习能力、思维能力、创新能力的必然途径，而在中学生物学教学过程中，进行教学问题设计是发展学生思维的重要环节。教学问题设计是思维型教学的基本原理与发展学生思维能力的纽带与桥梁。

基础知识类问题设计以对基础知识的理解、记忆为依托，能够引起学生的认知冲突，例如，鲸鱼属于鱼类吗？鲸鱼属于哺乳动物，但是从名称来看，学生易将鲸鱼归类为鱼类。进行此类基础知识类问题设计，引发学生认知冲突，促进学生的思维发展。

探究性问题设计以引起学生自主思考、提出假设、积极探究的问题为依托，能够有效引起学生的学习动机，动机作为非智力因素之一，不仅是其他非智力因素的前提和基础，也是推动学生主动学习和积极思维的动力。例如，在教授"人体内废物的排出"时提问：水对人体非常重要，而排尿时却会排出很多的水，那么，人体为什么还要排尿呢？进行此类探究性问题的设计，能够引起学生的学习兴趣，激发学生的学习动机，针对教师提出的问题，学生形成自己的假设，寻找答案，在探究过程中，促进学生思维的活跃发展。在探究性问题的基础上进行思维型教学，不仅能有效落实对学生科学思维的培养，而且也进一步促进学生探究实践能力的发展。

综合性问题设计以对知识、方法的综合运用为依托，能够促进学生对知识的自主建构，完善和不断修正认知结构；学生在思考综合性问题时，对自身的学习过程进行自主监控，以提出的综合性问题为主线，不断进行问题解答的思维探索，逐渐形成学生的认知活动策略；此外，综合性问题能够有效促进学生的应用迁移能力，将所学知识和方法应用迁移到实际情境中。例如，在进行"光合作用"教学时，利用真实生活设计问题：当前，世界面临的一个重要难题是粮食问题，还有部分国家和地区未解决温饱问题，所以提高粮食产量是当务之急，在农业生产上通过提高光合作用速率，可以促进有机物的积累从而提高农作物的产量，那么，为了提高农作物的光合作用速率，可采取哪些措施？

通过合理的问题设计，可以使学生在学习过程中逐步实现教学目标，达到掌握知识和提高技能的目的，促进发散思维、创新思维、抽象思维、聚合思维、分析思维等思维能力和品质的发展，有效落实对学生核心素养的培养。问题设计要与教学目标相匹配，既要考虑学生的学习需要，又要符合教学内容的要求，使学生在问题解决的过程中逐步领悟知识和技能的本质。

二、教学问题设计的基本原则

（一）遵循学科性质和学生认知规律

学科性质和学生认知规律是教学问题设计的基本原则之一。遵循学科性质和学生认知规律，可以帮助教师更好地设计问题，提高教学效果，增强学生的学科素养和思维能力。

首先，遵循学科性质是教学问题设计的前提。不同学科有不同的内涵和特点，因此问题设计必须符合学科性质。生物学是一门综合性学科，在生物学教学中，涉及生命的各个方面，如生物的结构、功能、生态、进化等。因此，教学问题设计应该突出生命科学的特点，注重探究生命的本质和规律。

其次，学生认知规律是教学问题设计的重要依据。学生的认知能力和认知规律是教学问题设计的基础。教师应该了解学生的认知特点和认知规律，根据学生的认知能力和认知水平，设计合适的问题，引导学生深入思考和探究。例如，在设计问题时，可以考虑学生的年龄、认知水平、兴趣爱好等因素，避免让学生感到无聊或难以理解。

此外，教学问题设计需要注重学生的主体地位，引导学生通过自主探究和合作学习，提高学生的思维能力和学科素养。因此，教学问题设计应该体现启发性和探究性，让学生在探究中发现问题，通过思考和实验解决问题，提高学生的创新能力和解决问题的能力。

（二）突出问题的本质和难点

在中学生物学的教学中，问题设计是非常重要的一环。而在问题设计的过程中，突出问题的本质和难点则是至关重要的。本质和难点是问题的核心，也是问题设计者需要重点关注的地方。

首先，问题的本质是指所要解决的问题本身，是问题的核心所在，是问题的关键所在。在问题设计中，突出问题的本质可以让学生更好地理解问题的目的，更好地掌握问题的解决方法和技巧。例如，在讲解"细胞增殖"的过程中，提出问题：细胞有丝分裂的过程是怎样的？它有什么生物学意义？这个问题的本质在于让学生理解细胞有丝分裂的重要性，进而更好地掌握细胞增殖的过程和原理。

其次，问题的难点是指问题所涉及的知识点或技能点中最为困难的部分。在问题设计中，突出问题的难点可以让学生更好地认识到问题的挑战性和难度，进而更好地提高学生的学习兴趣和激发学习动力。例如，在讲解"光合作用"的过程中，提出问题：为什么植物能够进行光合作用？这个问题的难点在于让学生理解光合作用的原理和机制，需要学生对光合作用的化学反应和生物学过程有深入的了解。

因此，突出问题的本质和难点是问题设计中非常重要的一环。通过突出问题的本质和难点，可以让学生更好地理解问题的目的和挑战性，进而更好地掌握问题的解决方法和技巧。在实际的教学中，问题设计者需要深入了解学生的认知水平、认真分析学科性质，根据学生的学情和需求，合理设计问题，突出问题的本质和难点，从而提高学生的学习效果和学习兴趣。

（三）体现思维层次和多元化

教学问题设计是教学活动中的重要环节，它能够促进学生的思维发展和学习效果的提高。在中学生物学思维型教学问题设计中，体现思维层次和多元化是非常重要的原则之一。

思维层次是指问题所涉及的思维层面，它可以分为低阶思维层次和高阶思维层次。低阶思维层次包括记忆、理解和应用等，而高阶思维层次则包括分析、综合、评价和创造等。在中学生物学思维型教学问题设计中，教师应该根据学生的认知水平和学科性质，合理选择思维层次，使问题既能够激发学生的思维，又能够适应学生的认知需求。

多元化是指问题设计应该具有多种形式和多种策略，以适应学生的不同学习风格和认知方式。例如，可以采用案例分析、实验设计、图表分析等形式，引导学生从不同的角度思考问题。同时，还可以采用启发性问题、矛盾性问题、开放性问题等策略，激发学生的兴趣和好奇心，促进学生的深层次思考。

在中学生物学思维型教学问题设计中，体现思维层次和多元化的原则具有重要的意义。它不仅可以促进学生的思维发展和学习效果的提高，还可以培养学生的综合素质和创新能力。因此，在教学实践中，教师应该积极运用这些原则，不断探索适合学生的问题设计形式和策略，为学生的发展提供更加有效的支持。

（四）注重启发性和探究性

启发性和探究性是中学生物学思维型教学问题设计的重要原则之一。在教学过程中，教师应该注重启发学生的思维，引发学生的兴趣，激发学生的思考，让学生在思考中发现问题、解决问题、创新问题，从而形成自主学习、自主探究的能力。

启发性问题设计的重点在于启发学生的思维，让学生在问题中寻找启示，引导学生发现规律、找到问题的本质。例如，教学中可以设计生物学现象的观察问题，让学生通过观察发现规律，引导学生思考现象背后的原理和机制。在问题设计中，启发性问题应该具有启示性、引导性、开放性和针对性等特点，让学生在问题中找到启示，引导学生思考，开放问题的答案，针对学生的认知水平提出问题。

探究性问题设计的重点在于让学生通过探究解决问题，培养学生自主学习和探究的能力。例如，教学中可以设计生物学实验问题，让学生通过实验探究问题，培养学生的实验设计能力、数据分析能力和问题解决能力。在问题设计中，探究性问题应该具有开放性、探究性、针对性和启发性等特点，让学生通过探究解决问题，促进学生的自主学习和探究能力的发展。

在教学中，启发性和探究性问题设计的实施需要教师的巧妙引导和指导，需要教师掌握学科知识和教学方法，需要教师灵活运用教学策略和方法，让学生在教学中获得有效的启发并进行探究。同时，教师还需要注意问题设计的难易程度和学生的认知水平相匹配，避免问题设计过于简单或过于困难，让学生在解决问题的过程中得到适当的挑战和发展。

三、中学生物学思维型教学问题设计的基本步骤

（一）问题设计的策略选择

问题设计是教学设计的重要组成部分，它能够帮助教师更好地引导学生思考、探究和解决问题，提高学生的思维水平和学科素养。在问题设计的过程中，教师需要选择合适的策略，以更好地实现教学目标。

首先，教师需要根据学科特点和学生认知规律选择问题设计策略。例如，在生物学教学中，教师可以选择以生物学现象和生态环境为背景的问题设计，让学生通过实际观察和实验探究，理解生物学知识和生态环境的重要性。在问题设计中，教师还可以结合学生的认知特点，选用符合学生年龄和认知水平的问题策略，例如，对于初中生，可以采用启发式问题设计，引导学生

逐步探究问题本质和规律，提高学生的思维能力和自主学习能力。

其次，教师还需要根据教学目标和问题类型选择不同的问题设计策略。例如，在基础知识类问题设计中，教师需要注重问题对知识点的归纳和总结，以帮助学生更好地理解和掌握基础知识。在探究性问题设计中，教师需要注重问题的启发性和探究性，以帮助学生发掘问题的本质和规律。在综合性问题设计中，教师需要注重问题的综合性和实践性，以帮助学生将所学知识应用于实际问题解决中。

最后，教师还需要根据教学内容和学生需求选择不同的问题设计策略。例如，在生物分类教学中，教师可以进行分类与比较问题设计，让学生通过对不同物种的比较和分析，理解生物分类的基本原则和方法。在生物进化教学中，教师可以采用演化历程问题设计，让学生通过对生物进化历程的探究，理解生物进化的基本规律和意义。

（二）问题设计的具体形式

在进行中学生物学思维型教学问题设计时，问题的具体形式是非常关键的。问题的形式直接影响到学生的思维活动和教学效果。因此，问题设计的具体形式必须考虑到以下几个方面：

1.问题的形式应该与教学目标相适应。针对不同的教学目标，可以采用不同的问题形式。例如，对于基础知识的掌握，可以采用选择题、填空题等形式，而对于思维能力的培养，可以采用开放性、探究性的问题形式。

2.问题的形式应该考虑学生的认知规律。学生的认知规律是指学生对信息的接受、加工和表达的特点。在问题设计时，应该充分考虑学生的认知规律，避免出现过于抽象、复杂或无法理解的问题形式，以保证学生能够理解问题、思考问题。

3.问题的形式应该注重启发性和探究性。启发性问题是指设计出能够引导学生思考、自主探究的问题，而探究性问题则是指能够激发学生探究欲望、进行实践探究的问题。这种问题形式可以刺激学生的思维，培养学生的创新能力和实践能力。

4.问题的形式应该注重思维层次和多元化。问题的形式要能够覆盖不同思维层次，包括记忆、理解、应用、分析、综合等多个层次。同时，问题形式也应该多元化，包括文字、图表、实验、观察等多种形式，以满足学生不同的学习需求和认知方式。

总之，问题设计的具体形式应该充分考虑教学目标、学生认知规律、启发性和探究性、思维层次和多元化等方面，以保证教学效果和学生思维能力的全面提升。

（三）问题设计的实施和评价

问题设计的实施和评价是教学过程中不可或缺的环节。实施阶段要求教师根据问题设计的内容和形式，灵活运用教学策略，创设情境、引导思考、激发兴趣，使学生能够自主探究、发现问题、解决问题。同时，教师要注重引导学生进行合作探究和交流讨论，促进学生之间的互动和思维碰撞，提高学生的思维水平和学科素养。

评价阶段是对问题设计实施效果的反思和总结，旨在提高教学效果。评价应既考虑学生的学习情况，也要考虑教学目标的实现程度。评价方式有多种，如口头评价、书面评价、小组评价、自评互评等，具体应根据问题设计的特点和教学目标的要求进行选择。

在问题设计的实施和评价过程中，教师需要注意以下几点：

1.要关注学生的学习情况，及时发现问题和困难，及时给予指导和帮助，鼓励学生积极参与，保证教学效果。

2.要注重教学目标的实现程度，评价方式要与目标要求相匹配，评价结果要及时反馈给学生和家长，促进学生的进一步提高。

3.要注意教学过程的反思和总结，及时进行教学经验的总结和教学策略的调整，不断提高问题设计的质量和实施效果。

四、中学生物学思维型教学问题设计的典型案例分析

（一）基础知识类问题设计

基础知识是学生学习生物学的第一步，因此基础知识类问题设计是中学生物学思维型教学中的重要环节。基础知识类问题设计旨在帮助学生掌握生物学基础知识，并且激发学生对生物学的兴趣，提高学生的学习效率。

基础知识类问题设计的关键在于问题的选择和设计。首先，问题的选择应该与学生的学习水平和教学目标相匹配。其次，问题的设计应该注重启发性和探究性，引导学生深入思考。最后，问题设计的策略选择应该灵活多样，以满足不同学生的学习需求。

例如，在教授细胞结构时，可以设计如下问题：细胞膜的主要成分是什么？细胞膜的结构有哪些？细胞膜的功能是什么？这些问题可以帮助学生全面地了解细胞膜的基本知识，同时也可以引导学生思考细胞膜的作用和重要性。

另一个例子是在教授遗传学时，可以设计如下问题：DNA 分子的基本结构是什么？DNA 分子的功能是什么？遗传信息是如何通过DNA 传递的？这些问题可以帮助学生理解DNA 分子的基本知识和遗传信息的传递过程，同时也可以引导学生思考DNA 在生命过程中的重要性和作用。

总之，基础知识类问题设计是中学生物学思维型教学中的重要环节。通过合理的问题选择和设计，可以帮助学生掌握生物学基础知识，并且激发学生对生物学的兴趣，提高学生的学习效率。

（二）探究性问题设计

探究性问题设计是中学生物学教学中一种重要的问题设计类型。它的主要特点是要求学生在教师的引导下，通过实验、观察、调查等方式自主探究问题的本质和规律，培养学生的探究精神和科学素养。探究性问题设计不仅能够提高学生的学科知识水平，还能培养学生的实践能力、创新思维和团队合作精神。

在探究性问题设计中，教师需要明确教学目标和问题设计策略，确定适合学生探究的具体问题形式，并结合学生的实际情况实施。例如，在生态系统的教学中，可以设计以下探究性问题：

1. 生态系统中的能量流向问题：通过实验和观察，探究生态系统中能量的来源和转化路径，了解生物之间的相互依存关系和生态系统的稳定性。

2. 生态系统的物质循环问题：通过调查和分析，探究生态系统中物质的来源、转化和归还，了解物质循环对生态系统的影响和重要性。

3. 生态系统中的生物多样性问题：通过实地考察和分析，探究生态系统中不同生物之间的相互作用和竞争关系，了解生物多样性的重要性和保护措施。

在探究性问题设计中，教师需要注意以下几个方面：一是要合理引导学生，使学生能够在探究中获得有效的知识和技能；二是要确保学生的安全和教学环境的卫生；三是要关注学生的实际情况，根据学生的认知特点和学科知识水平进行问题设计和教学实施；四是要注重教学过程和评价方式，及时给予学生反馈和指导，促进学生的学习和成长。

（三）综合性问题设计

中学生物学综合性问题是指涉及多个知识点和思维层次的问题，要求学生在掌握生物学基础知识的基础上，运用多种思维方法，进行综合分析和判断，得出结论。因此，综合性问题的设计需要考虑多个方面的因素。

首先，问题设计要紧密贴合教学目标，既要考虑学生已经掌握的知识，又要考虑学生需要掌握的新知识和技能。其次，问题设计要具有启发性，要能够引导学生进行思考和探究，鼓励学生提出自己的观点和思路。同时，问题设计要具有探究性和实践性，要求学生进行实验、观察和数据分析等活动，提高学生的综合分析和判断能力。最后，问题设计要具有趣味性，要能够激发学生的兴趣和热情，使学生能够积极参与到教学活动中。

例如，一道典型的综合性问题是：某种植物在不同温度下生长的高度有所差异，你认为这种植物的生长受到哪些因素的影响？请设计实验来验证你的假设。这个问题涉及植物生长的多个方面，如温度、光照、水分等因素，要求学生进行综合分析和判断，提出自己的假设，并设计实验来验证。这样的问题不仅有助于学生掌握植物生长的知识，还能够培养学生的实验设计和数据分析能力。

第五节　教学活动设计

一、教学活动设计概述

（一）教学活动设计的内涵

教学活动设计是教学设计过程中的重要组成部分，它需要教师在教学过程中对教学目标、教学内容、教学方法、教学手段等方面进行有机整合，同时充分考虑学生的认知特点和学习需求，注重实效性和可操作性，遵循教育教学规律，注重学科特点，以提高教学质量和效果。教学活动设计的内涵包括以下几个方面：

首先，教学活动设计是一个系统工程，它需要教师在教学过程中对教学目标、教学内容、教学方法、教学手段等方面进行整合，形成一个有机的教学系统，确保教学活动的有序进行。

其次，教学活动设计需要充分考虑学生的认知特点和学习需求。教师需要了解学生的学习情况，根据学生的认知特点和学习需求，合理安排教学内容和教学方法，激发学生的学习兴趣和积极性，促进学生的学习效果。

再次，教学活动设计需要紧密结合教学实践，注重实效性和可操作性。教师需要在教学实践中不断总结和反思，不断完善教学活动设计，使之更具实效性和可操作性。

最后，教学活动设计需要遵循教育教学规律，注重学科特点。教师需要了解学科的特点和规律，合理运用教学方法和手段，使学生在教学过程中更好地掌握学科知识和思维方法。

（二）思维型教学活动设计的常见类型

教学活动设计是指根据教学目标、教学内容和教学环境等因素，有针对性地设计和安排教师和学生在教学过程中所要开展的教学活动的过程。

1.根据教学活动的不同特点和功能，教学活动设计可以分为观察类、体验类、制作类、调查类、实验探究类等多种类型。

（1）观察类

观察类教学活动设计是指学生通过观察的方式发现问题并综合应用学科知识来解决问题，其核心是观察和研究，学生通过观察问题、研究问题，并进行相关数据收集和分析，从而解决问题。这类教学活动设计旨在促进学生科学思维和综合能力的发展，帮助学生理解和应用知识，以解决实际问题。

（2）体验类

体验类教学活动设计是指教师通过组织学生参加实地考察、参观、体验等活动，让学生亲身体验、感受和了解相关知识和文化，促进综合能力发展的活动。这类教学活动涉及多个学科领域，如科学、技术、工程、艺术和数学等，不局限于传统的教学地点和方式。通过这些活动，学生能够全面发展，提高解决问题、创新思考和团队合作的能力，为未来的学习和职业发展打下坚实的基础。

（3）制作类

制作类教学活动设计是指学生运用各种工具、工艺（包括信息技术）进行设计，并动手操作，将自己的创意、方案付诸实践，转化为物品或作品的过程，如制作模型、简单装置等。此类教学活动注重提高学生的技术意识、工程思维、动手操作能力、团队合作精神等。同时，明确目的、熟悉原理、选材制作、交流评价、反思创新等过程，需要学生深度参与并获得亲身体验，形成自己的知识结构，有利于发展学生核心素养，使其成为能够独立思考、具有创新能力的人。

（4）调查类

调查类实践活动是指通过调查、观察、记录等方式，探究现实生活中的现象、问题或事件，并将不同学科的知识和技能融合在一起，以解决实际问题的一种实践活动。它侧重于培养学生的生命观念、科学思维和探究实践能力，同时也能帮助学生更好地理解科学本质及规律，并逐步形成科学态度和社会责任。例如，调查新能源的发展现状：学生通过调查、记录等方式，探究新能源的种类、性能、应用及发展前景，结合化学、物理等学科知识，形成对新能源的正确认识，并倡导能源转型和可持续发展。

（5）实验探究类

实验探究类教学活动设计是指教师通过实验、实践操作等方式，引导学生进行实际操作和观察，探究事物的本质和规律。这种教学活动设计能够帮助学生深入理解知识点，增强学生的实践能力和动手能力。

2. 根据教学活动进行时的地点、环境条件的不同，教学活动可以分为课堂教学活动和课后教学活动。

（1）课堂教学活动

课堂教学活动是师生在课堂内进行的，以其组织的严密性和教学的高效性而成为最主要的教学活动，师生的大部分时间和精力都花在课堂教学活动中。课堂教学对于学生掌握系统的生物学知识和技能，发展思维力、观察力、想象力和记忆力有重要的作用。

（2）课后教学活动

课后教学活动包括课外教学活动和校外教学活动。课后教学活动是课堂教学活动的一种重要的补充，要求教师注重校园环境、设施设备和社会资源的开发与利用。例如，充分利用校园环境中花草树木、鸟类昆虫，以及校园天文台、气象站等，让校园成为学习生物学知识的大课堂。同时，要发挥各类科技馆、博物馆等科普场馆和高等院校、科研院所等机构的作用，将校内外学习结合起来，补充校内资源的不足。

不同的教学活动设计类型都有其独特的优势和适用范围，教师应根据不同的教学目标和内容，合理地选择和运用不同类型的教学活动设计，以提高教学效果和学生的学习质量。

（三）教学活动设计的作用和意义

教学活动设计是教学过程中不可或缺的一部分，它对于教学效果的提升有着重要的作用和意义。首先，教学活动设计可以帮助教师更好地组织和安排教学内容，使学生可以更加系统、全面地了解所学知识。其次，教学活动设计可以激发学生的学习兴趣和主动性，让学生在参与教学活动的过程中更

加积极地思考和探究问题，从而提高学习效果。此外，教学活动设计也可以
促进学生的合作学习和交流，让学生在互相探讨、交流的过程中更好地理解
和消化所学内容。最后，教学活动设计还可以帮助学生培养综合能力和创新
精神，让学生在参与各种教学活动的过程中不断提高自己的思维能力和创造
力，为将来的发展打下坚实的基础。

总的来说，教学活动设计是教学过程中不可或缺的一部分，它的作用和
意义不仅仅体现在学生的学习效果上，更体现在学生综合素质和未来发展的
基础上。因此，教师应该重视教学活动设计，并结合自身的教学实际和学生
的特点，精心设计各种类型的教学活动，为学生的全面发展和未来的成功奠
定坚实的基础。

二、中学生物学思维型教学活动设计的基本原则

中学生物学思维型教学活动设计的基本原则是指在教学活动设计过程中
应该遵循的基本原则和指导思想。这些原则和思想是为了更好地促进学生的
学习和思维发展而提出的。以下是中学生物学思维型教学活动设计的基本原
则：[①]

1. 启发诱导原则

学源于思，思起于疑。学生对学习的兴趣是学习的前提和动力，学生的
思维是学习的核心和目的。因此，在教学活动设计中，应该尽可能地引起学
生的兴趣和好奇心，激发他们的学习热情，通过具有启发性、诱导性、探索
性的问题，诱发学生参与教学活动的主动性与积极性，引导学生通过思考、
探究和实践来深入理解和掌握知识。

2. 体验性原则

学生的体验是学习的重要组成部分，只有在体验中，学生才能更好地
理解和掌握知识。因此，在教学活动设计中，应该注重学生的体验，为学生
提供熟悉而典型的生活素材，让学生通过亲身实践和体验来深入理解和掌握
知识。

---

①潘紫千、张玲：《生物学课堂上学生活动的设计原则》，《中学生物教学》2015 年
第 7 期。

3. 适切性原则

教学活动既要有一定的难度，同时又是学生通过努力可以解决的。著名的心理学家维果茨基把儿童的智力发展水平分为现有发展水平和最近发展区，并指出教学活动设计在学生智力的最近发展区内才是合适的。因为最近发展区位于学生现有发展水平与潜在发展水平之间。所以，将教学活动设在学生智力的最近发展区内，活动既不容易也不是很难，让学生"跳一跳"就能摘到"桃子"，从而激发学生思考的积极性，有效地促进学生智力的发展。

4. 整体性原则

整体性原则就是要求教师在设计教学活动时，不仅要考虑到每个活动的特点，同时还要综合考虑一堂课所有活动之间的内在逻辑关系。活动设计既要有由此及彼、由点及面的横向拓展，又要有由浅入深、由易到难的纵深挖掘；既要符合学生现有的知识能力和年龄认知特点，更要启发学生的思维，使其由现有的思维层面，循序渐进地向更高一级的思维层面发展。这样才能促使学生紧紧围绕某个主题，逐步深入地开展探究活动，使整堂课浑然一体。

5. 注重综合素质的培养

综合素质是未来社会的核心竞争力之一，因此，在教学活动设计中，应该注重培养学生的综合素质，让学生通过思考、实践和创新来提高综合素质。

除了这些原则以外，还有真实性原则、科学性原则、发展性原则及生成性原则等，在新课程理念的指导下，创设的教学活动要符合学生的认知规律，这样才能激发学生的学习兴趣，调动学生的学习积极性，唤起学生强烈的求知欲。

三、中学生物学思维型教学活动设计的基本步骤

为了有效地实施中学生物学思维型教学活动，需要遵循一定的基本步骤，以确保教学活动的质量和效果。以下是中学生物学思维型教学活动设计的基本步骤：

第一步，分析阶段。在此部分的设计中，教师需要分析现阶段的学生已有的生活经验、认知水平和学生的个体差异，以及本节课学习目标要求、教学内容特点以及教学重难点，来确定教学活动。例如，在进行生命系统的构

成层次这一概念的教学时，针对 3~4 年级学生，可以设计参观动物园或养殖场、观看各种媒体资料、利用动物图片进行分类等提供直观性材料的教学活动；针对 7~9 年级学生，则可以设计用放大镜观察池塘或土壤中的微小生物、用显微镜观察与生活密切相关的微生物等需要学生自主探究获取资料的教学活动。

第二步，准备阶段。教学活动准备阶段是师生共同进行活动前的准备工作，形成对活动主题、目的、要求较为清晰的认识。在此阶段，教师要预设活动过程中所需要的各种材料、用具及其他客观条件，选择适当的教学资源。这些教学资源应该与教学目标和教学内容相匹配，以提高教学效果。教师可以通过专业书籍、科学史、前沿文献、网络平台和自制资源等开发教学资源。

第三步，导入阶段。教师提供给学生精心组织、合理有序、分层梳理的材料，通过诱导性的问题创设问题情境，激发学生探究的愿望。教学活动材料应该围绕教学目标，选用直接带有本节课的生物学概念或隐含有科学内涵的材料。有关生物学内容的知识理解难度层次在学生常识和科学的知识之间，起到沟通学习任务与学习者已有的认知经验的作用，为新知与旧识的交融架构起桥梁。

有人将开红色花的香豌豆植株与开白色花的香豌豆植株进行杂交，子一代开的是红色花，再将子一代中开红色花的植株自交，子二代植株开的花有三种颜色，分别是红色、粉红色和白色。请问，香豌豆花色的遗传遵循基因的分离定律还是自由组合定律？如果不继续做实验，怎样处理才能证明你的结论是正确的？如果继续做实验，怎样实验才能证明你的结论是正确的？

上述事例是通过引发学生认知冲突创设的问题情境，情境呈现的事实与学生已有的经验冲突，这种认知冲突是按照孟德尔的豌豆杂交实验，红花和白花是一对相对性状，自然受一对等位基因控制，遵循基因的分离定律；子二代应该会开红花和白花两种花，且红花和白花的比例为 3：1，不应该出现粉红花。这种认知冲突强烈地激发了学生的学习兴趣和探究动力。

第四步，实施阶段。这个阶段由师生共同呈现出互动教学情境，要求教师指导学生按照活动的目的和要求，自主地进行实践或体验。在此过程中，教师要清晰掌握教学活动的各个环节，并思考各环节中学生可能出现的问题以及解决的方法。在教学活动的实施过程中，教师要注意适时指导，使活动有序地进行。如果是校外教学活动，还需要注意活动过程中的秩序和安全问题。

第五步，总结与迁移阶段。教师引导学生对完成的活动项目进行分析、总结和评价，总结经验教训，形成技能技巧。同时，可以选用现实问题或时事热点开展讨论，从而进行知识迁移，使学生能够在现实情境中独立解决实际问题。

第六节　教学评价设计

一、教学评价设计概述

（一）教学评价设计的内涵

教学评价设计是指在教学过程中，根据教学目标和教学任务，制订出科学合理的评价方法和标准，通过对学生学习成果和过程的评估，反馈教学质量，促进教学改进和学生学习质量提高。教学评价设计的内涵包括以下几个方面：

首先，教学评价设计是教学活动中不可或缺的环节。教学评价设计是教学活动中的重要组成部分，它可以帮助教师了解学生的学习情况，及时调整教学策略，提高教学效果。同时，教学评价设计也是学生学习的重要组成部分，可以帮助学生了解自己的学习成果和不足之处，进一步提高学习兴趣和主动性。

其次，教学评价设计是个体化的。教学评价设计需要根据不同学生的实际情况，制订个性化的评价方法和标准。因为每个学生的学习能力和学习特点不同，所以教学评价设计需要关注每个学生的学习情况，制订合适的评价方案。

再次，教学评价设计是评估教学质量和学生学习成果的重要手段。教学评价设计可以帮助教师了解自己的教学质量，发现教学中存在的问题，及时进行调整和改进。同时，教学评价设计还可以对学生的学习成果进行评估，帮助学生发现自己的学习成果和不足之处，及时调整学习策略，提高学习效果。

最后，教学评价设计需要遵循科学性和公正性原则。科学性和公正性是教学评价设计的重要原则，评价方法和标准需要科学可靠，评价过程需要公正公平。只有遵循科学性和公正性原则，才能保证教学评价的有效性和公正性，真正促进教学改进和学生学习质量的提高。

（二）教学评价设计的类型

教学评价设计是根据教学目标和教学内容，通过一定的评价手段和方法，对学生的学习成果和教学效果进行评估和反馈，以便及时调整教学策略、提高教学质量的过程。根据评价的内容和形式，教学评价设计可分为以下几种类型：

1. 诊断性评价：诊断性评价是在学期教学开始或单元教学开始时，对学生现有的知识水平、能力发展的评价。其主要目的是发现问题，为教学提供改进的依据。通过诊断性评价，教师可以了解学生对即将学习的内容的掌握情况，确定教学的起点和难点，有针对性地设计教学方案。

2. 形成性评价：形成性评价是在教学进程中对学生的知识掌握和能力发展的比较经常而及时的测评与反馈。其主要目的是监控教学过程，及时调整教学策略，帮助学生更好地掌握知识和技能。形成性评价可以采用课堂观察、口头评价、作业评价等多种方式，及时发现学生在学习中存在的问题和困难，为教师和学生提供及时的反馈和指导。

3. 终结性评价：终结性评价是在一个大的学习阶段，如一个学期或一门学科终结时，对学生的学习成果进行的考查。其主要目的是评价学生的学习成果，为教学提供总结性的反馈。终结性评价可以采用纸笔测试、表现性评价等多种方式，对学生的学习成果进行全面、客观、准确的评价。

4. 自我评价：自我评价是学生对自己的学习情况进行的评价。其主要目的是培养学生的自我认知和自我管理能力，帮助学生更好地了解自己的学习情况。自我评价可以采用问卷调查、自我反思等多种方式，引导学生对自己的学习情况进行全面的认识和评价，发现自己的优点和不足，从而有针对性地提高自己的核心素养。

需要注意的是，以上几种教学评价类型并不是相互独立的，而是相互补充、相互支持的。在教学实践中，教师可以根据具体情况灵活运用不同的评价方式和手段，合理选择和运用不同类型的评价方式，充分发挥各种评价类型的优势，为教学提供更好的指导和反馈。

二、中学生物学思维型教学评价设计的基本原则

中学生物学思维型教学评价设计的基本原则有助于确保评价的准确性、客观性和公正性，同时也有助于提高教学质量。

（一）以评价促进学生核心素养发展

核心素养是学生通过生物学课程学习而逐步形成的正确价值观、必备品格和关键能力，是生物学育人价值的集中体现。教学评价设计应坚持素养导向，以评促学，以评促教，以学生核心素养的全面发展为出发点和落脚点，体现学生的主体地位，充分发挥评价的导向功能、发展功能和激励功能。

（二）突出思维性和探索性

设计具有思维含量的问题，包括逻辑思维、创新思维、批判思维等，引导学生进行深入思考和分析，激发学生的思维活力。同时，要注重评价学生的思维过程和思维方法，而不仅仅是评价思维结果。

1. 突出思维品质的评价。思维品质是评价学生思维能力发展的重要指标。在教学评价设计中，需要突出对学生思维品质的评价，包括思维的灵活性、深刻性、批判性、创新性等方面。通过评价学生的思维品质，可以了解学生的思维特点和优势，为教学提供更好的指导和反馈。

2. 强调思维过程的评价。思维过程是学生学习和发展的重要方面。在教学评价设计中，需要强调对学生思维过程的评价，包括发现问题、分析问题、解决问题等方面。通过评价学生的思维过程，可以了解学生的思维方式和方法，为教学提供更好的指导和反馈。

3. 关注思维方法的评价。思维方法是学生学习和发展的重要手段。在教学评价设计中，需要关注对学生思维方法的评价，包括抽象思维、形象思维、逻辑思维等方面。通过评价学生的思维方法，可以了解学生的思维特点和发展趋势，为教学提供更好的指导和反馈。

4. 体现思维模型的评价。思维模型是学生学习和发展的重要工具。在教学评价设计中，需要体现对学生思维模型的评价，包括生物学模型、数学模型、物理模型等方面。通过评价学生的思维模型，可以了解学生的思维方式和应用能力，为教学提供更好的指导和反馈。

5. 注重评价学生的探索过程和探索方法，设计具有探索性的问题，引导学生主动探究、发现问题、解决问题。

（三）倡导评价主体多元和方法多样

单一的评价方式和手段无法全面、客观、准确地了解学生的学习情况，在教学评价设计中，需要强调多元评价的结合。评价主体多元是指在教学评价中，应该注重多个评价主体的参与，包括教师、学生、家长等。这样可以使评价结果更加全面、客观和准确。同时，不同的评价主体也可以从不同的角度和视角来评价学生的学习情况和表现，从而更加全面地了解学生的学习状况。方法多样是指在教学评价中，应该采用多种不同的评价方法和手段，包括纸笔测试、表现性评价、口头评价、观察评价等。这样可以使评价结果更加全面、客观和准确。同时，不同的评价方法也可以从不同的角度和视角来评价学生的学习情况和表现，从而更加全面地了解学生的学习情况。注重评价主体多元和方法多样可以使教学评价更加科学、公正和有效。不同的评价主体可以采用不同的评价方法和手段，从而更加全面地了解学生的学习情况和表现。同时，多种评价方法和手段也可以相互印证和补充，从而更加准确地了解学生的学习情况。

（四）注重过程性评价

过程性评价对于提高教学质量、促进学生全面发展具有重要意义。通过关注学生在学习过程中的表现和发展，可以更加全面地了解学生的学习情况，为教学提供更好的指导和反馈。需要采用多种评价方式和手段，包括课堂观察、口头评价、作业评价、单元评价等。这些评价方式和手段应该注重学生在学习过程中的表现和发展，及时为学生提供指导和反馈。同时，评价结果应该与学生的实际情况相符合，具有客观性和准确性。

（五）突出学生主体的评价

学生是学习的主体和发展的主体。在教学评价设计中，需要突出学生的主体地位，让学生参与到评价中来，发挥学生的主体作用。通过学生的自评和互评，可以了解学生的学习情况和进步，为教学提供更好的指导和反馈。

（六）确保评价结果的客观性和准确性

教学评价的目的是更好地了解学生的学习情况，为教学提供更好的指导和反馈。因此，在教学评价设计中，应确保评价结果的客观性和准确性，与学生的实际情况相符合。

总之，中学生物学思维型教学评价设计时需要注意紧扣核心素养、体现思维含量、关注学生学习过程、采用多种评价方式和手段、突出思维性和探索性、确保评价结果的客观性和准确性等问题。只有这样，才能设计出科学、有效的教学评价方案，为教学提供更好的指导和反馈。

三、中学生物学思维型教学评价设计的基本步骤

（一）选择合适的评价方法

在进行中学生物学思维型教学评价设计时，选择合适的评价方法是非常重要的一步，它将直接影响评价结果的有效性和准确性。评价方法的选择需要根据教学目标、学科特点、学生特点以及评价的内容等方面进行综合考虑。

首先，教学目标是选择评价方法的重要依据。不同的教学目标需要不同的评价方法来进行评价。例如，对于体现生命观念、科学思维的目标，可以采用选择题、填空题等形式进行测验；对于体现探究实践能力的目标，可以采用操作实验、情境模拟等形式进行测验；对于体现态度责任的目标，可以采用问卷调查、观察记录等形式进行测验。

其次，学科特点也是选择评价方法的重要考虑因素。不同学科的学习特点和评价要求不同，需要选择相应的评价方法。例如，生物学是一门实验性学科，需要采用实验操作、观察记录等方法进行评价；而生态学则需要采用调查研究、情境模拟等方法进行评价。

再次，学生的特点也需要考虑。不同学生的认知水平、学习能力、兴趣爱好等因素不同，需要选择适合不同学生的评价方法。例如，对于学习能力较弱的学生，可以采用简单的选择题、填空题等形式进行评价；而对于学习能力较强的学生，则可以采用开放性问题、综合性实验等形式进行评价。

最后，评价的内容也需要考虑。评价的内容不同，需要选择不同的评价方法。例如，对于生物学知识的评价，可以采用选择题、填空题等形式进行

评价；而对于生物学实验操作的评价，则需要采用实验操作、观察记录等形式进行评价。

（二）制订评价标准

在教学评价中，评价标准是非常重要的一环。它是评价的基础和依据，可以帮助教师和学生更好地了解学习目标和评价要求，同时也是指导教学的重要工具。在中学生物学思维型教学评价设计中，制订评价标准也是必不可少的一步。

制订评价标准需要考虑以下几个方面：首先，评价标准应该与教学目标相一致。如果教学目标是培养学生的探究能力，那么评价标准应该注重学生的探究过程和方法，而不是仅仅关注学生的答案是否正确。其次，评价标准应该具有可操作性。评价标准应该具体、明确，便于教师和学生理解和操作，可以制订一些具体的操作性指标，如学生的实验设计是否合理、实验数据是否准确等。此外，评价标准应该具有区分度。评价标准应该能够区分学生的不同水平。例如，可以制订不同难度级别的评价标准，以适应不同学生的水平。最后，评价标准应该是公正的。评价标准应该公平、客观，避免主观性、歧视性和不公正的现象。例如，可以采用多元评价的方法，从不同角度对学生进行评价，以降低主观性的影响。

（三）实施评价

实施评价是教学评价设计的重要环节。在实施评价过程中，教师需要根据制订的评价标准，采用不同的方法对学生进行评价，以了解他们在学习过程中的表现和水平。这一环节的重点在于评价方法的选择及实施的准确性和公正性。

评价方法的选择应该根据教学目标和评价标准来确定。例如，如果教学目标是鼓励学生运用生物学知识解决实际问题，评价方法可以采用案例分析、实验报告等形式；如果教学目标是培养学生的创新能力，评价方法可以采用科学探究、课题研究等形式。

在实施评价时，教师需要注意以下几点：首先，评价应该公正、客观、准确。教师应该尽可能避免主观臆断和偏见，确保评价结果真实可信。其次，评价应该及时、有效、具体。及时的评价可以让学生了解自己的学习情况，及时调整学习策略；有效的评价可以反映学生的真实水平，促进学生的进步；具体的评价可以让学生了解自己的优点和不足，有针对性地改进学习方法。最后，评价应该注重学生的全面发展。评价应该不仅关注学生的学科知识水平，还应该关注学生的学习态度、思维能力、创新能力等方面。

在实施评价过程中，教师应该注重与学生的沟通和互动，让学生了解评价的目的和意义，以便他们更好地理解和接受评价。同时，教师应该及时反馈评价结果，帮助学生总结经验，提高学习效果。

（四）分析评价结果

分析评价结果是教学评价设计中的重要环节，其目的是了解学生的学习情况，检查教学过程中存在的问题，并为后续教学提供参考。在中学生物学思维型教学评价设计中，分析评价结果需要考虑以下几个方面：

首先，对学生的整体表现进行综合分析。通过对学生的考试成绩、课堂表现、作业完成情况等进行综合分析，可以了解学生的学习情况，确定教学效果是否达到预期目标。同时，也可以了解到学生在学习过程中存在的问题，为后续的教学提供参考。

其次，对不同学生的表现进行个体分析。在分析评价结果的过程中，需要注意到不同学生的学习情况可能存在差异。因此，需要了解每个学生的学习情况和问题，对不同学生的表现进行个体分析，并提供个性化的辅导和指导。

最后，需要对教学过程中存在的问题进行分析。在分析评价结果的过程中，需要反思教学过程中存在的问题，如教学方法是否合理、教材是否适宜、学生的学习兴趣是否被激发等。通过对教学过程中存在的问题进行深入分析，可以为后续的教学提供改进和优化的方向。

中篇　初中教学设计案例与分析

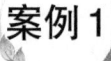 **案例1** **"微生物一般是指个体微小、结构简单的生物，主要包括病毒、细菌和真菌"概念教学设计与案例分析**

一、整体设计思路

基于"生物可以分为不同的类群，保护生物的多样性具有重要意义"大概念，围绕"微生物一般是指个体微小、结构简单的生物，主要包括病毒、细菌和真菌"这一重要概念，结合课程标准构建单元概念框架；以核心素养为依据，结合学情分析制订单元教学目标；通过提炼关键问题"肺炎链球菌、烟曲霉菌和新冠病毒这三种微生物都可能会引起肺炎，它们的主要特征、营养方式及生殖方式是怎样的？"然后将关键问题分解成多个子问题，并分别制订任务、情境、学生活动以及学习评价，以促进大概念的建构和核心素养的达成。

二、概念进阶

表1-1 "微生物一般是指个体微小、结构简单的生物，主要包括病毒、细菌和真菌"概念进阶

层级	微生物一般是指个体微小、结构简单的生物，主要包括病毒、细菌和真菌
经验	知道微生物一般是指个体微小、结构简单的生物； 知道疾病、疫苗、食品的制作和保存等都与微生物有关
映射	理解生物圈中的微生物一般是指个体微小、结构简单的生物，可以从病毒、细菌、真菌三个角度来解释
关联	理解病毒、细菌、真菌的主要特征、营养方式、生殖方式以及在生物圈中的分布、作用和与人类的关系
系统	理解不同的微生物在形态和结构上既有相似之处，又有差别，认同生物具有多样性和统一性
整合	发展结构与功能观，并能利用生命观念解释自然现象，解决实际问题

三、大单元设计

（一）单元教学目标设定

基于课程标准的内容要求、学业要求和学业质量水平，围绕核心素养及其表现水平，制订本单元教学目标如下：

1. 通过对科学史等资料的学习，了解科学家进行实验探究的历程，建构正确的唯物主义的生命观，提高科学探究能力。

2. 通过观看图片、视频，分析和认识细菌的形态结构和生殖方式，理解细菌在自然界广泛分布的原因，养成良好的卫生习惯。

3. 举例说出生活中常见的真菌，通过对酵母菌和青霉菌等真菌的观察，从宏观到微观建构真菌的形态结构和生殖方式，形成"生命结构具有统一性""结构与功能观"的生命观念。

4. 通过认识多种多样的病毒，了解病毒的形态特点，概述病毒的结构、繁殖等特征，认同生物与环境相适应的观点。

5. 通过比较细菌、真菌、病毒与植物细胞、动物细胞的异同，区分原核生物的本质特征，深入理解细胞是生命活动的基本单位，进一步发展观察、分析和推理能力。

6. 通过对微生物在生物圈中的作用及与人类之间关系的学习，辩证地看待微生物与健康、疾病、医药的关系，确立积极健康的生活态度，培养社会责任感。

（二）单元教学内容分析

本单元属于《义务教育生物学课程标准（2022 年版）》概念 2.3 "微生物一般是指个体微小、结构简单的生物，主要包括病毒、细菌和真菌"的相关内容。该重要概念包括四个次位概念："病毒无细胞结构，需要在活细胞内完成增殖""细菌是单细胞生物，无成形的细胞核""真菌是单细胞或多细胞生物，有成形的细胞核""有些微生物会使人患病，有些微生物在食品生产、医药工业等方面得到广泛应用"。次位概念是形成重要概念和大概念的基础，每个次位概念又包含若干个具体的知识点，比如"细菌的发现史、形态、结构和生殖""真菌的种类、结构和生殖""病毒的发现史、种类、结构和增殖方式""微生物在生物圈中的广泛分布、作用、与人类的关系"等。这些知识往往比较零碎，却是解释具体事例及建构整体概念所必需的。从知识本身来看，整体化意味着"联系"，所以梳理出知识之间的联系是本单元教学设计的前提。

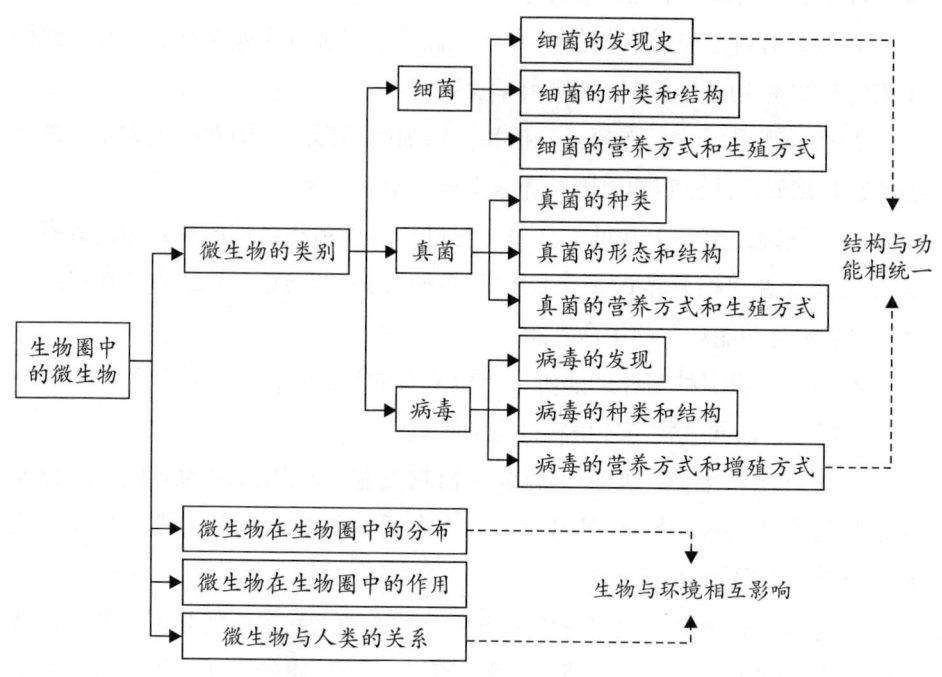

图 1-1　单元概念图

（三）单元教学情境设计

大概念的建立难以一蹴而就，需要由小到大逐步推进。单元教学设计时，需要对大概念进行有效的分解，将学习任务融入创设的情境中，结合学习目标设计驱动性问题，学生能在情境中感知任务，通过学习活动来解决问题、完成任务。而这一系列"情境—问题—活动"的设计，最终都是为了寻求学生核心素养的达成。

本单元的主题情境以生活中亲历的实际问题展开。"肺炎链球菌、烟曲霉菌和新冠病毒这三种微生物都可能会引起肺炎"，引出下列问题："它们的主要特征、营养方式及生殖方式是怎样的？"在大情境的基础上，为了建构次位概念，可以相应建立多个与大情境相关的小情境，例如，在"探究病毒的种类"时可以出示情境："呈现各种电子显微镜下的病毒照片，并简单介绍病毒的形态结构，请你给它们分类。"学生在感到震撼的同时初步了解病毒的分类。在"探究微生物与食品制作"时可进行实物感知："尝一尝盛装在不透明纸杯中的酸奶、醋、酱油、米酒，并猜一猜纸杯里面装的是什么，这些食品的制作与哪些微生物有关呢？"学生在品尝和猜一猜的小游戏中深刻感知很多食品的制作都与微生物有关。

（四）单元教学问题设计

本单元以"情境—问题—活动"为主线，围绕关键问题"肺炎链球菌、烟曲霉菌和新冠病毒这三种微生物都可能会引起肺炎，它们的主要特征、营养方式及生殖方式是怎样的？"整体化设计单元学习活动。然后将关键问题分解成相互关联的四个子问题：

1. 肺炎链球菌所在类群有什么基本特征？
2. 烟曲霉菌所在类群有什么基本特征？
3. 新冠病毒所在类群有什么基本特征？
4. 肺炎链球菌、烟曲霉菌和新冠病毒等微生物为什么容易引发疾病？是不是所有的微生物都对人类百害而无一利呢？

（五）单元教学活动设计

单元教学设计是通过设计学习活动，引导学生通过活动建构生物学概念，并逐渐发展核心素养。整体化视角下的单元学习活动是由若干个学习活动组成的，它们之间有着内在的逻辑联系。本单元活动针对关键问题分解成的子问题分别设计，具体设计如下：

1. 肺炎链球菌所在类群有什么基本特征？

活动1：阅读"细菌的发现"相关科学故事，学生归纳17世纪到19世纪细菌发现的四个阶段，过渡到巴斯德实验的分析。基于巴斯德实验的过程和实验结果分析，总结出细菌不是自然发生的，而是由原来已经存在的细菌产生的。

活动 2：结合教材文本、图片和"观察与思考"素材，学生通过观察细菌的形态，归纳出细菌是单细胞生物，有三种形态，并总结出细菌命名规则。

活动 3：对比观察细菌、动物细胞、植物细胞的主要结构图，找一找它们最大的区别，总结出细菌无成形细胞核的结构特点。分析细菌的特殊结构：荚膜—致病部位—抗生素作用机制。拓展引入"超级细菌"的素材，引导学生正确理解生活中抗生素的使用。

活动 4：进一步观察细菌和植物细胞主要结构的区别，认识到细菌无叶绿体，营养方式是异养，引导学生思考细菌在生物圈中的作用。

活动 5：观察细菌不同时期形成的菌落，了解细菌的生殖方式，以及芽孢的特殊生命特征，养成健康的生活习惯。

2. 烟曲霉菌所在类群有什么基本特征？

活动 1：观察烟曲霉菌、青霉菌、酵母菌、木耳、蘑菇的图片和实物，从宏观上感知各种各样的真菌并进行分类，归纳出真菌可以分为单细胞真菌和多细胞真菌。

活动 2：培养并制作临时装片观察酵母菌和霉菌，从微观上认识酵母菌和霉菌的形态和结构。引导学生观察细菌、酵母菌和霉菌细胞结构示意图，观察各细胞的基本结构，尤其是细胞核形态的差异，归纳总结真核生物和原核生物的概念。

活动 3：引导学生比较真菌细胞和动植物细胞的结构，说出真菌无叶绿体，营养方式是异养。

活动 4：观看青霉和曲霉的孢子排列图片、蘑菇释放孢子的视频以及课前制作好的孢子印，总结孢子的特点和真菌的生殖方式。

3. 新冠病毒所在类群有什么基本特征？

活动 1：阅读麦尔、伊万诺夫斯基、贝杰林克对病毒的研究史，并通过计算烟草花叶病毒与植物细胞的大小，深刻理解病毒非常微小的概念，初步认识病毒只能在活细胞中增殖。

活动 2：观察烟草花叶病毒、新冠病毒、噬菌体等多种病毒的图片，总结病毒分类依据，如根据寄生细胞不同，病毒分为三大类。阅读斯坦利、鲍顿和皮里、考舍对病毒的研究资料，了解病毒的化学组成和结构。

活动 3：观看噬菌体侵染细菌的动画视频，说出病毒的增殖方式。

4.肺炎链球菌、烟曲霉菌和新冠病毒等微生物为什么容易引发疾病？是不是所有的微生物都对人类百害而无一利呢？

活动 1：观察已经培养好的有微生物的培养皿，引出菌落概念。学生通过配制培养基培养微生物的过程，思考微生物生存的基本条件。通过自主设计对照实验，检测不同环境中的细菌和真菌，认同微生物分布非常广泛。

活动 2：阅读关于腐生性微生物、寄生性微生物、化能无机自养菌的资料，总结出微生物可以作为生态系统中的分解者参与物质循环，还可以作为生态系统中的消费者和生产者。

活动 3：通过"自制泡菜"活动，体验微生物与人类的密切关系。引导学生辩证地看待微生物与人类的关系，尽管有些微生物会使人患病，但多数微生物可以在食品、医药等领域为人类服务。

学生在以上活动的基础上建构重要概念"微生物一般是指个体微小、结构简单的生物，主要包括病毒、细菌和真菌"，明确不同的微生物在形态和结构上既有相似之处，又有差别，最终形成"生物具有多样性和统一性"的生命观念。

（六）单元评价设计

课程标准指出，单元评价是以大概念为单位进行的评价，将单元内的重要概念分解转化为单元评价要素，朝着检测学生学科核心素养水平的方向制订评价标准和评价方法。素养导向下的测评模式强调基于情境素材创设问题，并与教材知识的内容相联系，评价学生在解决具体任务时表现出的素养水平。

在本单元中，教师根据教学目标，在不同课时中基于活动设计的任务要求，设计了综合运用诊断性评价、过程性评价和终结性评价等多种形式的评价类型和内容。通过建构针对性的评价工具（如学习进阶评价表、课堂观察量表、认知访谈问卷、作业等），以促进单元教学目标达成和实现学生核心素养的发展为最终目的，达成大概念的整个教学单元。

表1-2　单元教学设计思路框架

关键问题	次级问题	具体任务	活动内容	学习评价
肺炎链球菌、烟曲霉菌和新冠病毒这三种微生物都可能会引起肺炎，它们的主要特征、营养方式及生殖方式是怎样的？	肺炎链球菌所在类群有什么基本特征？	细菌的发现史	阅读"细菌的发现"相关科学故事，学生归纳17世纪到19世纪细菌发现的四个阶段，然后过渡到巴斯德实验的分析	学习评价：基于实验观察或科学资料过程性分析评价：1.通过实验探究评价量表对课上活动进行评价；2.能否准确回答学案中的问题；3.课上展示交流过程进行生生评价、师生评价
			基于巴斯德实验的过程和实验结果分析，总结出细菌不是自然发生的，而是由原来已经存在的细菌产生的	
		细菌的形态和结构	结合教材文本、图片和"观察与思考"素材，学生通过系统了解细菌的形态，归纳出细菌是单细胞生物，有三种形态	
			观察细菌、动物细胞、植物细胞的主要结构图，找一找最大的区别，总结出细菌无成形细胞核的结构特点	
			分析细菌的特殊结构：荚膜—致病部位—抗生素作用机制。拓展引入"超级细菌"的素材，引导学生正确理解生活中抗生素的使用	
		细菌的营养方式和生殖方式	进一步观察细菌和植物细胞主要结构的区别，认识到细菌无叶绿体，营养方式是异养，引导学生思考细菌在生物圈中的作用	
			观察细菌不同时期形成的菌落，了解细菌的生殖方式，以及芽孢的特殊生命特征，树立健康的生活习惯	
	烟曲霉菌所在类群有什么基本特征？	真菌的种类	观察烟曲霉菌、青霉菌、酵母菌、木耳、蘑菇的图片和实物，从宏观上感知各种各样的真菌并进行分类，归纳出真菌可以分为单细胞真菌和多细胞真菌	作业评价：1.完成开放性书面作业，通过作业评价量表进行评价；2.完成实践作业，在后续课堂中进行展示、交流
		真菌的形态和结构	培养并制作临时装片观察酵母菌和霉菌，从微观上认识酵母菌和霉菌的形态和结构	

续表

关键问题	次级问题	具体任务	活动内容	学习评价
肺炎链球菌、烟曲霉菌和新冠病毒这三种微生物都可能会引起肺炎，它们的主要特征、营养方式及生殖方式是怎样的？	烟曲霉菌所在类群有什么基本特征？	真菌的形态和结构	引导学生观察细菌、酵母菌和霉菌细胞结构示意图，观察各细胞的基本结构，尤其是细胞核形态的差异，归纳总结真核生物和原核生物的概念	作业评价：1. 完成开放性书面作业，通过作业评价量表进行评价；2. 完成实践作业，在后续课堂中进行展示、交流
		真菌的营养方式和生殖方式	引导学生比较真菌细胞和动植物细胞的结构，说出真菌无叶绿体，营养方式是异养	
			观看青霉和曲霉的孢子排列图片、蘑菇释放孢子的视频以及课前制作好的孢子印，总结孢子的特点和真菌的生殖方式	
	新冠病毒所在类群有什么基本特征？	病毒的发现	阅读麦尔、伊万诺夫斯基、贝杰林克对病毒的研究史，并通过计算烟草花叶病毒与植物细胞的大小，深刻理解病毒非常微小的概念，初步认识病毒只能在活细胞中增殖	
		病毒的种类和结构	观察烟草花叶病毒、新冠病毒、噬菌体等多种病毒的图片，总结出根据寄生细胞不同，病毒分为三大类	
			阅读斯坦利、鲍顿和皮里、考舍对病毒的研究资料，了解病毒的化学组成和结构	
			观察病毒、动物细胞、植物细胞结构示意图，分析三者的区别，说出病毒的结构特点	
		病毒的增殖方式	观看噬菌体侵染细菌的动画视频，说出病毒的增殖方式	
	肺炎链球菌、烟曲霉菌和新冠病毒等微生物为什么容易引发疾病？是不是所有的微生物都对人类百害而无一利呢？	微生物在生物圈中分布非常广泛	观察已经培养好的有微生物的培养皿，引出菌落概念，引导学生通过自制培养基培养微生物，思考微生物生存的基本条件	

续表

关键问题	次级问题	具体任务	活动内容	学习评价
肺炎链球菌、烟曲霉菌和新冠病毒这三种微生物都可能会引起肺炎，它们的主要特征、营养方式及生殖方式是怎样的？	肺炎链球菌、烟曲霉菌和新冠病毒等微生物为什么容易引发疾病？是不是所有的微生物都对人类百害而无一利呢？	微生物在生物圈中分布非常广泛	通过自主设计对照实验，检测不同环境中的细菌和真菌，认同微生物分布非常广泛	作业评价：1. 完成开放性书面作业，通过作业评价量表进行评价；2. 完成实践作业，在后续课堂中进行展示、交流
		微生物在生物圈中有不可替代的作用	阅读关于腐生性微生物、寄生性微生物、化能无机自养菌的资料，总结出微生物可以作为生态系统中的分解者参与物质循环，还可以作为生态系统中的消费者和生产者	
		微生物与人类有着密切的关系	通过"自制泡菜"活动，体验微生物与人类的密切关系。引导学生辩证地看待微生物与人类的关系，尽管有些微生物会使人患病，但多数微生物可以在食品、医药等领域为人类服务	

四、课时设计部分案例（第二课时）

"细菌"教学设计

（一）前端分析

1. 学习需要分析

对于"细菌"一节的学习，首先引导学生在宏观上对细菌有了初步感知之后，再从微观上深入认识细菌的发现史、细菌的形态和结构、营养和生殖方式等方面的特征。通过开展细菌认知调查并与部分学生谈话交流得知，通过学习菌落，学生已经明确细菌是个体微小的生物，但对细菌都是单细胞生物且无成形的细胞核缺少微观感知，需要提供细菌形态、结构和生殖等微观素材，促进概念生成。学生普遍了解细菌在食品生产、人类传染病等方面与人类生活关系密切，但对细菌的发现和利用发展过程了解其少，对背后的原理存在盲区或错误认知。教材按照一定的顺序引导学生逐个了解并学习细菌的相关知识，虽然符合学生的认知规律，但主线不够明晰，不利于学生核心素养的发展。对此，在教学中，设计"细菌为什么可以作为生化武器"作为思维主线展开教学，不但有助于学生掌握基础知识，又能将知识深化提炼，建构知识体系。

2.学习内容分析

学生已经习得细胞的基本结构特点，具备一定的比较、分析、归纳、分类等科学思维和模型制作的能力，在此基础上通过观察细菌的形态、大小，制作细菌结构模型，促进学生的理解记忆。并且学生已经初步具备结构与功能观，通过观察并比较细菌与动植物细胞结构异同点，使用结构与功能观推理细菌各结构功能和营养方式等特点，设计问题驱动，层层递进，启发学生深度学习，练习使用已掌握的科学思维，同时强化用结构与功能相适应的生命观念阐释生命现象。同时，学生已具有一定的小组合作学习能力，通过呈现科学史素材，小组合作归纳细菌发现的科学研究过程和四个阶段，模拟重现巴斯德实验，以科学的态度辩证地分析结果，在体验中感知形成科学精神。学生已有一定的知识基础，知道要养成良好卫生习惯，但对背后的原因并不明确。此外，通过"细菌为什么可以作为生化武器"的真实情境，历史再现、视频感知、对照实验直观感受，了解细菌的生殖特点，认识芽孢，养成健康的生活习惯，增进爱国情感。

3.学习特征分析

本节内容是在学生已经认识动植物细胞基本结构的基础上，介绍细菌的形态结构特点和主要生命活动形式等。学生在生活中对细菌有一些直观认识，但不能准确表述细菌的形态结构、营养方式和生殖方式。学生对微观世界的生物充满好奇，但缺乏途径认知和深入了解。本节课要帮助学生运用已有经验、知识技能，通过学习活动，全面深入认识和理解细菌的主要特征，建构细菌的概念，发展核心素养。

（二）教学目标

依据课程标准并围绕培养学生核心素养的要求，制订如下教学目标：

1.通过对细菌科学史的学习，加深对科学家工作的认识，领悟科学精神，理解科学本质，认同技术对科学研究的促进作用。

2.通过观察描述细菌的形态和大小，训练观察、比较、归纳、分类等科学思维。

3.通过制作细菌结构模型，深化对细菌形态结构特征的理解，提升模型与建模的科学思维能力；通过细菌与动植物细胞结构异同点的比较，推测出细菌的营养方式，培养观察、比较、分析和推理能力。

4.通过观看视频说出细菌的生殖方式，归纳出细菌繁殖速度快、数量多的特点，养成良好的个人卫生习惯。

（三）教学过程

1.创设情境，导入新课。

教师播放"九一八"事变爆发91周年侵华日军100部队细菌战最新罪证的视频，提出问题：人们最初是不知道细菌存在的，那么科学家们是怎么发现细菌存在的呢？细菌为什么可以作为生化武器？

设计意图：教师利用细菌战创设问题情境，始终贯穿整节课，不仅能激起学生强烈的爱国情感，同时也能培养学生"少年强则国强"的社会责任感，发展核心素养。

2.探秘细菌的发现史，培养分析能力和科学思维。

教师呈现"细菌的发现"相关科学故事，全班以小组为单位讲述细菌发现过程中的有关人物和事件，归纳细菌发现的科学研究过程，理清17世纪到19世纪细菌发现的四个阶段。紧接着，生物学兴趣小组的同学重现巴斯德的实验，教师引导学生重点分析巴斯德实验的过程和实验结果，并讨论回答：（1）把瓶内的肉汤高温加热的目的是什么？（2）为什么有两组实验装置？实验的变量是什么？（3）两个瓶中的现象有何不同？为什么会出现此现象？（4）打断瓶颈后瓶中有何现象？（5）实验的结论是什么？（6）通过细菌的发现过程，你对科学发现有什么新的认识？

设计意图：科学史素材的呈现让学生认识到从生活现象中提出问题和解决问题的重要性。有时真理会受到质疑，但在不断正确面对问题、利用科学方法解决问题的过程中，科学也在不断前进和发展。通过模拟巴斯德实验的方式对生命的起源进行探索，在问题串的引导中分析归纳巴斯德实验设计的目标以及设计的作用，并以批判性的思维分析其最终的结果，理解科学的批判性与统一性，以此来培养学生的生命观念和科学精神，实现基于科学史与核心素养的融合。

3. 揭示细菌的大小、形态、结构及营养方式。

（1）直观感知细菌的大小

教师出示细菌战中把实验用的鼠疫杆菌、霍乱弧菌、炭疽杆菌等病菌掺入食物或注入瓜果、蔬菜里，让百姓误食的图片和文字资料，提出问题：为什么在食用这些食物时发现不了细菌的存在呢？之后，用幻灯片放映肉眼下表面干净的图钉与显微镜不同放大倍数下变得"面目全非"的图钉，以此形成强烈的视觉反差。

设计意图：在教学情境中引导学生从初步感知到直观感知细菌的大小，体会知识、运用知识，由感性认识上升到理性认识，促进科学思维的发展。

（2）归类和比较，探究细菌的形态、结构和营养方式

提出问题：细菌长什么样？教师呈现鼠疫杆菌、霍乱弧菌、炭疽杆菌以及其他常见细菌在电镜下的图片，引导学生重点观察细菌的形态。小组讨论后尝试进行分类，并按照形态将这些细菌分为三类：杆菌、球菌和螺旋菌。教师引导学生再继续观察肺炎链球菌并追问：这一条长链是一个细菌吗？细菌是单细胞生物还是多细胞生物？回顾七年级时学过的单细胞生物，学生明确细菌都是单细胞生物。

设置过渡：不同形态的细菌在组成结构上是否一样呢？接着小组合作，用太空泥制作细菌模型，对照细菌结构示意图，依次说出细菌基本结构和特殊结构并推测其功能。在此基础上，与课前制作的动植物细胞模型对比分析，并思考：①细菌与动植物细胞相比，有何异同点？②细菌与植物细胞结构最大的区别是什么？③根据以上分析，尝试推测细菌的营养方式。最后列表比较三类生物细胞结构上的异同，得出结论：细菌没有叶绿体，不能自己制造有机物，只能利用现成的有机物生活，因此大多数细菌的营养方式为异养。同时，细菌只有 DNA 集中区域，无成形的细胞核，这样的生物称为原核生物。

设计意图：模型制作不仅可以让知识可视化和直观化，还可以培养学生的动手能力、观察能力，突出创新精神和实践能力的培养。通过合作探究细菌与动植物细胞的异同，在掌握知识的同时，注重观察、比较、分类和归纳等科学思维能力的培养，同时强化了用结构与功能相适应的生命观念阐释生

命现象的能力。

4.技能训练，感受细菌的生殖特点。

教师提供上节课"探究洗手前后手上的细菌数量变化"时培养的不同时期菌落照片，选取其中一个菌落，引导学生观察、比较不同培养期该菌落的大小，直观认识到细菌在短时间内的繁殖速度非常快。教师继续追问：细菌为何繁殖得如此之快？它的生殖方式是怎样的呢？展示细菌进行分裂的过程图，引导学生观察得出细菌的生殖方式是分裂生殖。播放大肠杆菌快速分裂生殖的动画并讲述：不同的细菌分裂生殖的速度不同，在环境适宜时，一般20~30分钟细菌就能分裂一次。创设技能训练情境：你早上上完厕所没有洗手，假设手上此刻沾有100个细菌，细菌的繁殖速度按每30分钟繁殖一代计算，在没有洗手的情况下，4小时后你吃午饭时手上的细菌总共有多少个？这对你日常生活中的卫生习惯有什么启示？通过计算，学生直观地认识到细菌繁殖速度快的特点，并认同养成良好卫生习惯的重要性。

设置情境过渡：炭疽杆菌是被选择作为最早一批研制的生化武器，英国在格鲁伊纳岛炭疽实验后虽然对整个岛屿进行了焚烧和掩埋，但数十年后该岛屿仍检测出了污染的炭疽杆菌。炭疽杆菌难以杀灭的原因是什么？引出环境恶劣时，或者细菌生长发育后期，其细胞壁会增厚，变成芽孢度过休眠期的特性。出示细菌形成芽孢的动画，引导学生思考：芽孢从形成到重新萌发，个体数目是否发生了变化？芽孢是细菌的繁殖方式吗？外科手术器械消毒是以什么为标准的？小组讨论、交流、总结出芽孢是细菌度过不良环境的休眠体，并不是生殖细胞，因为它本身并没有个体数量的增加。

设计意图：通过联系细菌菌落培养的结果自然而然地引入细菌的生殖，在图片、动画中直观认识到细菌生殖快的特点，在建构细菌繁殖数量的数学模型中培养学生勇于探索的科学思维，形成健康生活的态度和良好的卫生习惯。利用细菌战对自然环境造成严重后果的情境，将"芽孢"化远为近，促进知识的自主建构，有助于学生生命观念的建立、科学思维的发展和科学精神的养成，提升核心素养。

5.总结提升，建构知识体系。

教师依据生物体结构与功能相统一、生物与环境相适应的观点，引导学生讨论细菌为什么可以作为生化武器，帮助学生梳理出细菌可以作为生化武器的原因有个体微小、易扩散；分裂增殖速度快、数量多；有些会形成芽孢，抵抗力强等特点。最后，进行拓展与应用：细菌对人类是百害而无一利的吗？通过列举细菌对人类有利的方面，引导学生用辩证的眼光看待事物，不能以偏概全。

设计意图：教师引导学生利用所学知识解释细菌作为生化武器的原因，通过问题将细菌的知识点串联起来，锻炼学生的能力。学生通过解决问题，除了在对细菌知识的迁移应用中建构自己的知识体系外，还得到语言组织表达能力的提升、思维方法的培养和科学精神的提升。

（四）教学反思

本节课以"细菌为什么可以作为生化武器"为主线展开教学，注重前后知识之间的联系，保证了情境的连贯性，在情境、任务、质疑、思辨中引领学生不断思考，深化提升思维能力，建构系统的知识网络。这样的教学模式既能激发学生的学习兴趣和学习潜能，又能充分调动学生的主观能动性，促进学生核心素养的达成。另外，在整个教学设计中通过揭示细菌战的罪行激发学生的家国情怀，增强对民族、祖国的认同感，同时帮助学生养成珍爱生命的生命观念、积极进取的人生态度，树立正确的世界观、人生观和价值观，全面提高学生的社会责任。

五、案例点评

本节课在对教材内容进行整合的基础上，以"细菌为什么可以作为生化武器"为依托，建立前后连贯的整体式真实情境，通过任务驱动引导学生在真实情境中进行资料分析、模型建构、归纳总结，进而实现概念的建构，让学生真正成为知识获得的主体。

1. 创设进阶的系列化真实情境，实现核心知识结构化，发展学生科学思维

通过创设一系列真实问题情境，引导学生自主设计并完成以实验为主的进阶挑战性任务，实现核心知识的结构化，训练高阶科学思维和探究能力，培养解决现实生活问题的意识和能力。如"细菌战中把细菌掺入食物中，为什么人们在食用这些食物时发现不了细菌的存在呢？细菌长什么样？炭疽杆

菌难以杀灭的原因是什么？"活动情境贯穿于整节教学，不仅让学生感觉思路清晰、过渡流畅，更能利用环环相扣的情节持续吸引学生，实现学生对概念的理解与应用，并在生动的情境中浸入情感、发展思维，落实核心素养。

2. 善于挖掘生物学课堂的育人价值

本节课将细菌的发现史引入课堂，完整地展示细菌发现的过程，让学生不仅体会到科学思想和科学方法，还能体会科学家的科学人文精神、科学思维的灵活性，感受到科学家的团队意识、协作意识以及创新精神，增强对民族、祖国的认同感。生物学学科的每一节实验课，都不应该仅以通过实验的方法使学生建构知识性概念为目的，应着眼于学生的长期发展，以每一节实验课为载体，通过合理的教学设计、巧妙的课堂生成，以及发散性的问题研究等手段，引导学生发展实验探究能力，提升科学素养，打破固有的思维模式，发挥创造力与想象力。

案例2 "细胞是生物体结构和功能的基本单位"概念教学设计与案例分析

一、整体设计思路

以"细胞是生物体结构和功能的基本单位"这一重要概念为基础，结合课程标准构建单元概念框架；以核心素养为依据，结合学情分析制订单元教学目标；通过提炼关键问题"生物能进行生命活动的结构和功能的基本单位是什么？""细胞如何构成生物体，并完成生命功能？"然后将关键问题分解成多个子问题，并分别制订任务、情境、学生活动以及学习评价，以促进大概念的建构和核心素养的达成。

二、概念进阶

表 2-1 "细胞是生物体结构和功能的基本单位"概念进阶

层级	细胞是生物体结构和功能的基本单位
经验	知道生物体由细胞构成，可以用显微镜观察细胞； 知道动植物体的部分器官及系统
映射	理解生物体具有一定的结构层次，可以通过观察不同的细胞、组织来理解； 理解植物体能完成各项生命活动，可以通过观察细胞进行的生命活动、植物体进行的生命活动来理解
关联	理解生物进行生命活动结构和功能的基本单位是细胞，细胞通过分裂、分化形成组织，不同的组织又形成器官
系统	理解细胞各结构协调配合完成细胞的生命活动，植物体各结构协调配合完成植物体的生命活动
整合	理解生物体具有一定的结构层次，能够完成各项生命活动。认同生物体是一个统一的整体

三、大单元设计

（一）单元教学目标设定

基于课程标准的内容要求、学业要求和学业质量水平，围绕核心素养及其表现水平，制订本单元教学目标如下：

1. 观察各种动植物细胞，比较动物细胞与植物细胞结构的异同点，并结合细胞结构特点推测其功能，领悟细胞是生命活动的基本结构和功能单位以及生物体结构与功能相适应等生命观念。

2. 开展"草履虫是怎样完成生命活动的"探究活动，认同生物体是一个统一的整体，能够完成各项生命活动。

3. 参与显微镜操作、制作临时装片、绘制细胞结构图等实践活动，学会科学实验方法及相关操作技能，体验科学家探索微观世界的历程，感悟求真务实和勇于探究的科学精神。

4. 查阅有关资料，关注细胞的研究在防治癌症等方面的价值，关注人体健康；关注科学与技术相互促进的关系，能够辩证地看待生物克隆技术。

（二）单元教学内容分析

本单元属于《义务教育生物学课程标准（2022 年版）》概念 1.1"细胞是生物体结构和功能的基本单位"的相关内容。该重要概念包括五个次位概念，分别是"一些生物由单细胞构成，一些生物由多细胞组成""动物细胞、植物细胞都具有细胞膜、细胞质、细胞核等结构""植物细胞具有不同于动物细胞的结构，如叶绿体和细胞壁""细胞不同结构的功能各不相同，共同完成细胞的各项生命活动""细胞核是遗传信息库"。

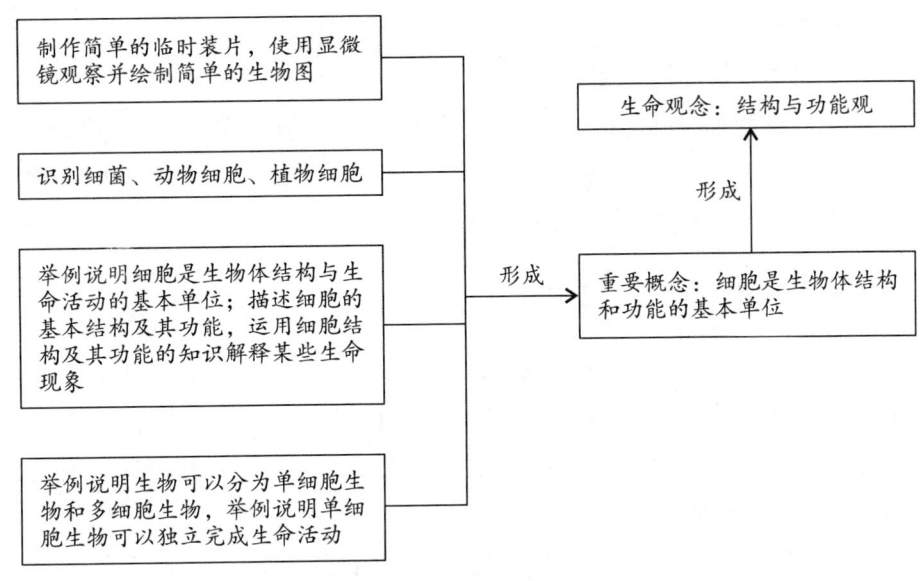

图 2-1　单元概念图

（三）单元教学情境设计

单元教学情境的创设要进行顶层设计。生物学情境的创设需要结合教学目标，将生物学要解决的问题信息蕴含在特定的、真实的情境中，从而去设计活动。而这一系列"情境—问题—活动"的设计，最终都是为了寻求学生核心素养的达成。

本单元以实验探究、模型制作等体验活动作为主情境，创设有梯度的问题情境：观看丰富多彩的单细胞动物、色彩缤纷的植物果园、奇幻迷人的海洋世界等视频，思考植物和动物都是由细胞组成的吗？以此开展实验探究活动，寻找动植物是由细胞组成的证据。选择多种动植物细胞制作装片并观察，以文字形式小结汇报。学生尝试制作植物细胞或动物细胞的结构模型，并进行对比。引导学生思考动植物细胞的结构是一样的吗，进一步归纳总结动植物细胞结构的异同点。

（四）单元教学问题设计

本单元以"问题—实验"为主线，围绕关键问题"细胞如何构成生物体，并完成生命功能？"整体化设计单元学习活动。然后将关键问题分解成相互关联的三个子问题：

1. 植物和动物都是由细胞组成的吗？

2. 植物细胞都有哪些结构？其功能是什么？动物细胞都有哪些结构？其功能是什么？

3. 单细胞生物是如何独立完成生命活动的？

（五）单元教学活动设计

教师应积极发挥现有设备器材的作用，充分利用简便易得的器具和材料，设计富有创造性的实验和实践活动，让学生真正参与观察、实验、探究、制作等多种类型的活动，通过"做中学"获得对现实世界的直接经验和真实体验，提高生物学教学质量。

"指导学生主动获取证据，作出判断。"开展实验时，应鼓励学生参与实验设计，可以设计利用实验室仪器设备的实验，也可以设计利用简单易得、低成本器具材料的实验。鼓励、引导学生积极设计实验，操作实验，让学生从实验中获取证据，作出判断，获得知识。

活动1：练习使用光学显微镜，直至观察到清晰的物像；用显微镜观察池塘水中的微小生物。

活动2：制作植物细胞、动物细胞的临时装片，用显微镜观察细胞结构；小组内分享观察结果，尝试对细胞结构进行识别、描述。

活动3：尝试制作植物细胞或动物细胞的结构模型；借助模型，比较不同细胞的结构，归纳概括出动植物细胞结构的异同。

活动4：通过细胞吸水与失水实验，结合观察紫色洋葱外表皮细胞失水后的细胞变化，以及细胞核移植等科学研究资料，分析细胞各部分结构与功能。

活动5：制作草履虫临时装片，观察草履虫的结构，推测草履虫各部分结构的功能；探究草履虫的运动、摄食或趋性，分析一个细胞是如何完成各项生命活动的。

（六）单元评价设计

在本单元中，基于活动设计中的任务要求，设计了多种形式的评价。一是基于实验观察或科学资料分析的过程性评价，包含通过实验探究评价量表对课上活动进行评价；通过能否准确回答学案中的问题进行评价；通过课上的展示交流过程进行生生、师生评价。二是作业评价，包括完成开放性书面作业和通过作业评价量表进行评价。

例如，对"制作植物细胞临时装片并观察植物细胞"的评价指标是：

1. 联想与建构——能将所学内容与已有生活经验建立起结构性关联；能从丰富的、有代表性的事实中初步了解细胞各结构的作用。

2. 活动与体验——能通过实验设计、分析和推理，探究和分析生命现象；能通过事实的抽象和概括，总结出生物体细胞的结构和功能，并建立合理的知识框架。

3. 本质与变式——能把握知识的内在联系，并在理解植物体细胞结构与功能相适应的基础上，了解概念的外延。

4. 迁移与应用——解释现象，并能够在新情境下解决相关问题；能正确掌握植物细胞的结构与功能的关系，建立起科学的生命观。

表 2-2   "情境—问题—活动设计"表

创设情境	问题	学生活动	达成目标素养
除病毒外，生物都是由细胞构成的。出示小资料，介绍常见的细胞的大小通常以微米来表示，我们之所以能看到这些细胞的结构，都需要借助一个工具——显微镜，它是宏观世界和微观世界之间的一个重要桥梁	1.你了解显微镜的构造和作用吗？ 2.你知道显微镜正确的使用方法吗？ 3.你清楚显微镜的成像规律吗？	活动1：练习使用光学显微镜，直至观察到清晰的物像；用显微镜观察池塘水中的微小生物	1.明确显微镜的构造和作用。 2.学会显微镜的使用方法，能够使用显微镜观察微小生物。 3.知道显微镜的成像规律
观看西瓜果肉、棉花图片，介绍西瓜果肉的"沙粒"、棉花的"细丝"都属于植物细胞，可见细胞形态差别很大，但它们却具有相似的细胞结构	1.如何制作动植物细胞的临时装片？ 2.植物细胞都有哪些结构？其功能是什么？ 3.动物细胞都有哪些结构？其功能是什么？ 4.动植物细胞的结构相同吗？	活动2：制作植物细胞、动物细胞的临时装片，用显微镜观察细胞结构；小组内分享观察结果，尝试对细胞结构进行识别、描述。 活动3：尝试制作植物细胞或动物细胞的结构模型；借助模型，比较不同细胞的结构，归纳概括出动植物细胞结构的异同	1.掌握制作简单的临时装片。 2.使用显微镜观察并绘制简单的生物图。 3.识别细胞结构，比较并归纳动植物细胞结构的异同点。 4.能自选材料，用恰当的方式突出结构的关键特征，制作动植物细胞结构模型

续表

创设情境	问题	学生活动	达成目标素养
播放紫色洋葱外表皮细胞失水后的细胞变化的相关视频	1.细胞的各部分结构有哪些功能？ 2.细胞的各部分结构是如何保证细胞完成各项生命活动的？	活动4：通过细胞吸水与失水实验，结合观察紫色洋葱外表皮细胞失水后的细胞变化，以及细胞核移植等科学研究资料，分析细胞各部分结构与功能	举例说出细胞不同结构的不同功能，以及各部分相互配合共同完成生命活动，进而说明细胞是生物体结构和功能的基本单位
来到池塘边，舀起一瓢水，你很可能就会看到本节课的主角——草履虫	草履虫是如何独立完成生命活动的？	活动5：制作草履虫临时装片，观察草履虫的结构，推测草履虫各部分结构的功能；探究草履虫的运动、摄食或趋性，分析一个细胞是如何完成各项生命活动的	1.举例说明单细胞生物可以独立完成生命活动。 2.形成重要概念：细胞是生物体结构和功能的基本单位

四、课时设计部分案例

"植物细胞"教学设计

（一）前端分析

1.学习需要分析

本节课的核心内容是"植物细胞的基本结构及功能"，基于洋葱鳞片叶内表皮细胞临时装片的制作和观察实验来完成。此前学生已经学习了显微镜的使用方法，能够使用显微镜观察永久玻片标本，但是对于制作临时装片的要求和一般步骤还不熟悉。对部分细胞器有初步的认知，但是没有对各细胞器的功能进行深入探究，不能准确说出它们结构与功能之间的相关性。在此基础上，本节内容通过制作洋葱鳞片叶内表皮细胞临时装片，探究植物细胞各细胞器的功能，让学生认同植物细胞是植物体结构和功能的基本单位，初步形成结构与功能相适应的生命观念。

2.学习内容分析

本节课设计观察洋葱鳞片叶内表皮细胞临时装片、洋葱鳞片叶外表皮细胞临时装片、黑藻叶片细胞临时装片、番茄果肉细胞临时装片，通过观察多种植物细胞的结构，画出植物细胞结构图，总结出细胞是植物体结构的基本单位。再进一步进行质壁分离及复原实验、胞质环流实验，总结部分细胞器的功能，帮助学生理解细胞是植物体结构和功能的基本单位，最终升华概念"细胞是生物体结构和功能的基本单位"。

3. 学生特征分析

七年级学生好动、好奇、好表现，形象生动的实验探究法和观察法能够吸引学生主动探究、积极参与，但大部分学生还不能摆脱小学被动学习的模式，主动分析、解决问题的能力较弱。因此本节课是基于活动体验、借助问题引导、结合亲身经验，不断让学生进行实践和探索，构建本节的生物学概念，聚焦生物学核心素养并发展学生的自主学习能力，避免了机械识记抽象名词产生的枯燥情绪，提高学生探究能力。

（二）教学目标

依据课程标准并围绕培养学生核心素养的要求，制订如下教学目标：

1. 通过制作洋葱鳞片叶内表皮细胞临时装片、洋葱鳞片叶外表皮细胞临时装片、黑藻叶片细胞临时装片、番茄果肉细胞临时装片，总结制作临时装片的一般步骤，提高学生动手操作能力和归纳总结能力。

2. 通过观察实验现象和各种生命现象，展示说明细胞结构的功能及其相互关系，引导学生总结出植物细胞各细胞器的功能，认同植物细胞结构与功能相适应的生物学观念。

3. 通过真实体验微观世界的神奇，认识植物由细胞构成，感悟科学家探索微观世界的过程中求真务实的态度和勇于探究的精神。

（三）教学过程

1. 创设情境，导入新课。

提出问题：你想象中的植物细胞是什么样的？

设计意图：以学生的主观猜测导入，引起学生好奇心，激发学生兴趣，开启探究之旅。

2.动手操作实验，学习细胞的基本结构。

（1）初步认识玻片标本。绝大多数细胞十分微小（肉眼不可见），需要借助显微镜才能看到，所以实验材料需要满足条件——薄而透明。然后出示玻片标本主要有三种类型：切片、涂片、装片。进而指出：本节课要观察的洋葱鳞片叶表皮细胞、黑藻叶片细胞、番茄果肉细胞都要制成装片。

设计意图：通过已有的知识经验，学生总结出需要制成玻片标本的材料是薄而透明的，认识三种主要的玻片标本类型，并顺利引出下面制作临时装片的实验。以问题引导，逐级递进。

（2）探究实验过程。制作洋葱鳞片叶内表皮细胞的临时装片，引导学生思考：①要制作临时装片首先要用到载玻片和盖玻片（教师展示），这些器材是循环使用的，你在使用之前需要做什么准备工作？②要想撕取的洋葱鳞片叶内表皮有合适的大小和规整的形状，可以怎样操作？需用到什么实验器材？③新鲜蔬菜暴露在空气中几小时就会萎蔫，原因是什么？还需要什么实验器材？④为使观察到的内表皮细胞完整、没有重叠，应如何处理实验材料？通过问题引导，学生明确实验过程中一些重要步骤以及实验材料。接下来小组内讨论具体操作步骤。

设计意图：不直接呈现实验过程，而是通过问题引导，给予学生思路，了解实验器材的作用，思维碰撞，一步步探索出实验过程，避免了机械识记抽象名词产生的枯燥情绪，提高学生探究能力。

（3）动手操作实验，观察细胞结构。学生制作洋葱鳞片叶内表皮细胞的临时装片，并观察细胞结构，制作后再任选实验台中的一个材料（洋葱鳞片叶外表皮细胞、黑藻叶片细胞、番茄果肉细胞）制作临时装片。实验过程中根据评价量表进行自评、组评。请学生上台展示制作的洋葱鳞片叶内表皮细胞临时装片，从排列、形状、颜色等方面描述观察到的细胞结构，指认细胞壁和细胞核，然后其他小组评价。接下来，请学生依次展示洋葱鳞片叶外表皮细胞临时装片、黑藻叶片细胞临时装片、番茄果肉细胞临时装片。引导学生展示时先叙述实验过程，然后描述细胞形态，指认细胞壁、细胞核、细胞质（黑藻叶片细胞），其他小组进行评价。

表 2-3　评价量表

评价项目	评价要点	分值	自评	组评	师评
情感态度	积极参与实验	10			
	小组成员之间共同协商解决实验中的问题	10			
	实验中锲而不舍、实事求是的科学精神	10			
实验实施	按照实验步骤独立制作临时装片且过程无明显失误	20			
	熟练使用显微镜并观察到细胞	20			
交流评价	从排列、颜色、形状、结构等方面描述观察到的细胞	20			
	画出看到的细胞结构图	10			

实验中观察的几种临时装片，都能观察到细胞壁、细胞质、细胞核等结构。教师通过展示给洋葱鳞片叶外表皮细胞临时装片滴加蔗糖溶液过程中捕捉到的画面，让学生清晰地观察到细胞膜的存在。细胞壁、细胞膜、细胞质、细胞核是植物细胞共有的，是细胞的基本结构。最后升华概念：不同的植物有不同的形态，但是植物都由细胞构成，细胞又由共同的基本结构构成，所以细胞是植物体结构的基本单位。

设计意图：通过动手实验操作，学生对实验步骤和方法有更深刻的理解，避免死记硬背。通过实验中的试错，在操作过程中体会每一步的目的，真正理解实验过程。动手操作使学生在实践探索中直观地观察到细胞的形态和结构，通过绘图深入理解细胞的基本结构，为后面探究细胞器的功能奠定基础。最终引导学生理解细胞是植物体的结构单位。

3. 探究植物细胞部分细胞器的结构和功能，升华概念。

（1）细胞壁的作用。在滴加蔗糖溶液的洋葱鳞片叶外表皮细胞临时装片上滴加清水，展示在这个过程中捕捉到的画面，不仅能让学生清晰观察到细胞壁和细胞膜，见证了在洋葱鳞片叶外表皮中细胞质的存在，还发现了液泡。根据液泡的颜色，推测出液泡能够储存色素和营养物质。过程中细胞壁都保持原来的位置和形态，教师进一步引导学生推测细胞壁的作用。

设计意图：在学生做过的洋葱鳞片叶外表皮细胞临时装片基础上，加以改进和利用，学生亲眼见证了液泡的存在，推测出液泡的功能，学生能更好地理解概念的内涵。同时，通过有效的问题引导和话语交流，让学生基于生物学事实和证据，发展概括与归纳等科学思维能力。

（2）叶绿体、细胞质的作用。将目光再次聚焦到黑藻的叶片细胞，请学生描述现象，总结出胞质环流。最终总结出植物能进行胞质环流，这一生命活动过程是由细胞质和其他细胞器协调配合完成的。根据已有的知识经验，说出叶绿体的作用。

设计意图：通过观察黑藻叶片细胞内的胞质环流现象，理解植物进行胞质环流这一生命活动主要与细胞质有关。

4. 细胞核的作用。

出示学生观察的洋葱根尖玻片标本的放大图，学生观察根尖细胞分裂过程中，哪个部位变化最明显。总结出：细胞分裂过程中主要是由细胞核发挥作用的。植物的一系列生命活动，主要是细胞核发挥着调控作用。

设计意图：通过观察洋葱根尖分生区细胞，引导学生发现细胞核的变化，总结出细胞进行的一系列生命活动都是由细胞核调控的，进一步理解概念：细胞是植物体进行生命活动的基本功能单位。培养学生语言组织能力和知识迁移与应用能力，进一步提升学生分析问题和解决问题的能力。

5. 总结提升，形成概念。

引导学生回顾所学，总结形成概念：植物细胞的各种结构具有各自不同的功能，它们协调配合，共同完成细胞的生命活动，进而完成植物复杂的生命活动。所以植物体能够进行复杂的生命活动，主要的功能单位是细胞。

设计意图：通过前面的探究活动和实验观察，对结论进行梳理、整合，形成完整的概念，初步建立结构与功能相适应的生命观念。

6. 回归实验，建构体系。

在同学们已经画出观察到的细胞结构图的基础上，经过这节课的学习，将细胞结构再补充完整。深化概念，形成概念体系。

设计意图：通过回归实验，结合画的细胞结构图，完善细胞结构。让新的生物学概念建构到学生已有的概念体系中。

（四）教学反思

本节课以观察植物细胞的结构为主线，通过制作装片并在显微镜下观察，培养学生的实验操作能力和观察能力。教学内容涵盖了细胞壁、细胞膜、细胞质、细胞核等基本结构，旨在使学生了解植物细胞的特点和功能。在教学过程中，采用了观察、讨论、实验等方法，通过观察植物细胞在显微镜下的图像，引导学生发现并总结植物细胞的共同特点。通过本节课的学习，学生对植物细胞的结构有了更直观的认识，了解了植物细胞的基本特点和功能。在实验过程中，学生的观察能力和实验操作能力得到了锻炼，同时为理解细胞是生物体结构和功能的基本单位奠定了基础。

五、案例点评

思维型教学是指在教学中要培养学生尊重事实和证据，崇尚严谨和务实的求知态度，引导学生运用科学的思维方法认识事物，提高学生解决实际问题的能力。学生应该在学习过程中逐步发展科学思维，如能够基于生物学事实和证据，运用归纳与概括、演绎与推理、模型与建模、批判性思维、创造性思维等方法，探讨、阐释现象及规律，审视或论证生物学社会议题。帮助学生发展科学思维是当前生物学教学的重要任务，而落实科学思维培养的任务往往需要教师引导学生在真实情境中发现问题并解决问题。在课堂教学中，教师可创设源于生产生活、科学研究、实验探究、社会议题等的真实情境，在激发学生学习动机的基础上，通过设置精妙、阶梯形的问题串引导学生展开讨论，使其在探究问题的过程中培养基于事实和证据并经逻辑思考解决问题的能力，从而实现科学思维培养的目标。

1. 在科学探究中提升学生的演绎与推理能力

课程标准提出"重视运用以探究为特点的教学策略"的教学建议，并且要求教师在教学中要"围绕教学目标和教学内容，联系学生的个人经历、社会生活和生产实践创设真实情境"，同时"指导学生主动获取证据，作出判断……设计利用简单易得、低成本器具材料的实验……"。本案例中教师为学生提供多种实验材料，以便学生进行自主探究，观察、比较不同细胞之间的共性和差异，培养学生基于事实和证据并经逻辑思考进而阐释现象、总结规律的能力。

2. 在建构概念中提高归纳与概括能力

概念教学重在理解和意义建构，教师绝不能简单地把概念直接告知或讲授给学生并让他们机械记忆。生物学重要概念的建构，首先要有丰富的事实支撑，在此基础上教师还要善于引导学生去分析、综合、归纳、概括。科学思维是形成概念的工具和途径，因此在生物学课堂教学中，教师应创设相应的真实情境，并提出系列问题，引导学生根据生物学事实和证据去思考和讨论，归纳总结生物学重要概念。此过程不仅能帮助学生建构概念，也能提升其归纳与概括能力。例如，本案例中学生在探究细胞各部分结构的功能时，教师为学生提供大量的生物学事实，在滴加蔗糖溶液的洋葱鳞片叶外表皮细胞临时装片上滴加清水，不仅让学生能清晰观察到细胞壁和细胞膜，还能帮助学生直观地体验到洋葱鳞片叶外表皮中细胞质的存在。学生基于生物学事实和证据，发展概括与归纳等科学思维能力。

案例3 "植物通过吸收、运输和蒸腾作用等生理活动，获取养分，进行物质运输，参与生物圈中的水循环"概念教学设计与案例分析

一、整体设计思路

基于"植物有自己的生命周期，可以制造有机物，直接或间接地为其他生物提供食物，参与生物圈中的水循环，并维持碳氧平衡"大概念，以"植物通过吸收、运输和蒸腾作用等生理活动，获取养分，进行物质运输，参与生物圈中的水循环"这一生物学重要概念为基础，结合课程标准构建单元概念框架；以核心素养为依据，结合学情分析制订单元教学目标；通过提炼关键问题"水分如何被高大的植物吸收、运输和利用？"然后将关键问题分解成多个子问题，并分别制订任务、情境、学生活动以及学习评价，以促进大概念的建构和核心素养的达成。

二、概念进阶

表 3-1　"植物通过吸收、运输和蒸腾作用等生理活动，获取养分，进行物质运输，参与生物圈中的水循环"概念进阶

层级	植物通过吸收、运输和蒸腾作用等生理活动，获取养分，进行物质运输，参与生物圈中的水循环
经验	知道植物能够增加大气的湿度，可以使用湿度传感器测定湿度
映射	理解植物参与生物圈的水循环过程可以从植物体内水分的吸收、运输和散失等角度来解释
关联	理解根尖是吸收水分的主要部位，导管是运输水分的主要器官，叶片上的气孔是水分散失的门户
系统	理解蒸腾作用是水分从活的植物体表面，以水蒸气的状态散失到体外的过程，该过程需要蒸腾拉力提供动力
整合	理解生物圈的水循环离不开植物，其是陆地和海洋水循环的一个环节，从水循环的角度，认同生物圈是一个统一的整体

三、大单元设计

（一）单元教学目标设定

基于课程标准的内容要求、学业要求和学业质量水平，围绕核心素养及其表现水平，制订本单元教学目标如下：

1. 说出大量根毛对植物吸水的意义，了解组成导管的细胞的结构特点，形成结构与功能相适应的观念。

2. 根据根、茎、叶中普遍存在导管的现象，认识到植物体的各器官共同组成了有机整体，形成局部与整体相统一的观念。

3. 通过观察植物根、茎和叶脉中的导管，能说出水在植物体内的运输途径，通过观察叶片的气孔能够说出水通过气孔散失到大气中，初步发展观察、分析和推断能力。

4. 通过对根尖的数量和面积、植物一生吸收和利用的水量等资料的分析，提高获取信息的能力。

5. 能运用所学知识对生活中常见的蒸腾现象、夏天绿地部分更凉爽等现象进行解释。

（二）单元教学内容分析

本单元属于《义务教育生物学课程标准（2022 年版）》概念 4.2 "植物通过吸收、运输和蒸腾作用等生理活动，获取养分，进行物质运输，参与生物圈中的水循环"的相关内容。该重要概念包括三个次位概念，分别是"植物根部吸收生活所需的水和无机盐，通过导管向上运输，供植物利用，其中大部分水通过蒸腾作用散失""叶片产生的有机物通过筛管运输，供植物其他器官利用""植物通过对水的吸收和散失参与生物圈中的水循环"。

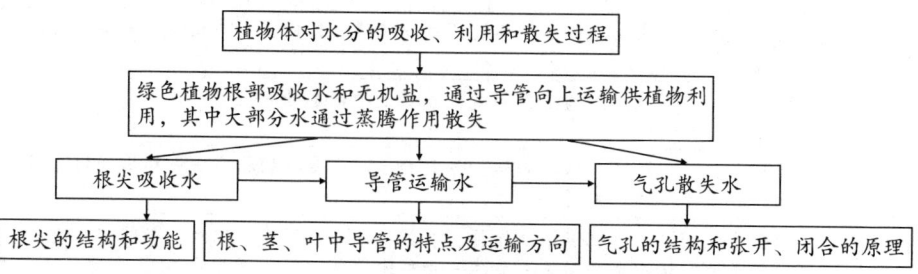

图 3-1　单元概念图

（三）单元教学情境设计

单元教学情境的创设要进行顶层设计。生物学情境的创设需要结合教学目标，将生物学要解决的问题信息蕴含在特定的、真实的情境中，从而去设计活动。而这一系列"情境—问题—活动"的设计，最终都是为了寻求学生核心素养的达成。所以在进行情境创设时，要着眼于学生适应未来社会发展和个人生活的需要，要指向生命观念、科学思维、探究实践和态度责任等方面，全方位地进行宏观设计。课程标准提倡"引导学生从真实情境中提出问题"，建议教师要围绕教学目标和教学内容，联系学生的个人经历、社会生活和生产实践创设真实情境，指导学生提出问题。因此，情境创设不仅能激发学生的兴趣、引发认知冲突、引入学习主题，还需尽量真实，能够将生物学知识与生产探寻、生活实际、科学研究密切联系，这样的情境便有了"灵魂"，可以带给学生更多生命的启迪和思考。

本单元的主题情境以俗语展开。俗话说"人往高处走，水往低处流"，引出下列问题："高大的绿色植物如何将水分吸收、运输到顶端呢？这些水分又是如何散失，参与生物圈的水循环的？"在大情境的基础上，为了建构次位概念，可以相应建立多个与大情境相关的小情境，例如，在"探究气孔是否真实存在"时可以出示情境："在清晨的时候，我们经常会看到露珠在叶片上滚来滚去，却不会渗入到叶片的内部，请你对叶片上表皮细胞的形态、结构与功能进行大胆的猜测。"在"探究气孔张开和闭合的原理"时可以出示情境："展示科学家在扫描电子显微镜下拍摄的植物叶片气孔照片。"学生在感到震撼的同时联想到了有关气孔张开和闭合的问题。

（四）单元教学问题设计

本单元以"情境—问题—活动"为主线，围绕关键问题"水分如何被高大的植物吸收、运输和利用？"整体化设计单元学习活动。然后将关键问题分解成相互关联的四个子问题：

1. 根有什么特点可以帮助它吸收足够的水供植物体利用？

2. 根吸收的水分通过什么结构向上运输呢？

3. 植物吸收的水都被植物利用了吗？

4. 植物体内水分运输的动力是什么？

（五）单元教学活动设计

单元教学设计是通过设计学习活动，引导学生通过活动建构学科概念，并逐渐发展核心素养。整体化视角下的单元学习活动是由若干个学习活动组成的，它们之间有着内在的逻辑联系。本单元活动针对关键问题分解成的子问题分别设计。

活动1：观察刚萌发的绿豆根的结构，认识根毛。

活动2：阅读资料"植物根毛的数量和总面积"，探讨根毛利于吸收水分的主要原因。

活动3：宏观观察插入红墨水中的绿豆幼苗的茎、叶脉，推测导管位置。

活动4：用显微镜观察刚萌发的绿豆的根和绿豆幼苗的茎、叶脉中的导管，分析结构特点和功能。

活动5：设计实验证明叶片是植物散失水分的主要器官。

活动6：制作叶片的临时切片，观察植物叶片的主要结构，找到气孔。

活动7：制作失水的和吸水的菠菜叶下表皮临时装片，结合视频，解释气孔张开和闭合的原理。

学生在以上活动的基础上建构大概念"植物参与生物圈中的水循环"，最终形成"结构与功能相适应"的生命观念。

（六）单元评价设计

在本单元中，基于活动设计中的任务要求，设计了多种形式的评价。一是基于实验观察或科学资料分析的过程性评价，包含通过实验探究评价量表对课上活动进行评价；通过能否准确回答学案中的问题进行评价；通过课上的展示交流过程进行生生、师生评价。二是作业评价，包括完成开放性书面作业和通过作业评价量表进行评价。

例如，对"理解蒸腾作用"的评价指标是：

1. 联想与建构——能将所学内容与已有生活经验建立起结构性关联；能从丰富的、有代表性的事实中初步了解蒸腾作用的概念。

2. 活动与体验——能通过实验设计、分析和推理，探究和分析生命现象；能通过事实的抽象和概括，形成对蒸腾作用重要概念的建立和理解，并建立合理的知识框架。

3. 本质与变式——能把握知识的内在联系,并在理解蒸腾作用概念内涵的基础上,了解概念的外延。

4. 迁移与应用——解释现象,并能够在新情境下解决相关问题;能正确掌握蒸腾作用概念,建立起科学的生命观。

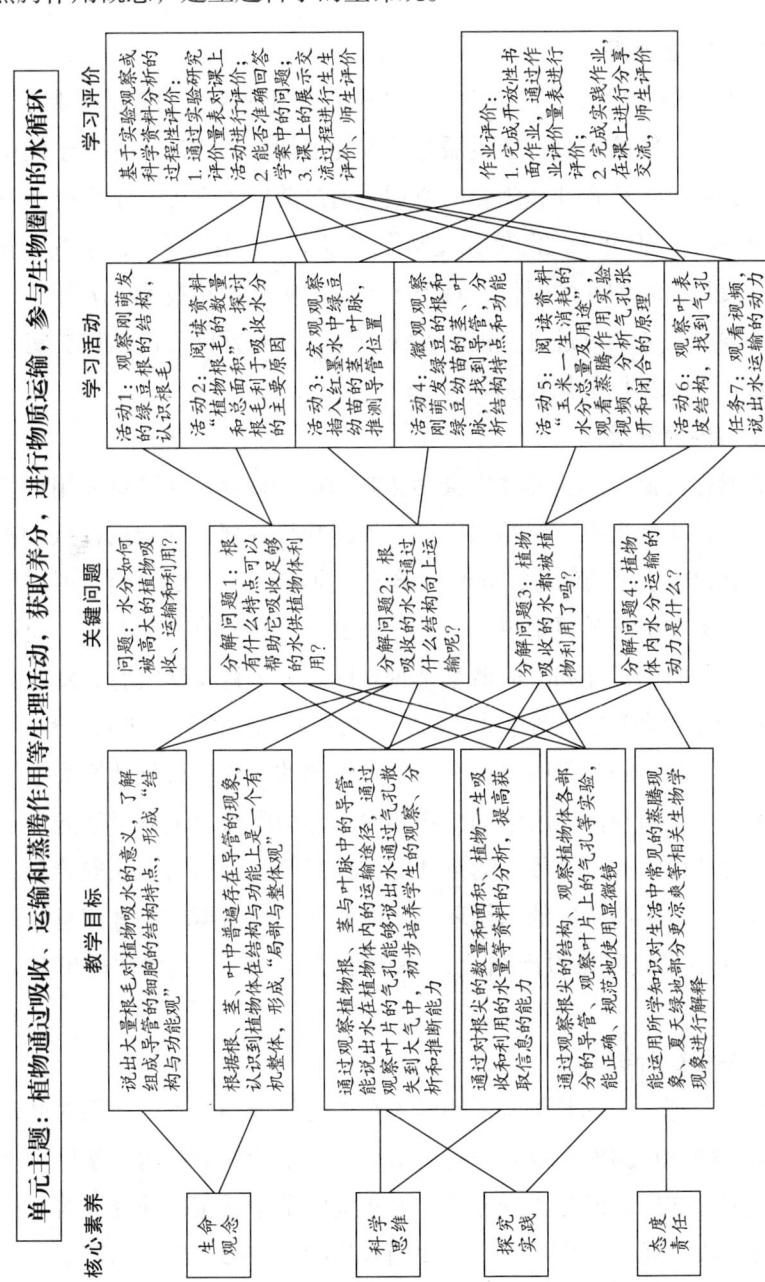

图 3-2 单元设计目标、问题、活动及评价网络图

四、课时设计部分案例（第二课时）

"观察叶片的结构"教学设计

（一）前端分析

1. 学习需要分析

本节课的核心内容是"植物的叶片通过气孔散失水分进行蒸腾作用"，基于观察叶片结构的实验，学生需要掌握徒手切片的方法，并基于此认识叶片的结构、探究气孔张开和闭合的原理。通过前期的学习，学生已经掌握了"切片"的概念，但并未实际体验过制作"切片"，不过学生已掌握洋葱鳞片叶内表皮细胞临时装片的制作，具备了一定的实验操作技能。另外，学生在七年级上学期已经学习过显微镜的操作步骤，为观察叶片的结构奠定了知识基础，本节课可以进一步熟练操作。

2. 学习内容分析

实验操作方面，学生需要学会制作叶的徒手切片，并熟练使用显微镜观察叶片结构，并基于观察到的图像，去描述叶片各部分的结构特点，进而理解结构与功能相适应的观念，同时，学生还应当学会在实验操作中保持安静、注意安全，能在小组学习中更好地合作和展示。在解决问题方面，通过实际问题"落叶背面和正面朝上的概率是否相同"，进行验证实验，发现落叶背面朝上多，引导学生主动制作叶片的临时切片并在显微镜下观察叶片的结构，学生在观察和思考的过程中，逐渐明了"植物的叶片通过气孔散失水分进行蒸腾作用"，从而与前面所学的植物体对水分的吸收、运输贯通起来，形成完整的概念"植物通过吸收、运输和蒸腾作用等生理活动，获取养分，进行物质运输，参与生物圈中的水循环"，能够从生活情境中梳理信息、提出问题，通过观察实验现象得出结论，并在此过程中尝试发现和提出新的探究问题。

3. 学生特征分析

参与本节课学习的是刚升入中学不久的七年级的学生，他们对叶片非常熟悉，对各种叶片的外形也有一定的认识，关于叶片的结构，学生也能用简单的语言进行描述，但是比较零散。七年级的学生对实验探究有着天然的兴趣，经过一段时间的生物学学习，他们对生物学中的实验活动有了一些感性认识，但由于一些实际情况的限制，学生实验水平不高，且有盲目性，不能自主进行目标指向性很强的思维活动，因此，可以结合有趣的生活化问题进行科学探究与观察，出示有层次的问题更能引导学生积极思考，有效发展学生的科学思维。学生在科学探究中，既有助于掌握基础知识，又能在探究过程中体验知识的形成。

（二）教学目标

依据课程标准并围绕培养学生核心素养的要求，制订如下教学目标：

1. 能够从情境中梳理信息，提出问题，通过观察和实验获取证据、数据等；通过对结果中的证据、数据等的分析、判断，回答提出的问题，并尝试发现和提出新的问题。

2. 尝试用徒手切片的方法制作临时装片，认识绿色植物叶片的基本结构，形成结构与功能相适应的生命观念。

3. 通过自主合作探究，获取知识，同时体验知识的形成过程，培养分析和综合、抽象和概括的思维能力，提高核心素养。

（三）教学过程

1. 创设情境，导入新课。教师出示一幅"裁判抛硬币决定场地归属"的画面和资料：实际生活中硬币落地时正面和背面朝上的概率几乎相同。如果把硬币换成落叶呢？

设计意图："教师之为教，不在全盘授予，而在相机诱导。"以问题为任务驱动，激发学生的学习兴趣，提出生活中熟悉而又陌生的问题，开启学生的思维之旅。

2. 准备好 40 片法国梧桐叶片，现场模拟，一起见证实验结果。在实验之前，让学生思考下列问题：你能尝试自己设计一个表格来记录实验结果吗？你会对数据进行怎样的处理，最终得出落叶正面还是背面朝上多？只用一种植物的叶片进行实验，就能得出结论吗？

设计意图：科学探究的本质即"寻找解答疑问的信息"，通过问题引导学生积极思考，努力获得事实和证据等信息，并通过分析信息，最终得出正确的结论。即围绕"问题"有效地发展了学生的科学思维这一核心素养。

表3-2　学生设计的用来记录落叶朝向概率的表格

实验次数	正面朝上的落叶数量/片	背面朝上的落叶数量/片
1	12	28
2	7	33
3	10	30
4	9	31
5	11	29
平均值	10	30

3. 让"知识问题化、问题生活化、问题趣味化"，引出本节课的核心内容"观察叶片的结构"。继续提问：为什么大多数落叶都是背面朝上呢？是偶然还是一种自然规律？是不是其他植物的树叶落下来也都是背面朝上多呢？这种现象与树叶的哪些结构有关呢？接下来，你会怎么进行探究呢？

设计意图：贯穿课堂始终的教学情境和问题，既带有强烈的情绪色彩，能唤醒学生的情感，又带有严谨的价值判断性，蕴含丰富的生物学知识。这样，可以让学生真正通过情境和问题激发学习的动力。

4. 动手制作菠菜叶临时切片，借助显微镜观察叶片的基本结构。两人一组练习徒手切片，制作菠菜叶横切面的临时切片。制作成功的同学介绍经验。提示学生注意并思考：不同的切割方向、不同的角度观察的效果一样吗？引导学生使用显微镜先观察叶片横切面的临时切片，再观察叶片的永久横切片。根据"叶片结构示意图"，组织学生对比归纳叶片基本结构。学生会发现因为叶肉细胞的疏密程度不同，所以才会导致落叶大部分背面朝上，至此回应并解决了情境中引发的问题。在寻求问题答案的同时，学生又发现并提出了新的问题：叶片的上下表皮上有很多气孔，这些气孔与表皮相通。气孔的形态和数量是怎样的？气孔开闭的机制是怎样的？

设计意图：为学生进一步熟练地练习徒手切片以及使用显微镜观察创造条件。在探究的同时，让学生随时发现问题并尝试继续解决问题。

5. 制作新鲜的菠菜叶上、下表皮的临时装片；用显微镜观察气孔的结构和数量。

设计意图：了解气孔是由一对半月形的保卫细胞构成的，一部分植物下表皮气孔数目比上表皮气孔数目多，这是生物适应环境的结果。

6.制作浸水的菠菜叶和萎蔫的菠菜叶的下表皮临时装片；用显微镜观察保卫细胞的形态。

设计意图：通过对比观察菠菜叶下表皮气孔的结构，推测气孔的张开和闭合与保卫细胞的含水量有关。结合保卫细胞的形态结构以及与含水量的关系，尝试引导学生说出为什么气孔可以张开和闭合，为培养学生的逻辑思维和表达交流能力创造条件。

（四）教学反思

本节课通过创设问题情境，从情境中梳理信息，提出问题，到自主探索、合作交流，最后解决问题，再从探究中提出新的问题，继续寻求问题的答案。这样的教学模式既能激发学生源于生物本身的魅力而生发的深层次的学习兴趣，还能培养学生的动手能力、分析和解决问题的能力、交流合作的能力以及科学的思维方法、健康的科学态度等，从而使学生的核心素养得到全面的发展。

五、案例点评

本单元属于《义务教育生物学课程标准（2022年版）》重要概念4.2"植物通过吸收、运输和蒸腾作用等生理活动，获取养分，进行物质运输，参与生物圈中的水循环"的相关内容。围绕着重要概念，本案例将次位概念中的零散知识进行重新建构，围绕关键问题"水分如何被高大的植物吸收、运输和利用"整体化设计单元学习活动。

本案例的主要亮点：

1.采用以"情境—问题—活动"为主线，将关键问题分解成相互关联的四个子问题，从而建构学科概念，发展学生的核心素养。

2.七个活动的设计从宏观到微观：观察根毛，观察插入红墨水中的绿豆幼苗的茎、叶脉，推测导管位置；用显微镜观察刚萌发的绿豆的根和绿豆幼苗的茎、叶脉中的导管，分析结构特点和功能。让学生在实践中亲历知识的生成，建构植物根部吸收生活所需的水分和无机盐，通过导管向上运输的概念。采用问题驱动，关注知识的结构化、生成性、发展性。如叶片是植物散失水分的主要器官吗？结合学生的经验，引导学生通过设计实验证明，让学生在分析、推理、概括中进一步完善概念：运输上来的水分主要通过蒸腾作用散失了。通过制作失水的菠菜叶下表皮临时装片和吸水的菠菜叶下表皮临时装片，解释气孔张开和闭合的原理，引导学生深入分析，实现了深度学习。学生在以上活动的基础上建构大概念"植物参与生物圈中的水循环"，最终形成"结构与功能相适应"的生命观念。

3.单元评价的设计：本案例中，基于活动设计中的任务要求，设计了多种形式的评价，对于反映学生的学习情况和素养目标的达成更全面、客观。

案例 4　"人体各系统在神经系统和内分泌系统的调节下，相互联系和协调，共同完成各项生命活动，以适应机体内外环境的变化"概念教学设计与案例分析

一、整体设计思路

以"人体各系统在神经系统和内分泌系统的调节下，相互联系和协调，共同完成各项生命活动，以适应机体内外环境的变化"这一概念为基础，结合课程标准构建单元概念框架；以核心素养为依据，结合学情分析制订单元教学目标；通过提炼关键问题"人体的生命活动是如何调节的？"然后将关键问题分解成多个子问题，并分别制订任务、情境、学生活动以及学习评价，以促进大概念的建构和核心素养的达成。

二、概念进阶

表 4–1　"人体各系统在神经系统和内分泌系统的调节下，相互联系和协调，共同完成各项生命活动，以适应机体内外环境的变化"概念进阶

层级	人体各系统在神经系统和内分泌系统的调节下，相互联系和协调，共同完成各项生命活动，以适应机体内外环境的变化
经验	知道人体有感觉器官，如眼能看，耳能听等，有大脑能控制人体的活动，青春期的身体会发生变化
映射	理解眼和耳的结构及功能，神经系统由脑、脊髓以及与它们相连的神经构成，性腺、甲状腺、胰腺属于人体的内分泌系统，运动也受神经系统调控
关联	理解神经调节的基本方式是反射，反射的结构基础是反射弧，激素参与调节人体的生命活动
系统	理解人体的生命活动主要受到神经系统的调节，也受到激素的调节
整合	理解人体各系统在神经系统和内分泌系统的调节下，相互联系和协调，共同完成各项生命活动，以适应机体内外环境的变化，认同结构与功能相适应的生命观念

三、大单元设计

（一）单元教学目标设定

基于课程标准的内容要求、学业要求和学业质量水平，围绕核心素养及其表现水平，制订本单元教学目标如下：

1.通过观察眼球结构模型，用"水透镜"模拟眼球晶状体的变焦，阐明视觉的形成过程与原理，发展探究实践能力；通过观察耳的结构模型和示意图，阐明听觉的形成过程，提升分析、归纳等科学思维，学生能科学用眼和用耳，注意保护眼睛，关注用耳健康。

2.通过分析资料，描述神经系统的组成，提高分析推理的能力；通过制作神经元模型，在培养动手能力的同时，树立结构与功能相适应的生命观念。

3.通过亲身体验膝跳反射，观看牛蛙屈腿反射的实验，建构反射的概念；通过分析膝跳反射模式图，认识反射的结构基础反射弧，举一反三，提高迁移运用能力。

4.通过体验伸肘和屈肘运动，描述运动系统的组成，通过解剖、观察鸡爪，认同运动需要在神经系统的支配下由骨、关节、肌肉协调配合完成，树立结构与功能相适应的观念。

5.通过观察胰岛的位置和结构特点，建构内分泌腺的概念；通过设计探究实验，分析甲状腺激素的功能，发展科学思维；通过资料分析、模式图观察，说出性腺和性激素的功能，关注青春期的身体变化，注意青春期的卫生保健和良好的心理，培养健康意识；通过分析肾上腺素的产生过程，说明神经调节和激素调节之间的关系，建构人体是一个统一整体的生命观念。

（二）单元教学内容分析

本单元属于《义务教育生物学课程标准（2022年版）》概念5.5"人体各系统在神经系统和内分泌系统的调节下，相互联系和协调，共同完成各项生命活动，以适应机体内外环境的变化"的相关内容。该重要概念包括八个次位概念，例如"反射是神经调节的基本方式，反射弧是反射的结构基础""甲状腺激素、胰岛素等激素参与人体生命活动的调节"等。本单元的次位概念同样包含若干个具体知识点，比如"眼和耳的结构与功能""神经系统的组成""骨、关节、肌肉之间的关系"等，需同其他案例一样，梳理出知识之间的联系，为单元教学设计打下基础。

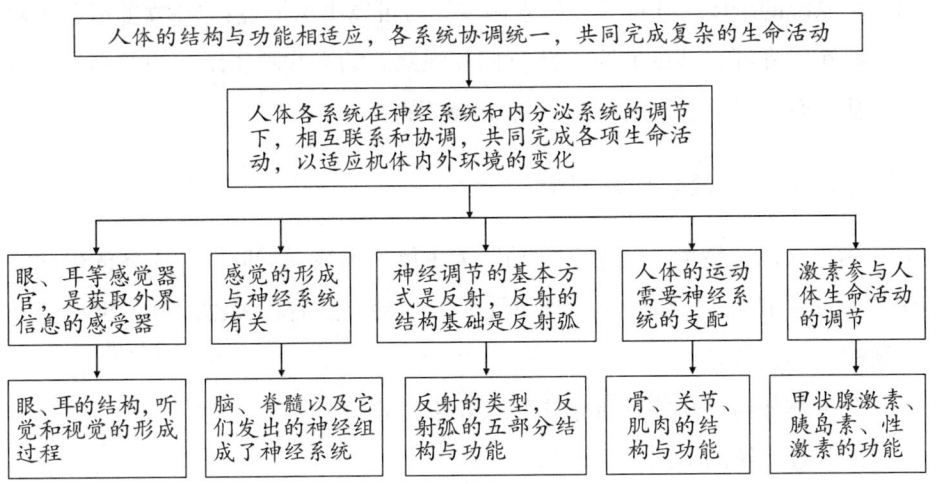

图4-1　单元概念图

（三）单元教学情境设计

单元教学情境的创设要进行顶层设计。生物学情境的创设需要结合教学目标，将生物学要解决的问题信息蕴含在特定的、真实的情境中，从而去设计活动。而这一系列"情境—问题—活动"的设计，最终都是为了寻求学生核心素养的达成。

本单元的主题情境是"中国女篮世界杯的半决赛现场"。在大情境的基础上，为了建构次位概念，可以相应建立多个与大情境相关的小情境，例如，在探究"人体对外界环境的感知"时可以出示情境："伴随着裁判员的哨声吹响，篮球抛向空中，双方队员开始争着抢球。"引发学生思考：在这个过程中队员的哪些感觉器官参与其中？这些感觉又是如何形成的呢？在探究"神经系统的组成"时可以出示情境："篮球运动员们在球场上快速反应，完成运球、传球、投球的动作。"学生在观看的过程中思考：这些动作的完成，主要受神经系统哪些器官的调控？在探究"神经调节的基本方式"时可以出示情境："女篮运动员受伤，医生在检查其神经是否受损时，会敲打受伤膝盖的下方。"引出膝跳反射，进而开启反射以及反射弧的学习。在探究"人体的运动需要神经系统的支配"时可以出示情境："女篮运动员在投篮的过程中，先屈肘再伸肘，让学生跟着一起体验屈肘伸肘的动作。"从而引出运动系统的组成。在探究"激素调节"时可以出示情境："在女篮战胜了对手，进军世界杯决赛的时刻，队员们和观众席的人欢呼雀跃，情绪高昂，有的人甚至面红耳赤，泪流满面。"引出激素调节。

（四）单元教学问题设计

本单元以"情境—问题—活动"为主线，围绕关键问题"人体的生命活动是如何调节的？"整体化设计单元学习活动。然后将关键问题分解成相互关联的五个子问题：

1. 人体如何感知外界错综复杂的信息？
2. 神经系统的组成是什么？
3. 神经调节的基本方式是什么呢？
4. 运动是如何产生的？
5. 激素如何参与生命活动的调节？

（五）单元教学活动设计

单元教学设计是通过设计学习活动，引导学生通过活动建构学科概念，并逐渐发展核心素养。整体化视角下的单元学习活动是由若干个学习活动组成的，它们之间有着内在的逻辑联系。本单元活动针对关键问题分解成的子问题分别设计。

活动1：观察眼球结构模型，用"水透镜"模拟眼球晶状体的变焦，阐明视觉的形成过程。

活动2：观察耳的结构模型和示意图，阐明听觉的形成过程。

活动3：资料分析，描述神经系统的组成，制作神经元模型，指认其结构并推测功能。

活动4：亲身体验膝跳反射，观看牛蛙屈腿反射的实验，建构反射的概念。

活动5：分析膝跳反射模式图，说出反射的结构基础——反射弧。

活动6：体验伸肘和屈肘运动，了解运动系统的组成，解剖并观察鸡爪，说出骨、关节、肌肉的关系，描述神经系统的支配下运动的产生过程。

活动7：资料分析，观察胰岛的位置和结构特点，建构内分泌腺的概念。

活动8：设计探究实验，分析甲状腺激素的功能。

活动9：资料分析，模式图观察，说出性腺和性激素的功能。

活动10：分析肾上腺素的产生过程，说明神经调节和激素调节之间的关系。

学生在以上活动的基础上建构重要概念"人体各系统在神经系统和内分泌系统的调节下，相互联系和协调，共同完成各项生命活动，以适应机体内外环境的变化"，最终形成"结构与功能相适应"的生命观念。

（六）单元评价设计

在本单元中，基于活动设计中的任务要求，设计了多种形式的评价。一是基于实验观察或科学资料分析的过程性评价，包含通过实验探究评价量表对课上活动进行评价；通过能否准确回答学案中的问题进行评价；通过课上的展示交流过程进行生生、师生评价。二是作业评价，包括完成开放性书面作业和通过作业评价量表进行评价。

例如，对"反射的概念"的评价指标是：

1. 活动与体验——能通过膝跳反射的实验、分析和推理，探究和分析生命现象。

2. 联想与建构——能将所学内容与已有生活经验建立起结构性关联；能从丰富的、有代表性的事实中初步了解反射的概念。

3. 本质与变式——能把握知识的内在联系，并在理解反射概念内涵的基础上，理解反射的结构基础——反射弧。

4. 迁移与应用——解释现象，并能够在新情境下解决相关问题。

图4-2 单元设计目标、问题、活动及评价网络图

四、课时设计部分案例（第二课时）

"动物的运动"教学设计

（一）前端分析

1. 学习需要分析

本节内容通过解剖观察等探究活动、分析概括等思维过程，使学生对动物运动的形成有更全面的认识，认同结构与功能相适应的生命观念。同时，学生能在更高认知层面上认识动物运动本质和多种多样的运动类型对其适应环境的重要意义，从而建构生物学概念"人体的运动是在神经系统支配下，由肌肉牵拉着骨围绕关节进行的"。

2. 学习内容分析

本节内容是在学习了神经系统的组成及神经调节的基本方式的基础上，进一步探究在神经系统的调节下动物运动的产生过程。基于对学生生物学核心素养的培养，对教材进行了重新梳理和加工，从探究"骨、关节、肌肉三者如何配合完成运动"开始，再依次了解三者的结构特点，按照由表及里的观察顺序，从"现象"到"本质"，更符合学生的认知规律，发展了学生的动手能力，培养了学生的科学思维。同时，通过设计探究实验"神经系统会影响动物的运动"，理解运动是在神经系统的支配下完成的，培养学生的科学探究能力。

3. 学生特征分析

经过前期学习，大多数学生掌握了一些生物学研究的方法，如解剖、观察等，具备了一定的生物学素养。学生具有一定的分析推理能力和探究实践能力，抽象思维能力有了明显的提高，一些实践任务学生可以独立完成。课堂上的一些问题多与学生的日常生活相联系，符合学生的认知发展水平。这个年龄段的学生善于发掘，有强烈的好奇心和求知欲，但抽象逻辑思维和综合分析能力还不强，知识的迁移运用能力还有待提高，一些抽象知识需要教师加强分析引导。

（二）教学目标

依据课程标准并围绕培养学生核心素养的要求，制订如下教学目标：

1. 通过屈肘和伸肘运动体验，描述哺乳动物运动系统的组成，了解动的运动依赖一定的结构基础。

2.通过解剖牛蛙和鸡爪的实验，能阐述骨、关节、肌肉协调配合完成运动，描述关节的结构特点；认同生物体的结构与功能相适应。关爱生命，养成健康的生活方式。

3.通过探究实验的设计，说明神经系统对运动起调控作用，培养科学的思维方式。

（三）教学过程

1.创设情境，导入新课。

教师播放中国女篮世界杯半决赛上投篮的精彩视频，让学生一起体验屈肘和伸肘的动作，抛出问题：这个动作靠什么系统完成？参与运动的主要结构有哪些？

设计意图：在女篮世界杯半决赛现场的大情境下找到学生可以参与的小情境，通过学生的参与体验，调动学生的学习积极性，以问题为任务驱动，开启学生的思维之旅。

2.小组合作，实验探究。

（1）探究一：骨、关节、肌肉协调配合完成运动

活动1：学生以4人小组为单位，合作完成任务表。

表4-2　骨、关节、肌肉协调配合完成运动任务表

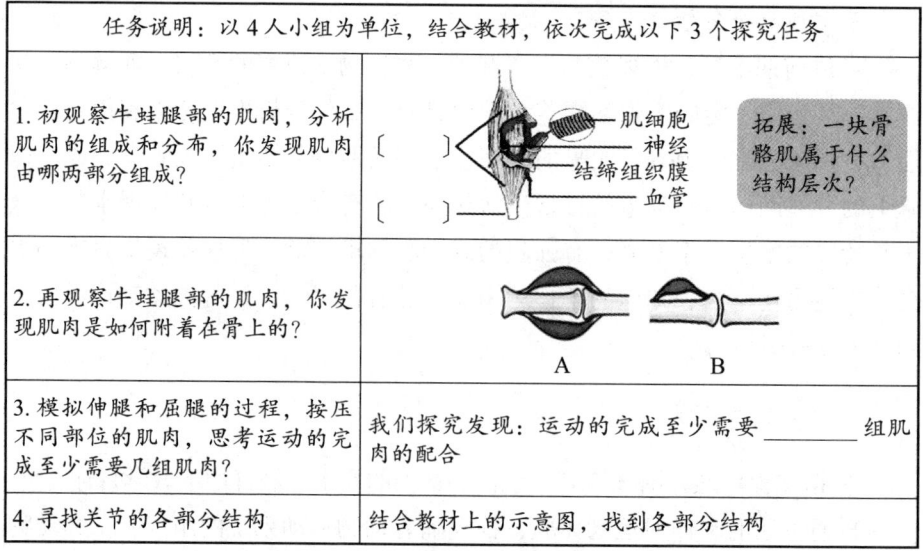

设计意图：从整体到部分的观察顺序，符合学生的认知规律，学生在探究的过程中，用问题驱动学生的学习，循序渐进，自主建构知识体系，理解只有三者的配合才能完成运动，发展学生的动手能力，培养学生的科学思维。

活动2：解剖关节。解剖鸡爪的一个趾关节，在动手操作的过程中思考以下问题：①分离切割过程中是否体验到某些阻碍？猜测这些结构有什么作用？②分离后的两块骨的表面分别是什么形状？关节头和关节窝是紧密相连的吗？这样的连接方式对运动有什么意义？③用食指触摸关节头和关节窝的表面，有何感觉？这对关节有何意义？

活动3：区分骨与骨骼。出示骨与骨骼的图片，结合实物模型，学生总结骨骼是骨连接而成。出示拓展资料，了解骨与骨连接的三种方式。

设计意图："问题串"设计能提高学生学习的效率，在解剖观察的过程中，认识关节的结构，形成结构与功能相适应的生命观念。资料分析和模型展示，将抽象的知识实物化、具体化，有利于学生的理解。

接下来用牛蛙的搔扒反射视频引发学生的思考：运动系统完整就能完成运动吗？引出接下来的探究活动。

（2）探究二：动物的运动需要神经系统的调控吗？

学生通过作出假设，设计对照实验，观看实验现象，得出结论：运动的完成需要神经系统的调控，还需要其他多个系统的配合。

设计意图：结论的得出需要有实验数据的支持，学生经历实验的设计过程，培养了科学思维，在这个过程中，要渗透有关动物福利和动物伦理，提醒学生珍爱生命，爱护动物。

3.归纳总结，迁移升华。

引导学生完成动物的运动思维导图，对本课学习的知识进行归纳总结。

设计意图：通过引导学生建构概念图，从而建构知识体系，概括本课学习的主要内容，加深印象，整合提升。

（四）教学反思

本节课通过创设情境，激发学生的学习兴趣，用"问题串"推动着学生的探究活动，学生在体验实践的过程中理解运动的本质，培养了学生的科学思维，使核心素养真正地落地。

五、案例点评

思维型教学理论强调教学的核心是思维，学习的关键是思考。本案例以核心素养为依据，通过将关键问题分解成多个子问题，将问题细致化。然后通过制订任务、情境、学习活动等过程，充分拓展了学生的思维，进行了深度学习。

本案例关注建构概念的过程，从学生能够感知到的眼能看、耳能听、大脑能控制人体的活动入手，到通过模型、资料分析、亲身体验、观察、实验等科学方法，一步步引导学生从经验层次进阶到系统层次，并进行整合，使学生充分理解人体各系统在神经系统和内分泌系统的调节下，相互联系和协调，共同完成各项生命活动，以适应机体内外环境的变化，认同结构与功能相适应的生命观念。

深层学习需要学生在活动中进行思考，进行自主建构和合作建构，而思维型教学就强调合作建构。本案例在单元教学设计中就充分展现了这一点。通过设计学习活动，引导学生自主观察眼球模型，利用"水透镜"模拟眼球晶状体的变焦，观察耳的结构模型和示意图，自主建构科学概念。又通过小组合作，解剖观察鸡爪，观看牛蛙屈腿反射等实验过程，引导学生合作建构重要概念，使学生摆脱了最低层次的被动接受知识，在学习过程中真正体现了深层思维。

思维型教学五大基本原理之一的自我监控是指为了达到教学目标，不断地进行计划检查、评价、反馈。自我监控能力是学生学习能力的核心，影响着教学过程和教学效果。在本案例中，基于活动设计中的任务要求，设计了多种形式的评价，一是基于实验观察或科学资料分析的过程性评价，二是作业评价，评价及时有效并且多样化，使学生能有创造性的发展。

总之，本案例很好地从思维型教学的原理出发，精心创设情境、设计活动，最终引导学生在活动的基础上，建构重要概念"人体各系统在神经系统和内分泌系统的调节下，相互联系和协调，共同完成各项生命活动，以适应机体内外环境的变化"，最终形成"结构与功能相适应"的生命观念。

案例5 "生物与环境相互依赖、相互影响，形成多种多样的生态系统"概念教学设计与案例分析

一、整体设计思路

根据课程标准，在"生物与环境相互依赖、相互影响，形成多种多样的生态系统"这一生物学大概念统领下，构建单元概念框架；以核心素养为依据，结合学情分析制订单元教学目标；通过设定"为金鱼安个家"单元境脉，在模拟建立微型生态系统的实践过程中，由表及里串联关键问题，制订调查、实验探究、资料分析与社会热点问题讨论等学习任务与评价指标，以促进大概念的建构和核心素养的达成。

二、概念进阶

表5-1 "生物与环境相互依赖、相互影响，形成多种多样的生态系统"概念进阶

层级	生物与环境相互依赖、相互影响，形成多种多样的生态系统
经验	知道生态系统是由生物与环境形成的一个整体
映射	理解生态系统包括生产者、消费者、分解者和非生物成分，缺一不可
关联	理解生物与生物、生物与非生物之间的相互作用，即通过物质循环、能量流动来实现生态系统的功能。理解生态系统是由生物与环境形成的一个统一整体
系统	理解生态系统中各成分的变化处于动态平衡中，它们之间相互作用、相互影响。生态系统具有一定的自我调节能力，能够维持生态系统结构和功能的稳定，进而支撑生态安全
整合	认同生物圈是地球上最大的生态系统，是一个统一的整体，形成保护地球的生态意识

三、大单元设计

（一）单元教学目标设定

基于课程标准的内容要求、学业要求和学业质量水平，围绕核心素养及其表现水平，制订本单元教学目标如下：

1. 通过观察，描述生物生存的环境条件包括非生物因素（如水、温度、空气、光等）与生物因素。能从适应观角度解释生物与非生物环境的相互作用。

2. 通过调查，认识生态系统的组成，通过分析不同成分之间的关系，链接食物链和食物网，图示各生物成分之间的营养关系，发展科学思维。

3. 运用对生态系统的认识，尝试组建一个生态系统，理解生态系统中的物质循环和能量流动，从结构与功能观角度，阐明生态系统中生产者、消费者、分解者以及非生物环境是一个有机整体。

4. 通过社会问题讨论，分析某生态系统受到破坏的具体实例，阐明生态系统的自我调节能力是有限的，形成保护生物圈的社会责任意识。

（二）单元教学内容分析

本单元涉及《义务教育生物学课程标准（2022 年版）》概念 3 "生物与环境相互依赖、相互影响，形成多种多样的生态系统"，主要教学内容围绕生态系统的结构、功能、类型、因素展开，通过分析它们的内在联系可以构建以下内容框架。

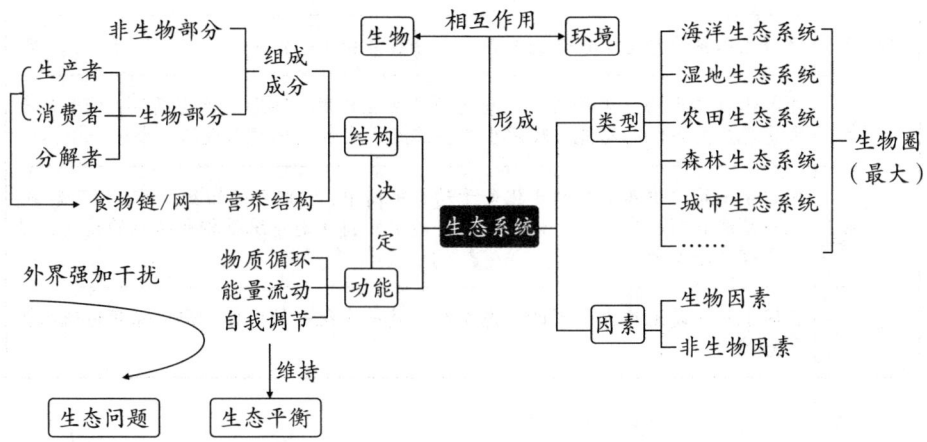

图 5-1　单元内容框架图

（三）单元教学情境设计

教学情境要在单元整体高度进行创设。一是关注生态系统知识的内涵和特征，通过知识境脉建构知识与知识之间的内在联系，将知识的发生、发展过程通过逻辑化的情境线索呈现出来。二是要关注学生的认知发展规律，以学生的生活经验、兴趣特长、前概念、认知逻辑等，循序渐进地设置学习进阶维度，从个别到一般、形象到抽象、简单到复杂、局部到整体设置情境辅助学生认知。三是要凸显学生的主体地位，将主动体验、合作探究、互动对话等探究实践活动与单元情境相融合，增强学生学习的感知和感受，提升学生的生动体验和创新体悟。

本单元的主题情境以"我为金鱼安个家"展开，并在此大情境的基础上，相应建立多个与大情境相关的小情境，帮助建构次位概念。例如，为了"探究影响金鱼生活的各种因素"时，引入金鱼自然生活状态下的池塘生态系统情境，学生结合调查结果分析生物与非生物因素，列举从池塘到海洋再到沙漠不同情境中生物的特征和生活状态资料，总结生物与环境的关系。在"探究温度对金鱼呼吸频率的影响"时可出示"速冻鱼复活"的视频，一条冻得表面发白的金鱼被放入水中，没想到被冻住的鱼竟然复活了。学生在感到震撼的同时联想到了非生物因素对生物的影响。在"探究生态系统的组成成分及其功能"时，引入饲养金鱼的问题情境：1. 水中缺氧致使金鱼频繁浮头。2. 鱼粪堆积致使水浑浊变质。3. 绿藻泛滥变"草原"。组织学生分析并判断鱼缸内缺乏的生态系统成分，讨论各成分的功能和相互关系，形成物质与能量观以及生态系统是一个有机整体的次位概念。在探究实验结束后，设置将小鱼放归池塘的情境，进一步组织学生探究食物链与食物网及其规律。

（四）单元教学问题设计

本单元以"情境—问题—活动"为主线，围绕"如何为金鱼打造健康舒适的生活环境"整体化设计单元学习活动，并根据单元重要概念设置相互关联的子问题。七年级学生对于金鱼的生存环境都有基本的认识，结合课前调查活动，提出问题："金鱼生活在哪里？金鱼的生活环境中有什么？"引出生态因素相关次位概念，继续提问："非生物因素/生物因素会影响金鱼的生活吗？如何影响？"以此引出生物与环境相互依赖、相互影响的关系。

在"探究生态系统的自我调节能力"时可以出示问题："如何解决人工饲养金鱼时出现的问题？人工饲养的金鱼比池塘生态系统中生活的金鱼更容易死亡，这是为什么呢？"探究结束后将金鱼放归池塘生态系统，提问："池塘中的水藻／水草、浮游生物、虾、金鱼、乌龟间可能存在怎样的关系？如果金鱼大量死亡会有什么后果？"引发学生对于食物链／食物网以及生态系统稳定性的思考。在"制作微型生态系统——金鱼生态缸"过程中，提问："为什么有的生态缸维持时间短？"引导学生发现分解者的重要作用以及食物链中各级生物的数量关系。在本单元的最后可以就核污染水排放事件展开社会热点问题讨论："核污染水中有害物质在什么海洋生物体内堆积最多？又会对我们产生什么影响？"

（五）单元教学活动设计

单元教学设计是通过设计学习活动，引导学生通过活动建构学科概念，并逐渐发展核心素养。整体化视角下的单元学习活动是由若干个学习活动组成的，它们之间有着内在的逻辑联系。本单元活动针对关键问题分解成的子问题分别设计。

活动1：调查校园／周边池塘中的生物，分析影响金鱼生活的生态因素有哪些，以及生物因素对金鱼的影响。

活动2：探究实验"温度会影响金鱼的生活吗"，探讨非生物因素对生物生活的影响。

活动3：分析"不同生物适应／影响环境的案例"的图片与资料，总结生物与环境的关系。

活动4：合作讨论如何利用生物学原理解决饲养金鱼过程中出现的问题，①水中缺氧致使金鱼频繁浮头——添加水草；②鱼粪堆积致使水浑浊变质——添加细菌屋（硝化细菌等）；③绿藻泛滥变"草原"——添加食草动物（小虾、螺等）。以此分析生产者、分解者、消费者在生态系统中的作用。

活动5：设计制作生态缸，并在不换水的情况下就生态缸维持时间与小鱼存活时间进行组间比赛，实践发现食物链中各成分数量关系规律。

活动6：社会热点问题讨论，核污染水排放可能导致全球海洋污染，有害物质富集，增强学生保护环境的社会责任意识。

学生在以上活动的基础上建构大概念"生物与环境相互依赖、相互影响，形成多种多样的生态系统"，最终形成包含结构与功能观、物质与能量观、进化与适应观、生态观的生命观念。

（六）单元评价设计

在本单元中，基于活动设计中的任务要求，设计了多种形式的评价。一是基于实验观察或科学资料分析的过程性评价，包含通过实验探究评价量表对课堂活动进行评价；通过能否准确回答随堂学案中的问题进行评价；通过课上的展示交流过程进行生生、师生评价。二是作业评价，包括完成开放性书面作业和通过作业评价量表进行评价。三是作品展示，利用生态系统相关知识成功构建微型生态系统，能分析作品中的不足并给出改进意见，对学生知识迁移能力进行综合评价。

例如，对"阐明生态系统是由生产者、消费者、分解者与非生物环境构成的有机整体"的评价指标是：

1. 联想与建构——能将所学内容与生活经验建立起结构性关联；能从丰富的、有代表性的事实中初步了解生态系统的概念。

2. 活动与体验——能通过实验设计、分析和推理，探究和分析生命现象；能通过事实的抽象和概括，形成对生态系统重要概念的建构和理解，并建立合理的知识框架。

3. 本质与变式——能把握知识的内在联系，并在理解生态系统概念内涵的基础上，理解生态系统动态平衡状态的形成。

4. 迁移与应用——分析找出微型生态系统的缺陷与不足，进行合理改进优化，形成科学思维习惯与探究实践能力。

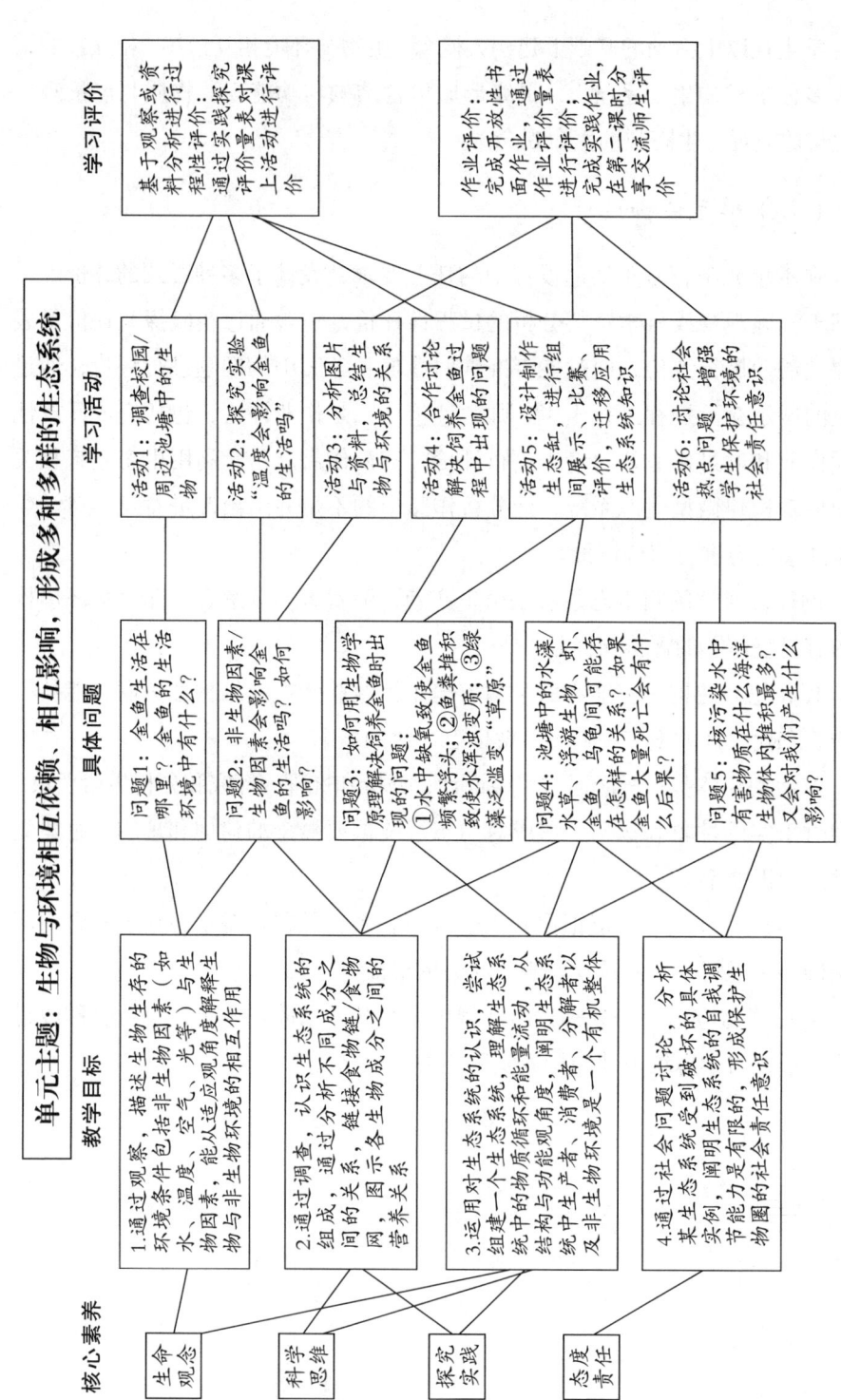

图5-2 单元设计目标、问题、活动及评价网络图

四、课时设计部分案例

"生物与环境组成生态系统"教学设计

（一）前端分析

1.学习需要分析

本节的核心内容是引导学生建构生态系统的概念，分析生态系统的组成和结构，理解生态系统所具有的自动调节的特性。生态系统概念的精髓是生物与环境的整体性。学生通过上一节的学习，对此已经有了一定的认识，至少已经认识到生物不是孤立存在的，而是生活在一定的环境中，生物与环境是相互影响的。但是，学生所掌握的内容还不足以让他们认识到生物与环境是一个不可分割的整体。怎样才能让学生认同生物与环境是不可分割的整体呢？本节先创设问题情境，让学生提出并思考如何为金鱼打造健康舒适的生活环境。这样的问题情境对于习惯于线性思维、缺少整体性思维的初中学生来说，能够引发认知冲突，也具有一定的挑战性。学生大胆作出猜测后，再进行验证实验。在验证实验过程中，通过对结果中的证据、数据等的分析判断，最终得出非生物因素/生物因素会影响金鱼的生活的结论，学生也能够初步认识到生物与环境之间有着非常复杂的相互依存、相互影响的关系，它们是一个不可分割的整体。

2.学习内容分析

本节内容涉及的生物学概念较多，是典型的概念教学课型。本节主要包括四部分：生态系统的概念，生态系统的组成，食物链和食物网，生态系统的调节能力。食物链和食物网是生态系统的营养结构，具有一定的调节能力是生态系统的特性。所以这四部分内容实质上依次是概念—组成—结构—特性。

本节通过饲养金鱼的问题情境，比如水中缺氧致使金鱼频繁浮头、鱼粪堆积致使水浑浊变质、绿藻泛滥变"草原"等，组织学生分析并判断鱼缸内缺乏的生态系统成分，讨论出各成分的功能和相互关系，建构生态系统的概念，形成物质与能量观以及生态系统是一个有机整体的次位概念；通过分析不同成分之间的关系，让学生比较真实地感受到食物链中生物之间的复杂关系，理解食物网的复杂程度将决定该生态系统的稳定程度；根据对生态系统的理解，尝试组建一个生态系统，理解生态系统中的物质循环和能量流动，从结构与功能观角度，阐明生态系统中生产者、消费者、分解者以及非生物环境是一个有机整体；通过社会问题讨论，分析某生态系统受到破坏的具体实例，阐明生态系统的自我调节能力是有限的，形成保护环境的社会责任意识。

3. 学习特征分析

通过观察和访谈等方式可知，"生物与环境相互依赖、相互影响，形成多种多样的生态系统"这一大概念对于七年级学生来说非常抽象，理论性太强，特别是生态系统中物质循环与能量流动的关系，这是学生无法用肉眼观察到的，因此学生容易陷入被动接受知识和死记硬背的学习怪圈。本案例以学生亲身调查实践为前提，利用"为金鱼安个家——生态缸"，将知识由表及里，由浅入深，层层递进，引向深处，提升学生辩证思维能力和最终解决问题的能力。最后以社会热点问题核污染水排放事件的讨论来升华情感，增强学生热爱祖国、热爱自然、尊重生命的责任感，树立积极健康的生活态度，树立人与自然和谐共生的生态观。

（二）教学目标

依据课程标准并围绕培养学生核心素养的要求，制订如下教学目标：

1. 通过调查与讨论分析，认识生态系统的组成，通过分析不同成分之间的关系，链接食物链/食物网，图示各生物成分之间的营养关系。

2. 运用对生态系统的认识，尝试组建一个生态系统，理解生态系统中的物质循环和能量流动，从结构与功能观角度，阐明生态系统中生产者、消费者、分解者以及非生物环境是一个有机整体，发展学生建模能力。

3. 通过社会问题讨论，分析某生态系统受到破坏的具体实例，阐明生态系统的自我调节能力是有限的，形成保护生物圈的社会责任意识。

（三）教学过程

1. 创设情境，导入新课。"为金鱼安个家"，教师引导学生围绕"如何为金鱼打造健康舒适的生活环境"进行思考。同时，课前小讲堂展示活动：生物学实践小组同学将调查校园/周边池塘中的生物，分析影响金鱼生活的生态因素有哪些，以及生物因素对金鱼的影响，面向全体学生交流。

设计意图："授人以鱼不如授人以渔"，以问题为任务驱动，激发学生的学习兴趣，提出生活中熟悉而又陌生的问题，开启学生的思维之旅。

2. 准备好不同温度的水，现场模拟，一起见证实验结果。在实验之前，让学生思考下列问题：你能尝试自己设计一个表格来记录实验结果吗？你会对数据进行怎样的处理，最终得出探究实验结果"温度会影响金鱼的生活"，探讨非生物因素对于生物生活的影响。只用一种金鱼进行实验，就能得出结论吗？接下来，通过分析"不同生物适应/影响环境的案例"图片与资料，总结生物与环境的关系。

表5-2　学生设计的用来记录温度会影响金鱼的生活的表格

温度	5 ℃				25 ℃				40 ℃			
组别	第1次	第2次	第3次	平均值	第1次	第2次	第3次	平均值	第1次	第2次	第3次	平均值
1												
2												
3												
……												

将小鱼置于试管中限制其活动范围，便于观察，通过热水和冰块控制温度，将小鱼依次放入从高温至低温或从低温至高温3种温度环境，待小鱼适应5分钟后开始记录每分钟小鱼呼吸次数（鳃盖张合次数）。

设计意图：科学探究的本质即"寻找解答疑问的信息"，通过问题引导学生积极思考，努力获得事实和证据等信息，并通过分析信息，最终得出正确的结论。即围绕"问题"有效地发展了学生的科学思维这一核心素养。

3. "用科学知识解决生活化问题"，引出本节课的核心内容"生物与环境组成生态系统"。小组之间合作讨论：如何利用生物学原理解决饲养金鱼过程中出现的问题：（1）水中缺氧致使金鱼频繁浮头——添加水草。（2）鱼粪堆积致使水浑浊变质——添加细菌屋（硝化细菌等）。（3）绿藻泛滥变"草原"——添加食草动物（小虾、螺等）。以此分析生产者、分解者、消费者在生态系统中的作用。

设计意图：生活化问题贯穿课堂情境，能直接唤醒学生的共鸣，且蕴含丰富的生物学知识。这样，可以让学生从真实情境中得到学习的动力，学会解决问题。

4.设计制作生态缸，并在不换水的情况下就生态缸维持时间与小鱼存活时间进行组间比赛，实践发现食物链中各成分数量关系规律。

设计意图：在探究生态系统组成成分的同时，让学生随时发现新的问题并尝试继续解决生活实际问题。

5.社会热点问题讨论：核污染水排放可能导致全球海洋污染，有毒物质富集的原因。

设计意图：通过社会热点问题讨论，阐明生态系统的自我调节能力是有限的，形成保护生物圈的社会责任意识。

（四）教学反思

布鲁纳认为，学习者在一定的问题情境中，经历对学习材料的亲身体验和发展过程，才是学习者最有价值的体验。"情境—问题—活动"教学模式要求教师精确定位学生的单元学习目标，创设密切联系生活且极其具有吸引力的问题场域，设计发人深思的问题，帮助学生用所学内容解读生活现象，指导生活实践，提高学生知识迁移能力，培养学生科学的思维方法、健康的生活态度等，从而使学生的核心素养得到全面的发展。

五、案例点评

"生物与环境相互依赖、相互影响，形成多种多样的生态系统"概念对于七年级学生来说抽象性高，理论性强，特别是生态系统的物质循环与能量流动关系是学生无法肉眼观察到的，因此学生易陷入被动接受知识和死记硬背的学习怪圈。本案例设计了系列化贴近学生生活的实践活动与问题情境，注重学生思维训练，关注实践育人价值。

1.以学生亲身调查实践为前提，引导学生以身边小型池塘生态系统为例，分析其中各种生物之间的关系，梳理食物链和食物网，延伸出生态系统的概念和组成，这也是学习生态系统功能（物质循环和能量流动）的结构基础。

2.利用真实生活情境"速冻鱼复活""为金鱼安个家——生态缸",通过探究实验,真实的生活化、结构化问题,生态缸跨学科设计实践,将思维引向深处,增强学生的探究实践与亲身体验,发展核心素养。

3.讨论社会热点问题"核污染水排放事件",引导学生搜集资料,应用生态系统知识参与分析讨论,培养开放辩证的思维方式,最终增强学生热爱祖国、热爱自然、尊重生命的责任感,树立积极健康的生活态度,树立人与自然和谐共生的生态观。

学生是学习的主体,而不是被动的知识接受容器,借助教师的引领,丰富的亲身体验与实践,为学生主动思考、发现问题、建构概念提供了条件,总体提升学生思维能力并最终解决问题。

案例6 **"人体具有免疫功能，通过计划免疫等措施能够预防传染病"概念教学设计与案例分析**

一、整体设计思路

基于"人体具有免疫功能，通过计划免疫等措施能够预防传染病"这一概念，结合课程标准及教材构建单元概念框架；以核心素养为依据，结合学情分析制订单元教学目标；通过提炼关键问题"我们周围的环境中有许多细菌、病毒等病原体，在这样的环境下，为什么大多数人依然可以健康地生活呢？"然后将关键问题分解成多个子问题，并分别制订任务、情境、学生活动以及学习评价，以促进大概念的建构和核心素养的达成。

二、概念进阶

表6-1　"人体具有免疫功能，通过计划免疫等措施能够预防传染病"
概念进阶

层级	人体具有免疫功能，通过计划免疫等措施能够预防传染病
经验	知道感冒等疾病能够自愈，接种疫苗可以预防传染病
映射	理解人体具有免疫功能，可以从人体的三道防线、免疫的类型、免疫的功能等方面来阐释
关联	理解人体的第一、二道防线属于非特异性免疫，第三道防线属于特异性免疫，能辨别抗原、抗体，能辩证地认识免疫系统
系统	理解人体接触病原体后，若第一、二道防线防御失败，第三道防线发挥作用，产生相应抗体，清除抗原
整合	理解人体免疫系统可抵抗能引起疾病的微生物、异己物质等，认同生物体的结构与生理功能相适应，人体是一个统一的整体

三、大单元设计

（一）单元教学目标设定

基于课程标准的内容要求、学业要求和学业质量水平，围绕核心素养及其表现水平，制订本单元教学目标如下：

1. 通过对比法，了解传染病和非传染病，说出艾滋病的病因、传播途径和预防措施。

2. 通过课前搜集疾病资料以及小组合作，提升获取信息的能力、分析资料的能力、解决问题的能力，培养合作、表达、交流的能力。

3. 通过人体的三道防线及其功能形成结构与功能相适应的生命观念；通过免疫的功能形成稳态与平衡的生命观念。

4. 通过资料分析，运用推理分析、归纳概括的科学思维，说出非特异性免疫和特异性免疫的结构组成；通过角色扮演等活动，体会特异性免疫过程，区分非特异性免疫和特异性免疫。

5. 能运用免疫学知识解释为什么要预防接种，并认同计划免疫的重要性，从而形成健康生活的态度和行为习惯。

（二）单元教学内容分析

本单元属于《义务教育生物学课程标准（2022 年版）》概念 6.1"人体具有免疫功能，通过计划免疫等措施能够预防传染病"的相关内容。该重要概念包括多个次位概念，例如"人体能够通过特异性免疫和非特异性免疫抵抗病原微生物的侵染"等。本单元的次位概念同样包含若干个具体知识点，比如"人体的三道防线""免疫的类型""免疫的功能"等，需同其他案例一样，梳理出知识之间的联系，为单元教学设计打下基础。

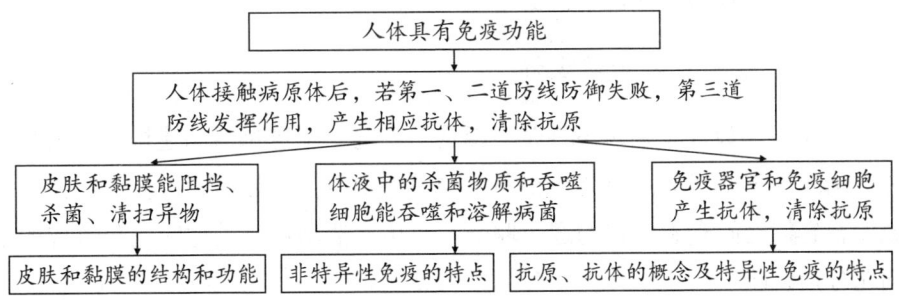

图 6-1　单元概念图

（三）单元教学情境设计

核心素养的形成离不开情境。任何知识要具有生命力，都必须作为一个"过程"存在于一定的生活场景、问题情境或思想语境之中，因为知识只有融入情境才好理解和消化。生物学情境的创设需要依据课程标准，结合教学目标，体现生物学的学科特点，注重联系学生的现实生活等，挖掘情境资源。

生命教育不仅要引导学生认识生命的本质，还要引导他们科学地认识健康，学会关爱生命，学会自我管理，提高生命的质量。本单元的主题情境以流感病毒入侵人体展开。首先运用类比法，创设问题情境："流感病毒是如何进入患者体内的？"以这一问题为统领，综合运用实验法、探究法、资料分析法、活动法等，引领学生学习人体的三道防线，从而让学生从生物学视角全面了解流感病毒，能够科学预防传染病，增强自身免疫力，选择健康的生活方式。

（四）单元教学问题设计

问题是思想、方法、知识得以积累和发展前进的逻辑力量，是生发新思想、新观点、新知识的种子。本单元以"情境—问题—活动"为主线，围绕关键问题"我们周围的环境中有许多细菌、病毒等病原体，在这样的环境下，为什么大多数人依然可以健康地生活呢？"系统化设计单元学习活动。然后将该问题分解成五个子问题：

1. 传染病的种类以及预防措施是什么？

2. 人体三道防线的组成及功能是什么？

3. 免疫的类型有哪些？

4. 免疫总是对人体有利吗？

5. 什么是计划免疫？

（五）单元教学活动设计

单元教学设计是通过设计学习活动，引导学生通过活动建构学科概念，并逐渐发展核心素养。整体化视角下的单元学习活动是由若干个学习活动组成的，它们之间有着内在的逻辑联系。本单元活动针对关键问题分解成的子问题分别设计。

活动1：阅读资料，把一种治病的链球菌涂在健康人清洁的皮肤上，两小时以后再检查，发现90%以上的链球菌都被消灭了。

活动2：模拟实验——模拟皮肤的屏障作用。

活动3：探究实验——溶菌酶的溶菌作用。

活动4：阅读科学史，给豚鼠注射白喉杆菌，豚鼠患白喉，成百只死亡，两只痊愈。把从白喉杆菌中分离出来的剧毒白喉毒素注射给这两只痊愈豚鼠，豚鼠安然无恙。

活动5：角色扮演，"流感病毒入侵记"。

学生在以上活动的基础上建构重要概念"人体具有免疫功能，通过计划免疫等措施能够预防传染病"，最终形成"结构与功能相适应"的生命观念。

（六）单元评价设计

在本单元中，基于活动设计中的任务要求，设计了多种形式的评价。一是基于实验观察或科学资料分析的过程性评价，包含通过实验探究评价量表对课上活动进行评价；通过能否准确回答学案中的问题进行评价；通过课上的展示交流过程进行生生、师生评价。二是作业评价，包括完成开放性书面作业和通过作业评价量表进行评价。

例如，对"理解人体具有免疫功能"的评价指标是：

1.联想与建构——能将所学内容与已有生活经验建立起结构性关联；能从丰富的、有代表性的事实中初步了解免疫的概念。

2.活动与体验——能通过实验设计、分析和推理，探究和分析生命现象；能通过事实的抽象和概括，形成对重要概念的建构和理解，并建立合理的知识框架。

3.本质与变式——能把握知识的内在联系，并在理解概念内涵的基础上，了解概念的外延。

4.迁移与应用——解释现象，并能够在新情境下解决相关问题；能正确掌握人体免疫系统可抵抗能引起疾病的微生物、异己物质等概念，建立起科学的生命观。

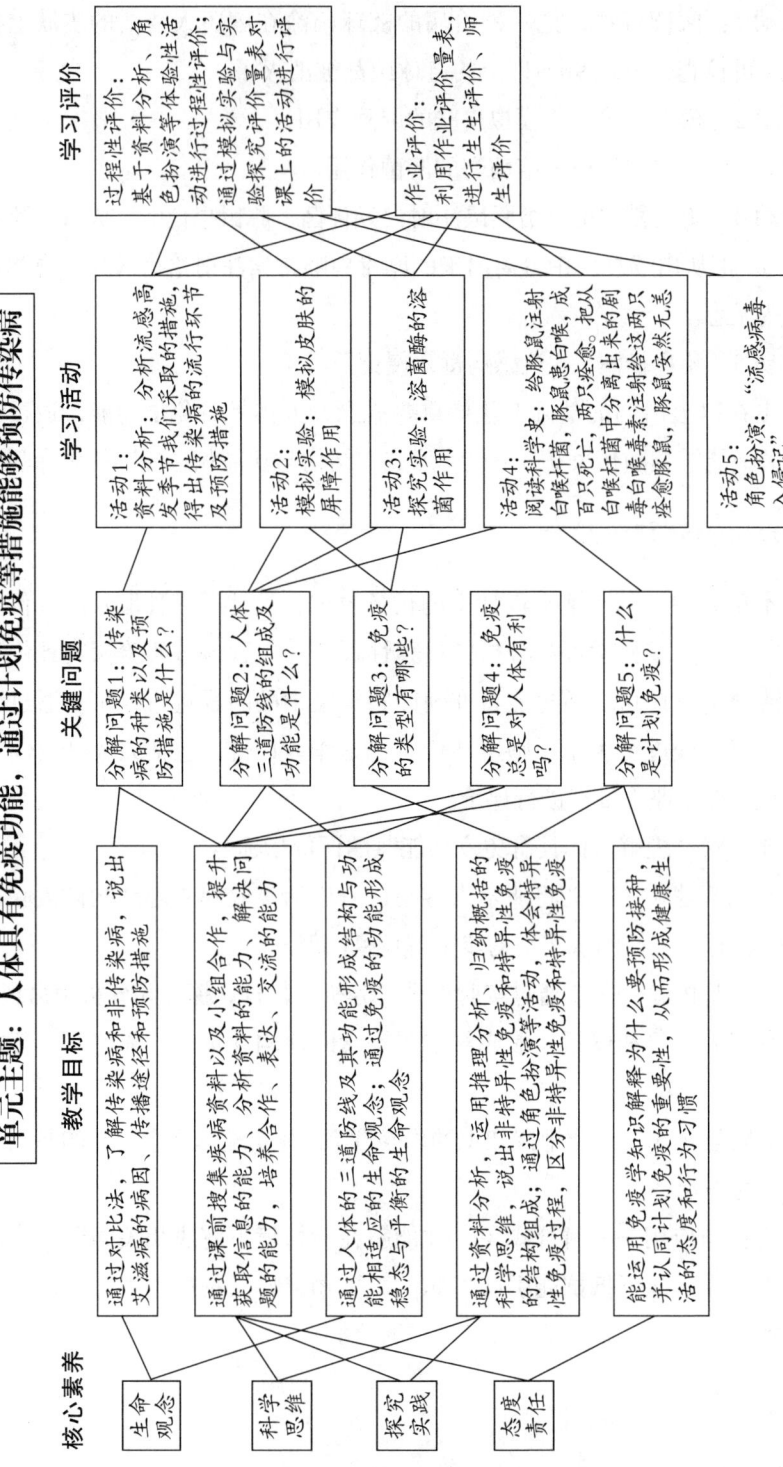

图6-2 单元设计目标、问题、活动及评价网络图

四、课时设计部分案例（第二课时）

"免疫与计划免疫"教学设计

（一）前端分析

1. 学习需要分析

让学生学会健康地生活，是义务教育的重要培养目标之一，在经历了新冠疫情的背景下，学生对于免疫相关内容已经有了一定的了解，也让学生深刻地认识到了免疫系统的重要作用，但是根据调查，他们对于相关内容的了解仍然处于较为表面的层次，其认识还有待于系统化和结构化。

2. 学习内容分析

本节课承载了生物体结构与功能相适应的生命观念，教学时主线为结构与功能相适应，即通过对人体三道防线的结构分析得出免疫系统的功能，在形成对免疫功能的认识后，学生应用这一概念可分析获得对计划免疫意义的理解。在能力要求上，对免疫系统的组成结构和功能的要求为"说出""描述"，属于了解水平，对特异性免疫和非特异性免疫的要求为"举例说明""区别"，属于理解水平。关于计划免疫的概念和意义要求为"举例说出"，属于理解水平；"运用"，属于应用水平。

3. 学生特征分析

本课涉及的概念多，名词多，又比较抽象，而八年级学生仍然是感性思维强于理性思维，学生不易理解本节内容，多次使用形象生动的动画视频，尽量把抽象的知识形象化和具体化。另外，八年级学生已初步具有合作探究的能力，在本节课教学中，主要以学生已有的生活经验和知识为基础，结合中学生的心理特点，采用课上分组讨论、合作探究、分析归纳、班级交流的方法，充分调动学生学习的积极性和主动性，发挥其主体作用。

（二）教学目标

依据课程标准并围绕培养学生核心素养的要求，制订如下教学目标：

1. 通过人体的三道防线及其功能形成结构与功能相适应的生命观念；通过免疫的功能形成稳态与平衡的生命观念。

2.通过资料分析，运用推理分析、归纳概括的科学思维，说出非特异性免疫和特异性免疫的结构组成，能够区分非特异性免疫和特异性免疫。

3.通过自主探究、小组合作，发现知识，解决问题，培养分析和综合、抽象和概括的科学思维能力。

4.认同计划免疫的重要性，积极自觉接种疫苗，并向家人进行科学宣传，养成健康的生活态度和行为习惯。

（三）教学过程

1.创设情境，导入新课。

教师出示人体的免疫系统结构图与一张城池图，创设问题情境：人体的免疫系统就像一座城池，如果你是这座城池的城主，你会怎样建立安防机制以抵抗流感病毒的入侵？

设计意图：情境之于知识，犹如汤之于盐。运用类比来创设问题情境，激发学生探究新知的渴望与动力，引领学生进行思考，从而行云流水般进入新课的学习。

2.人体免疫的三道防线既是本节课的重点也是难点，概念多，内容比较抽象。首先教师呈现资料分析，推测皮肤具有的功能：把一种治病的链球菌涂在健康人清洁的皮肤上，两小时以后再检查，发现90％以上的链球菌都被消灭了。接着教师展示覆盖人体表面的皮肤模型和黏膜的结构图，引出生物学兴趣小组同学的模拟实验：模拟探究皮肤是一道屏障。最后教师引导学生归纳总结出"人体的第一道防线是皮肤和黏膜，其具有阻挡、杀菌和清扫异物的作用"。

设计意图：通过资料分析培养学生的阅读能力、分析能力和探索能力。通过模拟实验，让学生经历科学探究的过程，使感性认识与理性认识有机结合，相互促进。

3.提出问题：病原体在什么情况下能够侵入人体？如果病原体突破了人体的第一道防线侵入了人体，那么人体是不是就一定会得病呢？教师播放动态图，帮助学生认识复杂且微观的生理现象：当病原体侵入人体后，体液中的杀菌物质——溶菌酶能够破坏细菌的细胞壁，还可以使病毒失活；吞噬细胞可穿过毛细血管壁，吞噬细菌、衰老的细胞等，将其消化分解；中性粒细胞"追击"金黄色葡萄球菌。利用信息化教学,学生很容易认识到"体液中的杀菌物质和吞噬细胞是人体的第二道防线,具有吞噬病菌、杀死细菌的作用"。为了验证溶菌酶的杀菌作用,生物学兴趣小组的同学自主设计并完成了探究实验,并制成微视频:探究溶菌酶的杀菌作用。

设计意图:问题是思维的载体,通过问题诱发和激起求知欲,引导学生深入思考。通过学生自主设计又合作探究的"溶菌酶溶菌实验",经历了知识的探究、体验与检验等过程,给予学生一个无限辽远而开阔的科学探索世界。

4.讲述抗体发现的科学史故事。

提问:为什么将白喉毒素注射给两只痊愈的豚鼠,它们会安然无恙?学生根据已有知识回答问题,但对抗体的产生过程并不理解。学生根据自身身体结构认识人体主要的免疫器官,然后用光学显微镜观察人血涂片,识别并描述血细胞及淋巴细胞的形态结构。然后教师出示多种淋巴细胞的电镜图片,引导学生思考淋巴细胞在人体第三道防线中的作用。接着教师播放抗原与抗体相互作用的视频以及人体对抗水痘、天花病毒的动态图,强调抗原与抗体的特异性结合。

设计意图:教学中适当引入科学史,可提高学生的科学思维,增强对科学的认识和理解能力,养成实事求是的科学态度。通过大量的图片、动画和生活实例,将抽象的知识具象化,将理性的知识感性化、生活化,使学生顺利掌握人体三道防线的组成和功能。

5.播放科学家研制流感疫苗的过程视频,学生展示自己的疫苗接种本,了解什么是疫苗,知道疫苗的作用和疫苗接种,并能列举出我国计划免疫中的百白破等疫苗预防的传染病种类。

设计意图:通过播放视频、展示疫苗接种本实物等形式,加强学生对知识的深度认知,拉近了生物学与学生、学生与知识的距离。

6.课堂小结,深化提升。

学生以小组为单位,进行情景剧表演:"流感病毒入侵记"。

设计意图:活动是学生手脑并用、学思结合、知行统一的过程,通过情景剧活动,结合社会热点,激发学生的学习内驱力,所学的知识也在活动中得到深化与提升。

（四）教学反思

本节课主要通过实验法、资料分析法、小组合作学习法和角色扮演游戏法激发学生学习的热情，启发学生的思维。利用信息化教学，学生通过观察、分析、综合等多种思维活动，遵循从感性认识到理性认识的认知规律，逐渐掌握免疫部分的相关知识，提升思维能力，从而提升学生的核心素养。

五、案例点评

本单元教学设计以学生所经历的流感病毒的真实情境展开，聚焦重难点，注重学生的探究实践，学生的兴趣度高、参与度高，充分体现了"做中学"的思想以及指向核心素养的教学，并促进学生的深度学习。

本课在模拟实验"模拟皮肤的屏障作用"和探究"溶菌酶的溶菌作用"实验中，设计具有挑战性的学习活动，提供真实的生物材料，从而加深学生对生物学概念的理解，形成结构与功能相适应的观念。另外，本课结合资料分析、视频、图片、科学史料等内容，呈现逐步深入的学习，让学生理解相关概念，并形成生命观念。在本课的学习活动中，教师将生命观念的形成和科学思维的培养贯穿于概念建构的过程中。在学习活动1中，引导学生进行资料分析，让学生获得丰富的体验和认知；在学习活动2、3和4中，引导学生尊重事实证据，运用所学知识像科学家一样进行探究实践，促进了学生的科学思维发展，满足学生对科学知识的好奇心、求知欲，并强化学生用科学思维探讨真实情境中的生物学问题；在学习活动5中，学生通过角色扮演这一体验性活动，将所学知识进行展示运用，有利于帮助学生建构自己的知识网络。最后，本课的教学能够使学生关注身体健康，认识免疫系统的重要性，并形成健康生活的态度和行为习惯。

案例7 "遗传信息控制生物性状，并由亲代传递给子代"概念教学设计与案例分析

一、整体设计思路

以"遗传信息控制生物性状，并由亲代传递给子代"这一概念为基础，结合课程标准构建单元概念框架；以核心素养为依据，结合学情分析制订单元教学目标；借助关键问题"转基因鼠的获得和启示"进行单元统领，然后将关键问题分解成多个子问题，并分别制订任务、情境、学生活动以及学习评价，以促进大概念的建构和核心素养的达成。

二、概念进阶

表7-1 "遗传信息控制生物性状，并由亲代传递给子代"概念进阶

层级	遗传信息控制生物性状，并由亲代传递给子代
经验	知道亲代与子代之间存在相似性与差异性是一种普遍的现象
映射	理解这种相似性和差异性实际上是性状的相似或差异，是由体内的遗传物质决定的
关联	知道 DNA、基因和染色体的关系。通过实例，理解基因能够控制生物的性状，但有些性状是否表现出来还受到环境的影响
系统	理解生殖细胞是基因在亲子代之间传递的桥梁，理解形成生殖细胞时，成对的基因分离，形成受精卵时基因又恢复成一对，且一半来自父方，一半来自母方
整合	理解生物的生殖、发育和遗传是生命的基本特征。植物、动物和人通过生殖和遗传维持物种的延续

三、大单元设计

（一）单元教学目标设定

基于课程标准的内容要求、学业要求和学业质量水平，围绕核心素养及

其表现水平，制订本单元教学目标如下：

1.举例说出生物的性状和相对性状，以及亲子代间在性状上的延续现象，运用比较、分类、归纳等方法，对既有的观点和结论进行批判审视。

2.通过制作染色体模型，知道DNA、基因和染色体三者在结构上的关系。

3.尝试进行观察和资料分析，理解性状的遗传是基因在亲子代间传递的结果，利用类比的方法，推导出基因在亲子代间的传递规律。

4.通过阅读有性生殖过程中染色体减半的科学史，体会科学家们严谨求实的科学态度。

5.能运用所学知识对生活中常见的遗传现象进行科学解释，发展分析问题、解决问题的能力。

（二）单元教学内容分析

本单元属于《义务教育生物学课程标准（2022年版）》概念7"遗传信息控制生物性状，并由亲代传递给子代"的相关内容。该大概念包括两个重要概念："生物通过有性或无性生殖产生后代""生物体的性状主要由基因控制"。重要概念下有多个次位概念，例如，遗传和变异，DNA、基因和染色体的关系，生物的性状是由基因组成和环境共同决定的等。

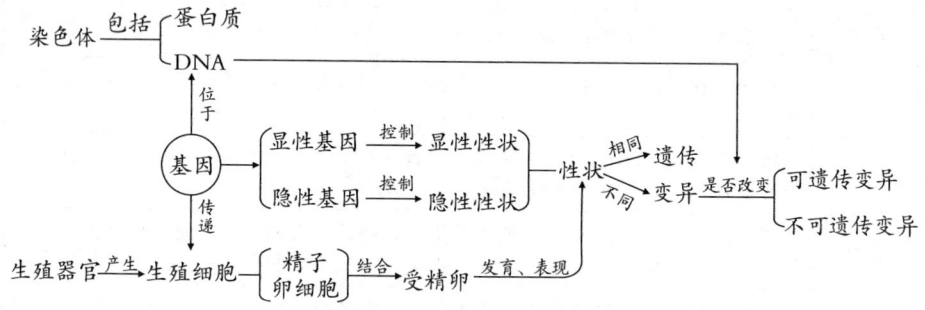

图7-1 遗传与变异概念结构化表征

（三）单元教学情境设计

单元教学情境的创设要进行顶层设计。生物学情境的创设需要结合教学目标，将生物学要解决的问题信息蕴含在特定的、真实的情境中，从而去设计活动。而这一系列"情境—问题—活动"的设计，最终都是为了寻求学生核心素养的达成。

在遗传与变异这一单元教学主题中，以转基因鼠的实验为大情境，梳理出中心问题：注入大鼠生长激素基因后出现了超级鼠，这说明两者之间具有什么关系？引出"基因能够控制生物的性状"这一概念。然后将这一中心问题继续分解成小的问题串，进而将与基因和性状有关的概念形成体系。在该过程中贯彻了这样的基本思路：首先将大概念或重要概念转化为中心问题，再将中心问题分解为有梯度、有层次、环环相扣的问题串，将知识的结构化转化为问题的结构化，以实现概念结构化教学的目的。

（四）单元教学问题设计

本单元以"情境—问题—活动"为主线，围绕关键问题"注入大鼠生长激素基因后出现了超级鼠，这说明两者之间具有什么关系？"整体化设计单元学习活动。然后将关键问题分解成相互关联的六个子问题：

1. 两只小鼠产生的后代，有个体体积正常的普通小鼠，有个体体积很大的超级鼠，这是对生物性状的描述，搜集资料并总结归纳什么是性状以及相对性状。

2. 科学家在做这个实验时，一个关键的步骤是要成功找到大鼠生长激素基因并将其注入核尚未融合的受精卵中。大鼠生长激素基因藏身于何处呢？

3. 你认为生物在繁衍后代的过程中传下去的是什么？基因在亲子代间传递的桥梁是什么？

4. 实验中的大白鼠是褐家鼠的白化种类。让一只白化鼠与一只野生褐家鼠杂交，鼠后代的毛色是什么颜色？

5. 鼠的性别决定与人类相同，你能预测出代孕小鼠产下的鼠的性别比例吗？

6. 科学家发现核辐射地区的小白鼠的后代中出现了超级鼠，与转基因鼠相比，这种变异能传递给下一代吗？

（五）单元教学活动设计

单元教学设计是通过设计学习活动，引导学生通过活动建构学科概念，并逐渐发展核心素养。整体化视角下的单元学习活动是由若干个学习活动组成的，它们之间有着内在的逻辑联系。本单元活动针对关键问题分解成的子问题分别设计。

活动1：搜集资料，设计和填写性状调查表，进行记录与分析，认识性状以及相对性状。

活动2：阅读"转基因鼠的启示"和"转基因技术"的资料，探讨基因能够控制生物的性状。

活动3：回忆学过的昆虫、青蛙、鸟和人的生殖，认同基因通过生殖过程传递给子代，基因在亲子代之间传递的桥梁是生殖细胞。

活动4：观察"染色体和DNA的关系示意图"并制作染色体模型，了解DNA、基因和染色体的关系。

活动5：阅读"孟德尔的豌豆杂交实验"的资料，利用假说—演绎方法总结基因的分离定律，学会正确绘制遗传图解。

活动6：模拟"精子与卵细胞随机结合"实验，总结生男生女的机会均等。

活动7：通过"探究花生果实大小的变异"实验，总结变异的类型和实质。

学生在以上活动的基础上建构大概念"遗传信息控制生物性状，并由亲代传递给子代"，为"结构与功能观""进化与适应观"等生命观念的形成奠定基础。

（六）单元评价设计

在本单元中，基于活动设计中的任务要求，设计了多种形式的评价。一是基于实验观察或科学资料分析的过程性评价，包含通过实验探究评价量表对课上活动进行评价；通过能否准确回答学案中的问题进行评价；通过课上的展示交流过程进行生生、师生评价。二是作业评价，包括完成开放性书面作业和通过作业评价量表进行评价。

例如，对"生物体的遗传信息逐代传递，可以发生改变"的评价指标是：

1.联想与建构——能将所学内容与已有生活经验建立起结构性关联；能从丰富的、有代表性的事实中初步建构性状、相对性状、遗传、变异等概念。

2.活动与体验——能通过探究实践、分析和推理、抽象和概括、假说和演绎等思维方法，加深对"生物的性状是基因和环境共同决定的结果""可遗传变异和不可遗传变异""显隐性性状""控制相对性状的一对基因的传递特点"等概念的理解。

3.本质与变式——能把握知识的内在联系，运用图解方式描述控制相对性状的一对基因的传递特点。

4.迁移与应用——解释现象，并能够在新情境下解决相关问题，例如解释生活中的遗传现象产生的原因，说明近亲结婚的危害，可遗传变异在农业生产上的应用。

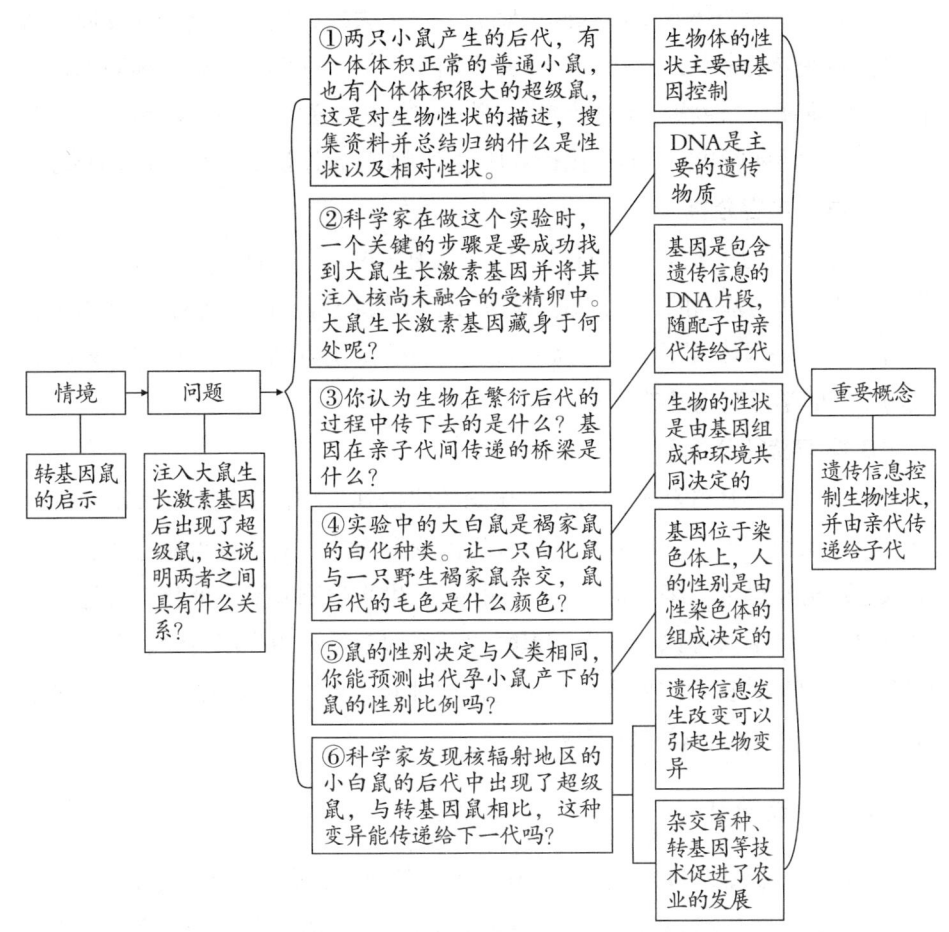

图7-2 单元情境—问题—概念网络图

四、课时设计部分案例（第一课时）

"基因控制生物的性状"教学设计

（一）前端分析

1.学习需要分析

"基因控制生物的性状"是"遗传与进化"学习主题下，概念7"遗传信息控制生物性状，并由亲代传递给子代"中的内容。本节内容包括重要概念7.2"生物体的性状主要由基因控制"中"遗传和变异""性状与相对性状""基因与性状的关系"等多个抽象的次位概念，是在"生物的生殖和发育"的基础上从生命个体水平深入到微观分子水平去探讨生命的延续和发展。对于遗传和变异现象，八年级的学生并不陌生，但要理解并解决实际问题，却有一定的难度。"性状与相对性状""基因与性状的关系"学生了解得并不多，注意多从生活实际出发，通过比较分析讨论，加强感性认识，便于理解和掌握。

2.学习内容分析

本课时作为单元第一课时，抓住"基因"这一关键词，主要解决的是生物个体的性状与基因的关系问题，同时又隐含着亲代的性状能够在子代出现，是由于亲代基因传给了子代，从而顺承下一个次位概念，为后面遗传规律和生物变异的学习奠定基础。

3.学习特征分析

本课时内容从性状和相对性状概念的建构到生物性状是由什么决定的分析，通过课前调查课堂活动、资料分析辩论等方式，完成重点概念的教学，将概念建构和思维训练有机统一，并指导学生将生物知识生活化。通过任务驱动教学，将生活常识与理论知识密切联系起来。利用小组讨论、合作探究的方式帮助学生建构重要概念"生物体的性状主要由基因控制"，提升科学探究能力，促进科学思维的养成。

（二）教学目标

依据课程标准并围绕培养学生核心素养的要求，制订如下教学目标：

1.通过分析生活现象，说出并归纳生物的性状和相对性状及二者的区别，培养运用所学知识解释日常生活现象的能力。

2.通过分析"转基因鼠"实验，理解生物的性状是由基因控制的，提升科学推理和科学探究的能力。

3.通过了解转基因技术的原理及应用，理解并关注转基因技术及其给人类带来的影响，能辩证客观地看待转基因技术等社会话题。

（三）教学过程

1.创设情境，趣味导入。

播放生物科学史视频"转基因鼠的启示"，从而引出"基因控制生物的性状"，导入新课。

设计意图：利用科学史培养学生严谨的科学态度和科学作风，激发学生的科学热情，引出本节课主要内容的学习。

2.任务1：性状与相对性状概念的建构。

思考：两只小鼠产生的后代，有个体体积正常的普通小鼠，有个体体积很大的超级鼠，这是对生物性状的描述，搜集资料并总结归纳什么是性状以及相对性状。

指导学生完成教材"观察与思考"的第一部分，提问：（1）四幅图分别表示哪种生物的什么性状？（2）这些生物的这一性状有几种表现形式？除了图中所示，你还能举出其他同一性状不同表现形式的实例吗？（3）一种生物的所有性状可以仅凭观察或简单的测量就能知道吗？（教师应注意各小组合作交流的情况，启发和帮助小组完成各个问题，以形成相对性状的概念。）

展示相关图片（如猫的折耳和猫的卷耳，狗的卷毛和狗的黄毛，猫的黄毛和狗的白毛，人虹膜的黑色、蓝色和棕色），提问：图片中显示的各组性状都属于相对性状吗？为什么？

指导学生结合课前调查表完成"观察与思考"的第二部分。在小组内，要求成员交流课前关于自己与父母性状的调查表。应强调：调查的项目是人的部分性状，每一种性状都有不同的表现形式，即相对性状。同时让学生说出有哪些相对性状，这些相对性状有的是可见的，有的是难以观察到的（如血型）。

设计意图：通过完成"观察与思考"，形成相对性状的概念，学会辨别相对性状，并为后面的学习内容打基础。通过练习突破相对性状的辨别这一难点内容。通过交流课前调查表，进一步理解相对性状，并认识到遗传与变异是普遍存在的。

3.任务2：基因控制生物的性状。

思考：为什么亲子间有的性状表现相同，有的不同，性状由什么决定？

指导学生进行资料分析"转基因鼠的启示"，提出问题：（1）普通小鼠是由什么发育而来的？（2）实验中对转基因鼠进行了怎样的处理？（3）转基因鼠与同窝普通小鼠差异最大的性状是什么？（4）出现性状差异的原因是什么？性状和基因是什么关系？（5）父母传给你的是性状还是基因？（6）这些基因在何处？

在学生进行资料分析的过程中，教师对转基因鼠的操作过程作恰当的解释和说明，引导学生根据转入了大鼠生长激素基因的小鼠所表现出体型较大的性状，直接得出基因控制性状的结论。

再次提问：为什么克隆牛的性状相同，而自己与父母的性状不完全相同？

让学生深入思考并进行解释。强调：自己与父母的性状有异同，是因为自己的基因来自父母双方，所以表现出的性状就会有的与父母相同，有的不同。克隆牛个体之间的基因完全相同，所以它们的性状几乎完全相同。

展示萝卜实物，要求学生观察萝卜根的地上部分和地下部分颜色的区别，提问：萝卜根的颜色是由什么决定的？为什么萝卜根的地上部分和地下部分颜色会有不同？这说明生物性状的表现还会受到什么影响？

展示黄化苗实物，说明生物有些性状的表现受到环境的影响。

设计意图：让学生经历"性状→转入的基因→转基因完成后超级鼠的性状变化"三个过程，层层深入，引导学生观察、思考和讨论，由此得出基因控制性状的结论。

4.转基因技术和转基因生物。

联系资料分析中提及的转基因超级鼠，并展示转基因荧光鼠、转基因玉米等图片，讲述转基因技术和转基因生物。转基因超级鼠是第一只转基因动物，现在，我们在生活中经常接触各类转基因生物或食品，都是依据人类的需求，将一种生物的基因导入另一种生物，培育出的生物会表现出转入基因所控制的性状。

提问：转基因生物和转基因食品大量出现在我们的生活中，关于转基因食品安全性的质疑声也越来越大，同学们是怎样看待这个问题的？

根据学生课前对转基因食品安全性的调查情况，将学生分成支持和反对转基因食品的两个小组进行自由辩论。

在学生辩论过程中有效控制辩论的方向，准确把握学生资料的正确性，并及时作出补充。

引导学生感悟出：由于转基因技术发展时间短，其生产和消费的安全性具有不确定性，任何先进的技术都是一把双刃剑，任何事物都有其两面性，所以我们要辩证地看待转基因技术。这就需要努力地学习生物学知识，去发现其中的奥秘，在保证安全的前提下更好地为人类服务。

设计意图：让学生了解转基因技术，关注其对人类生活的影响，培养学生分析、解决问题的能力，学会用辩证唯物主义的观点来看待问题。

5. 课堂小结。

总结本节课的主要内容和教学重难点并完善课堂板书（思维导图），最后通过典型试题训练进一步检测学生学习情况和巩固重难点知识。

设计意图：采用思维导图的板书形式，不仅帮助学生厘清知识脉络，形成系统的知识结构，提高学习效率，同时又能启发学生思维，利于学生理解掌握。通过试题训练以达到对知识的巩固，强化知识的理解和运用，当堂知识当堂练，学以致用印象深。

（四）教学反思

该教学设计以任务驱动教学，各环节环环相扣、层层深入，将生活常识与理论知识密切联系起来，激发学生学习兴趣；同时采用小组讨论、合作探究的方式，充分体现了学生的主体地位，有利于学生科学探究能力和科学思维的养成。本节课若能提前安排学生收集和调查关于转基因的相关信息，将更有利于学生在课堂上理解转基因技术相关知识。

五、案例点评

本节课设计突出展现了对重难点内容的突破过程。教师通过充分挖掘教材中的科学史，设计单元大情境"转基因鼠的实验"，引导学生基于前沿科研成果展开整体化、结构化的学习思考，进而帮助学生建构重要概念"生物体的性状主要由基因控制"，体现了逐步形成生命观念、提升学生的科学思维的过程与效果。本节课的设计具有以下特点：

1. 本节课有效建构了概念，设计以问题系统为主线的教学框架

本节课要在理解生物的性状和相对性状、基因由亲代传给子代等的基础上，建构重要概念"生物体的性状主要由基因控制"。本课围绕重要概念的建构路径，设计关键问题"注入大鼠生长激素基因后出现了超级鼠，这说明两者之间具有什么关系"，在此基础上设计一系列子问题："普通小鼠是由什么发育而来的？实验中对转基因鼠进行了怎样的处理？转基因鼠与同窝普通小鼠差异最大的性状是什么？出现性状差异的原因是什么？性状和基因是什么关系？父母遗传给你的是性状还是基因？这些基因在何处？"学生在问题串的引导下，得出基因控制性状的结论。进而从萝卜根的地上部分和地下部分颜色的区别和黄化苗等生物学事实中归纳形成次位概念"生物的性状是由基因组成和环境共同决定的"。

2. 本节课在解决问题的过程中发展了学生的科学思维

本节课内容涉及的问题较为抽象。为将抽象的问题具体化，教师设计了一系列问题情境，为学生的思维发展搭建了合适的阶梯。通过指导学生完成教材中"观察与思考"，自己与父母性状的调查结果分析，运用比较、分类、归纳等方法，形成相对性状的概念，并认识到遗传与变异是普遍存在的。通过开展围绕"转基因食品安全性"辩论，培养学生分析、解决问题的能力，学会用辩证唯物主义的观点来看待问题。一系列问题情境的设置让学生在丰富的活动中逐步发展科学思维。

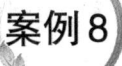

案例8 "地球上现存的生物来自共同祖先，是长期进化的结果"概念教学设计与案例分析

一、整体设计思路

基于"地球上现存的生物来自共同祖先，是长期进化的结果"这一概念，结合课程标准及教材构建单元概念框架；以核心素养为依据，结合学情分析制订单元教学目标；通过提炼关键问题"生命是如何进化的？"然后将关键问题分解成多个子问题，并分别制订任务、情境、学生活动以及学习评价，以促进大概念的建构和核心素养的达成。

二、概念进阶

表8-1 "地球上现存的生物来自共同祖先，是长期进化的结果"概念进阶

层级	地球上现存的生物来自共同祖先，是长期进化的结果
经验	知道生物起源于非生命物质，识别遗传和变异
映射	理解生物进化的历程，能对生物进化的不同观点提出自己的见解
关联	理解遗传、变异和环境因素共同作用导致生物的进化
系统	理解达尔文自然选择学说的主要观点，认同生物进化的观点
整合	理解生物的遗传变异和环境因素的共同作用导致生物的进化，认同生物与环境相互影响，生物圈是一个统一的整体

三、大单元设计

（一）单元教学目标设定

基于课程标准的内容要求、学业要求和学业质量水平，围绕核心素养及其表现水平，制订本单元教学目标如下：

1.了解从地心说到日心说的演变过程，说出不同层次的天体系统，形成基本的宇宙空间观念。对太空探索具有好奇心，关注国内外在相关领域的进展，树立民族自信心，增强社会责任感。

2.说出生命起源于非生命物质，列举生物进化的现象。能收集和交流生物进化历程的资料，对生物进化的不同观点提出自己的见解。

3.认同达尔文的进化论观点，能举例说明生物的遗传、变异与环境因素的共同作用导致了生物的进化。领悟科学家敢于质疑、追求真理的科学精神。

4.能从遗传学角度分析近亲结婚的危害；调查常见的遗传性疾病，认识近亲结婚的危害，关注优生优育，珍爱生命；愿意参与社会性科学议题的讨论。

（二）单元教学内容分析

本单元属于《义务教育生物学课程标准（2022年版）》概念8"地球上现存的生物来自共同祖先，是长期进化的结果"的相关内容。该大概念包括两个重要概念"地球上现存的生物具有共同祖先""多种多样的生物是经过自然选择长期进化的结果"以及多个次位概念，例如"遗传变异和环境因素的共同作用导致了生物的进化"。本单元的次位概念同样包含若干个具体知识点，比如"生命进化的主要历程""达尔文的自然选择学说""遗传物质的传递"等。

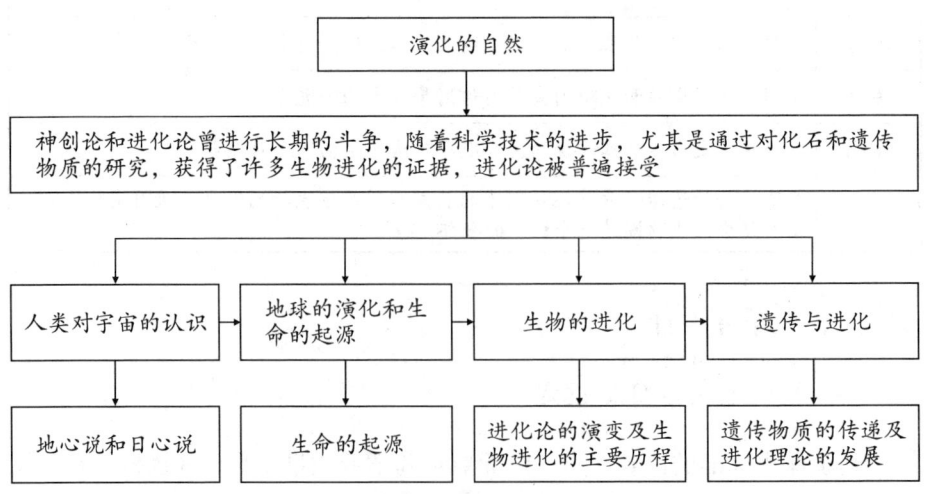

图8-1　单元概念图

（三）单元教学情境设计

单元教学情境的创设要进行顶层设计。生物学情境的创设需要结合教学目标，将要解决的问题信息蕴含在特定的、真实的情境中，从而去设计活动。通过设计"情境—问题—讨论—解决问题"的模式构建一个互动和探讨的环境，让学生在互动和探讨中学习，提高学生的兴趣。

本单元的主题情境以宇宙中的生命展开。通过视频展示恒星暗淡、新星产生以及海洋中孕育最原始的生命，引出下列问题："地球是怎样产生的？生命又是如何演化的？"在大情境的基础上，为了建构次位概念，可以相应建立多个与大情境相关的小情境，例如，在"恒星的演化"时可以出示情境："展示天文学家拍摄的恒星和星云的图片。"在"探究桦树尺蛾群体中不同体色个体数量的变化原因"时可以出示情境："19世纪初，英国科学家观察到桦树尺蛾黑化的现象。"

（四）单元教学问题设计

本单元以"情境—问题—讨论—解决问题"为主线，围绕关键问题"生命是如何进化的？"整体设计单元学习活动。然后将关键问题分解成相互关联的四个子问题：

1. 生命的起源是什么？

2. 生物进化的主要历程是怎样的？

3. 生物进化的原因是什么？

4. 遗传物质是如何在亲子代之间传递的？

（五）单元教学活动设计

每一个学生活动都强调学生经历一定的过程或完成一定的任务进行学习，从而获得知识，并建构相应的概念。单元教学设计是通过设计学习活动，引导学生通过活动建构概念，并逐渐发展核心素养。整体化视角下的单元学习活动是由若干个学习活动组成的，它们之间有着内在的逻辑联系。

活动1：观看视频"米勒模拟原始大气产生有机物实验"，了解原始生命起源于原始地球上的非生命物质。

活动2：通过不同生物的化石标本，了解生命的演化历程。制作"生物进化主要历程"进化树。

活动3：查阅资料，尝试建构"现代马"进化的化石证据链。

活动4：设计模拟实验探究桦树尺蛾群体中不同体色个体数量的变化原因，解释环境因素在生物进化过程中的选择作用。

活动5：扮演拉马克、达尔文等科学家，提出各自生物进化论观点，解释进化现象。

活动6：调查色盲症等常见遗传性疾病在家族中的遗传现象，从遗传学角度初步了解近亲结婚的危害。

学生在以上活动的基础上建构大概念"地球上现有的生物来自共同祖先，是长期进化的结果"，最终形成"生物与环境相适应"的生命观念。

（六）单元评价设计

在本单元中，基于活动设计中的任务要求，设计了多种形式的评价。一是基于实验观察或科学资料分析的过程性评价，包含通过实验探究评价量表对课上活动进行评价；通过能否准确回答学案中的问题进行评价；通过课上的展示交流过程进行生生、师生评价。二是作业评价，包括完成开放性书面作业和通过作业评价量表进行评价。

例如，对"生物进化的原因是什么？"的评价指标是：

1.联想与建构——能将所学内容与已有生活经验建立起结构性关联；能从丰富的、有代表性的事实中初步了解进化的原因。

2.活动与体验——能通过实验设计、分析和推理，探究和分析生命现象；能通过事实的抽象和概括，形成对重要概念的建立和理解，并建立合理的知识框架。

3.本质与变式——能把握知识的内在联系，并在理解概念内涵的基础上，了解概念的外延。

4.迁移与应用——解释现象，并能够在新情境下解决相关问题；能正确理解遗传变异和环境因素共同影响生物的进化的观点，建立起科学的生命观。

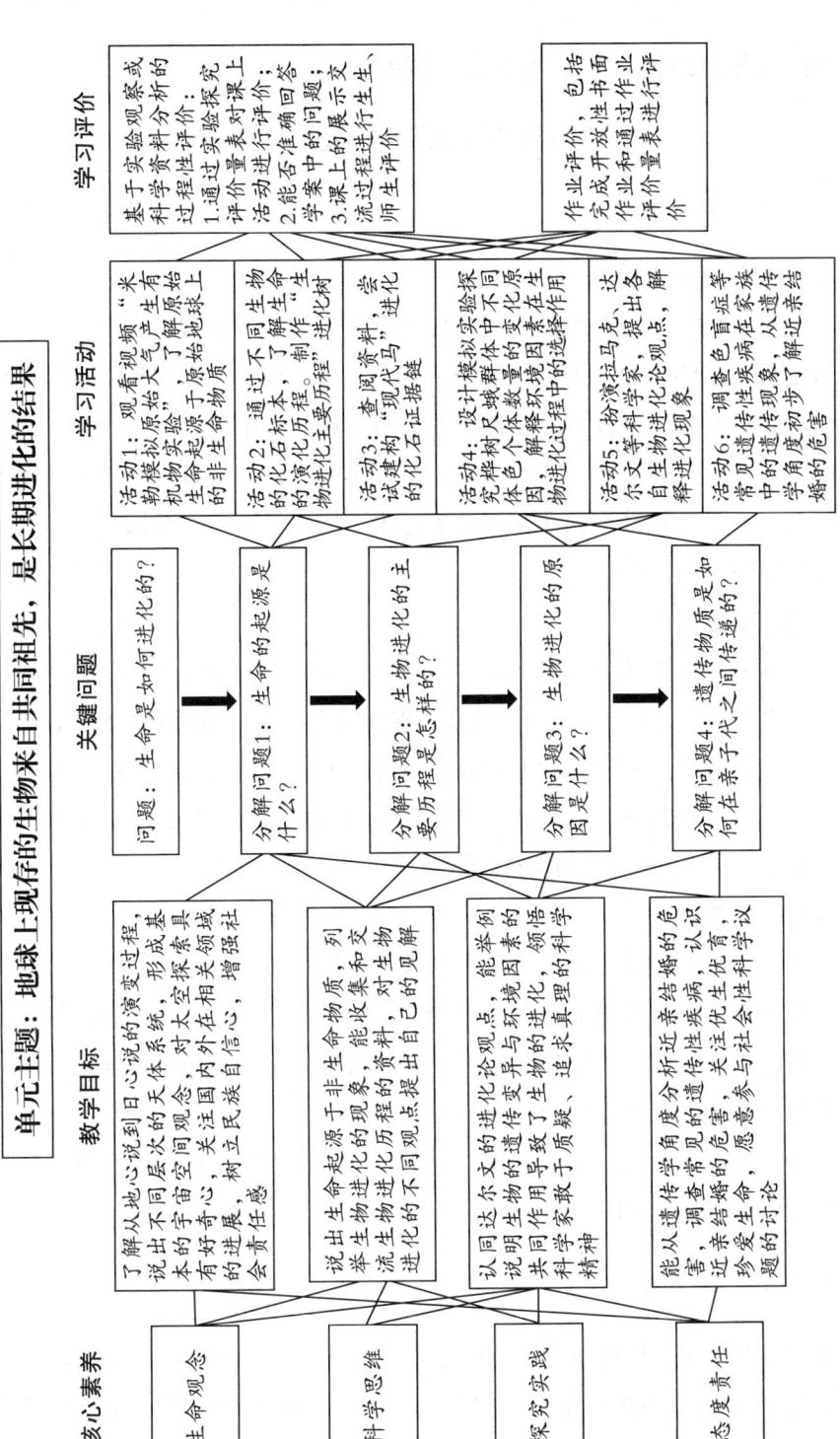

图8-2 单元设计目标、问题、活动及评价网络图

四、课时设计部分案例（第二课时）

"生物的进化"教学设计

（一）前端分析

1. 学习需要分析

通过前面的学习，学生从微观角度了解了生命延续的现象和发展。接下来是从宏观角度将生命置于生物圈中了解其发展。根据调查发现学生对于相关内容的了解具有个体性和片面性。在项目实施过程中可以通过为学生创设真实情境、观察化石标本、角色扮演、模拟实验、社会调查等活动转变学生的前概念，产生认知冲突，在开拓学生思维、培养学生的实践探究能力的同时，提升生物学核心素养。

2. 学习内容分析

本案例设计主要围绕《义务教育生物学课程标准（2022年版）》主题六"遗传与进化"中的重要概念8"地球上现存的生物来自共同祖先，是长期进化的结果"进行的，承载了生物是进化和适应的生物学观点。通过设计"情境—问题—讨论—解决问题"的模式构建一个互动和探讨的环境，让学生在互动和探讨中学习，最终形成"生物与环境相适应"的生命观念。

3. 学生特征分析

生命的起源和进化一直是人们感兴趣的话题，也是学生愿意了解并乐于参与讨论的内容。但是前概念可能会使学生出现认知偏差甚至是错误认知，以至于对相关问题的解决操作起来有一定的难度。在实际教学中要结合学生的已有概念和认知，为学生提供充分的学习素材，创造多种学习活动让学生参与其中，发挥学生的主观能动性，将生物学的探究和实践落到实处，培养学生热爱生命的态度责任。

（二）教学目标

依据课程标准并围绕培养学生核心素养的要求，制订如下教学目标：

1. 能够从情境中梳理信息，提出问题，通过观察和实验获取证据、数据等。

2.尝试设计模拟实验探究环境对生物进化的影响,简单分析生物进化的原因。

3.通过了解环境的改变可以导致生物进化的事实以及达尔文锲而不舍、历尽艰辛创立生物进化论的事迹,形成严谨的科学态度和献身科学事业的远大理想。

（三）教学过程

1.创设情境,导入新课。

学生利用 VR 或 AR 技术参观博物馆:博物馆中不同时期马的化石标本在运输过程中不小心被打乱顺序了,作为古生物学家的你,能帮助工作人员将它们的顺序排好吗?

设计意图:利用 VR 或 AR 技术增强学生体验感,真实的场景和别致的提问吸引学生的注意力,激发学生的思维兴趣。

2.教师提供不同地质年代所出现的马的头骨、牙齿、前肢和脚趾的化石图片或模型,以及不同地质年代马生存的环境图片,并提问:你能说出排序的理由吗?自然环境和马进化的历程有什么关系?你认为化石对于研究生物进化的历程有什么作用?环境因素在生物进化的过程中起什么作用?

设计意图:科学探究的本质即"寻找解答疑问的信息",通过问题引导学生积极思考,努力获得事实和证据等信息,并通过分析信息,最终得出正确的结论。了解生物在演化过程中形态结构的变化,这是生物适应环境的结果。

3.出示 19 世纪初,英国科学家发现桦树尺蛾体色变化的相关资料:桦树尺蛾种群体色比例发生变化的原因是什么?如何设计实验模拟这种体色比例变化的过程?学生利用彩色卡纸和不同颜色的蝴蝶纸片进行小组探究活动。

设计意图:通过模拟实验,用自主合作探究的方式,帮助学生更好地理解自然选择学说。

表 8-2 学生设计的用来模拟蝴蝶体色比例变化的表格

蝴蝶的颜色	第一代		第二代		第三代		第四代		第五代	
	开始数目	幸存数目	开始数目	幸存数目	开始数目	幸存数目	开始数目	幸存数目	开始数目	幸存数目
红色										
黄色										
绿色										
蓝色										

4.让"知识问题化、问题生活化、问题趣味化",结合各小组数据,提问:生存下来个体最多的是哪种颜色的蝴蝶?如果再繁殖下去,且都存活,会有什么现象,这说明了什么?有些颜色的蝴蝶没有机会繁殖就被淘汰,如果没有天敌的捕食,它们还会被淘汰吗?每种蝴蝶的体色会在它们的后代中表现出来吗?同种蝴蝶的后代会有体色差异吗?引出本节课的核心内容"达尔文的进化论观点"。学生在思考的过程中逐渐掌握生存斗争、过度繁殖、遗传变异等引起生物不断进化的原因,从而形成严谨的科学思维。

设计意图:贯穿课堂始终的教学情境和问题,带有严谨的价值判断性,蕴含丰富的科学知识,可以让学生真正从情境和问题中得到学习的动力和源泉,为培养学生的逻辑思维和表达交流能力创造条件。

5.请同学分角色扮演拉马克、达尔文等科学家,阐述自己的进化论观点,学生思考,得出正确的观点。教师出示拉马克和达尔文对长颈鹿进化的说明图片,引导学生比较二者的异同。教师展示人类的进化历程作为补充。

设计意图:引导学生了解达尔文的进化论学说,认同进化论观点。依照各种学说之间的争斗的事实对学生进行科学观念的教育。

（四）教学反思

本节课通过资料分析、探究活动,加强学生的感性认识,使学生进一步理解、掌握知识。而通过模拟探究与实例分析这两个内容,使"自然选择学说"变得容易理解,使学生能够初步形成生物进化的根本观点。让学生通过活动,理解生物对环境的适应,进而形成自然选择这一生物进化的根本观点,促进了学生的合作学习，增强集体意识。学生在思考、探究、交流的学习过程中，获取知识生成实践技能，并通过了解达尔文锲而不舍、历尽艰辛创立生物进化论的事迹，形成严谨的科学态度和献身科学事业的远大理想，从而使学生的实验探究能力和学科核心素养得到全面的发展。

五、案例点评

苏格拉底曾经说过："教育不是灌输，而是点燃火焰！"传统的教学方法是给学生教教材，但是在新课改的理念下，教学应该是通过活动点燃学生的智慧，活动教给学生学习生物学的钥匙，让学生信心十足地打开了认识科学的大门。

本节课主要介绍了引起生物进化的原因和达尔文的进化论观点。课程中展示了其他学科为生物进化研究提供的证据，观看视频、图片、文字资料，提出自己的看法。本节设计了一环接一环的活动，充分体现了学生的主体地位，实现了学生学习的转变。利用多媒体资源和 VR 或 AR 技术将有效地激发学生的学习积极性。有关生物进化的知识，是无法从现实中加以验证的，因此选择模拟实验探究，既可以帮助学生解决问题，又能较直观地展示生物进化的原因。充分利用各种图片和文字资料，引导学生经过分析、思考得出结论，通过扮演不同的科学家，对各种进化理论加以理解。在此过程中感受科学家锲而不舍的研究精神，形成严谨的科学态度和献身科学事业的远大理想。

案例9 "真实情境中的问题解决，通常需要综合运用科学、技术、工程学和数学等学科的概念、方法和思想，设计方案并付诸实施，以寻求科学问题的答案或制造相关产品"概念教学设计与案例分析

一、整体设计思路

"真实情境中的问题解决，通常需要综合运用科学、技术、工程学和数学等学科的概念、方法和思想，设计方案并付诸实施，以寻求科学问题的答案或制造相关产品"是《义务教育生物学课程标准（2022年版）》的一大亮点，通过体验和实践操作，学生可以在理解生物学概念的同时，更好地领会和理解生物学概念的内涵。基于课程标准的要求，在生物学教学中要以整合性深化跨学科实践。第一，需要教师结合教学内容，进行选题，系统规划跨学科实践的活动顺序，促进知识之间的关联应用。第二，鼓励学生开展跨学科实践活动，以生产生活的整合性话题为中心，搜集、组织与调适课堂教学的学习任务，将科学、技术、社会关系的教育渗透到课堂教学中。第三，探索并开展项目化教学，构建多元化、有深度的探究实践活动。此外，教师还应当延展教学时空，让学生的跨学科实践学习发生在校园、家庭与社会等多元环境中，并尽可能地引导学生联系实际，进行真实情境中的实践。

二、概念进阶

表9-1 "生物学与社会·跨学科实践"概念进阶

层级	生物学与社会·跨学科实践
经验	知道动植物饲养的简单过程，初步了解简单食品的制作过程，能利用生活中常见的材料制作简单的实物模型

续表

层级	生物学与社会·跨学科实践
映射	简单描述设计的问题，根据需求和限制条件，比较多种可能的方案，并初步判断其合理性
关联	利用示意图、影像、文字或实物等多种方式，阐明自己的创意，能解释设计方案中各影响因素间的关系
系统	尝试使用合适的方法，对选定的设计方案进行模拟分析和预测，根据不同来源的证据、限制条件等因素，从需求层面优化设计方案
整合	学会完成一个工程需要经历明确问题、设计方案、实施计划、检验作品、改进完善、发布成果等过程

三、大单元设计

（一）单元教学目标设定

基于课程标准的内容要求、学业要求和学业质量水平，围绕核心素养及其表现水平，制订本单元教学目标如下：

1.通过开展模型制作类实践活动，设计并制作模型，直观地表征相应的结构与功能，提升探究实践能力。例如学生在学习细菌及真菌之后，组织学生利用生活中常见的材料制作动植物、酵母菌和细菌等生物的细胞结构模型，并结合模型比较不同生物细胞结构与功能的差异。

2.通过开展植物种植与动物饲养类跨学科活动，综合运用多学科的知识和方法，形成"结构与功能""物质与能量""因果关系"等跨学科概念。例如在植物的生殖一节的学习中，课前可组织学生选用家庭中常见的植物材料，如大蒜茎、绿萝的叶、马铃薯的块茎、多肉叶片等营养器官，利用营养液进行无土栽培、繁育，观察记录。

3.通过开展发酵食品制作类跨学科实践活动，使学生从中感受传统发酵技术的魅力，培养学生动手操作和团队合作能力，掌握必备的劳动知识和技能，树立正确的劳动观念。例如设计简单装置制作酸奶，不仅可以使学生掌握酸奶发酵的原理，还可使学生掌握酸奶的制作工艺这一生活技能。

（二）单元教学内容分析

本单元属于《义务教育生物学课程标准（2022年版）》概念9"真实情境中的问题解决，通常需要综合运用科学、技术、工程学和数学等学科的概念、方法和思想，设计方案并付诸实施，以寻求科学问题的答案或制造相关产品"的相关内容。根据课程标准的学业要求，学生在实践活动中要尝试提出需要解决的生物学和跨学科问题，设计可行研究方案，如确定变量研究步骤，收集和记录实验证据，撰写实践活动报告，分享实践结果、交流讨论，改进实验方案并付诸实施，以寻求科学问题的答案或制造相关产品。

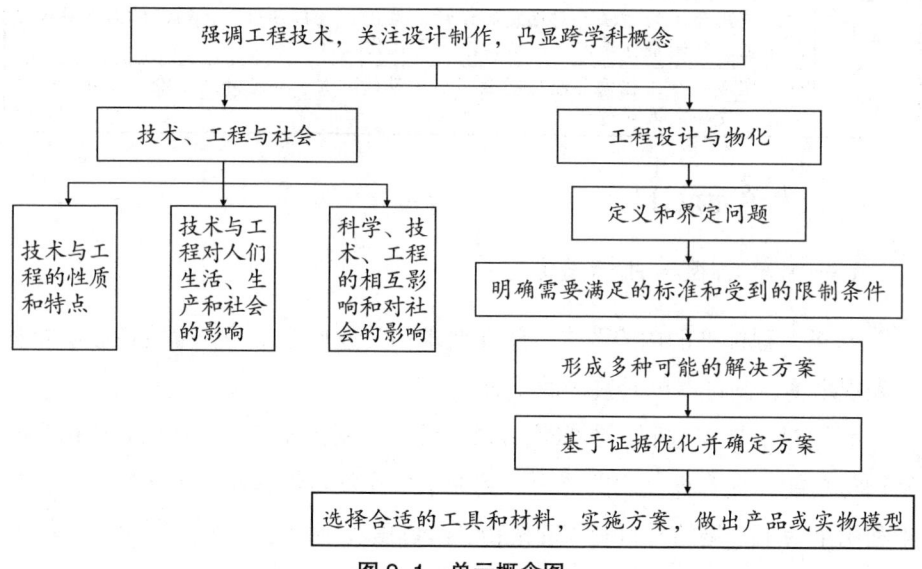

图 9-1　单元概念图

（三）单元教学情境设计

教师需设计切合真实世界的教学情境，以促进学生的全面发展。这种情境设计要求教师整合科学、技术、工程学和数学等多个学科领域的核心概念、方法论和思维模式，目的在于帮助学生通过实际动手操作，寻求科学问题的解答或创制与课题相关的产品。在这个过程中，教师需要巧妙构建问题情境，使之既真实又充满挑战，以引导学生在解决问题的过程中，深刻体验到工程问题的规范性、解决方案的多元性和创造性。同时，教师应指导学生学会根据反馈信息对解决方案进行迭代改进，从而培养他们的批判性思维和反思能力。更重要的是，这种教学情境设计不仅仅是知识的传授，更是一种能力的培养。在完成各项任务的过程中，学生将有机会发展他们的工程实践能力，锻炼解决实际问题的能力，并且激发他们的创新精神和探索欲。教师在这一过程中起到的是引导者和促进者的作用，通过合理的设计和引导，帮助学生在探究和实践中发现问题、分析问题，并最终解决问题，为他们未来的学习和职业生涯打下坚实的基础。

（四）单元教学问题设计

在实施跨学科大单元教学时，不能过于关注问题解决而忽视了学生的知识建构过程，也不能过于关注知识建构而弱化问题解决过程。通过设计问题串联实践活动，从而对教学提供结构化的引导和驱动，确保跨学科主题学习中，学生在问题的逐步解决过程中，知识也逐步完成建构，最终达成课程标准的要求。

在跨学科主题学习中要实现问题解决逻辑和知识建构逻辑上的统一，就需要基于课程标准分析和解构，形成一系列符合学生知识建构逻辑的学习目标，刻画学生的进阶过程，同时基于系列学习目标创设教学活动序列，确保学生的每一个学习活动都能在促进问题解决的同时针对性地获取关键学习内容。以学习进阶为代表的学习科学理论可以为跨学科主题学习的设计提供指导，实现学生的探究实践过程和知识学习过程的有机融合，使学生体验完整的探究实践，将探究的不同环节建立联系并达成重要的学习目标。

（五）单元教学活动设计

通过本主题的学习，帮助学生认识生物学与社会的关系，理解科学、技术、工程学、数学等学科的相互关系，并尝试运用多学科的知识和方法，通过设计和制作，解决现实问题或生产特定的产品，发展核心素养。依托本单元的学业需求，设计了以下单元教学活动：

1.将所涉概念和学习活动有机整合，可以参照单元教学活动图，或结合当地实际情况和这一学习主题灵活进行选题，系统规划跨学科实践的活动顺序和时间安排。

2.指导学生设计实践活动方案，在合作交流的基础上完善活动方案。引导学生创造性地利用简易材料解决现实生活中的问题。

3.引导学生在实践活动的实施过程中，寻求恰当、可利用的物质资源和必要的技术指导，加强小组成员之间的合作。

4.在教学组织形式方面，可采用课上和课下相结合的学习方式。

5. 在活动过程中，教师应指导学生做好实验室安全、交通安全、环境安全等方面的工作。

6. 在活动结束后，指导学生形成物化的成果及说明，以及实践活动报告，同时对学生的跨学科学习成果进行多元评价。

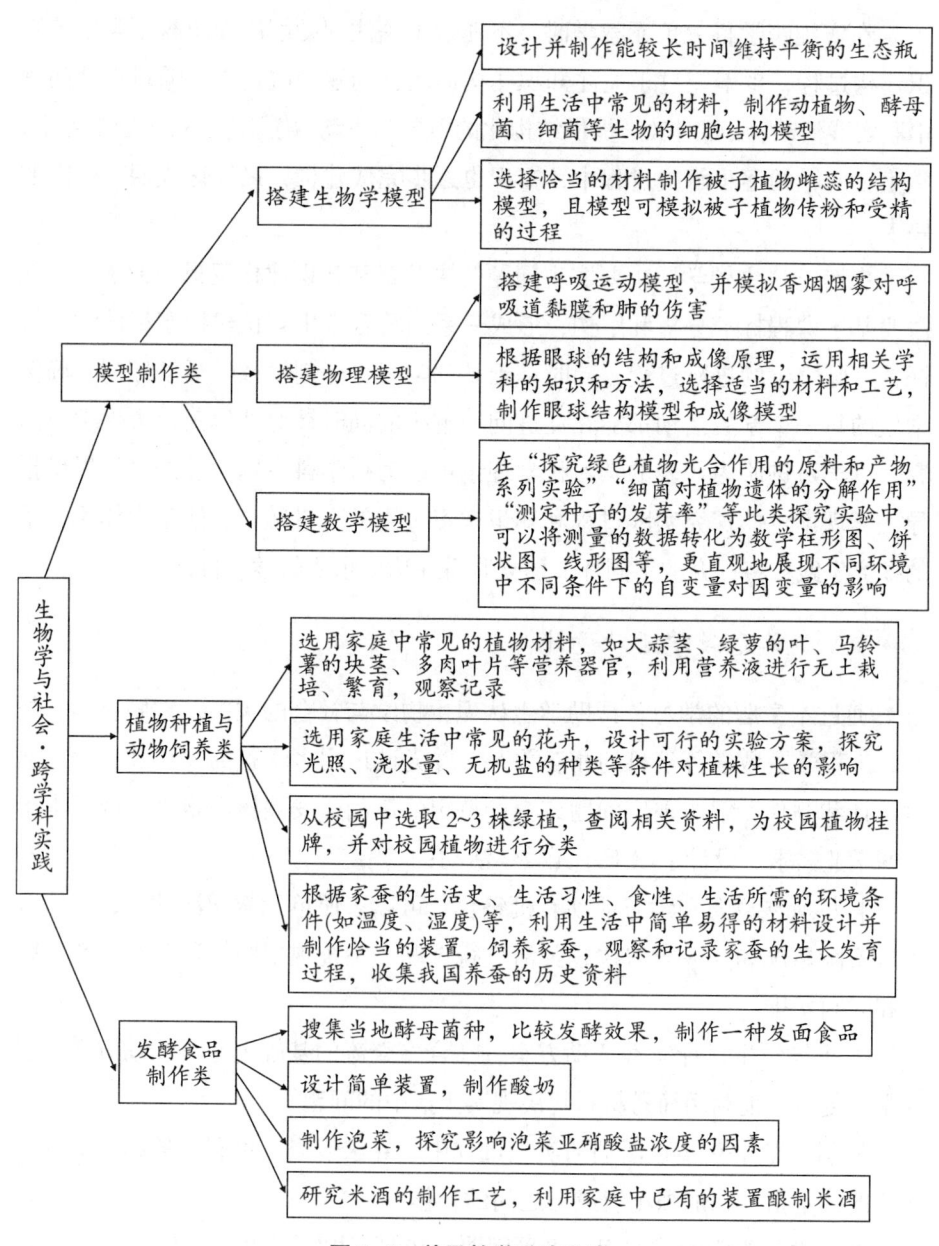

图 9-2 单元教学活动设计

（六）单元评价设计

跨学科实践不同于常规的课堂教学活动，需要学生主动参与，积极实践，且实践活动的持续时间一般较长，活动任务也较为复杂，部分活动因用到较多材料，不能安排在课堂中完成，需要学生在家里课后完成，吸引和保持学生的注意力和耐力尤为重要，因此对学生进行及时有效的评价是跨学科实践活动顺利完成的有效保障。

对跨学科实践活动的评价可采用过程性评价和终结性评价。过程性评价可采用表现性评价的方式进行。表现性评价是指要求学生创造出答案或产品以展示其知识或技能的测验。表现性评价注重评价学生的活动过程，可以有效促进学生持之以恒地完成各项活动任务，提升学生的过程能力。终结性评价主要是评价学生的学习成果，跨学科实践活动的成果大多以作品或产品的形式呈现，因此，对学生的作品或产品及时评价有助于推动活动顺利完成。对作品的评价方式通常有多种，例如，作品介绍（图片、幻灯片、视频、实物）、作品制作心得分享、作品展示及作品评分评级等，都可以让学生有获得感和成就感。对作品及时进行正确的评价，可以督促学生积极、主动、热情地参与到跨学科实践活动之中，从而实现教学目标。表9-2是部分主题跨学科实践活动内容及评价标准。

表9-2　部分主题跨学科实践活动评价标准

活动名称	活动内容	评价标准
设计并制作能较长时间维持平衡的生态瓶	1.收集资料，讨论生态瓶的制作方法，分析生态瓶能长时间维持平衡的条件，设计活动方案。 2.根据设计方案收集或购买制作生态瓶所需材料，制作生态瓶。 3.观察记录生态瓶中不同生物的生长状况变化。 4.小组展示、汇报和交流	1.绘制知识图谱，建立概念间联系；提出可探究的驱动性问题，设计具有可操作性的活动方案。 2.生态瓶制作过程具有工程学和数学思想，制作的生态瓶美观且各生物能维持较长的生存时间。 3.有翔实的观察记录过程，能依据生态瓶生长情况绘制数学模型展示生态系统稳定性。 4.能反思活动过程的收获与不足，就社会现象中的生态保护问题提出自己的见解，并进行表达；提出新的探究问题
制作泡菜，探究影响泡菜亚硝酸盐浓度的因素	1.收集资料，学习制作泡菜的原理和方法。 2.查阅资料，了解泡菜产生亚硝酸盐的原理，分析影响泡菜中亚硝酸盐浓度的因素。 3.学习检测泡菜中亚硝酸盐浓度的原理和方法。 4.准备制作泡菜的材料和容器；完成泡菜的制作	1.熟悉泡菜加工制作的方法。 2.阐述泡菜的发酵原理，以及腌制时是如何抑制杂菌的。 3.从感官上进行评价，泡菜的色泽近似原料，绿色蔬菜色泽鲜黄。气味清香、咸酸适口、清脆，稍有甜味和鲜味。 4.学会测定泡菜中亚硝酸盐浓度的方法，说明影响泡菜中亚硝酸盐浓度的因素

四、课时设计部分案例

初中生物学跨学科项目式学习课程设计与实践
——以"设计空间结构诱捕器诱捕农业害虫"为例

（一）前端分析

1. 学习需要分析

学生通过对樱桃果蝇生活习性、繁殖方式、食物来源的研究，通过观察、实验等方式，学习比较不同的科学防治方法，从而能进一步探索和提出新的果蝇防治方法。

在项目的实施过程中，学生通过亲手制作、学习和运用现代化的技术手段生产诱捕器模型和诱捕剂，运用创新思维，设计出高效的诱捕器和诱捕剂，发展自己的动手实践能力、自主学习能力和创新思维能力，既解决了实际问题，又提升了自己的核心素养。

2. 学习内容分析

"设计空间结构诱捕器诱捕农业害虫"项目式活动设计主要围绕《义务教育生物学课程标准（2022 年版）》主题七"生物学与社会·跨学科实践"中的重要概念 9.1 模型制作类跨学科实践活动进行，同时联系主题二"生物的多样性"、主题三"生物与环境"与主题六"遗传与进化"中有关微生物应用、生态安全、生物繁殖等相关知识，自主选题，结合与该选题密切相关的数学、信息科技、工程学等其他学科，践行课程协同育人功能。

3. 学生特征分析

初中生一般对新鲜事物和实践活动都比较感兴趣，并且希望能够通过自己的动手实践，解决实际问题。他们一般已经具备一定的自然科学基础知识，如生物学、化学和物理学等，但是，对于如何运用这些知识来解决实际问题缺乏经验，如如何设计和制作诱捕器，对于自己提出的解决方案的可行性和效果也容易缺乏信心，在实践操作中也可能会遇到一些预料之外的困难，这些都需要教师的指导和帮助。

此外，他们可能还需要学习如何有效地合作和沟通，以提高团队合作的效率。

（二）"设计空间结构诱捕器诱捕农业害虫"课程设计与实践

1. 课程背景

崂山位于山东省青岛市区东部，毗邻黄海，气候属于典型的海洋性季风气候，同时也有山地气候的特点，这种气候条件有利于樱桃等果树中糖分的积累。近年来伴随着果蝇的入侵，崂山地区大量樱桃受到侵染而减产，有的年份受灾率高达90%，果肉内部出现白色蝇蛆，导致樱桃变软脱落，口感受损，失去商品价值。果农通常采用喷施农药、黄粘板诱杀等方法进行防治，不仅效果有限，过度使用农药还有潜在的生态环境及食品安全隐患，防治果蝇对樱桃的侵害迫在眉睫。

2. 课程目标

（1）价值认同。通过实地调研和实验探究，认同果蝇对樱桃产业危害的紧迫性与严重性；通过空间结构诱捕器的设计和制作，初步理解科学、技术、工程学、数学等学科的相互关系；通过空间结构诱捕器的防治实效，理解科学、技术、社会、环境的相互关系。

（2）态度责任。通过参与樱桃果蝇防治问题的调查、讨论与探究，初步养成科学探究的行为规范，形成社会责任担当意识；通过了解果蝇等害虫对农作物的危害，增强生态环境保护意识及可持续发展的意识，立志成为美丽中国的建设者。

（3）问题解决。尝试运用科学、工程学等跨学科知识，设计可行的果蝇防治方案，初步掌握工程设计的一般流程；掌握文献检索、实验探究、数据分析等技能；学会比较、归纳、演绎、分析、推理等科学思维方法，发展科学思维能力。

（4）形成产品。选择合适的材料和工具，对果蝇防治方案进行实际操作，制作、测试、改进诱捕器及诱捕剂，提高动手实践及创新能力；在果蝇诱捕器及诱捕剂的制作过程中，主动与小组成员分享创意、分工合作，共同解决问题。

3. 课程内容设计

本课程内容以"樱桃果蝇的绿色、高效防治"为核心驱动问题，以"结构与功能""尺度、比例和数量""系统与模型"等跨学科概念为统领，按照"现状—防治—开发"思路设计了表9-3所示的跨学科项目式学习课程。

表 9-3　"设计空间结构诱捕器诱捕农业害虫"课程内容设计

研究内容	子问题	课时、学习任务、学习形式	设计意图
分析果蝇危害樱桃的原因及现状	果蝇具有哪些特点使其能侵染樱桃？樱桃果蝇危害的发生有什么规律？	课时：1 课时 主要任务： 1. 通过实地调查，了解果蝇对樱桃的危害情况，从果蝇的种类、生活习性等方面分析原因。 2. 撰写调查报告。 学习形式：实地考察+课堂授课	1. 了解果蝇对樱桃产业的危害现状，激发社会责任感，树立学以致用的信念。 2. 了解果蝇的生活习性及生活史，分析果蝇对樱桃的危害原因和传播途径，巩固结构与功能观、进化与适应观
制订樱桃果蝇的可行性防治方案	如何对现有的果蝇防治措施进行突破和创新？	课时：1 课时 主要任务： 1. 查阅文献，研究樱桃果蝇各种防治方法的优劣。 2. 制订崂山地区樱桃果蝇的防治方案。 学习形式：课外自主学习+课堂授课+小组合作	1. 提高文献检索和分析能力，搜集樱桃果蝇的防治方法。 2. 理解、评价已有的果蝇防治方法及其效果。 3. 认同通过综合运用生物学、工程学等学科知识，可以设计更有效的果蝇防治装置
开发果蝇诱捕器及诱捕剂	什么样的诱捕器和诱捕剂防治果蝇的效果好？	课时：1 课时 主要任务： 1. 自主学习空间几何模型及 3D 打印软件。 2. 运用生物学和工程学原理，讨论、完成诱捕器的设计方案。 3. 根据设计方案，制作诱捕器。 4. 结合已有的生物学知识研制诱捕剂。 5. 测试、优化诱捕器和诱捕剂。 学习形式：课外自主学习+课堂小组合作探究+课外实践操作	1. 初步获得科学、技术、工程学、数学等跨学科知识，理解诱捕器的基本原理。 2. 初步掌握工程设计的一般流程，理解科学、技术、工程学等学科的相互关系。 3. 运用进化与适应观，结合果蝇的生活习性及环境研制诱捕剂。 4. 学会比较、归纳、演绎、分析、推理等科学思维方法，发展科学思维能力。 5. 学会倾听和尊重他人的观点，提高合作沟通能力
验证诱捕器及诱捕剂的效果	如何比较不同诱捕器及诱捕剂的效果并进行改进？	课时：1 课时 主要任务： 1. 观察、记录被捕获的昆虫种类和数量，比较不同诱捕器和诱捕剂的效果。 2. 根据诱捕器和诱捕剂的户外测试成效，评估其在生产实际应用的可行性，提出优化建议。 3. 撰写实践活动报告，分享交流。 学习形式：课外实践操作+课堂表达交流	1. 通过户外实战演练，发展科学探究能力，获得跨学科实践活动经验，形成严谨求实的科学态度。 2. 理解和评估诱捕器在真实环境中的效果，认同果蝇绿色防治的意义，理解科学、技术、社会的相互关系。 3. 初步掌握实践活动报告的书写规范，发布研究成果。 4. 认同团队合作的重要性

4. 课程评价设计

评价是跨学科项目式学习有效实施的关键。本课程遵循逆向设计的思路，将过程性评价与终结性评价相结合，设计了表9-4所示评价量表，贯穿、推动项目实施全过程。

表9-4　"设计空间结构诱捕器诱捕农业害虫"课程评价设计

评价指标	指标描述	分值	自评	组评	师评
果蝇危害樱桃的成因分析（10分）	能从结构与功能、进化与适应两个角度正确分析	9~10			
	能从结构与功能或进化与适应一个角度正确分析	7~9			
	不能从生命观念角度分析，仅能结合生物学事实简要说明原因	6~7			
	结合生物学事实所做的分析有错误	0~6			
樱桃果蝇防治方案的制订（20分）	从生态安全角度制订，有可行性和创新性	18~20			
	从生物进化或生态系统角度制订，有可行性和创新性	14~18			
	从果蝇个体生活史角度制订，有可行性	12~14			
	从果蝇个体生活习性制订，有可行性	0~12			
空间结构诱捕器的开发（20分）	空间结构布局合理，昆虫非常容易进入，不易逃离	18~20			
	空间结构布局比较合理，昆虫容易进入，有一定逃逸概率	14~18			
	空间结构布局有一定合理性，昆虫容易进入，也容易逃逸	12~14			
	空间结构布局不合理，昆虫不容易进入	0~12			
诱捕剂的研制（10分）	诱捕剂成分非常符合果蝇的生理特性，且安全环保	9~10			
	诱捕剂成分比较符合果蝇的生理特性，对生物和环境危害较小	7~9			
	诱捕剂成分不太符合果蝇的生理特性，对生物和环境危害较大	6~7			
	诱捕剂成分不符合果蝇的生理特性，对生物和环境危害严重	0~6			

续表

评价指标	指标描述	分值	自评	组评	师评
诱捕器及诱捕剂的测试（10分）	对捕获的昆虫数量及种类记录准确、完整	9~10			
	对捕获的昆虫数量及种类的记录比较准确、完整	7~9			
	对捕获的昆虫数量及种类的记录不连续	6~7			
	对捕获的昆虫数量及种类的记录随意	0~6			
实验数据处理与分析（10分）	能应用相关软件对实测数据科学、严谨地推理、归纳	9~10			
	能根据实测数据比较科学地推理、归纳	7~9			
	只能根据数据粗略地说出不同之处	6~7			
	不能基于数据进行合理推理	0~6			
项目成果展示汇报（10分）	表述清晰、有理有据、逻辑通顺	9~10			
	表述比较清晰、有一定数理依据、逻辑比较通顺	7~9			
	表述比较清晰、有一定的数据依据	6~7			
	表述不清晰，逻辑不能自洽	0~6			
人际沟通与协作（10分）	沟通交流、互助合作、共同发展的意愿及能力很强	9~10			
	沟通交流、互助合作、共同发展的意愿及能力较强	7~9			
	沟通交流、互助合作、共同发展的意愿及能力较低	6~7			
	互助合作、共同解决问题的意愿及能力很低	0~6			

备注：90~100分为优秀，70~89分为良好，60~69分为合格，60分以下为待提高

5. 课程实践与成果分析

本课程按照图9-3所示的"现状调研—防治方案设计—产品生产"三个阶段有序实施，形成了系列探究发现和实践成果。

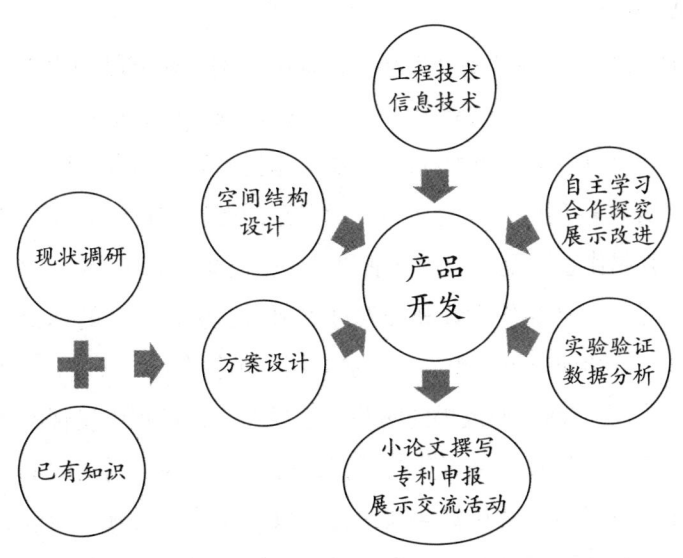

图 9-3　课程实施流程图

（1）现状调研。学生通过实地调查发现：樱桃的果蝇侵染率非常高，严重影响到樱桃的品质；果农全部使用农药进行防治，农药用量大、频次多、成效差；农药使用时间为樱桃成熟期，对消费者的健康构成了威胁。

学生通过研究果蝇的生活习性找到了农药防治果蝇成效差的关键所在：樱桃果蝇不同于其他昆虫，它们大部分时间并不在果园内生活，只有在樱桃完全成熟后进入果园产卵，因此果蝇最佳防治时间为樱桃成熟时。由于果蝇在自然环境中分布较广，所以需多次使用农药才能达到一定的防治效果。

（2）防治方案设计。基于现状调研的发现，学生在设计防治方案时首先排除了农药防治和人工捕捉防治，着力运用生物学、工程学等跨学科知识，创新防治思路，力图在樱桃成熟期间能有效防止果蝇进入果园产卵，使樱桃免遭侵染。

在合作学习中，学生首先依据初中生物学教材中"不同动物学习能力不同"的知识，联想到"设计一个昆虫容易进入但不容易离开的迷宫"，在教师的指导下，确定了诱捕器的设计理念——"易进不易出"的空间结构。其次，学生结合初中生物学课堂所习得的"果蝇是通过感知和识别特定的化学物质传递和获取信息"，联想到可对比果蝇对不同化学物质的敏感度，尝试使用果蝇喜欢的食物和用于传递信息的化学物质分别作为诱饵探究诱捕效果，研制实效强的诱捕剂。

（3）产品开发。在产品开发初期，教师介绍工业产品的生产流程等实践性教学内容，帮助学生了解产品开发的实践过程，更好地理解产品开发的流程和原理；学生自主学习图纸设计、3D 打印技术等实际应用技能。

在产品开发过程中，学生首先展示自己的图纸和设计思路，然后合作完善设计理念并制作手工模型进行分享和讨论，最终普遍认同使用 3D 打印技术生产项目产品。在产品的设计和开发过程中，学生将学到的理论知识与实践应用相结合，持续地思考、想象、创造，制作出符合设计要求的产品。

（4）比较诱捕剂诱捕效果的实验。学生在实践过程中发现不断调整诱捕器的设计，利用果蝇性外激素作为诱饵进行多次实验，诱捕效果均不理想，而同样使用性外激素作为诱饵对梨小食心虫诱捕效果较好。通过对实验结果分析，师生一致认为性外激素作为诱饵防治樱桃果蝇不具备可行性。学生根据果蝇的生活习性，自制了一种食物诱饵的诱捕剂，通过设计对照实验，以不同的诱饵作为变量进行诱捕，对诱捕到的昆虫应用数据分析处理软件进行统计和分析，最终确定自制诱捕剂具有远高于性外激素的诱捕效果。

（5）验证产品防治效果。设计防治方案：根据之前的研究发现，设计一套完整的防治方案，包括使用自制的食物诱饵诱捕剂进行果蝇的防治，以及其他可能的措施，如清除果园周围的果蝇滋生地、加强果园的卫生管理等。

选择实践基地：选择青岛市崂山区北宅街道的樱桃园作为实践基地。确保该果园的樱桃果蝇感染率较高，并且周围有其他果园作为对照组。

实施防治措施：按照防治方案，连续三周进行防治措施的实施。每周记录樱桃果蝇感染率，并与周边使用农药防治或不防治的果园进行对比。

统计数据并分析：收集每周的樱桃果蝇感染率数据，并进行统计和分析。比较实验果园和对照组果园的感染率差异，评估自制诱捕剂的防治效果。

结果分析和讨论：根据统计数据结果分析，对诱捕器及诱捕剂的防治效果进行分析和讨论，确定是否达到了预期目标。

总结和展望：总结实验结果，得出结论，并提出进一步改进和研究的展望。如果防治效果良好，可以考虑推广和应用该防治方案。

通过实战演练，学生更好地体悟实验探究的重要性，获得跨学科综合应用的实践经验，形成严谨求实的科学态度，深刻理解科学、技术、社会的相互关系。

（6）项目研究成果枚举。项目实践过程中针对樱桃果蝇设计的诱捕器，获得实用新型专利。初期手工制作项目作品及原理展示获得山东省科技创新大赛一等奖。后期 3D 打印诱捕器及使用效果研究参加"第十五届中国少科院获'小院士'课题成果展示交流活动"被评为一等奖课题，项目组 1 名学生被评为"中国少年科学院小院士"，2 名学生被评为"中国少年科学院预备小院士"，另获得优秀组织单位、优秀科技教师等称号。诱捕剂诱捕效果相关实验撰写成论文《一种新型引诱剂诱杀果蝇的试验》发表在《中国科技纵横》2020 年（11）。

（三）教学反思

跨学科项目式学习是培育学生核心素养、激发学生科学志向的有效途径，学生在探究和实践中能深刻体悟到学习的目的和意义。进行跨学科项目式学习需要运用到科学、技术、工程学、数学等多个学科的知识和方法，这对师生而言都是挑战，教师既要全面提升自己的专业素养，为学生提供系统化的课程设计及专业指导，还要引导学生学会自主建构知识、掌握分析解决问题的方法。教师要想方设法加强与高校及科研单位的合作，为学生搭建更广阔的探究实践平台和发展空间，要以项目任务驱动学生"做中学""用中学""创中学"，引领其不断将客观的知识学习内化为主观的科学认识论和行动力，在行动中体验和感悟科学过程，激发其个性潜能，增强其科学兴趣、创新意识和创新能力，使其成长为具备科学家潜质的美丽中国的建设者。

五、案例点评

该跨学科主题单元学习案例主要依据《义务教育生物学课程标准（2022年版）》及现行生物学教材，结合区域性乡土资源，联系学生生活实际，聚焦"樱桃果蝇的绿色、高效防治"这一生产生活中的真实问题，以"现状—防治—开发"为内容框架，以"主体多元、方法多样的评价措施"为有效监控，引领学生综合运用生物学、数学、信息科技、工程学等跨学科知识解决真实的生产生活问题,使学生在探究与实践中激发科学志向、发展创新和实践能力、践行美丽中国建设者的责任担当。

　　该跨学科主题学习活动既基于生物学学科立场,又打破了学科界限,通过高整合度的教学内容及教学策略,引领学生"做中学""创中学",培育了学生的核心素养,发展了学生的高阶思维及创新实践能力,形成了跨学科主题学习"项目化实施"的实践路径,有效落实了教学过程重实践、课程协同育人等新课程理念及要求。

下篇　高中教学设计案例与分析

案例1　"发酵工程利用微生物的特定功能规模化生产对人类有用的产品"概念教学设计与案例分析

一、整体设计思路

初中阶段已经就"微生物一般是指个体微小、结构简单的生物，主要包括病毒、细菌和真菌"这一重要概念展开了微生物结构和功能的初步学习，高中阶段微生物部分的学习则延续从结构到功能的进阶学习，更强调如何利用微生物的功能进行规模化生产，进而实现人类美好生活。因此高中阶段以选择性必修 3 "发酵工程利用微生物的特定功能规模化生产对人类有用的产品"这一生物学重要概念，结合《普通高中生物学课程标准（2017 年版 2020 年修订）》及教材中的教学内容构建单元概念框架；以核心素养为依据，结合学情分析制订单元教学目标；提炼出大单元教学的关键问题"酵母菌是如何培养并用于生产制作白酒等发酵食品的？"然后将关键问题分解成如"酵母菌如何纯化""微生物的培养基如何制备""如何利用酵母菌工业化生产白酒"等多个子问题，并分别制订情境、活动以及评价，以促进大概念的建构和高中生物学核心素养的达成。并且在本大单元教学过程中，通过虚实操作的结合体验能够更有效地将书本知识转化为实践，从而发展学生探究实践的能力。

学生已经学习了微生物结构和功能的知识，尝试了制作酸奶，观察了发酵现象；在学习必修 1 有关细胞呼吸的内容时，学习过乳酸发酵、酒精发酵的反应式；在日常生活中，也会经常接触到发酵食品，如白酒、面包等。因此，他们在学习本章传统发酵技术及其应用的相关内容时，具有较好的经验与知识基础。学生对白酒、抗生素等发酵工程相关的产品并不陌生，追问这些产品是怎样生产的，可以自然地进入发酵工程基本环节的学习。

本章作为本模块教材的第 1 章，对技术思维和工程思维的训练，以及对生物科学、技术与社会关系的分析，可以为后续章节进一步发展学生的思维、提升对科学本质的认识奠定基础。为此本章重点介绍的培养基配制、灭菌等技术，是细胞工程也需要的技术，学生学习了这些技术，可以为后面"发酵工程为人类提供多样的生物产品"的学习打下基础。

二、概念进阶

学习进阶理论下的概念教学强调让学生的学习经历经验、映射、关联、系统和整合五个层级，根据课程标准及教学内容，将大概念"发酵工程利用微生物的特定功能规模化生产对人类有用的产品"依次分为以下五个层级：

表 1-1　"发酵工程利用微生物的特定功能规模化生产对人类有用的产品"概念进阶

层级	发酵工程利用微生物的特定功能规模化生产对人类有用的产品
经验	知道日常生产生活中的白酒、酸奶、腐乳、泡菜等食品是通过微生物发酵得到的
映射	基于对白酒发酵及其他传统发酵技术应用实例的分析，建构发酵与传统发酵技术的概念，并认识到获得纯净的微生物培养基是基础，熟练掌握微生物的基本培养技术、选择培养和计数
关联	阐明发酵工程的基本环节中相较于传统发酵技术的改进之处；面对日常生产生活和社会热点话题中与传统发酵技术或发酵工程有关的问题，能够基于证据运用生物学基本概念和原理对其作出理性解释和判断，并尝试解决问题
系统	针对人类生产或生活的某一需求，在发酵工程中选取恰当的技术和方法，尝试提出初步的工程学构想，并进行简单的设计和制作，提高探究实践能力
整合	通过发酵工程利用现代工程技术可以大规模生产发酵产品，认同发酵工程为人类提供多样的生物产品

三、大单元设计

（一）单元教学目标设定

基于课程标准的内容要求、学业要求和学业质量水平，围绕核心素养及其表现水平，制订本单元教学目标如下：

1.通过分析白酒发酵及其他传统发酵技术应用的实例，说出其中的基本原理，建构发酵与传统发酵技术的概念。

2.通过实际操作酵母菌的纯培养，概述微生物的基本培养技术，并能够运用生物与环境相适应的观点阐明微生物选择培养的原理。

3.通过对样品中酵母菌数量的测定，学会熟练运用微生物数量的测定方法。

4.针对人类生产或生活的某一需求，在发酵工程中选取恰当的技术和方法，尝试提出初步的工程学构想，并进行简单的设计和制作，提高探究实践能力，认同发酵工程为人类提供了多样的生物产品。

5.面对日常生产生活和社会热点话题中与传统发酵技术或发酵工程有关的问题，能够基于证据运用生物学基本概念和原理对其作出理性解释和判断，并尝试解决问题。

6.通过参观白酒酿造厂、实地操作白酒工业化生产，认同源远流长的白酒发酵及其他传统发酵技术，促进了中华饮食文化的形成与发展。

（二）单元教学内容分析

本单元属于选择性必修3概念"发酵工程利用微生物的特定功能规模化生产对人类有用的产品"的相关内容。该大概念包括多个次位概念。次位概念是形成重要概念和大概念的基础，通常在一节课的时间里可以完成，每个次位概念又包含若干具体知识，比如"培养基的配制""无菌技术""微生物的选择培养""微生物的数量测定"等。这些知识往往比较零碎，却是解释具体事例及建构整体概念所必需的。从知识本身来看，整体化意味着"联系"，所以梳理出知识之间的联系是单元教学设计的前提。

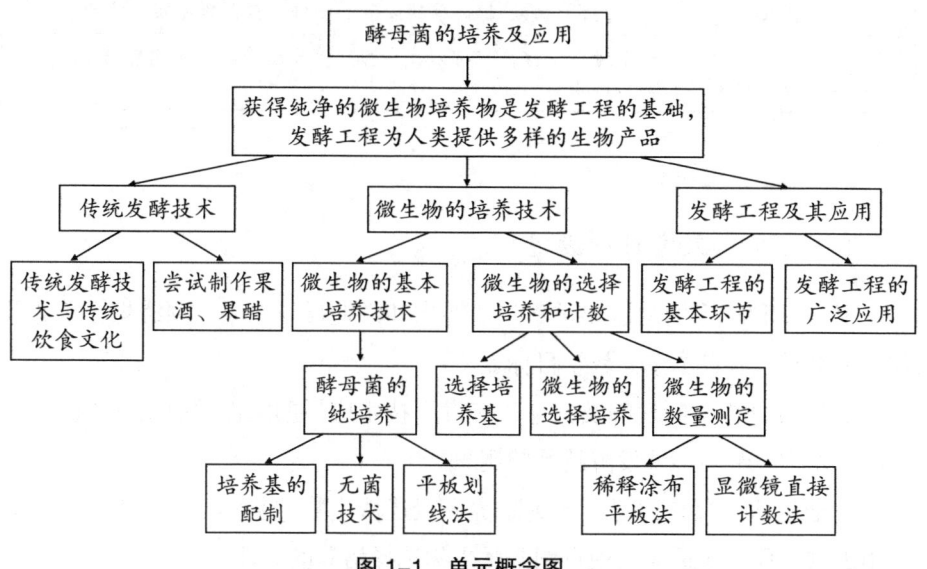

图1-1　单元概念图

（三）单元教学情境设计

单元教学情境的创设要进行顶层设计。生物学情境的创设需要结合教学目标，将生物学中要解决的问题信息蕴含在特定的、真实的情境中，从而去设计活动。而这一系列"情境—问题—活动"的设计，最终都是为了寻求核心素养的达成。所以在进行情境创设时，要着眼于学生适应未来社会发展和个人生活的需要，要指向生命观念、科学思维、科学探究和社会责任等方面，全方位地进行宏观设计。课程标准提倡"需要为探究性学习创设情境"，建议教师提供相关的图文信息资料、数据，或呈现生物的标本、模型、生活环境的图片或影像资料，或从学生的生活经验、经历中提出探究性的问题，或从社会关注的与生物学有关的热点问题切入。因此，情境创设能激发学生的兴趣、引发认知冲突、引入学习主题。情境创设还需尽量真实，能够将生物学知识与生产探寻、生活实际、科学研究密切联系，这样的情境便有了"灵魂"，可以带给学生更多生命的启迪和思考。

本单元的主题情境以社会生产中利用酵母菌生产白酒展开。酒文化是中国特有的饮食文化，具有悠久的历史。白酒是中国餐桌上常见的饮品之一，是利用品质稳定的酿酒酵母发酵而酿造的，引出问题："酵母菌是如何培养并用于生产制作白酒等发酵食品的？"在此大情境的基础上，为了建构次位概念，可以相应建立多个与大情境相关的小情境，例如，在"探究微生物的纯培养"时可以结合上一传统发酵技术果酒制作失败后对纯化菌种的需求进而展开教学。在"探究微生物的计数"时可以出示情境："杂油醇在白酒中含量较大并且对人体有毒害作用，酱香型白酒酿造中的酵母菌添加量会影响到白酒中的杂油醇的生成，因此在酿造过程中需要添加适量的酵母菌。样品中的酵母菌小而多，那么通过什么方法可以较为准确地测量酵母菌数量呢？"通过设置与教学内容相关的问题情境引发学生的思考，过渡到新知识的学习活动中去。

（四）单元教学问题设计

本单元以"情境—问题—活动"为主线，围绕关键问题"酵母菌是如何

177

培养并用于生产制作白酒等发酵食品的？"整体化设计单元学习活动。然后将关键问题分解成相互关联的七个子问题：

1. 利用酵母菌酿造白酒的原理是什么？

2. 影响白酒发酵（白酒的口感、品质和产量等）的因素有哪些？

3. 怎样获得酵母菌的纯培养物？

4. 如何通过调整培养基的配方来有目的地培养某种微生物？

5. 怎样测定酵母菌的数量，从而通过控制酵母菌的数量来保证白酒发酵的顺利进行？

6. 白酒工业化生产的一般流程是什么？

7. 发酵工程有哪些应用价值？

（五）单元教学活动设计

单元教学设计是通过设计学习活动，引导学生通过活动建构学科概念，并逐渐发展核心素养。整体化视角下的单元学习活动是由若干个学习活动组成的，它们之间有着内在的逻辑联系。本单元活动针对关键问题分解成的子问题分别设计。

活动1：基于细胞呼吸的相关知识，探讨白酒及其他传统发酵食品的制作原理。

活动2：通过观看白酒企业生产视频，小组讨论分析影响白酒发酵的因素并尝试探讨其解决方法。

活动3：观看酵母菌培养基的配制、灭菌、接种、分离和培养的纯培养技术视频，并尝试通过实际操作来学习巩固酵母菌的纯培养技术。

活动4：运用生物与环境相适应的观点阐明微生物选择培养的原理。

活动5：分析酵母菌的数量对白酒发酵的影响，练习酵母菌数量的测定。

活动6：再次观看白酒企业生产视频，根据白酒工业化生产探究分析发酵工程的基本环节，思考讨论相关问题。

活动7：操作体验国家虚拟仿真实验教学课程共享平台上的"固态白酒发酵的工艺原理和生物学本质探究虚拟仿真实验"。

活动 8：去往当地白酒生产厂实地体验白酒的工业化生产流程。

活动 9：调查当地相关企业的发酵生产，小组合作撰写发酵生产项目创业计划书，课堂上展示交流。

学生在以上活动的基础上建构大概念"发酵工程利用微生物的特定功能规模化生产对人类有用的产品"，最终形成生命观念。

（六）单元评价设计

在本单元中，基于活动设计中的任务要求，设计了多种形式的评价。一是基于实验操作或资料论证分析的过程性评价，包含通过实验探究评价量表对课上活动进行评价；通过课上的展示交流活动进行生生、师生评价。二是作业评价，包括完成实践作业，在课堂上通过展示与经验分享交流进行师生评价；完成开放性书面作业，通过作业评价量表进行评价。

例如，对"理解发酵工程的基本环节"的评价指标是：

1. 联想与建构——能将所学内容与白酒企业生产视频中相关生产流程或在日常生活中的体验建立起结构性关联；能从丰富的、有代表性的白酒发酵生产事实中初步了解发酵工程的概念。

2. 活动与体验——能通过模拟操作和实地操作的探究实践活动，形成对发酵工程重要概念的建构和理解，阐明发酵工程的基本环节，分析一般流程中涉及的相关问题，采取相应的措施解决问题，并建立合理的知识框架。

3. 本质与变式——能把握知识之间的内在联系，例如发酵工程中的某些环节相较于传统发酵技术有哪些改进之处，了解知识的外延，发展科学思维能力。

4. 迁移与应用——能正确掌握发酵工程的基本环节及其基本原理，建立起科学的生命观念，并能够在新情境下解决相关问题，例如能够根据对当地相关企业发酵生产的调查，小组合作撰写发酵生产项目创业计划书，应用所学知识的同时发展学生的工程思维，使学生切实体会到发酵工程的应用价值。

单元主题：发酵工程利用微生物的特定功能规模化生产对人类有用的产品

核心素养

- 生命观念
- 科学思维
- 科学探究
- 社会责任

教学目标

- 通过分析白酒发酵及其他传统发酵技术应用的实例，说出其中的基本原理，建构传统发酵技术的概念
- 通过实际操作酵母菌的纯培养技术，并能够运用生物与环境相适应的观点，阐明微生物选择培养技术的原理
- 通过对样中酵母菌数量的测定，学会熟练运用微生物数量的测定方法
- 针对人类生产或生活的某一需求，在发酵工程中选取恰当的工程学构想和方法，尝试提出初步的设计和制作，提高探究实践能力，并认同单一的发酵工程为人类提供了多样的生物产品
- 面对日常生产生活和社会热点话题中与传统发酵技术或发酵工程有关的问题，能够基于证据运用生物学基本概念和原理对其作出理性解释和判断，并尝试解决问题
- 通过参观白酒酿造厂，实地操作白酒及其他传统的白酒工业化生产，认同源远流长的白酒发酵饮食文化，促进了中华饮食文化的形成与发展发酵技术

关键问题

- 分解问题1：利用酵母菌酿造白酒的原理是什么？
- 分解问题2：影响白酒（白酒的口感、品质和产量）的因素有哪些？
- 分解问题3：怎样获得纯培养物？
- 分解问题4：如何通过调整培养基的配方来获得目的地培养所需菌种？
- 分解问题5：怎样测定酵母菌的数量，从而通过控制酵母菌数量来保证白酒发酵的顺利进行？
- 分解问题6：白酒工业化生产的一般流程是什么？
- 分解问题7：发酵工程有哪些应用价值？

学习活动

- 活动1：基于细胞呼吸的相关知识，探讨白酒及其他传统发酵食品的制作原理
- 活动2：通过观看白酒企业生产视频，小组讨论及其影响白酒发酵的因素并尝试探讨其解决方法
- 活动3：观看酵母菌培养基的配制，灭菌，接种，分离和培养，并尝试通过实际操作学习巩固酵母菌的纯培养技术
- 活动4：运用生物与环境相适应的观点，阐明微生物选择培养的原理
- 活动5：分析酵母菌的数量对白酒发酵的影响，练习酵母菌数量的测定
- 活动6：再次观看白酒工业化生产视频，根据白酒工业化生产分析发酵工程的基本技术环节，思考讨论相关问题
- 活动7：操作体验国家虚拟仿真教学课程共享平台上的"固态白酒发酵仿真实验"的原理和生物学相关知识
- 活动8：去当地白酒生产厂实地体验白酒的工业化生产流程
- 活动9：调查当地相关企业的发酵生产，小组合作撰写发酵生产项目创业计划书，课堂上展示交流

学习评价

- 基于实验操作或资料论证分析对探究过程性评价：1.通过实验探究对课上活动进行量表对评价；2.通过课上的展示交流活动进行师生、生生评价
- 作业评价：1.完成实践作业，在课堂上通过分享交流与经验进行师生评价；2.完成开放性评价，通过作业量表进行评价

图1-2 单元设计目标、问题、活动及评价网络图

四、课时设计部分案例

"微生物的基本培养技术"教学设计

（一）前端分析

"微生物的基本培养技术"是人教版高中生物学选择性必修3的内容，该教学内容包括培养基的配制、无菌技术和平板划线法三部分，为学习发酵工程基本环节的相关操作奠定了知识和技术基础。微生物的纯培养要以培养基的配制和无菌技术的相关知识为基础，教材首先通过文字阐述和资料卡阅读的方式介绍了培养基的配制和无菌技术，由于本节内容实践操作性较强，因此教材接着安排了"酵母菌的纯培养"探究实践活动，其中还包括了微生物的分离方法之一——平板划线法，稀释涂布平板法则安排到下一节学习，该教学环节使学生能够在做中学，通过实际操作带领学生学习微生物的纯培养技术，学生学会配制酵母菌培养基并倒平板、进行无菌操作，以及通过平板划线操作来获得纯化的酵母菌菌落。

本节课首先由教师在单元教学大情境的背景下创设小情境："之前我们利用传统发酵技术自制果酒，同学们都不敢食用自己的'产品'，担心其中有其他污染物，那我们应该怎样获得较为'干净'的果酒呢？"以此进一步引出问题："那么为了防止杂菌污染，获得纯培养物，从而保证酿造白酒的口感好、品质高和产量足的标准，通过什么方式可以获得纯净的酿酒酵母培养物呢？"引导学生思考，进入新课的学习。首先从为微生物提供充足的营养和合适的环境条件开始，介绍供微生物生长繁殖的营养基质——培养基及其类型，接着展示几种细菌培养基的组分，让学生尝试归纳总结出培养基的基本营养物质。获得纯净的微生物培养物的关键是防止杂菌的污染，接下来将围绕如何避免杂菌的污染展开，通过阅读教材配合视频介绍消毒和灭菌的无菌技术，再让学生通过列表格的方式对比消毒和灭菌，辨析异同，理解和深化相近概念。接下来学习微生物的分离纯化方法中的平板划线，通过播放视频的方式让学生明确倒平板和平板划线的操作方法和基本要求，对于其中的注意事项可以用提问的方式激发学生思考分析。基于基础知识和基本技能的学习，指导学生小组开展酵母菌的纯培养探究实践活动，让学生记录好实验结果，包括接种和未接种两种情况下的菌落数、颜色、性状和大小，并在实验后进行课堂展示交流和互评活动。最后，让学生为酿酒厂中容易出现杂菌污染的问题提出自己的建议，教师给予一定的点评，做到首尾呼应。

（二）教学目标

依据课程标准并围绕培养学生核心素养的要求，制订如下教学目标：

1. 概述培养基的基本营养物质构成，阐明消毒和灭菌的基本原理和常用方法。

2. 通过归纳总结培养基的基本营养物质、列表格对比消毒和灭菌两种无菌技术，提升科学思维能力。

3. 通过酵母菌的纯培养实验，初步掌握培养基的配制、倒平板、无菌操作和平板划线的基本技术，逐步增强对生物学的求知欲，提高实践与合作能力。

（三）教学过程

1. 创设情境，导入新课。

教师创设小情境："某白酒生产厂出现了白酒口感和品质差、产量大大下降的情况，经过调查发现是酿造过程中使用到的单一菌种酿酒酵母被杂菌污染了。"以此提出问题："那么为了防止杂菌污染，获得纯培养物，从而保证酿造白酒的口感好、品质高和产量足的标准，通过什么方式可以获得纯净的酿酒酵母培养物呢？"引导学生思考，进入新课的学习。

设计意图：在单元教学大情境的背景下创设小情境，以问题为任务驱动，激发学生的学习兴趣，开启学生的思维之旅。

2. 培养基及其类型。

用"民以食为天"类比，微生物也不能"挨饿"，我们培养微生物需要为其提供充足的营养，那么微生物平时都"吃"什么？首先介绍供微生物生长繁殖的营养基质——培养基及其类型，接着展示几种细菌培养基的配方，包括牛肉膏蛋白胨培养基、马铃薯培养基和高氏 1 号培养基，让学生尝试归纳总结出培养基的基本营养物质。

设计意图：以问题引出新知识的学习，生动而又自然。"授人以鱼不如授人以渔"，让学生通过探究思考自主归纳总结出知识，可以培养学生的科学思维能力。

3. 无菌技术。

微生物有了食物，但在它周围的环境中与它争夺食物的杂菌无处不在，那么用什么方法可以让微生物避免杂菌的干扰呢？先让学生阅读教材对无菌技术的阐述以及资料卡的内容，再配合视频介绍消毒和灭菌的常用方法，最后让学生通过列表格的方式对比消毒和灭菌两种无菌技术。

设计意图：以问题情境过渡到下一个新知识的学习，贯穿课堂始终的教学情境和生动形象的问题，能够唤醒学生的情感，让学生真正从情境和问题中得到学习的动力和源泉。学生获取知识后列表格对比消毒和灭菌两种无菌技术，辨析异同，理解和深化这两个相近概念，提升科学思维能力。

4. 倒平板和平板划线法。

如何将微生物接种到固体培养基上进行培养呢？播放倒平板和平板划线的操作视频，明确倒平板和平板划线的操作步骤和基本要求，对于其中的注意事项用提问的方式激发学生思考分析：为什么要倒置平板？为什么每次划线前要灼烧接种环？为什么要从上一次划线结束的地方开始下一次划线？为什么不能将最后一次划线与第一次的划线相连？

设计意图：通过视频的方式动态展示操作方法，更加直观形象，对于问题的分析使学生深刻领悟科学实验的严谨性，并且锻炼了学生的思维。

5. "酵母菌的纯培养"探究实践活动。

有了培养基以及避免杂菌干扰的无菌技术，接下来以酿造白酒所用到的酵母菌为例，尝试微生物的纯培养，引出本节课的核心内容"酵母菌的纯培养"。基于培养基的配制和无菌技术的学习，播放并讲解酵母菌纯培养的操作视频，指导学生小组开展酵母菌的纯培养探究实践活动，让学生记录好实验结果，包括接种和未接种两种情况下的菌落数、颜色、性状和大小，并在实验后进行课堂交流互评活动。

设计意图：初步掌握培养基的配制、倒平板、无菌操作和平板划线的基本技术，通过亲身体验纯培养技术，逐步增强学生对生物学的求知欲，提高探究实践与合作能力。

6. 让学生为酿酒厂中容易出现杂菌污染的问题提出自己的建议，教师给予一定的点评。

设计意图：首尾呼应，让学生再次感受发酵生产中防止杂菌污染的重要性，以此训练学生的科学思维，并提高学生的态度责任感。

（四）教学反思

本节课在单元教学大情境的背景下创设生产生活小情境，以问题为任务驱动，激发学生的学习兴趣，开启学生的思维之旅，从而推动新知识的学习。在此过程中，将学习的主体交给学生，引导其探究实践，小组合作，从做中学，通过互评的方式共同进步，最后回归课堂伊始的情境问题，学生针对现象提出合理的建议。这样的教学模式既能激发学生源于日常生活对生物学的兴趣，还能培养学生的科学思维方法、动手实践能力、交流合作能力以及健康的科学态度等，从而使学生的核心素养得到全面发展。

"微生物的选择培养"教学设计

（一）前端分析

"微生物的选择培养"是人教版高中生物学选择性必修3的内容。对于本节内容，教材首先由"科学家为什么能够从热泉中筛选出水生栖热菌"的案例导入新课，阐明了选择培养的原理以及选择培养基的概念，接着安排了稀释涂布平板法的操作步骤，基于前面基础知识与技术的学习，其后安排了"土壤中分解尿素的细菌的分离"探究实践活动，让学生根据提供的资料和实验材料用具进行实验设计，并按照实验方案进行小组合作探究，最后进行结果分析与评价。

本节课首先由教师在单元教学大情境的背景下创设小情境："白酒生产厂的白酒发酵所使用的性状优良的酿酒酵母可以从自然界中筛选出来。"以此提出问题："自然界中的微生物数量繁多、种类庞杂，可以通过一般的平板划线法或稀释涂布平板法从中分离出我们需要的酿酒酵母吗？"根据学生的回答继续追问，最后达成统一意见："那么通过什么方式可以分离出我们需要的特定微生物呢？"教师引导学生思考可以通过调整特定微生物的条件，从繁杂的各种微生物中筛选出我们需要的酿酒酵母，由此进入新课的学习。教师通过多媒体课件展示耐高温DNA聚合酶的发现过程相关资料，并提问学生：

"水生栖热菌为何能从热泉中被筛选出来？"学生通过资料阅读并结合上一环节的经验猜测是因为该菌可耐高温，而其他微生物在高温下不能生存，从而在高温环境条件下分离出水生栖热菌。教师肯定学生的观点，接着展示筛选具有抗氨苄青霉素能力的细菌的实验案例，继而推出选择培养基的应用原理，形成生物与环境相适应的生命观念。然后通过播放稀释涂布平板法的视频与讲解，学习其原理以及规范的操作步骤。基于基础知识和技术的学习，指导学生小组开展"土壤中分解尿素的细菌的分离"探究实践活动，让学生根据提供的资料和实验材料用具进行实验设计，并按照实验方案进行小组合作探究，实验后各小组交流讨论相关问题，用实验探究评价量表对整个探究过程进行师生评价。最后学以致用，将"土壤或酒曲中酿酒酵母的分离"布置为一项课外探究实践活动，也与课前的问题首尾呼应，解决实际问题，升华主题。

（二）教学目标

依据课程标准并围绕培养学生核心素养的要求，制订如下教学目标：

1. 能够运用生物与环境相适应的观念阐明微生物选择培养的原理。

2. 能够根据提供的资料和实验材料用具进行土壤中分解尿素的细菌的分离的实验设计，按照实验方案进行小组合作探究，提高学生的探究实践和合作能力。

（三）教学过程

1. 创设情境，导入新课。

首先由教师在单元教学大情境的背景下创设小情境："白酒生产厂的白酒发酵所使用的性状优良的酿酒酵母可以从自然界中筛选出来。"以此提出问题："自然界中的微生物数量繁多、种类庞杂，在自然酵母群体中有50%~70%的酵母属于酿酒酵母，怎样分离出我们需要的酿酒酵母呢？"根据学生的回答继续追问，最后达成统一意见："那么通过什么方式可以分离出我们需要的特定微生物呢？"教师引导学生思考可以通过调整特定微生物的条件，从繁杂的各种微生物中筛选出我们需要的酿酒酵母。

设计意图：提出本节课的关键问题，结合学生熟悉的生活情境并通过类比联想的方式启发学生，从而获得猜想，使学生成为学习的主体，课堂的主人，培养学生思维的深度。

2. 选择培养基。

教师通过多媒体课件展示耐高温 DNA 聚合酶的发现过程相关资料，并提问："水生栖热菌为何能从热泉中被筛选出来？"学生通过资料阅读并结合上一环节的经验猜测是因为该菌可耐高温，而其他微生物在高温下不能生存，从而在高温环境条件下分离出水生栖热菌。教师肯定学生的观点，接着展示筛选具有抗氨苄青霉素能力的细菌的实验案例，继而推出选择培养基的应用原理，明确选择培养基的概念。

设计意图：展示相关科学资料，以问题为任务驱动，激发学生的学习兴趣，开启学生的思维之旅，通过案例分析也可帮助学生形成生物与环境相适应的生命观念。

3. 稀释涂布平板法。

明确了选择培养的原理，接下来需要将微生物接种到固体培养基上，学生可能联想到上一课时中学习的平板划线分离得到单菌落的方法，教师展示用平板划线法分离菌落的图片，接着提问："如果后续需要测量微生物的数量，而来自自然界的样品中细菌数量庞大，平板划线能满足计数的需求吗？"学生观察图片并回答问题。接下来教师介绍可以得到单菌落便于计数的稀释涂布平板法，播放稀释涂布平板法的操作视频，学习规范的操作步骤。

设计意图：回顾旧知识，提出问题启发学生思考，使学生产生认知冲突，继而引出新的分离纯化方法。

4."土壤中分解尿素的细菌的分离"探究实践活动。

基于选择培养基和稀释涂布平板法基础知识和技术的学习，指导学生小组开展"土壤中分解尿素的细菌的分离"探究实践活动，让学生根据教师提供的资料和实验材料用具进行实验设计，按照实验方案进行小组合作探究，并记录下分离得到的菌落的特征，包括颜色、大小和形状等。教师展示以下问题让学生交流讨论：每个小组是否达到了选择培养的目的？依据是什么？若没有，分析其中的原因。用实验探究评价量表对整个探究过程进行师生评价（见表 1–2）。

表1-2 "土壤中分解尿素的细菌的分离"实验探究评价量表

评价内容	分数分配	小组自评	师评
实验设计的科学合理性	20/15/10/5 分		
实验探究过程中操作的规范性	20/15/10/5 分		
小组分工的合理性和组员配合程度	20/15/10/5 分		
小组汇报实验结果时的表达交流能力	20/15/10/5 分		
实验报告的科学性、规范性和美观性	20/15/10/5 分		
总评	小组自评总分 ×40%+ 师评总分 ×60%		

设计意图：与日常生活紧密相连的真实问题情境使学生逐步增强对生物学的求知欲，并在探究过程中巩固知识和技能，通过小组合作探究从而提高学生的探究实践、科学思维、合作交流以及运用所学知识解决实际问题的能力。采用实验探究评价量表对学生的探究过程进行评价，促进学生实验探究能力的提升，并且有利于教师改进教学方法及调整教学进度。

5. 课后探究实践。

最后将"土壤或酒曲中酿酒酵母的分离"布置为一项课外探究实践活动，完成实验报告，课上展示交流。

设计意图：以此训练学生将所学知识和技能运用到实践中去，学以致用，也与课前的问题首尾呼应，解决实际问题，升华主题。

（四）教学反思

本节课主要围绕"土壤中分解尿素的细菌的分离"探究实践活动展开，在此过程中，引导学生小组合作探究实践，从做中学，使学生更好地掌握微生物的选择培养技术。这样的教学模式既能锻炼学生的科学思维能力、动手实践能力以及交流合作能力等，又能使学生感悟到生物学知识和技术与日常生产生活息息相关，锻炼学生将所学知识和技能运用到工程实践中去，从而使学生的核心素养得到全面的发展。

五、案例点评

本单元以"白酒生产"为话题展开了微生物发酵和微生物纯化等关键技术的学习。学生需要理解发酵原理，应用微生物发酵技术，多方面评估方案，获得人工制品。从设计的关键问题看，本研究严格遵从生物学技术思维，按照"知识准备—学习技术—制订方案—开展实践—迭代优化"的过程进行。比如专门设置"分析酵母菌的数量对白酒发酵的影响，练习酵母菌数量的测定""再次观看白酒企业生产视频，根据白酒工业化生产探究分析发酵工程的基本环节，思考讨论相关问题"，这些活动都是强调项目学习中优化反思的重要性。同时结合课堂教学，专门设置展示探讨的环节，为学生带来更多思维碰撞、经验总结和交流的机会。为此教学设计中专门制订了表现性评价指标保障教学的正常进行。

从概念建构来看，本单元延续初中生物学中微生物结构概念学习，结合微生物培养与发酵利用，更强调微生物的功能，链接了宏观与微观，理论知识与实践，结构与功能，进一步丰富了微生物部分的概念体系，增加了概念学习的广度，完成概念的进阶学习。

此外，本主题的教学还可延续初中生物学跨学科实践专题开展"白酒生产"的项目式学习，提升学生的探究实践素养与跨学科素养，这是创新型人才培养必备的素养要求。比如将酿酒原料种植与地理科学结合，将酒的保藏与物理和化学知识结合，将酒的加工与工程学结合，以多个学科共同优化探究实践的开展。跨学科实践中根据需要还要兼顾数学、工程学思想，以此获得更理想的参数和高质量的产品。

案例2　"细胞是生物体结构与生命活动的基本单位"概念教学设计与案例分析

一、整体设计思路

本单元围绕必修 1 "细胞是生物体结构与生命活动的基本单位"这一生物学大概念展开整体化设计。结合课程标准构建单元概念框架，确定核心概念进阶路径；以核心素养为依据，结合教材分析与学情分析制订单元教学目标；随后按照"提炼关键问题—创设单元情境—设计单元教学活动—开展单元教学评价"的步骤进行单元整体规划。首先提炼关键问题"为什么说细胞是生物体结构和生命活动的基本单位？"然后将关键问题分解成五个子问题，随后以"人造细胞的诞生"为单元主题情境，将本单元关键问题融入情境中，并结合子问题创设"人工合成蛋白质""人工合成核酸"等小情境，将本单元要解决的问题信息蕴含在特定的情境中。为帮助学生解决问题，教师设计显微镜观察细胞、生物材料的成分检测实验、生物大分子模型建构等单元教学活动，并采取形成性评价的形式将对实验探究、模型建构过程的学习评价贯穿于教学过程中，以促进大概念的建构和核心素养的达成。

本单元内容十分重视与学生学习经验和生活经验的联系，学生在初中阶段已了解了细胞是构成生物体的基本单位，知道了细胞的基本结构、部分细胞器的功能，对常见的有机物和无机物、植物细胞和动物细胞的区别和联系有了一定的了解；此外，学生也具备健康膳食相关的生活经验。因此，在本单元整体设计中通过大情境—小情境的连环情境创设，设计与学生生活贴近的教学情境，引导学生进行讨论交流，增强学生学习的积极性和主动性。

本单元的教学内容是学习必修 1 其他章节的基础。从"细胞是基本的生命系统"角度看，理解生命系统的结构层次、系统的物质基础和结构基础是后面理解系统的功能和系统的发展变化的基础。在本单元内，教学内容也呈现出层层递进的关系。从对细胞这一生命系统的整体认识，深入到分子水平的认识，再上升到对细胞结构和功能的认识。由于单元内容的连贯性，以"情境—问题—任务"的组织方式可以很好地串联单元内容，体现逻辑性，帮助学生更好地理解。

二、概念进阶

根据科学概念发展的层级模型，学生在科学概念理解上的发展层级可分为经验、映射、关联、系统、整合五个层级。在学习本单元前，学生对核心概念的理解来源于初中阶段所学内容和经验知识，知道生物由细胞构成，细胞有一定的结构，个体生活离不开营养物质，但未能建构经验与知识间的联系。在本单元学习过程中，一方面学生对概念的理解逐步深入，体现在对生命系统构成层次、细胞内亚显微结构等的理解更全面；另一方面学生逐步建立起概念间的联系，能够阐明细胞及其各组成部分的成分、结构、功能间的关系，理解细胞如何在生命活动中发挥作用，从而建立对大概念的理解，初步形成结构与功能观等生命观念。

表 2-1　"细胞是生物体结构与生命活动的基本单位"概念进阶

层级	细胞是生物体结构与生命活动的基本单位
经验	指出除病毒外，所有生物体都由细胞构成，生命活动离不开细胞； 说出人和植物生活所需的营养物质； 描述细胞具有的共同结构和特殊结构
映射	排列多细胞生物的结构层次； 列举细胞由多种元素构成，各类元素大多以化合物的形式存在； 说出植物细胞和动物细胞都具有细胞结构，细胞膜、细胞器、细胞核具有一定的功能； 辨别植物细胞与动物细胞或真核细胞与原核细胞
关联	阐明水、无机盐、糖类、脂质、蛋白质、核酸的种类、基本组成单位和作用，知道糖类、蛋白质、核酸属于生物大分子，是由单体连接而成的多聚体，以碳链为基本骨架； 解释细胞膜、细胞器、细胞核的结构与功能相适应，细胞器的种类和数量与细胞的功能相适应； 概述细胞学说的主要内容
系统	说明细胞、组织、器官、系统、生物个体，以及在一定空间范围内形成的种群、群落、生态系统、生物圈是不同层次的生命系统； 举例说明化合物的所属种类与组成元素相关，细胞中糖类和脂质可以相互转化，蛋白质、核酸等物质在细胞中的功能由其组成和结构决定； 概述细胞各部分结构之间相互联系、协调一致，共同执行细胞的各项生命活动； 阐明细胞具有统一性和多样性，生物界与非生物界也具有统一性和多样性
整合	阐明细胞是生物体结构与生命活动的基本单位，形成结构与功能观

三、大单元设计

（一）单元教学目标设定

基于课程标准的内容要求、学业要求和学业质量水平，围绕核心素养及其表现水平，制订本单元教学目标如下：

1. 通过分析细胞学说的建立过程以及在显微镜下对多种多样的细胞的观察，能够认识到自然界中的细胞具有多种形态和功能，但同时又都具有相似的基本结构，阐明生物界的多样性和统一性及生命系统的结构层次。

2. 从结构与功能相适应的视角，解释细胞由多种多样的分子组成，这些分子是细胞执行各项生命活动的物质基础。

3. 建构并使用细胞模型，阐明细胞各部分结构通过分工合作，形成相互协调的有机整体，实现细胞水平的各项生命活动。

4. 运用所学知识解释日常生活中的有关生命现象，关注饮食健康和社会性科学议题，形成参与社会发展的责任感。

（二）单元教学内容分析

本单元属于必修 1 概念"细胞是生物体结构与生命活动的基本单位"的相关内容。该大概念包括多个次位概念，例如，"细胞各部分结构既分工又合作，共同执行细胞的各项生命活动""各种细胞具有相似的基本结构，但在形态和功能上有所差异"。次位概念是形成重要概念和大概念的基础，常常在一节课的时间里可以完成，每个次位概念又包含若干具体知识，比如"细胞核的功能""细胞核的结构"等。这些知识往往比较零碎，却是解释具体事例及建构整体概念所必需的。从知识本身来看，整体化意味着"联系"，所以梳理出知识之间的联系是单元教学设计的前提。

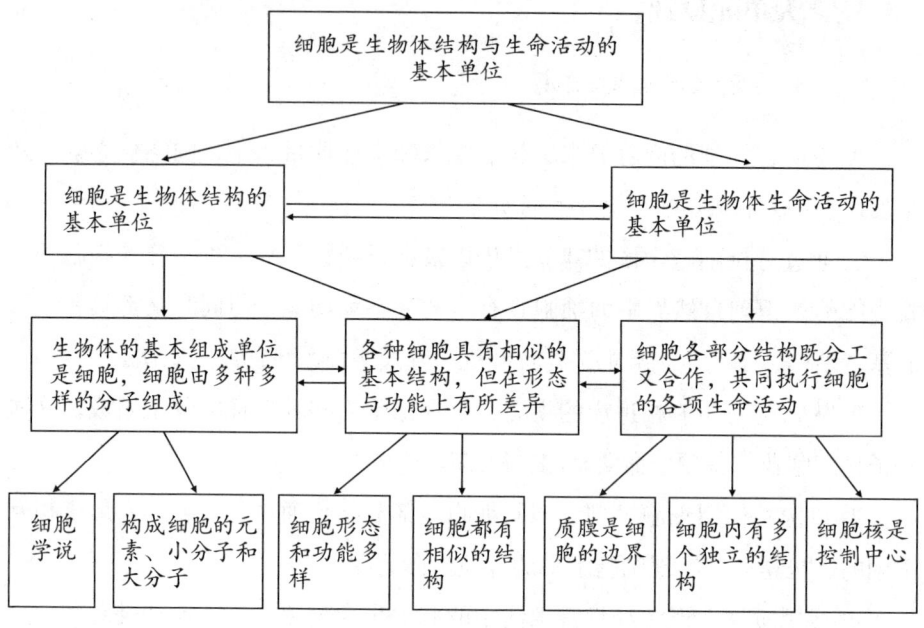

图 2-1　单元概念图

（三）单元教学情境设计

核心素养是学生在生物学学习的过程中不断解决真实情境中的问题而发展起来的。生物学情境的创设需要结合教学目标，在生物学教学过程中创设真实情境，发现生活中蕴含的生物学问题，联系科学与社会发展，让学生在解决真实情境问题的过程中不断发展思维，有效发展学生核心素养。认知主义学习理论强调，知识产生于特定的情境中，只有在真实的生活中所学的知识内容才能得到强化与发展，发展有意义的学习。因此，情境教学不仅能够激发学生的学习兴趣，并且能够让学生在特定情境中对所学的知识进行强化，进行有意义的学习。

本单元的主题情境以人造细胞的诞生展开。2010 年，科学家人工合成了丝状支原体DNA，并将其移植入另一种支原体（山羊支原体）细胞内，获得了由人工合成的DNA 控制的新生物，这一成果标志着人工合成生命的诞生，进而引出下列问题："为什么人造细胞的诞生才意味着人工合成生命的诞生？而人工成功合成蛋白质、染色体等物质不是人工合成生命的诞生呢？"该问题等价于：“为什么细胞是生物体结构与生命活动的基本单位，而蛋白质、染色体等物质不是呢？”在大情境的基础上，为了建构次位概念，可以相应建立多个与大情境相关的小情境，例如，在"探究核酸是遗传信息的携带者"时可以出示情境："人造生命在本质上应具备的基本要素之一是必须具有自己的基因，必须能够遗传给下一代并随着周围环境的变化而自我调整。"在"探究细胞膜的结构与功能时"时可以展示情境："美国洛克菲勒大学的科学家所研究的'人造细胞'具备将氨基酸转变为蛋白质所需的一切机制，其可以像一个微型'工厂'，生成具有工业和医学价值的蛋白质，例如批量生产胰岛素，用于糖尿病患者的临床治疗。"

（四）单元教学问题设计

本单元以"情境—问题—活动"为主线，围绕关键问题"为什么细胞是生物体结构与生命活动的基本单位？"整体化设计单元学习活动。然后将关键问题分解成相互关联的五个子问题：

1. 为什么人造细胞（细菌）等单细胞生物可以独立生活，而人类必须依靠多种多样的细胞才能完成生命活动？

2. 人造细胞的培养基中至少含有哪些元素和化合物？

3. 如果采用全人工合成的方式组装一个细胞，至少应该合成哪些结构？这些结构至少应该具备哪些功能？

4. "细胞生命工厂"中的不同"车间"分别发挥何种功能？能够生产什么"产品"？

5. 为什么"细胞生命工厂"能够精确有序地生产各种"产品"？其控制中心在哪里？

（五）单元教学活动设计

单元教学设计旨在通过设计学习活动，引导学生在学习活动中主动探索获取知识，建构学科概念，不断发展核心素养。系统化视角下的单元学习活动是由若干个学习活动组成的，具体如下：

活动1：以角色扮演的形式分析细胞学说建立过程科学史，初步建立系统观念。

活动2：阅读资料"人造的细菌细胞与人类细胞的区别"，并使用显微镜进行观察，探究原核细胞和真核细胞的区别。

活动3：阅读资料"组成地壳和组成细胞的部分元素含量、不同细胞间部分元素含量比较"，分析归纳组成细胞的元素。

活动4：进行"检测生物组织中的还原糖、脂肪和蛋白质"实验，了解组成细胞的化合物。

活动5：建构蛋白质结构模型，探究蛋白质结构多样性的原因。

活动6：建构核苷酸、核苷酸链结构模型，探究核酸能够携带遗传信息的原因。

活动7：从认识磷脂单分子到理解流动镶嵌模型，逐步建构细胞膜结构模型。

活动8：用高倍显微镜观察"叶绿体和细胞质的流动"。

活动9：建构分泌蛋白合成与运输概念图，探究细胞器之间是如何协调配合工作的。

活动10：建构细胞核及真核细胞的三维结构模型。

学生在以上活动的基础上建构大概念"细胞是生物体结构与生命活动的基本单位"，最终形成"结构与功能相适应"的生命观念。

（六）单元评价设计

在本单元中，基于活动设计中的任务要求，设计了多种形式的评价，如表2-2所示。

表2-2　"细胞是生物体结构与生命活动的基本单位"单元教学评价举例

评价形式	教学活动举例
实验探究评价量表	使用显微镜进行观察，探究原核细胞和真核细胞的区别
	进行"检测生物组织中的还原糖、脂肪和蛋白质"实验，进一步了解组成细胞的化合物
	用高倍显微镜观察"叶绿体和细胞质的流动"

续表

评价形式	教学活动举例
学案问题回答情况	阅读资料"人造的细菌细胞与人类细胞的区别",并使用显微镜进行观察,探究原核细胞和真核细胞的区别
展示交流过程情况	以角色扮演的形式分析细胞学说建立过程科学史
模型成果评价	建构蛋白质结构模型,探究蛋白质结构多样性的原因
	建构核苷酸、核苷酸链结构模型,探究核酸能够携带遗传信息的原因
作业评价	建构分泌蛋白合成与运输概念图,探究细胞器之间是如何协调配合工作的

在评价指标方面,如在对"细胞膜的结构与功能"这一节教学活动进行评价时,包括以下指标:

1. 模型与建模——能够基于建构与修正细胞膜结构模型的过程,提升模型与建模、批判性思维、归纳与总结等科学思维能力。

2. 活动与体验——通过角色扮演科学家的过程,体验"资料分析—提出假说—资料分析—验证假说—得出结论"的科学思维过程,自主探究细胞膜的成分,初步掌握探究实践过程的基本思路和方法。

3. 结构与功能——能够运用结构与功能观阐述细胞膜成分、结构与功能之间的关系。

4. 迁移与应用——基于细胞膜功能的知识,分析探讨糖尿病发生机理以及胰岛素临床治疗等方面的内容,提高对糖尿病相关知识的关注及解决实际问题的能力。

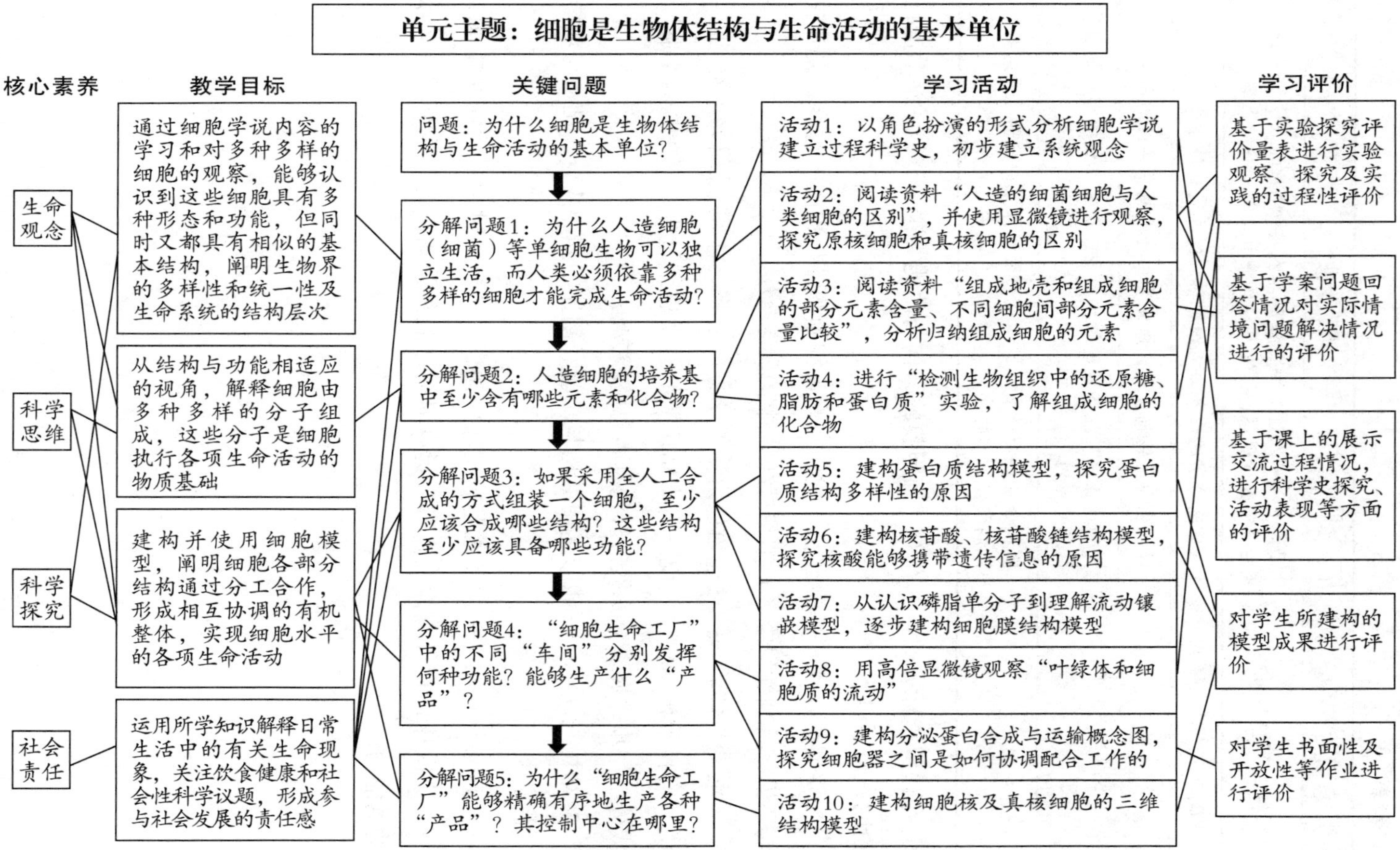

单元主题：细胞是生物体结构与生命活动的基本单位

核心素养

- 生命观念
- 科学思维
- 科学探究
- 社会责任

教学目标

- 通过细胞学说内容的学习对细胞多样和统一的认识，能够对多种多样细胞形态和这些细胞的观察，认识到这些细胞功能的基本结构，阐明多样性和统一性及生命系统的结构层次
- 从结构与功能相适应的视角，解释细胞由多种多样的分子组成，这些分子是生命活动执行各项生命活动的物质基础
- 建构并使用细胞模型阐明细胞各部分结构成的有机的分工合作，形成整体相互协调，实现细胞水平的各项生命活动
- 运用所学知识解释日常生活中的有关生命现象，关注饮食健康和社会性科学议题，形成社会发展的责任感

关键问题

- 问题：为什么细胞是生命体结构与生命活动的基本单位？
- 分解问题1：为什么人类细胞可以独立生活，而人类必须依靠多种多样的细胞才能完成生命活动？
- 分解问题2：人造细胞的培养基中至少含有哪些元素和化合物？
- 分解问题3：如果采用全人工合成的方式组合一个细胞，应该含哪些结构？这些结构至少应该具备哪些功能？
- 分解问题4："细胞生命工厂"中的不同"车间"分别发挥何种功能？能够生产什么"产品"？
- 分解问题5：为什么"细胞生命工厂"能够精确有序地生产各种"产品"？其控制中心在哪里？

学习活动

- 活动1：以角色扮演的形式分析细胞学说，初步建立系统观念
- 活动2："人造的细菌与人类细胞的区别"，并使用显微镜进行观察，探究原核细胞和真核细胞的区别
- 活动3：阅读资料"组成地壳和细胞的各种元素含量比较"，分析归纳组成细胞的元素
- 活动4：进行"检测生物组织中的还原糖、脂肪和蛋白质"实验，了解组成细胞的化合物
- 活动5：建构蛋白质结构模型，探究蛋白质多样性的原因
- 活动6：建构核苷酸、核苷酸链结构模型，探究核酸能够携带遗传信息的原因
- 活动7：从认识脂质单分子到理解流动镶嵌模型，逐步建构细胞膜结构模型
- 活动8：用高倍显微镜观察"叶绿体和细胞质的流动"
- 活动9：建构细胞分泌蛋白合成与运输概念图，探究细胞器之间如何协调配合工作的
- 活动10：建构细胞核及真核细胞的三维结构模型

学习评价

- 基于实验探究评价，对实验观察、探究表现进行评价，对实验探究的过程性评价
- 基于学案问题回答情况对实际情境问题解决进行的评价
- 基于课上的展示交流过程情况，进行科学史探究、活动表现等方面的评价
- 对学生所建构的模型成果进行评价
- 对学生书面作业及开放性作业等进行评价

图2-2 单元设计目标、问题、活动及评价网络图

四、课时设计部分案例

"细胞膜的结构和功能"教学设计（第一课时）

（一）前端分析

"细胞膜的结构和功能"是人教版高中生物学必修1的内容。本节包括细胞膜的功能、细胞膜成分的探索、细胞膜结构的探索以及流动镶嵌模型的基本内容四部分内容，第一课时包含细胞膜的功能及细胞膜成分的探索两部分内容。

教材中首先在问题探讨部分设置了台盼蓝鉴别细胞死活的实验，让学生通过该实验的探究过程，认识该实验原理是由于活细胞细胞膜具有选择透过性，台盼蓝染料无法穿过细胞膜，而死细胞则失去了选择透过性。该实验背景真实且具有说服力，实验结果清晰、具体，可以让学生直观感受到细胞膜具有控制物质进出的功能，引出接下来细胞膜的功能内容的学习。

在细胞膜的功能内容方面，教材以类比说明、图文实例的方式进行展示，列举了细胞膜的三项功能，让学生理解细胞膜作为系统边界在细胞的生命活动中发挥的作用。教材对细胞膜三项功能展示的顺序也体现了第一个功能"将细胞与外界环境分隔开"是基础，体现了细胞这个系统的独立性；而"控制物质进出细胞"与"进行细胞间的信息交流"是细胞得以生存的必要条件，又体现了细胞这个系统的开放性，让学生能够体会"独立"与"开放"之间存在的辩证关系。通过前面的学习，学生初步建立了"结构与功能观"，能够感受到细胞膜的功能是由细胞膜的结构和成分决定的，故教材安排了"对细胞膜成分的探索"思考讨论活动，让学生通过科学史的学习探究活动，了解科学家对细胞膜成分的探索过程。

本节课在大情境"人造细胞"的基础上，设置人造细胞制造胰岛素，从而进行糖尿病临床治疗的小情境，以问题为任务驱动，让学生在小组合作、交流讨论中解决实际问题，对细胞膜功能进行自主探究学习。进而学生以角色扮演的形式，切身体会科学家如何探索细胞膜的成分，体验科学家进行探究实践的全过程，并在此过程中解决问题串，得出细胞膜的组成成分。

（二）教学目标

依据课程标准并围绕培养学生核心素养的要求，制订如下教学目标：

1.能够通过情境问题的解决说明细胞膜作为系统的边界所具有的功能，并阐述细胞膜能够形成复杂的功能是由其结构决定的，认同结构与功能观。

2.能够从糖尿病相关情境中提取信息，基于生物学事实与证据运用归纳与概括、分析与综合等科学思维方法，探讨糖尿病发生的机理及其与细胞膜功能存在何种联系。

3.通过角色扮演科学家的过程，体验"资料分析—提出假说—资料分析—验证假说—得出结论"的科学思维过程，自主探究细胞膜的成分，初步掌握探究实践过程的基本思路和方法。

4.通过分析探讨糖尿病发生机理以及胰岛素临床治疗等方面的内容，提高对糖尿病相关知识的关注及解决实际问题的能力，形成关爱生命的健康生活理念，成为健康中国的促进者和实践者。

（三）教学过程

1.创设情境，导入新课

教师展示"人造细胞"相关资料：据英国《自然》杂志网站报道，美国洛克菲勒大学的科学家将能够生产蛋白质的生物分子混合物悬浮在油中，形成微小的颗粒。然后，他们在这些颗粒外包裹上两层肥皂状的磷脂分子，像细胞膜一样将生物分子混合物颗粒包裹在其中，"人造细胞"就诞生了。研究人员称，这种"人造细胞"具备将氨基酸转变为蛋白质所需的一切机制，因此可以像一个微型"工厂"，生成具有工业和医学价值的蛋白质，例如，批量生产胰岛素，用于糖尿病患者的临床治疗。

教师提出问题：糖尿病患者体内的糖类物质不能正常进入组织细胞，从而随尿液排出，研究发现这与细胞膜的功能异常有关，细胞膜具备什么样的功能呢？

设计意图：以问题为任务驱动，激发学生的学习兴趣，以大情境"人造细胞"为基础，引出本节课细胞膜的结构与功能的相关主题，并抛出与糖尿病相关的情境资料，提出生活中熟悉的与糖尿病相关的问题，让学生在解决生活实际问题的同时进行思维训练。

2. 小组讨论，结合教材内容进行资料分析，解决问题串：

（1）细胞具备哪些功能能够维持组织细胞中糖类物质处于正常水平？

（2）细胞膜的哪些功能异常可能会导致糖尿病？

（3）分析胰岛素的作用机理，并说明细胞膜在此过程中的作用。

（4）糖尿病是如何造成的？如何预防和治疗？

设计意图：通过问题串的形式引导学生分析教材及资料，获得资料中蕴含的事实和证据等信息，通过分析整合、归纳总结得出结论，发展学生归纳与概括等科学思维能力，主动探究细胞膜所具有的重要功能，解决糖尿病这一生活实际问题，并了解糖尿病的发病情况，认同其对人类健康的危害，形成健康的生活习惯。

3. 以胰岛素实例，加深对"进行细胞间信息交流"功能的理解。

教师补充资料：当人体血糖浓度高时，胰岛 B 细胞分泌的胰岛素会增多，通过调节肝脏等细胞的代谢，使血糖恢复正常，但部分糖尿病患者存在胰岛素分泌异常的情况。教师提问：内分泌细胞作用于靶细胞的机理是什么？其意义是什么？紧接着补充介绍细胞间信息交流的其他方式：胞间连丝、精卵结合等。

设计意图：由于"信息交流"这一功能较为抽象、较难理解，故本节设计通过胰岛素分泌并发挥作用的具体实例，进一步分析"进行细胞间的信息交流"这一项细胞膜的功能，帮助学生能够更加直观地体会什么是细胞间的信息交流，该功能又有何重要意义。

4. 学生代表以角色扮演的形式，扮演欧文顿、戈特、格伦德尔、丹尼利、戴维森五位科学家，探索细胞膜成分科学史。学生结合科学家探索历程及"人造细胞"情境资料，分析思考以下问题：

（1）推测细胞膜可能的组成成分是什么？

（2）依据欧文顿实验，可作出什么推测？若要进一步验证该推测，该如何设计实验？

（3）为什么磷脂在空气—水界面上铺展成单分子层？

（4）科学家如何推导出"磷脂分子在细胞膜中必然排列为连续的两层"的结论？

（5）选择人红细胞进行实验的原因是什么？

（6）蛋白质可能处于磷脂双分子层的什么位置？

设计意图：让学生通过科学家的角色扮演活动，从科学家的第一视角探索、体会细胞膜成分的探究历程，跟随科学家的脚步逐步探索细胞膜的成分；结合科学史的探索及问题串的分析思考，体验"资料分析—提出假说—资料分析—验证假说—得出结论"的科学思维过程，初步掌握探究实践过程的基本思路和方法。

5. 承上启下，留下悬念。

教师提出问题：我们已经通过探究得出细胞膜主要由脂质及蛋白质组成，还存在少量糖类，那么这些成分是如何"组装"成具有复杂功能的细胞膜呢？

设计意图：总结本课时所学内容，为下一课时的学习留下疑惑、设下悬念，做到承上启下，让学生能够对本节内容存在的内在关系进行梳理。

（四）教学反思

本课时以大情境"人造细胞"为基础，设置与糖尿病相关的小情境，以实际问题情境引导学生进行小组讨论、分析资料，从资料中提取关键信息，在合作交流的过程中获取"细胞膜的功能"相关知识，解决生活实际问题，能够较好地发展学生归纳与概括等科学思维能力，提高学生对生活实际存在问题的关注程度，提升学生解决实际问题的能力，形成关爱生命的健康生活理念，成为健康中国的促进者和实践者。在对细胞膜成分的探索过程中，学生进行角色扮演活动，站在科学家的第一视角亲身体验"资料分析—提出假说—资料分析—验证假说—得出结论"的科学思维过程，该活动也能够很好地激发学生的学习兴趣，让学生主动地进行有意义的学习。

"细胞膜的结构和功能"教学设计（第二课时）

（一）前端分析

"细胞膜的结构和功能"是人教版高中生物学必修 1 的内容。本节包括细胞膜的功能、细胞膜成分的探索、细胞膜结构的探索以及流动镶嵌模型的基本内容四部分内容，第二课时包含细胞膜结构的探索以及流动镶嵌模型的基本内容两部分内容。

教材首先总结了对细胞膜成分探索的研究成果，强调蛋白质在细胞膜上行使功能时的重要作用，而后提出问题：脂质和蛋白质等成分是如何组成细胞膜的呢？引出对细胞膜结构探索的主要内容。教材在对细胞膜结构探索的内容方面使用了科学史的形式，介绍了罗伯特森细胞膜模型"暗—亮—暗"三层结构假说及荧光染料标记实验，最后引出流动镶嵌模型，并对流动镶嵌模型的基本内容进行了解说与介绍，展示了细胞膜结构模型示意图。教材这样安排的目的在于让学生体验建构细胞膜模型结构的科学历程，学习"建立模型""提出假说"两种重要的科学方法。

本节课以第一课时"人造细胞"情境导入新课，引出本节课对细胞膜结构进行探究的内容，以"展示资料—提出假说—验证假说—得出结论—模型建构"的过程贯穿课堂，学生逐步建构磷脂单分子、磷脂双分子层、"暗—亮—暗"结构模型，最终在不断修正、完善的过程中，建构细胞膜流动镶嵌模型，体会细胞膜结构探索的全过程。

（二）教学目标

依据课程标准并围绕培养学生核心素养的要求，制订如下教学目标：

1.能够运用结构与功能观阐述细胞膜成分、结构与功能之间的关系；概述流动镶嵌模型的主要内容。

2.通过分析细胞膜结构探究过程科学史及不断建构、修正模型的过程，提升批判性思维、归纳与总结及模型与建模的科学思维能力。

3.基于分析细胞膜结构探索科学史及建构模型的过程，能够针对生物学现象提出假说，领悟提出假说的科学方法。

4.在体验细胞膜结构的探索过程中，不断修正、完善细胞膜结构模型，认同科学理论是不断修正、完善和发展的，同时也离不开科学技术的革新与众多科学家的探索。

（三）教学过程

1.重现情境，聚焦主题，承上启下。

教师展示情境：据英国《自然》杂志网站报道，美国洛克菲勒大学的科学家将能够生产蛋白质的生物分子混合物悬浮在油中，形成微小的颗粒。然后，他们在这些颗粒外包裹上两层肥皂状的磷脂分子，像细胞膜一样将生物分子混合物颗粒包裹在其中，"人造细胞"就诞生了。研究人员称，这种"人造细胞"具备将氨基酸转变为蛋白质所需的一切机制，因此可以像一个微型"工厂"，生成具有工业和医学价值的蛋白质。

教师提问：在制造"人造细胞"的细胞膜结构前，科学家不仅需要明确细胞膜的成分，还需要对其结构进行深入探究，科学家是如何对细胞膜结构进行探索的呢？

设计意图：利用上节课情境进一步对情境中蕴含的探究实践过程进行深入探讨，引出本节课对细胞膜结构的探索过程，起到聚焦主题、承上启下的作用，并让学生在真实情境中思考、探索待解决的问题，激发学生的学习兴趣。

2.建构单个磷脂分子模型。

在上节课的基础上，让学生分析欧文顿实验的资料，并利用若干直径2 cm的泡沫球（表征磷脂头部）、铁丝（表征磷脂尾部）进行单个磷脂分子的模型建构。

设计意图：让学生在明确细胞膜成分中含有磷脂的基础上，分析实验资料进行磷脂分子的模型建构过程，让学生在模型建构的自主探究过程中发展归纳与概括、模型与建模等科学思维，并为建构磷脂双分子层模型奠定基础。

3.建构磷脂双分子层模型。

在学生建构单个磷脂分子结构的基础上，教师提供戈特和格伦德尔实验资料及补充亲水头与疏水尾相关资料，让学生以小组为单位分析资料，利用单个磷脂分子模型合作建构磷脂双分子层结构模型。

设计意图：教师提供相关资料，让学生在建构单个磷脂分子模型的基础上进行磷脂双分子层模型的建构，培养学生分析资料、提取关键信息的能力，利用资料蕴含的"头部亲水、尾部疏水"的科学事实，提出磷脂双分子层模型假说，并进行模型建构，为学习"提出假说"这一科学方法奠定基础。

4.建构细胞膜"暗—亮—暗"结构模型，提出质疑。

教师提供罗伯特实验资料，学生根据罗伯特森资料得出结论：细胞膜由"暗（蛋白质）—亮（脂质）—暗（蛋白质）"三层结构构成。学生利用黏土制作蛋白质分子模型，在建构磷脂双分子层模型的基础上小组合作建构细胞膜"暗—亮—暗"结构模型。

教师提问：罗伯特森将细胞膜描述为静态的统一结构，大家认为细胞膜是否为静止的结构？能否举例某一生物学事实对静态模型提出质疑？学生进行讨论交流。

设计意图：让学生切身体验细胞膜模型建构的探究实践过程，在建构"暗—亮—暗"结构模型的基础上，引导学生利用已有的生物学知识对该模型进行质疑，培养学生的批判性思维能力。

5. 提出"细胞膜具有流动性"假说，验证结论。

教师根据学生对静态模型提出的质疑，提出假说："细胞膜具有流动性"；展示荧光标记人鼠细胞融合实验，引导学生对实验资料进行分析，验证"细胞膜具有流动性"假说，并在此基础上对细胞膜"暗—亮—暗"结构模型进行修正。

设计意图：让学生在提出质疑后体会"提出假说—验证假说—得出结论"的探究实践过程，并对模型进行修正，进一步深化培养学生的批判性思维及模型与建模能力。

6. 建构细胞膜流动镶嵌模型。

教师让学生自行阅读教材关于流动镶嵌模型的基本内容，提出问题：

（1）蛋白质在磷脂双分子层中是否均匀分布？其所在的位置有何特点？

（2）细胞膜除脂质与蛋白质外还具有什么成分？其分布在细胞膜的何处？有何作用？

学生在阅读教材及思考以上问题的基础上，用硬卡片制作糖蛋白结构模型，并结合资料与事实进一步修正、完善模型，建构细胞膜流动镶嵌模型。

设计意图：让学生进一步对已建构的模型进行修正，让学生在不断修正模型的过程中认同科学是一个不断发展的过程，并对细胞膜结构有进一步的深入理解。

（四）教学反思

本节课以上节课情境导入新课，引出本节课对细胞膜结构进行探究的内容。本节课教师展示细胞膜结构的相关科学史资料，让学生体会分析资料、提出假说、验证假说、得出结论的探究实践过程，并进行细胞膜结构模型的建构。在模型建构的过程中，教师层层递进，从磷脂单分子模型、磷脂双分子层、"暗—亮—暗"结构模型到最后的流动镶嵌模型，让学生在不断建构、修正模型的过程中，感受科学家对细胞膜模型结构探索的全过程，认同科学是一个不断发展的过程，发展学生批判性思维、模型与建模等科学思维能力。

五、案例点评

首先，本单元的教学紧紧围绕核心素养展开，设置了"阐明细胞组成、结构与功能""建构各种细胞模型""讨论细胞完成生命活动的机理"等相关的教学内容，教学内容的设计最终是为"结构与功能"观念层面素养培养，为"归纳细胞结构与功能特点"思维层面素养培养等教学目标所服务。其次，概念进阶学习上从较为宏观的细胞到较为微观的细胞组成成分进行，同时从相对对立的各细胞结构到细胞系统内相互关联的学习。再次，培养学生的思维能力方面，主要是归纳和比较的思维训练，包括对植物、动物等多种组织的细胞比较以及原核生物和真核生物细胞多样性比较，归纳"细胞是生物体结构与生命活动的基本单位"，通过引导学生进行思维活动，提高学生的思维水平。最后，在培养学生的实践能力上，伴随细胞多样性和统一性的学习，让学生动手将自己对细胞结构的理解转化为外在可视化的细胞模型，学生遵循客观的同时发挥自己的创作能力。

案例3 "细胞的生存需要能量和营养物质，并通过分裂实现增殖"概念教学设计与案例分析

一、整体设计思路

以必修 1"细胞的生存需要能量和营养物质，并通过分裂实现增殖"这一生物学概念为基础，以核心素养为依据，结合学情分析制订单元教学目标；通过提炼关键问题"植物细胞是如何成长的？"然后将关键问题分解成"植物细胞如何与外界环境进行物质与能量的交换？""植物细胞自身如何供应和利用能量？""植物细胞一生的生命历程是怎样的？"三个子问题，并分别制订任务、情境、学生活动以及学习评价，以促进大概念的建构和核心素养的达成。例如，针对"植物细胞如何与外界环境进行物质与能量的交换？"这一子问题，制订了植物在缺肥状态下干枯发黄的情境，让学生通过分析大蒜根系吸收磷的速率曲线和真核细胞膜上磷酸盐载体结构的图文资料，探究植物通过主动运输吸收肥料中养分的条件和特点。

在初中阶段生物学的学习中，学生已对植物细胞的吸水和失水、光合作用和呼吸作用的基本原理，以及睾丸和卵巢可分别产生精子和卵细胞，卵细胞受精后形成的受精卵能够发育成新个体，生物体的性状主要由基因控制等内容有初步认识；初高中阶段物理课上学过的内能、能量转化和守恒等知识，化学课上学过的质量守恒、氧化还原反应等知识，都为理解细胞内物质变化与能量供应和利用打下了一定的基础。而在生活中，学生一般都有栽花种草的生活经验，对"烧苗"现象和物质分子扩散现象有基本认知，学生亲历或看到过泡菜的制作。在前面的章节中，学生已经学习了线粒体、叶绿体、内质网等细胞器结构，学习了糖类、蛋白质等细胞分子的功能，这都为本单元的学习奠定了基础。在此基础上，可以将相关原理的学习与学生已有的知识

和经验联系起来，从宏观层面细化到微观层面，将视野从课堂延伸到社会，在应用本单元知识解决实际问题时进一步得到深化。

二、概念进阶

表 3-1   "细胞的生存需要能量和营养物质，并通过分裂实现增殖"概念进阶

层级	细胞的生存需要能量和营养物质，并通过分裂实现增殖
经验	能够描述"烧苗"、物质分子扩散、植物利用光和二氧化碳、细胞分解糖产生水和二氧化碳、壁虎断尾等生物学现象
映射	能够说明主动运输、酶、ATP、细胞呼吸、光合作用、有丝分裂等相关概念，并用这些概念解释相关现象
关联	能够阐述细胞呼吸和光合作用过程产生了 ATP，物质可以通过跨膜运输到特定区域，细胞可以通过分裂一分为二，这些过程大多需要酶的参与
系统	能够总结细胞的生存需要基于细胞呼吸和光合作用等化学反应，在此过程中需要 ATP 和酶的参与以及物质的跨膜运输，细胞通过有丝分裂一分为二
整合	能够归纳得出细胞的生存需要能量和营养物质，并通过分裂实现增殖，初步形成生物学的物质与能量观、结构与功能观，运用这些观念解释细胞的生命活动，并能用于解决生活实际问题

教师在教学过程中，利用学生已有的知识经验基础，围绕植物细胞的生长创设理想的教学情境，通过科学史分析、模型建构、设计实验等教学策略，实现已有知识的迁移深化，使新知识有效地整合进学生已有的知识网络中，进而使学生头脑中关于"细胞的生存需要能量和营养物质，并通过分裂实现增殖"这一知识体系得到丰富和发展。最终学生在生产生活中面对与该知识体系相关的新问题情境时，能够以本单元的物质与能量观、结构与功能观等生命观念为指导，利用本单元重要概念及原理，运用恰当的科学思维方法展开探讨或解决问题。

三、大单元设计

（一）单元教学目标设定

基于课程标准的内容要求、学业要求和学业质量水平，围绕核心素养及其表现水平，制订本单元教学目标如下：

1. 理解细胞呼吸和光合作用过程原理，了解线粒体和叶绿体以及ATP的结构特点，阐明几种跨膜运输方式的特点，建构有丝分裂各时期染色体变化的模型，形成结构与功能相适应的观念。概述细胞会经历生长、增殖、分化、衰老和死亡等生命进程。认识个人与集体、社会的关系，认同合作与奉献的意义。

2. 阐明细胞呼吸和光合作用等细胞生命过程中物质与能量的变化，形成物质与能量观，认识到细胞呼吸内在机制相同、细胞都以ATP为能量"货币"，认识到生物界的统一性。

3. 通过科学史分析、模型建构等活动探究酶的本质、细胞呼吸和光合作用等过程，以证据、逻辑为基础建构概念，初步发展模型建构能力、分析推理能力。

4. 通过资料分析、实验设计探究酵母菌细胞呼吸的方式等活动，能说出实验探究的基本流程，运用多种方法如实记录和分析实验结果；在小组合作学习中推进实验方案的实施，使用科学术语完成实验报告，并对结果交流与讨论，初步发展探究实践能力。

5. 能运用所学知识对生产生活中常见的农作物增产提出建议，能对物质扩散、加酶洗衣粉、跑步后小腿酸胀等现象进行解释。

6. 基于酶和光合作用的探索历程的学习，认同科学是在实验和争论中前进的，伟大科学家的观点也可能有一定的局限性。

（二）单元教学内容分析

本单元属于必修1概念"细胞的生存需要能量和营养物质，并通过分裂实现增殖"的相关内容。该大概念包括多个次位概念，例如，"解释ATP是驱动细胞生命活动的直接能源物质""说明生物通过细胞呼吸将储存在有机分子中的能量转化为生命活动可以利用的能量"等。次位概念是形成重要概念和大概念的基础，常常在一节课的时间里可以完成，每个次位概念又包含若干具体知识，比如"ATP的结构""ATP与ADP可以相互转化""ATP的利用"等，这些知识往往比较零碎，却是解释具体事例及建构整体概念所必需的。从知识本身来看，整体化意味着"联系"，所以梳理出知识之间的联系是单元教学设计的前提。

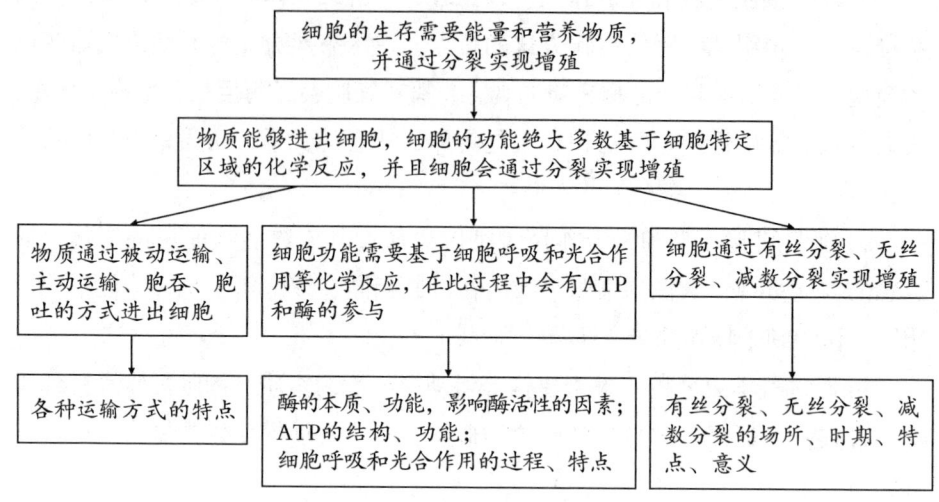

图3-1　单元概念图

（三）单元教学情境设计

本单元的主题情境以生活中栽花种草的经历，植物的生长历程展开。"春种一粒粟，秋收万颗子。"植物是如何从一颗小小的种子成长的呢？这要从植物细胞的一生说起。在大情境的基础上，为了建构次位概念，可以相应建立多个与大情境相关的小情境，例如，在"探究植物细胞如何吸收水分"时可以出示情境："展示科学家在显微镜下拍摄的植物细胞质壁分离的照片"，覆盖被动运输顺浓度梯度进出细胞不需要额外提供能量这一概念。在"探究植物细胞如何吸收肥料中的养分？"时可以出示情境："科研人员测定的大蒜根系吸收磷的速率曲线"，覆盖主动运输逆浓度梯度进出细胞需要能量和载体蛋白这一概念。课程标准提倡"引导学生从真实情境中提出问题"，故教师要围绕"植物细胞如何生长"这一主题教学内容，联系学生生活中栽花种草的个人经历、社会生活和生产实践经验，指导学生提出并探究关于植物细胞生长的一系列问题。情境创设不仅需要激发学生的兴趣、引发认知冲突、引入学习主题，还需尽量真实，能够将生物学知识与生产探寻、生活实际、科学研究密切联系，这样的情境便有了"灵魂"，可以带给学生更多生命的启迪和思考。

（四）单元教学问题设计

本单元以"情境—问题—活动"为主线，围绕关键问题"植物细胞是如何成长的？"整体化设计单元学习活动。然后将关键问题分解成相互关联的三个子问题：

1. 植物细胞如何与外界环境进行物质与能量的交换？

2. 植物细胞自身如何供应和利用能量？

3. 植物细胞一生的生命历程是怎样的？

具体设计如表 3-2。

表 3-2 单元"情境—问题—活动"主线

单元情境	子问题	小情境	小问题	子任务
植物细胞是如何成长的？	1. 植物细胞如何与外界环境进行物质与能量的交换？	泡菜的制作过程；科学家在显微镜下拍摄的植物细胞质壁分离的照片	植物细胞如何与外界环境进行水分与盐分的交换？	了解泡菜的制作过程，探究盐分进出植物细胞的原理
		大蒜根吸收 $H_2PO_4^-$ 的实验资料	植物细胞如何吸收土壤中的养分？	分析大蒜根系吸收磷的速率曲线，探讨主动运输的条件
	2. 植物细胞自身如何供应和利用能量？	利用酵母菌发酵生产葡萄酒和做馒头；植物需要中耕松土、适时排水	细胞呼吸过程中能量是如何转化的？	设计实验探究酵母菌细胞呼吸的方式；建构细胞呼吸的概念模型
		植物工厂中植物的生长需要光、二氧化碳、营养液和适宜的温度等条件	光合作用过程中发生了怎样的物质与能量变化？	提取并分离叶绿体色素，记录并分析实验结果；设计并完成虚拟实验，探究光合作用中氧气的来源；建构光合作用过程的概念模型
	3. 植物细胞一生的生命历程是怎样的？	洋葱根尖的生长情况；生殖细胞如何进行增殖	细胞如何由一个细胞变成两个细胞？	制作并观察洋葱根尖分生区临时装片；建构有丝分裂、无丝分裂、减数分裂的过程模型
		秋日枯黄的叶片	细胞种类为何如此多样？最终又走向何方？	建构细胞分化、细胞衰老、细胞凋亡的概念

在三个关联的子问题基础之上，本单元主要围绕植物细胞的生长创设相应教学情境。在各课时教学中，选取学生真实生活中的问题情境作为载体，按照"真实情境—提出问题—交流讨论—解决问题"的方式，一环扣一环，让学生通过真实情境下的探究与实践发展核心素养，实现真实生活中的生物学学习。而由于本单元的教学内容中涉及的植物细胞的光合作用、呼吸作用和有丝分裂是微观抽象的过程，故教学活动主要借助了模型建构来宏观呈现，将复杂的过程具体简约化。此外，实验设计活动具有极高的育人价值，故实验探究也是本单元教学中概念建构、思维训练以及素养落实的途径之一。通过设计实验探究酵母菌呼吸方式、提取及分离叶绿体色素等，让学生基于实验事实建构完善相关概念，有效达成单元教学目标。

（五）单元教学活动设计

单元教学设计是通过设计学习活动，引导学生通过活动建构学科概念，并逐渐发展核心素养。整体化视角下的单元学习活动是由若干个学习活动组成的，它们之间有着内在的逻辑联系。本单元活动针对关键问题分解成的子问题分别设计。

活动1：了解泡菜的制作过程，探究盐分进出植物细胞的原理。

活动2：分析大蒜根系吸收磷的速率曲线，探讨主动运输的条件。

活动3：设计实验探究酵母菌细胞呼吸的方式。

活动4：提取并分离叶绿体色素，记录并分析实验结果。

活动5：设计并完成虚拟实验，探究光合作用中氧气的来源。

活动6：建构光合作用过程的概念模型。

活动7：制作并观察洋葱根尖分生区临时装片。

活动8：建构有丝分裂、无丝分裂、减数分裂的过程模型。

学生在以上活动的基础上建构大概念"植物细胞的生长需要能量和营养物质，并通过分裂实现增殖"，最终形成结构与功能观、物质与能量观等生命观念。

（六）单元评价设计

在本单元中，基于活动设计中的任务要求，设计了多种形式的评价。一是基于实验观察或科学资料分析的过程性评价，包含通过实验探究评价量表对课上活动进行评价；通过能否准确回答学案中的问题进行评价；通过课上的展示交流过程进行生生、师生评价以及学生自我评价。二是作业评价，包括完成探究实践作业和通过作业评价量表进行评价。

例如，"探究酵母菌细胞呼吸的实验""观察植物细胞分生组织有丝分裂实验"时可以采用 PTA 评价量表，对学生的行为表现进行评价，如表 3-3 和表 3-4。[①]

表 3-3　"探究酵母菌细胞呼吸的实验" PTA 评价量表

评价项目及权重分	评价指标	赋分	自评	互评	师评	综合得分
提出问题和作出假设（15 分）	提出的问题是否有探究的价值	0~5				
	是否能说出与问题有关的背景知识	0~5				
	所作假设是否是现有条件可检验的	0~5				
制订实验方案（35 分）	是否能明确实验目的	0~4				
	是否能正确陈述自变量和因变量的关系	0~7				
	是否能控制好单一变量和无关变量	0~8				
	是否能准确描述观察或测量变量的方法	0~8				
	是否能清晰列出重要的步骤和材料器具	0~8				
实施实验方案（25 分）	是否能正确完成实验步骤	0~8				
	是否能如实记录实验现象和数据	0~5				
	是否能多次重复收集实验数据	0~6				
	是否能正确处理实验数据	0~6				

[①] 李步振：《高中生物学生实验评价量表设计与运用初探》，《中学生物学》2012 年第 28 卷第 6 期。

续表

评价项目及权重分	评价指标	赋分	自评	互评	师评	综合得分
阐述和交流实验结果与结论（25分）	是否能根据实验现象和数据归纳结论	0~4				
	是否能和小组其他成员相互协作、交流经验	0~4				
	是否能准确运用学科知识解释结论	0~4				
	是否能根据实验结果说出假设是否成立	0~3				
	是否能对探究过程进行反思，如果假设不成立，是否能对实验进行合理改进并重新设计	0~10				
综合评语		总评分				

表 3-4 "观察植物细胞分生组织有丝分裂实验" PTA 评价量表

评价项目及权重分	评价指标		赋分	自评	互评	师评	综合得分
实验原理的掌握程度（15分）	是否理解为什么选用根尖、芽尖的分生组织		0~5				
	是否清楚根尖的四个部分（根冠、分生区、伸长区、成熟区）细胞不同的形态		0~5				
	是否清楚植物细胞各个分裂时期的细胞形状、染色体形态和数目的变化规律		0~5				
实验器械、材料准备和药品的使用（15分）	取材	洋葱根尖的取材长度是否约为 5 cm，剪取的时间是否为上午 10 时至下午 2 时	0~5				
	配制药品	解离液配制是否正确：质量分数为 15% 的盐酸、体积分数为 95% 的酒精	0~5				
		染色剂配制是否正确：质量浓度为 0.01 g/mL 或 0.02 g/mL 的甲紫溶液或酸酸洋红液	0~5				
实验操作过程（40分）	解离	进行解离的根尖的长度（根尖 2~3 mm）是否正确	0~2				
		两种解离液的配比（1:1）是否正确	0~2				
		解离的时间（3~5 min）是否正确	0~2				
		解离的目的是否明确	0~3				

续表

评价项目及权重分	评价指标			赋分	自评	互评	师评	综合得分
实验操作过程（40分）	漂洗	漂洗液是否正确		0~2				
		漂洗时间（10 min）是否正确		0~2				
		漂洗的目的是否正确		0~3				
	染色	染色的时间（3~5 min）是否正确		0~2				
		染色剂染色的目的是否明确		0~3				
	制片	临时装片制作步骤是否正确		0~2				
		压片操作是否正确		0~2				
		压片的效果是否好（有无明显大块组织）		0~2				
		压片的目的是否明确		0~3				
	观察	显微镜的操作	对光是否正确	0~2				
			能否正确使用粗、细准焦螺旋	0~2				
			能否较快地用低倍镜看到物像	0~3				
		能否找到间期、前期、中期、后期和末期的细胞		0~3				
实验结果分析（20分）	绘图	能否将实验中看到的细胞分裂图绘出		0~8				
	数据处理	是否能将实验观察的同一视野中各个时期的细胞数目进行统计		0~4				
		能否计算出细胞间期和各个分裂期的时间长短		0~8				
实验结束工作（10分）	是否能完成好实验报告			0~5				
	实验结束后是否能将实验器材清洗干净、显微镜收放好、操作台打扫干净			0~5				
综合评语				总评分				

例如，在"探讨主动运输的条件"后，可以采用作业评价检测学生的学习效果，如下题。①

在适宜条件下，测得的某植物根细胞对 a、b 两种物质的吸收速率与外界溶液中这两种物质浓度的关系如图所示（a、b 两条曲线分别代表植物根细胞对不同浓度 a、b 两种物质的吸收速率）。王同学据图认为 b 的跨膜运输方式是主动运输，李同学则认为是协助扩散。请设计实验确定王同学的判断是否正确。要求简要写出实验思路、预期结果和结论。

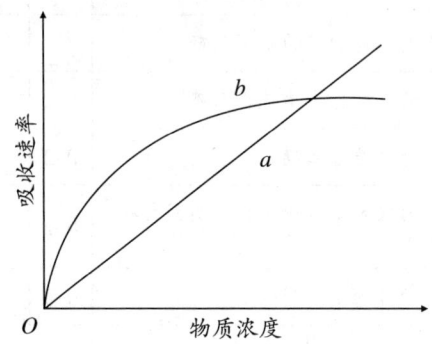

例如，"理解光合作用的过程"的评价指标是：

1.联想与建构——能将所学内容与已有生活经验建立起结构性关联；能从丰富的、有代表性的事实中初步了解光合作用的概念。

2.活动与体验——能通过实验设计、分析和推理，探究和分析生命现象；能通过事实的抽象和概括，形成对光合作用重要概念的建立和理解，并建立合理的知识框架。

3.本质与变式——能把握知识的内在联系，并在理解光合作用概念内涵的基础上，了解概念的外延。

4.迁移与应用——解释现象，并能够在新情境下解决相关问题；能正确掌握光合作用概念，建立起科学的生命观。

---

①郭学恒、李东海：《指向科学探究素养测评的高考生物学试题探析》，《生物学教学》2020 年第 2 期。

单元主题：细胞的生存需要能量和营养物质，并通过分裂实现增殖

核心素养

- 生命观念
- 科学思维
- 科学探究
- 社会责任

教学目标

- 理解细胞呼吸和光合作用过程原理，了解线粒体和叶绿体以及ATP的结构特点，阐明几种跨膜运输方式及结构，色素的结构与功能相适应的观念。能建构几种变化的模型；形成结构与功能相适应的观念。能建构有丝分裂各时期染色体变化的模型，概述细胞经历生长、分化、增殖、衰老和死亡等生命历程。认识个人与集体、社会的关系，认同合作与奉献的意义
- 阐明细胞呼吸、光合作用等细胞生命过程中物质与能量的变化，形成物质与能量观，认识到细胞呼吸与光合作用都以ATP为能量"货币"，细胞都有机制相统一，制相统一性
- 通过科学史分析、模型建构、实验探究等活动探究细胞的本质、细胞呼吸和光合作用，实验等活动探究酶的本质、细胞活动探究活动，逻辑推理，逻辑推理，分析推理能力，初步发展模型建构能力，初步发展科学探究能力
- 通过资料分析、实验设计探究酵母菌细胞呼吸的方式等活动，能记录实验结果，运用多种方法完成实验，记录和分析实验结果，使用科学术语完成实验方案交流讨论，在小组合作学习中推进实验方案，使用科学术语完成实验报告，并对结果交流讨论，初步发展科学探究能力
- 能运用所学知识对生产生活中常见的农作物增产措施等提出建议，能对物质扩散、加酶洗衣粉、跑步后小腿酸胀等现象作出解释
- 基于酶和光合作用过程的学习，认同科学是在实验和争论中前进的，伟大科学家的观点也可能有一定的局限性

关键问题

问题：植物细胞是如何成长的？

- 分解问题1：植物细胞如何与外界环境进行物质与能量的交换？
- 分解问题2：植物细胞自身如何供和利用能量？
- 分解问题3：植物细胞一生的生命历程是怎样的？

学习活动

- 活动1：了解泡菜的制作过程，探究盐分进出植物细胞的原理
- 活动2：分析大蒜根系吸收磷的速率曲线，探讨主动运输的条件
- 活动3：设计实验探究酵母菌细胞呼吸的方式
- 活动4：提取并分离绿叶中色素，记录并分析实验体验结果
- 活动5：设计并完成模拟实验，探究光合作用中氧气的来源
- 活动6：建构光合作用过程的概念模型
- 活动7：制作并观察洋葱根尖分生区临时装片
- 活动8：建构有丝分裂、无丝分裂、减数分裂过程模型

学习评价

基于实验观察或科学资料分析的过程性评价：
1. 通过评价量表对课上活动进行评价；
2. 通过能否正确回答学案中问题进行评价；
3. 课上展示交流过程进行生生、师生以及学生自我评价

作业评价：
1. 完成作业，通过作业评价量表进行评价；
2. 完成探究实践作业，并课上进行分享交流，师生评价

图3-2 单元设计目标、问题、活动及评价网络图

四、课时设计部分案例

"以资料分析探究植物细胞的主动运输"教学设计

（一）前端分析

本节位于人教版高中生物学必修 1"细胞的物质输入和输出"。《普通高中生物学课程标准（2017 年版 2020 年修订）》中对本节内容的要求是"举例说明有些物质逆浓度梯度进出细胞，需要能量和载体蛋白"。

前面章节已经介绍的蛋白质的功能、细胞膜的结构和功能、分泌蛋白的合成和分泌过程以及被动运输等知识，是本节内容的基础。本节紧跟在被动运输内容之后，运输的物质由小分子到大分子，教材编排由易到难，符合学生的认知规律。植物细胞的主动运输需要消耗能量，且需要蛋白质参与才能完成物质转运，学习本节内容能够帮助学生领悟物质与能量观，这又为学习本单元中"能量供应和利用"打下基础。

教材对于"细胞的物质输入和输出"这章着重讲述了不同物质的运输方式，对主动运输的过程和特点的理解是本节课的重难点所在，对于学生而言很抽象，较难准确理解和区分。此外教材内容相对简练和直接，不容易激发起学生的学习兴趣。这就需要教师通过一定的教学方式来启发和引导学生的思维。本节课通过展示"大蒜根吸收 $H_2PO_4^-$"的实验资料，引导学生联系植物施肥的生活经验，通过分析资料总结主动运输所需条件，建构主动运输概念，从而解决单元教学子问题："植物细胞如何与外界环境进行物质的交换？"

（二）教学目标

依据课程标准并围绕培养学生核心素养的要求，制订如下教学目标：

1.通过对主动运输的学习，理解物质跨膜运输与细胞膜结构、细胞内能量的关系，认同细胞膜的选择透过性基于细胞膜的结构，认同物质跨膜运输与能量相关，深入理解结构与功能观、物质与能量观。

2.通过资料分析总结主动运输的特点，培养获取信息和逻辑推理能力。

3.根据物质跨膜运输方式的特点，设计实验探究柽柳的根部吸收无机盐离子的方式，提高运用探究实践认识自然世界的能力。

（三）教学过程

1. 创设情境，导入新课。

教师展示大蒜在缺肥状态下叶片发黄干枯和施肥后叶片青绿的照片。提出问题：大蒜植物细胞是如何吸收肥料的养分来改善自身生长状态的呢？

设计意图：展示生活中常见的植物施肥事例，激活学生的思维，吸引学生的注意力，产生探究兴趣。

2. 呈现资料1，小组讨论。

资料1：科研人员研究用大蒜治理水体富营养化、净化水质。为此，科研人员配制了浓度为 0.01、0.025、0.1、0.15、0.25、0.5、0.75、1.00 mmol/L 等不同浓度的 KH_2PO_4 溶液，将大蒜的根系分别全部浸入 200 mL 上述溶液里，其他培养条件均相同且适宜。4 h 后取出植株，测定得出大蒜根系吸收磷的速率曲线。

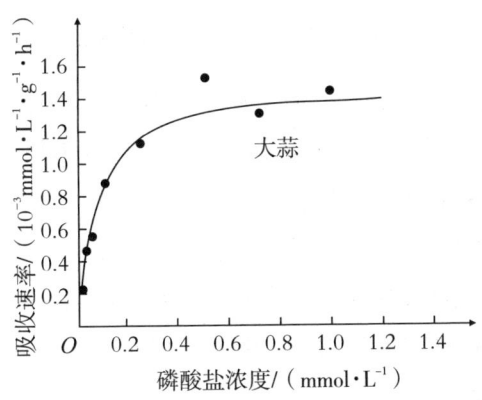

图 3-3　大蒜根系吸收磷的速率曲线

教师引导学生以小组为单位讨论学案中的四个问题：（1）大蒜根是否吸收磷？证据是什么？（2）请根据图中磷酸盐浓度与吸收速率的关系推测大蒜根尖细胞吸收磷是哪种运输方式？（3）在 0.01 mmol/L 和 0.025 mmol/L 的 KH_2PO_4 溶液组中，大蒜根细胞中磷酸盐浓度为 0.04~0.12 mmol/L，这种逆浓度梯度发生的运输符合协助扩散的特点吗？（4）逆浓度梯度的运输既然能发生，抵消化学势能障碍的力量是什么？

设计意图：让学生体会到问题来源于实际生活情境，解决问题离不开严谨的实验研究。引导学生关注环境，增强态度责任感。

3. 呈现资料 2，小组讨论。

资料 2：观察真核细胞膜上磷酸盐载体结构，其中的分子（中央圆圈圈定）为磷酸盐离子。当能量作用于磷酸盐载体时，载体蛋白空间结构发生改变，把磷酸盐从细胞外转运到细胞内。

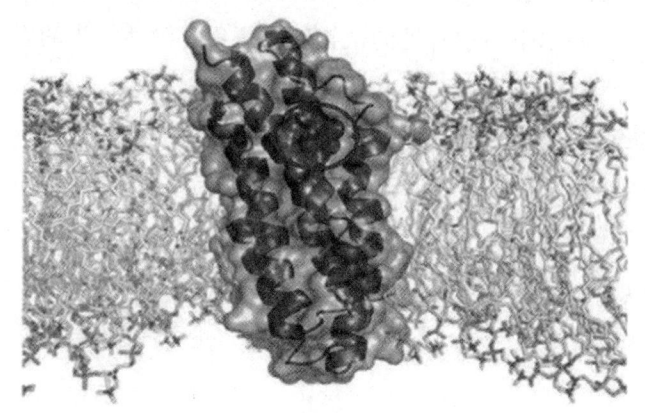

图 3-4　真核细胞膜上磷酸盐载体结构

学生阅读资料 2，思考学案中的四个问题：（1）磷酸盐载体如何能特异性地识别磷酸盐离子呢？（2）结合资料 1、2，分析植物吸收磷酸盐需要的条件有哪些？（3）在资料 1 中磷酸盐浓度为 0.8 mmol/L 以后，吸收速率不再增加的原因是什么？（4）细胞吸收磷需要能量，磷被吸收后有什么用途？

设计意图：通过载体结构的改变来完成物质转运的事实，帮助学生建立结构与功能观。通过逆浓度梯度转运的发生依赖于能量的客观事实，帮助学生形成物质与能量观。

4. 设计实验，拓展应用。

柽柳是强耐盐植物，它的叶子和嫩枝可以将吸收到植物体内的无机盐排出体外。柽柳的根部吸收无机盐离子是主动运输还是被动运输？如果要设计实验加以证明，请说出实验思路。教师给予提示：主动运输和被动运输的区别之一是是否需要能量，而能量来自细胞呼吸，故可通过抑制根细胞呼吸，并观察无机盐离子吸收速率是否受影响来判断其吸收过程属于主动运输还是被动运输。

设计意图：利用已学知识设计实验解决现实中的问题，提升学生探究实践能力并激发学生学习生物学的热情，培养学生基于生物学知识解决现实生活问题的社会责任感。

（四）教学反思

证明"主动运输"的实验在高中阶段并没有涉及，原因是材料选择、数据获取都比较困难，同时需要学生有精细的操作能力和充足的时间去完成。以上的实验设计结合被动运输的特点，反向说明大蒜根吸收无机盐与外界无机盐浓度在一定范围并不是如被动运输一样呈现正相关，进而引导学生总结出主动运输的特点，即可以是从低浓度到高浓度的跨膜运输。

如果教学中实在没有条件完成，教师也可以引导学生结合主动运输的特点，将探究实验改为验证实验，先模拟实验设计，再呈现教师的真实实验数据或文献中已有数据，提供给学生分析。总之，实验教学需要尽可能完成，教学中一是加强对基础知识的讲解和巩固，确保学生能够熟练掌握相关知识点；二是增加实验教学的比重，让学生在实践中提高实验设计能力和动手操作能力；三是注重培养学生的科学探究精神和创新能力，引导他们积极参与科学探究活动。

"以模型建构探究植物细胞的呼吸作用"教学设计

（一）前端分析

本节位于人教版高中生物学必修 1 "细胞的能量供应和利用"。《普通高中生物学课程标准（2017 年版 2020 年修订）》中对本节内容的要求是"说明生物通过细胞呼吸将储存在有机分子中的能量转化为生命活动可以利用的能量"。

植物细胞作为具有开放性的基本生命系统，能够不断地与环境进行物质交换。同时作为一个高度有序的系统，也需要不断地从外界获得能量维持其有序性。所以在本单元教学已学习植物细胞的物质输入和输出的基础之上，自然应该追问学生植物细胞如何从外界获取并利用能量。但对于学生而言，这部分的内容比较抽象。模型是对认识对象所做的一种简化的、概括性的描述，可以比较直观地帮助学生理解核心概念的内涵与外延、理解相应代谢的本质。模型变式、模型运用等方式，可以提高学生图文转换、知识迁移和语言表达的能力，提高学生的核心素养。因此本节通过让学生自主建构细胞呼吸的概念模型和数学模型来将细胞呼吸的过程系统化，不仅可以总体呈现核心知识内容，而且可以兼顾知识之间的联系，尤其是在学习有关生理部分的知识时，可以直观地呈现细胞中的生理阶段、物质变化和反应场所，使抽象、复杂的过程变得形象、具体，从而深化了核心素养中的物质与能量观，培养了学生归纳与概括的科学思维。

（二）教学目标

依据课程标准并围绕培养学生核心素养的要求，制订如下教学目标：

1.通过概述有氧呼吸的概念、反应式和反应过程，形成物质与能量观；通过理解线粒体结构与有氧呼吸的关系，形成结构与功能观。

2.运用模型建构细胞呼吸的过程，自主形成生物通过细胞呼吸将储存在有机分子中的能量转化为生命活动可以利用的能量的概念。

3.从物质与能量视角，认同细胞呼吸在植物的各项生命活动中至关重要，关注植物细胞呼吸在生产生活实际的应用。

（三）教学过程

1.温故知新，导入新课。

在学习植物细胞主动运输吸收肥料中养分这一节内容时，我们已经知道主动运输所需的能量来自细胞呼吸。那么，植物细胞呼吸过程中能量是如何转化的呢？

设计意图：回顾细胞呼吸相关知识，明确本节课的学习目标，引发学生思考，增强学习的有效性。

2.展示前人实验。

1~6号试管中分别加入细胞匀浆、细胞质基质、细胞质基质和叶绿体、细胞质基质和核糖体、细胞质基质和线粒体、线粒体，分别通入等量氧气和葡萄糖，一段时间后观察变化情况。1、5号试管产生 CO_2，2、3、4号试管产生丙酮酸和还原氢，6号试管无变化。引导学生归纳总结。

设计意图：引导学生分析实验资料，提高学生的逻辑分析和综合归纳能力，引出本节主题——有氧呼吸的分步过程。

3. 知识回顾。

展示线粒体模式图，提问：线粒体结构和功能，为有氧呼吸提供了什么基础？

设计意图：通过回忆旧知识，温故而知新，为学习有氧呼吸的原理和过程奠定基础，从而更好地理解结构与功能相适应的观念。

4. 建构概念模型。

对照教材中的有氧呼吸过程模型，依照各阶段的发生次序，引导学生从场所、条件、物质变化、能量变化等方面在细胞（线粒体）中自主建构细胞呼吸过程模型，并写出有氧呼吸三个阶段的反应式。设问：（1）说出各阶段的场所；（2）说出各阶段的反应物和生成物；（3）说出 C、H、O 的去向；（4）从物质变化与能量转化的角度分析有氧呼吸的实质。小组派学生代表展示模型图并简要讲解。以小组为单位互评细胞呼吸过程模型及相关反应式，教师点评，讲解示范。

设计意图：通过细胞呼吸过程的模型建构对知识进行简易化和规律化，逐步建构出有氧呼吸的概念，明确植物细胞的有氧呼吸是一个有机的整体。并从物质与能量角度理解植物有氧呼吸的意义，提升物质与能量观。

5. 建构数学模型。

细胞呼吸受内部因素和外界因素的共同影响。外界影响因素主要包括 O_2 浓度、CO_2 浓度、温度及水分等。教师引导学生以小组为单位建构坐标曲线图模型、柱形图模型，再通过两者的比较和转换，进而直观地表现出影响细胞呼吸的各种因素。

设计意图：通过建构数学模型，提取数学模型中的关键信息，学生能直观、准确地总结出影响细胞呼吸的各种因素，提升了学生的科学思维能力。

6. 联系生活。

松土是许多农作物栽培中经常采取的一项措施。试分析农田松土给农作物的生长、当地的水土保持以及全球气候变暖等方面可能带来的影响，并指出如何尽量减少不利影响。

设计意图：加强生物学学科学习与社会生活的联系，让学生在真实的情境中运用知识探讨问题，对各种生物学现象进行理性解释，扩大学生的学习视野，促进学生态度责任的养成。

（四）教学反思

细胞呼吸的过程在大多数时候主要通过直接呈现过程图进行讲解，而本教学选择科学家探究细胞呼吸过程的材料进行教学，并不是给学生机械式地灌输呼吸作用这一生命活动机制具体过程，而是还原了探索呼吸作用过程中产生丙酮酸和［H］的过程，有利于学生主动建构呼吸作用过程的模型。

虽然有时候没有办法将科学家的实验重现在课堂中，但是如上述教学中将科学家发现生命活动本质的过程进行呈现，通过科学史的学习，学生也可以最大限度地深入了解生物科学的具体研究方法和思维方法，从而积累更多的知识经验，拓展思维空间，帮助学生全面理解生物学知识形成的过程，建构完整的知识体系。

"以模型建构探究植物细胞的增殖"教学设计

（一）前端分析

本节位于人教版高中生物学必修 1 "细胞的生命历程"。《普通高中生物学课程标准（2017 年版 2020 年修订）》中对本节内容的要求是"描述细胞通过不同的方式进行分裂，其中有丝分裂保证了遗传信息在亲代和子代细胞中的一致性"。本节课主要学习"有丝分裂保证遗传物质的准确传递"，具体内容包含染色质到染色体、染色体被平均分配、纺锤丝保证染色体向两极移动等，是准确认识细胞有丝分裂及后面学习减数分裂和细胞分化的基础。

在该单元教学中，学生已通过学习植物细胞的跨膜运输、光合作用、呼吸作用等概念原理形成植物细胞的生存需要能量和营养物质这一概念，而细胞的增殖是新的植物细胞"一生"的开始，是植物个体生长发育的基础。且植物细胞的增殖需要消耗能量，与单元教学大概念息息相关，故本节教学内容也是单元教学重点。本节课通过制作物理模型和数学模型，由感性认识发展到理性认识，由形象思维过渡到抽象思维的规律，引导学生从"个体→细胞→分子"三个水平对有丝分裂过程各种复杂抽象的变化进行分析和归纳。这样既突出了教学重点，又达到了培养学生能力的目的，从而明确有丝分裂各个时期的特点，化抽象为具象，加深学生对于植物细胞有丝分裂的理解。

（二）教学目标

依据课程标准并围绕培养学生核心素养的要求，制订如下教学目标：

1. 通过对有丝分裂过程中染色体的变化建构模型、绘制图像和图像辨认等活动，初步判断有丝分裂不同时期的分裂图像，建立基本的细胞周期概念。

2. 制作临时装片，建构有丝分裂各时期染色体变化的模型，用结构与功能相适应的观念，认识有丝分裂过程中染色体变化的意义。

3. 根据亲子代细胞中的染色体数目情况建构模型，理解遗传信息在亲子代细胞中的一致性。

（三）教学过程

1. 创设情境，导入新课。

教师展示洋葱根尖的图片，并提出问题，启发学生思考：（1）洋葱的根为什么会长得又细又长？（2）洋葱根尖分生区的细胞如何由一个细胞变成两个细胞？

设计意图：引导学生观察植物根尖生长，从宏观到微观，启发学生思考植物个体生长与细胞增殖的关系，一方面激发学生学习兴趣，一方面有助于学生对于结构与功能观的理解，将其从个体水平提升到细胞水平。

2. 制作并观察装片。

教师以图片和流程图形式展示制作洋葱根尖分生区细胞临时装片的流程和操作关键点。学生按照要求，制作临时装片。教师提出以下问题：（1）细胞中染成深色的结构是什么？（2）你看到几种不同染色体形态的细胞？（3）描述你所观察到的细胞特征。

学生分析以上问题，对分生区的细胞进行分类，说出分类依据，客观描述形态特征，并以小组为单位展示成果。教师展示学生观察到的分裂象图片，提出以下问题：（1）同一分生组织具有不同分裂象，为什么？（2）这些死细胞之间有怎样的关系？能够反映一个细胞的动态分裂过程吗？教师将提前打印好的不同分裂象图片发给学生，让学生通过排序揭示出一个细胞的动态分裂过程，并说出排序的依据。同时，展示细胞有丝分裂的荧光动图，即用新的技术进一步证实细胞分裂是一个连续的过程。

设计意图：借助植物细胞有丝分裂装片观察，为理解细胞增殖各时期的变化特点建立感性认识基础，归纳提炼有丝分裂的实质；学生体验科学家揭示动态生命活动过程的思路和方法，体验科技对科学发展的推动作用。

3. 制作物理模型。

教师提供细铁丝、橡皮泥等材料让学生制作染色体模型，模拟有丝分裂过程中染色体的行为变化。小组合作进行模型建构，先分别摆出染色体变化的各个阶段，再模拟连续变化的阶段。

设计意图：通过建构模型这种真实的研究经历，将微观结构放大，化静态为动态、化抽象为具体、从现象到本质，促进学生参与，帮助学生深入理解植物细胞有丝分裂各个时期染色体的变化特点，有助于学生主动发展科学思维。

4. 制作数学模型。

在物理模型基础上，可以进一步建构有丝分裂过程中染色体和 DNA 的数量变化的数学模型，建立有丝分裂能保持亲子代细胞间遗传稳定性的观点。

设计意图：引导学生以曲线图的形式呈现染色体和 DNA 数量变化趋势，通过量的关系和质的关系深化认知，进而理解植物有丝分裂的本质，并提升学生的模型建构能力及合作交流能力。

5. 总结归纳。

总结有丝分裂各时期的特点，归纳提炼有丝分裂的实质：在纺锤体作用下将亲代细胞复制的染色体平均分配到两个子细胞中，从而保持了细胞在遗传上的稳定性。

设计意图：用结构与功能相适应的观点，认识植物细胞有丝分裂过程中染色体变化的意义，建构植物生长与植物细胞增殖的关系，形成次位概念"有丝分裂保证了遗传信息在亲代和子代细胞中的一致性"，提升核心素养。

（四）教学反思

以上教学注重从宏观到微观的认识过程，启发学生思考植物个体生长与细胞增殖的关系，以说明细胞增殖的过程和意义。同时该教学过程也关注了从直观到抽象的认识。通过在显微镜下观察，学生认识到细胞有丝分裂过程并不像绘制的图像那样规则，直观感受并理解分裂期"短"的特点，将看到的具体图像与抽象的分裂图建立联系。

通过以上实验，学生能更清楚地知道细胞是立体的结构，在显微镜下可以从多个角度进行观察。同时，明白本实验观察的并不是细胞连续分裂的过程，而是处于分裂间期或分裂期某一刻的静态画面。当然，本教学还考虑到学生静态认识细胞的局限，并补充了细胞分裂动画，供学生更生动地认识细胞分裂过程。

五、案例点评

本单元延续上一单元对生命系统基本单位细胞的探讨，重点聚焦"物质与能量观""结构与功能观"两个生命观念，在原有对细胞物质成分和结构的基础上，教学设计突出了细胞代谢中物质变化与能量传递、转换的必然伴随，凸显了细胞分裂与细胞结构之间的相互适应等。

突出问题的本质和难点是本单元达成思维和概念进阶发展的重要途径。关键问题"植物细胞是如何成长的？"统领了"植物细胞如何与外界环境进行物质与能量的交换？""植物细胞自身如何供应和利用能量？""植物细胞一生的生命历程是怎样的？"三个关键的子问题。这些问题的本质指向生物学问题本身，能很好地驱动概念的学习。

在关键问题驱动下，引发了学生基于事实和证据解释问题中的现象。如要求学生设计实验探究酵母菌的呼吸方式，像科学家一样去回答光合作用中二氧化碳中碳元素的去向等任务的制订，培养获取信息和逻辑推理能力，根据事实和证据对问题作出判断的能力。

最后，学生的实践能力培养也通过虚拟实验探究光合作用中氧气的来源，探讨农作物增产问题，对有丝分裂过程中染色体的变化建构模型、绘制图像和图像辨认等一系列活动得以实现。

案例4 "人和动物获取其他生物营养物质并转化为自身物质来维持生存"概念教学设计与案例分析

一、整体设计思路

本案例是融合课程标准中必修 1 "细胞是生物体结构与生命活动的基本单位"和"细胞的生存需要能量和营养物质，并通过分裂实现增殖"两个概念并衔接初中"消化吸收"而重组的一个大概念，并不是高中生物学课程标准中独立的大概念。初中阶段主要围绕"物质与能量观""稳态与平衡观"就"人体由多个系统组成""生物体是一个在内部和外部不断进行物质循环、能量流动和信息交流与反馈的开放系统"等概念展开一系列讨论。高中阶段需进一步从个体和细胞层面以"细胞是生物体结构与生命活动的基本单位""细胞的生存需要能量和营养物质，并通过分裂实现增殖"大概念指向"结构与功能观""物质与能量观"展开学习，考虑消化吸收是机体各项生理活动有序进行的基础，机体正常代谢离不开物质源源不断的输入、能量的耗散。为此高中阶段以"人和动物获取其他生物营养物质并转化为自身物质来维持生存"为大概念，并结合"稳态与平衡"这一重要跨学科概念开展，基于人和动物获取其他生物营养物质并转化为自身物质，进行关于机体物质转化、能量交换和稳态与调节的进一步学习。以核心素养为依据，结合学情分析制订单元教学目标，设置了单元主线情境：以湖北省特色水果"宜昌柑橘"为逻辑主线衔接高中概念的学习，包括"食物中的营养""消化的过程及意义"等。以该情境体现单元教学整体性，并将主线情境发散为多个不同的小情境，分别制订任务、学生活动以及学习评价，以促进大概念的建构和核心素养的达成。

二、概念进阶

表 4-1 "人和动物获取其他生物营养物质并转化为自身物质来维持生存"
概念进阶

层级	人和动物获取其他生物营养物质并转化为自身物质来维持生存
经验	认同细胞中有各种化合物，细胞所需的生物大分子包括糖类、核酸、蛋白质等，认同生命的物质性
映射	说出生物大分子的各部分结构，概括并写出氨基酸的结构通式，能从分子水平理解结构与功能相适应的特点； 运用总结与归纳的思维方法，概括和总结被动运输和主动运输之间的区别与联系
关联	概括氨基酸脱水缩合形成肽链的过程，认同生物大分子在细胞生命活动中的重要地位，形成"结构与功能相适应"的生命观念
系统	能在给定的"宜昌柑橘"糖类分解的问题情境中进行细胞呼吸的学习，运用物质与能量观，阐明细胞进行有氧呼吸和无氧呼吸的原理和机制，并通过表格进行比较归纳
整合	能够运用细胞中的大分子物质进行迁移，分析判断合理膳食的重要性； 能够基于人类的生活环境，通过学习细胞代谢原理在生产生活中的应用，认同科学技术的重要价值； 学会辨别迷信和伪科学，合理膳食，养成健康文明的生活方式，逐步提升社会责任意识

三、大单元设计

（一）单元教学目标设定

基于课程标准的内容要求、学业要求和学业质量水平，围绕核心素养及其表现水平，制订本单元教学目标如下：

1.通过湖北特产"宜昌柑橘"的资料，分析阐述人消化吸收食物的过程，阐述细胞中的化合物的元素构成及其结构特点。

2.通过显微镜观察实验，经历小组合作、实验设计、现象观察、数据记录和结果分析等科学探究过程，对细胞中的糖类、脂质、蛋白质、核酸进行分类和鉴定。

3.运用结构与功能观、物质与能量观，对"葡萄糖进入红细胞和葡萄糖进入小肠上皮细胞的过程"物质跨膜运输问题情境的分析，归纳总结物质进行被动运输和主动运输之间的区别和联系。

4.在日常生产生活实践中，尝试运用 ATP 供能的原理解决实际问题，认同健康生活的社会意义，提倡养成健康生活的习惯。

5.认同水分子通过多种进出植物细胞的方式来参与植物生命活动的正常进行，进而维持机体的稳态与平衡；阐明植物为了维持生命活动正常进行，必须依赖于外界环境的物质输入和输出，形成生态保护和社会责任意识，认同健康文明的生活方式。

6.通过阅读酶本质的探索历程科学史，概括总结绝大多数酶是一类催化生化反应的蛋白质，认同科学是在不断地探索和争论中前进的。

7.通过小组合作设计"酶的活性受到环境因素影响"实验，学会科学探究的一般过程，提升探究实践能力。

（二）单元教学内容分析

本单元融合了高中生物学课程标准必修 1 概念 1 "细胞是生物体结构与生命活动的基本单位"和概念 2 "细胞的生存需要能量和营养物质，并通过分裂实现增殖"涉及的相关内容，该大概念包括多个次位概念，例如，"举例说出不同种类的脂质对维持细胞结构和功能有重要作用""说明绝大多数酶是一类能催化生化反应的蛋白质，酶活性受到环境因素（如pH 和温度等）的影响"等。次位概念是形成重要概念和大概念的基础，常常在一节课的时间里可以完成，每个次位概念又包含若干具体知识，比如"细胞中的糖类和脂质""主动运输与胞吞、胞吐""降低化学反应活化能的酶"等。这些知识往往比较零碎，却是解释具体事例及建构整体概念所必需的。从知识本身来看，整体化意味着"联系"，所以梳理出知识之间的联系是单元教学设计的前提。

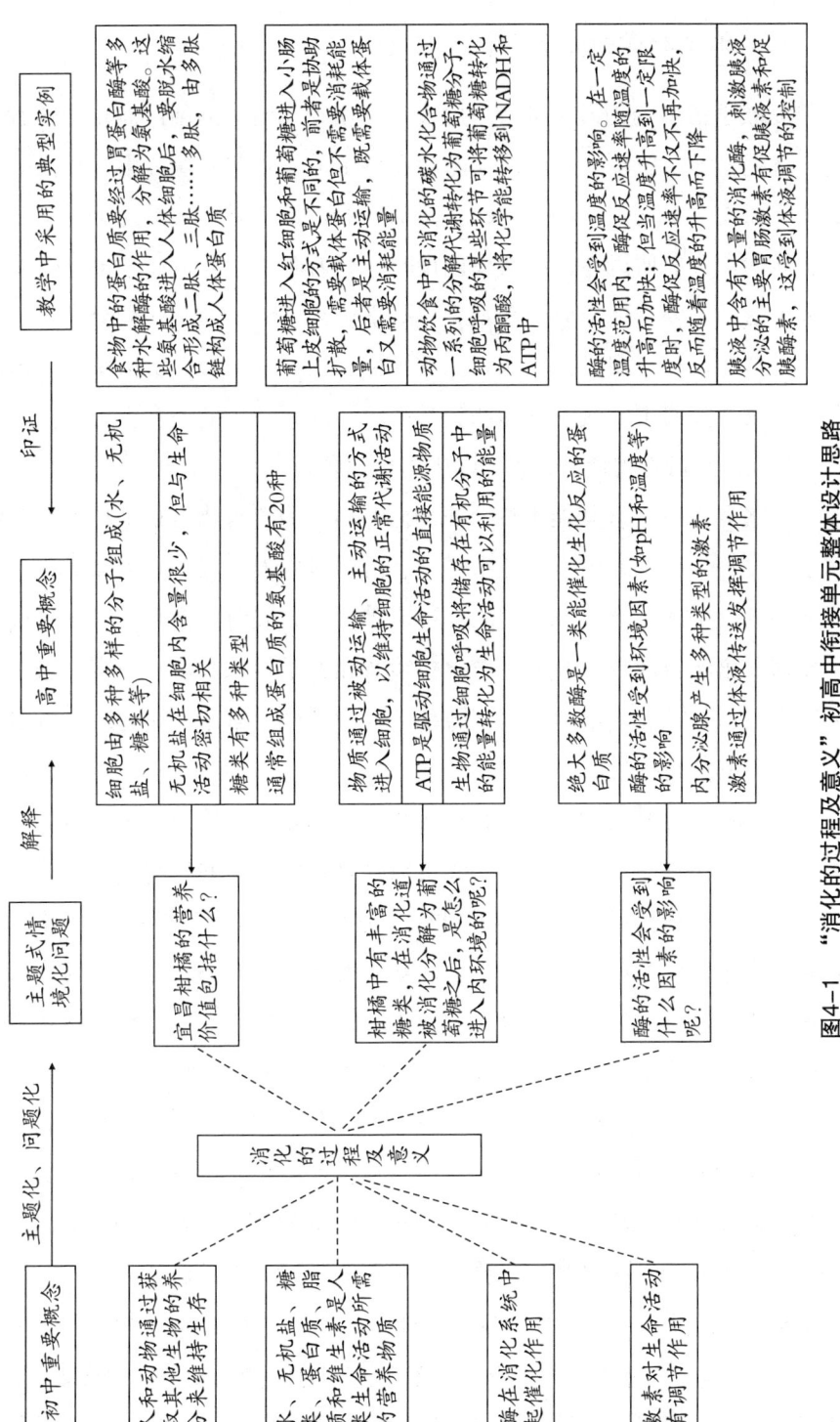

图4-1 "消化的过程及意义"初高中衔接单元整体设计思路

（三）单元教学情境设计

单元教学情境的创设要进行顶层设计。生物学情境的创设需要结合教学目标，将生物学要解决的问题信息蕴含在特定的、真实的情境中，从而去设计活动。而这一系列"情境—问题—活动"的设计，最终都是为了寻求学生核心素养的达成。所以在进行情境创设时，要着眼于学生适应未来社会发展和个人生活的需要，要指向生命观念、科学思维、科学探究和社会责任等方面，全方位地进行宏观设计。课程标准提倡"引导学生从真实情境中提出问题"，建议教师要围绕教学目标和教学内容，联系学生的个人经历、社会生活和生产实践创设真实情境，指导学生提出问题。

就"人和动物获取其他生物营养物质并转化为自身物质来维持生存"整体教学而言，加入湖北地方特色水果"宜昌柑橘"大情境，能覆盖消化过程及意义、细胞中的生物大分子、酶促反应等话题，同时围绕人体食用柑橘进行消化相关事实自成情境脉络。教学情境紧扣教学目标和教学内容，联系学生的个人经历、社会生活和生产实践，这样的情境便有了"灵魂"，可以带给学生更多生命的启迪和思考。

本单元的主题情境以湖北省特色水果"宜昌柑橘"展开。由"宜昌柑橘营养丰富、鲜美多汁，有丰富的营养价值和食疗效果"的情境引出相关生物学问题："宜昌柑橘的营养价值包括什么？柑橘中有丰富的糖类，在消化道被消化分解为葡萄糖之后，是怎么进入内环境的呢？酶的活性又会受到什么因素的影响呢？"在大情境的基础上，为了建构次位概念，可以相应建立多个与大情境相关的小情境，例如，在学习"细胞中的大分子物质"时可以出示情境："宜昌是全国柑橘主产区，是世界柑橘的发源地之一。新闻报道宜昌柑橘具有非常丰富的营养价值和食疗作用。宜昌柑橘的营养价值真的很高吗？它到底包括哪些营养物质？如果只吃柑橘可以减肥吗？柑橘食用过多，会导致肥胖、糖尿病等可能性升高，那我们该怎么合理分配饮食结构呢？"在学习"细胞中物质的运输方式""细胞的呼吸作用"的相关知识时可以出示情境："教师呈现人体消化食物的视频，正常饮食的食物中蛋白质、糖类、脂肪等在消化道被分解成了小分子物质。柑橘中有丰富的糖类，在消化道被消化分解为葡萄糖之后，是怎么进入内环境的呢？吸收后的葡萄糖是人体进行生命活动的能源物质，那人体又是怎样利用的呢？"在学习"影响酶活性的因素""酶的本质"等知识时可以出示情境："柑橘口味甘甜、营养丰富，很多人都喜欢吃，但一次性吃太多柑橘会有消化不良、积食的情况。在人们消化不良的时候，通常会食用一些多酶片。柑橘进入消化系统需要经过一系列消化过程才能被人体完全吸收，消化过程只包括物理消化吗？有没有什么物质参与消化过程呢？如何设计相关实验进行验证呢？"通过设置相关的问题情境，引发学生思考，从而开启实验探究验证过程。

（四）单元教学问题设计

以"情境—问题—活动"为主线设计单元教学问题，要围绕核心问题整体化设计单元学习活动。大情境之下建立的小情境有利于学习和解决核心问题之下的相互关联的若干关键问题。本单元的核心概念是"人和动物获取其他生物营养物质并转化为自身物质来维持生存"，可分解为三个关键问题：

1. 宜昌柑橘的营养价值包括什么？

2. 柑橘中有丰富的糖类，在消化道被消化分解为葡萄糖之后，是怎么进入内环境的呢？

3. 酶的活性会受到什么因素的影响呢？

（五）单元教学活动设计

在单元情境的引导下，以核心问题为导向，通过设计多样化的学习活动帮助学生建构大概念，进一步发展核心素养。单元整体化视角下的单元学习活动是由若干个子学习活动组成的，它们之间既有情境的联系，又有生物学知识的逻辑联系。在情境上，各个子学习活动均围绕湖北省特色水果"宜昌柑橘"消化过程的大情境而设计。在生物学知识上，各个活动的安排顺序呈现出学习进阶的特点，符合知识本身的逻辑和学生的认知习惯。针对本单元核心问题分解成的子问题，主要设计了以下学习活动：

活动1：分析"宜昌柑橘进行减肥"的资料，能够辨别热点事件的真伪，并形成一定的科学态度。

活动 2：通过在虚拟实验平台上建构模型，还原蛋白质的二维、三维结构及其形成过程。

活动 3：为家人制作健康食谱，养成健康的饮食习惯。

活动 4：通过小组合作的形式，比较被动运输和主动运输的异同，类比人生活的环境，概述细胞生活的环境需要的适宜条件。通过观看图片，分析有氧呼吸的场所和过程。

活动 5：学生阅读资料，分小组建构 ATP 分子结构的物理模型，小组互评，师生共同总结。回顾以前所学知识，思考哪些生命活动需要 ATP 供能，ATP 又是如何供能的。学生观看"ATP 供能的一般过程"视频，理解 ATP 供能的原理。

活动 6：展示"多酶片"的图片，有些人吃多了柑橘会消化不良，医生开的药品中可能会包含消化酶类药物，说明有多种酶参与消化过程，归纳酶的化学本质、酶的作用与特性。

活动 7：学生基于"多酶片"的注意事项中所提炼出的有关酶活性影响因素的消息，分小组讨论要验证的假设，思考实验的自变量、因变量，选择实验材料，预期实验结果，设计实验方案。小组展示实验设计方案。

学生在以上活动的基础上建构重要概念"细胞由多种多样的分子组成，包括水、无机盐、糖类、脂质、蛋白质和核酸等，其中蛋白质和核酸是两类最重要的生物大分子""细胞各部分结构既分工又合作，共同执行细胞的各项生命活动"，进而有助于建构大概念"细胞是生物体结构与生命活动的基本单位""细胞的生存需要能量和营养物质，并通过分裂实现增殖"，最终形成"结构与功能相适应"的观念，深化"物质与能量观""稳态与平衡观"的生命观念。

（六）单元评价设计

在本单元的教学中，设计了多种形式的评价。从评价主体来看，包括学生自评、他评和教师评；从评价内容来看，不仅关注学生对主干知识的理解掌握情况，还关注学生核心素养的表现；从评价方法来看，包括过程性评价和终结性评价，主要包括的具体方法如阶段性纸笔测验、作业练习、课堂行为观察、实践与应用检测等。

例如，在对"探究环境因素对酶活性的影响"这一教学活动的达成情况进行评价时，依据课程标准设计了如表 4-2 的评价维度和水平层次划分。

表 4-2　"探究环境因素对酶活性的影响"评价量表

活动载体	评价维度	水平层次	自评	他评	师评
柑橘口味甘甜、营养丰富，很多人都喜欢吃，但一次性吃太多柑橘也会有消化不良、积食的情况。在人们消化不良的时候，通常会食用一些多酶片。那么，酶的化学本质是什么？酶有什么作用？酶的活性又会受到什么因素的影响呢？	生命观念	水平一：初步具有结构与功能观，能认识到酶的活性会受到不同环境因素的影响			
		水平二：初步具有结构与功能观，能认识到酶的活性会受到不同环境因素的影响，初步探讨酶在细胞代谢中的作用			
		水平三：具有结构与功能观，能结合多酶片等具体现实事例，解释环境因素影响酶活性的原因			
		水平四：具有结构与功能观，能结合多酶片等具体现实事例，解释环境因素影响酶活性的原因，指导具体合理用药的实践			
	科学思维	水平一：能够基于科学史料、实验结果，归纳概括"绝大多数酶是蛋白质"			
		水平二：能够基于科学史料、实验结果，归纳概括"绝大多数酶是蛋白质"，根据书本材料简单设计实验			
		水平三：能够基于科学史料、实验结果，归纳概括"绝大多数酶是蛋白质"，能够基于结果建构较为简单的数据曲线图			
		水平四：能够运用归纳、模型建构的方法，基于实验数据建构曲线图，利用图表呈现说明温度、pH 对酶活性的影响			

续表

活动载体	评价维度	水平层次	自评	他评	师评
柑橘口味甘甜、营养丰富，很多人都喜欢吃，但一次性吃太多柑橘也会有消化不良、积食的情况。在人们消化不良的时候，通常会食用一些多酶片。那么，酶的化学本质是什么？酶有什么作用？酶的活性又会受到什么因素的影响呢？	科学探究	水平一：能够根据书本材料给定的实验方案，开展"过氧化氢在不同条件下的分解"验证实验			
		水平二：能够根据书本材料给定的实验方案，制订实验方案探究温度或 pH 对酶活性的影响，进一步理解实验变量、实验检测方法			
		水平三：能够创新书本材料给定的实验方案，选择合适的实验方案探究温度或 pH 对酶活性的影响，进一步理解实验变量、实验检测方法，对数据进行记录和检测			
		水平四：能够创新书本材料给定的实验方案，选择合适的实验方案探究温度或 pH 对酶活性的影响，进一步理解实验变量、实验检测方法，对数据进行记录和检测，用表格或数据图表示数据，运用专业术语精确阐明所设计的方案，并展开交流			
	社会责任	水平一：认同小组合作的科学精神，接受酶的特性及其对生命活动的作用			
		水平二：认同小组合作的科学精神，接受酶的特性及其对生命活动的作用，运用酶的特性对社会话题进行判断			
		水平三：通过小组探讨创新实验，认同勇于探索、合作创新的精神，尝试运用酶的特性解决现实生活中的实际问题			
		水平四：通过小组探讨创新实验，认同勇于探索、合作创新的精神，尝试运用酶的特性解决现实生活中的实际问题，积极宣传健康生活方式，认同科技对生活的影响			

单元主题：人和动物获取其他生物营养物质并转化为自身物质来维持生存

核心素养	教学目标	关键问题	学习活动	学习评价

学习评价
- 课堂行为观察，关注学生在课堂上的表现，自主合作学习及其表现，进行学生自评、他评与教师评
- 进行作业练习测验，关注知识点的记忆和理解情况
- 实践应用检测，利用课余时间，小组合作查找资料，形成探究成果和报告

学习活动
- 活动1：分析"宜昌柑橘"资料，概述柑橘的营养成分，并通过鉴定实验论证其成分
- 活动2：通过在虚拟实验平台上搭建模型，还原蛋白质及其形成的二维、三维结构过程
- 活动3：为家人制作健康食谱，养成健康的饮食习惯
- 活动4：通过图片视频，观看图片视频，比较被动运输和主动运输的异同，分析柑橘的糖的呼吸的场所和过程
- 活动5：分小组构建ATP分子结构的物理模型，观看相关视频，理解ATP供能的原理
- 活动6：分析"多酶片"的资料，概述酶的作用和本质
- 活动7：基于"多酶片"的注意事项中探究出影响因素的消息，分小组讨论，设计实验开展探究

关键问题
- 宜昌柑橘的营养价值包括什么？
- 柑橘中有丰富的糖类，在消化道被消化分解为葡萄糖之后，是怎么进入内环境的呢？
- 酶的活性会受到什么因素的影响呢？

教学目标
- 通过湖北特产"宜昌柑橘"的资料，分析阐述人消化吸收食物的过程，阐述细胞中的化合物的元素组成及其结构特点
- 通过显微镜观察实验，现象观察，经历小组合作等科学探究过程，数据记录和结果分析，对细胞中的糖类、脂质、蛋白质，核酸进行分类和鉴定
- 运用结构与功能观，物质与能观，对"葡萄糖进入红细胞和葡萄糖进入小肠上皮细胞的过程"物质跨膜运输问题情境的分析，归纳总结被动运输和主动运输之间的区别和联系
- 在日常生产生活实践中，尝试运用ATP供能的原理理解解决实际问题，认同健康生活的社会意义，提倡养成健康生活的习惯
- 认同水分子通过多种生命活动的正常进行，进而维持机体的稳态与平衡；阐明植物为了维持生命活动的正常进行，必须依赖于外界环境，形成生态保护和社会责任意识，认同健康生活方式
- 通过小组合作阅读酶本质的探索历程科学史，概括总结绝大多数酶是一类具有催化生化反应的蛋白质，认识科学是不断地探索和争论中前进的
- 通过小组合作设计"酶的活性受到环境因素影响"实验，学会科学探究的一般过程，提升科学探究实践能力

核心素养
- 生命观念
- 科学思维
- 科学探究
- 社会责任

图4-2 单元设计目标、问题、活动及评价网络图

四、课时设计部分案例

"食物中生物大分子的消化"教学设计

（一）前端分析

本节内容整合了人教版高中生物学必修 1 的部分内容，包括细胞中的元素和化合物、细胞中的无机物、细胞中的糖类和脂质、蛋白质是生命活动的主要承担者等四个部分的内容。

无机盐、糖类、脂质和蛋白质是日常生活中食物的主要成分，属于宏观知识，学生在日常生活中也能经常接触到种类多样的食物，已经获得了有关无机盐、糖类、脂质和蛋白质的感性经验，因此对于这部分内容学生比较容易接受，再加上学生在初中阶段已经学习过"细胞的生活"，了解了细胞生活所需的一些基本的营养物质，已经具备了关于糖类、脂肪和蛋白质的相关知识基础。因此对于细胞中的元素和化合物这一部分内容可以通过实验探究的形式展开，促进学生知识的运用和深化。对于细胞中的无机物、细胞中的糖类和脂质、蛋白质是生命活动的主要承担者等内容，是对初中阶段所学知识的进一步深化，属于分子水平，比较抽象，因此需要借助图片、动画以及虚拟实验等形式将抽象的知识具体化，丰富学生的感性经验，帮助学生理解和内化知识，还有利于学生科学思维习惯和探究实践能力的培养。

本节课首先创设宜昌柑橘的生活情境，激发学生的学习兴趣，并利用案例资料，引导学生根据已有的知识基础，思考问题：人们喜爱的宜昌柑橘营养价值真的很高吗？它到底包括哪些营养物质？其次，引导学生按照科学探究的原则和方法设计实验并实施方案，证明自己作出的猜想和假设。然后，通过呈现一则资料，引导学生归纳概括无机物的种类及作用，以及糖类的种类，发展学生归纳与概括的思维。再次，学生明确了柑橘的营养成分后，思考问题：既然宜昌柑橘的营养成分这么多，那么每天不吃米饭等主食只吃柑橘可以减肥吗？运用学生感兴趣的减肥话题，引起学生的好奇心和求知欲，激发学生的思维活动。接着，借助动画和虚拟实验，引导学生明确蛋白质的基本结构。最后，通过联系学生的日常生活，引导学生思考如何为家人制作健康食谱，学生在问题情境中运用所学的知识解决问题，增强责任意识，养成健康的饮食习惯。

（二）教学目标

依据课程标准并围绕培养学生核心素养的要求，制订如下教学目标：

1. 通过分析宜昌柑橘资料，概述柑橘有哪些营养成分，并举例说明。

2. 通过实验设计、方案实施的过程，结合实验现象论证柑橘中存在哪些营养成分。

3. 通过分析无机物和糖类相关资料，归纳和总结无机物种类和相应的作用以及糖类的种类。

4. 通过分析减肥资料，能够辨别热点事件的真伪，并形成一定的科学态度。

5. 通过在虚拟实验平台上还原蛋白质的形成过程，初步形成结构与功能相适应的观念。

6. 通过为家人制作健康食谱，养成健康的饮食习惯，形成一定的责任意识。

（三）教学过程

1. 创设情境，导入新课。

临近假期，学生对于节假日的美食热情高涨，10—11 月份，正是吃宜昌柑橘的时候，尤其是以"国庆一号"为代表的早熟柑橘在 10 月份就成熟了，可作为中秋国庆双节与家人共享的美食。教师呈现宜昌柑橘的图片以及宣传短片，引导学生观看，并提出问题：令人喜爱的宜昌柑橘的营养价值真的很高吗？它到底包含哪些营养成分？学生观看图片和宣传短片思考并尝试回答问题。

设计意图：通过联系学生的日常生活，以学生喜爱的宜昌柑橘为例，能够引起学生极大的兴趣，并通过图片、宣传片等直观的形式，能调动学生的思维活动，促进学生思考，尝试分析宜昌柑橘的营养成分，从而导入新课。

2. 明确问题，引导探究。

教师呈现资料补充说明柑橘的营养成分，柑橘的营养成分有铁、磷、钙等无机物、葡萄糖、果糖和蔗糖等糖类，以及脂肪和蛋白质等。引导学生思考并设计实验：如何证明柑橘是否含有这些营养成分？

资料1：宜昌柑橘的营养成分说明

一、概述

柑橘各属原产于亚洲、大洋洲及非洲的热带、亚热带地区，而大多数栽培种原产于中国和东南亚比较潮湿的热带地区，我国是世界上栽培柑橘最早的国家。柑橘是我国出口的主要果品之一。现以宜昌柑橘为例，说明柑橘营养价值。

二、生物学特性

宜昌柑橘是多年生常绿果树，嫁接苗定植后在适宜的栽培条件下，经过2至3年的生长，开始结果投产，随着树龄和树冠的扩大，产量逐年增加，盛果期可延续数十年。柑橘叶片的寿命一般为18~24个月，有的3~4年之久。但在遇自然灾害或栽培管理不当时，如涝灾、旱灾、风害、病虫害、冻害，以及采摘过迟或一次性采摘时，都会缩短叶片的寿命，促使叶片异常脱落，降低光合效能，不仅影响当年产量，而且对以后的树势、越冬和来年的开花结果都有影响。

三、柑橘的营养和食疗作用

柑橘含有多种营养成分，如每100克柑橘可食用部分含维生素C 54 mg，维生素P 0.2 mg，维生素B_1 0.08 mg，维生素B_2 0.03 mg，类胡萝卜素0.11 mg，蛋白质0.6 g，脂肪0.1 g，糖12.2 g，粗纤维0.6 g，灰分0.4 g，钙58 mg，磷15 mg，铁0.2 g，热量217 kJ。柑橘果实色、香、味俱佳，汁多爽口，营养丰富，有助于消化，增强抗病菌感染能力，对防止坏血病有辅助治疗作用。据中医药典介绍，橘皮性温，味辛、苦，无毒，入肺，有健痰、祛咳、镇咳、驱风、利尿、止胃疼的功效。橘核性味苦，有理气、散结、止疼的作用。

设计意图：让学生在明确柑橘的营养成分的基础上，在问题的驱动下，独立思考并设计实验，发展学生的批判性思维，培养学生分析和解决问题的能力，以及作出假设和设计实验方案的探究实践能力。

3. 小组合作，完善方案。

教师将全班学生分成6个小组，其中2个小组探究柑橘中是否存在糖类，2个小组探究柑橘中是否存在蛋白质，2个小组探究柑橘中是否存在脂肪。学生根据自己的兴趣选择相应的探究小组，并在教师指导下与小组成员讨论交流，进一步完善实验方案。

设计意图：以学习小组的形式进行合作学习，沟通交流共同完成实验设计，能促进学生之间合作互助，提高学生人际交往技能和交流表达能力。

4. 操作实验，得出结论。

教师引导学生以小组的形式，按照自己设计的实验方案，进行实验，并观察记录实验现象，根据实验现象推导出实验结论。

设计意图：学生亲自动手操作，能提高学生的兴趣，培养学生动手操作的能力，根据实验现象推导出结论，可以发展学生的推理思维。

5. 呈现资料，归纳概括。

教师运用多媒体呈现无机物的种类及作用、糖类的种类等相关资料，引导学生小组合作，共同归纳总结无机物和糖类的种类。

资料2：无机盐对人体的作用

（1）钙：可维持正常的神经细胞功能，有规律地使心脏跳动和参与铁的新陈代谢。同时，钙是组成骨骼和牙齿必不可少的原料，因此对维持骨骼和牙齿的健康至关重要。钙也是正常血液凝固过程的关键物质。

（2）磷：磷与钙是一对孪生兄弟，在骨骼和牙齿组织中，它们俩总是紧密地结合在一起。磷存在于人体的每一个细胞中，对人体的作用十分广泛。

（3）镁：负责调节和管理神经系统，对维持正常的肌肉收缩及保证心脏、肌肉、脑、肾、肝及其他器官的健康非常重要。

（4）钾：是细胞内的主要阳离子，是细胞发挥正常功能必不可少的离子，对维持肾、心脏、骨骼、神经、肌肉的健康起重要作用。

（5）铁：是形成血红蛋白的关键物质，是把氧运往全身的不可缺少的元素。

（6）钠：是维持体液渗透压平衡的重要物质。

（7）铬：能促进胰岛素的功能，参与糖类物质的代谢。

（8）铜：能维持神经系统的正常功能，并参与数种物质代谢的关键酶的功能发挥。

（9）锌：锌对生殖器官的发育成熟十分重要，对许多酶的功能发挥也是必需的。

（10）碘：是甲状腺激素的组成部分，对调节甲状腺功能很关键。

（11）硒：对维持心脏正常功能很重要，也是谷胱甘肽过氧化物酶功能发挥必不可少的元素。

（12）锰：参与数种对身体健康有关的酶的功能发挥。

资料3：

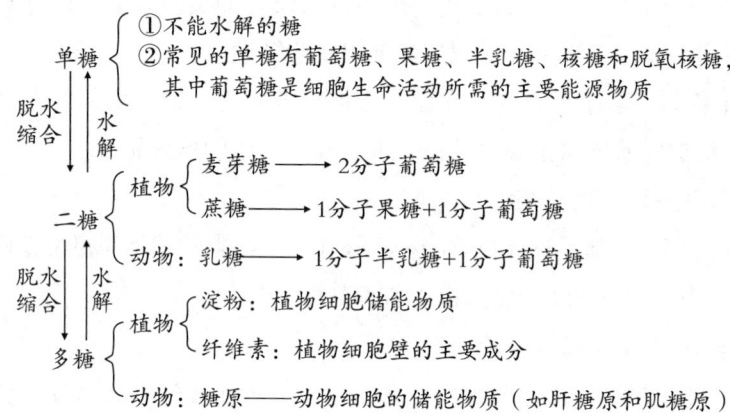

设计意图：学生在教师引导下，进行小组合作，共同归纳概括无机物和糖类的种类，能够促进学生合作交流，发展归纳与概括的思维，提高沟通交流的能力。

6.联系实际，拓展延伸。

教师运用多媒体呈现一则有关减肥的资料，提出问题：每天只吃柑橘能减肥吗？学生分析资料，思考和回答问题。

资料4：减肥方法

1.改变生活方式

大多数单纯性肥胖是过量饮食导致的，所以控制饮食是最有效的减肥方法。每天将摄入的能量总量限制在1 000~1 500 kcal，减少脂肪摄入，脂肪摄入量应为总能量的25%~35%；饮食中多食用富含膳食纤维的水果和蔬菜；减肥膳食中应有充足的优质蛋白质，以瘦肉和植物蛋白作为蛋白源。除了补充必要的营养物质，还需要补充必要的维生素、矿物质及充足的水分。还要改变饮食习惯，吃东西时需要细嚼慢咽，这样可以减慢营养物质吸收，控制能量摄入。饮食控制目标是每月体重下降控制在0.5~1 kg，6个月体重下降7%~8%。肥胖患者最好在专门的营养师指导下制订严格的饮食计划。

运动减肥的基本原则是增加能量消耗，维持人体能量摄取与消耗的负平衡状态，逐步消除多余的体脂。运动时，肌肉组织对脂肪酸和葡萄糖的利用大大增加，使得多余的糖只能用来供能，而无法转变为脂肪而贮存。同时随着能量消耗的增多，贮存的脂肪组织被"动员"起来燃烧供能，体内的脂肪细胞缩小，因此减少了脂肪的形成和蓄积，由此可达到减肥的目的。减肥运动须强调科学性、合理性和个体化，要根据自身特点掌握适当的运动量与度。

2. 药物治疗

常用的治疗肥胖症的一种药物是作用于中枢的食欲抑制剂。此类药物又称厌食性药物，它是通过影响神经递质的活性，减少 5-羟色胺和去甲肾上腺素再摄取，从而减少食物摄入量，抑制食欲和提高基础代谢率来减重。

3. 外科治疗

控制饮食、运动治疗或药物治疗，有时候不能达到理想的减肥效果。外科手术治疗是使肥胖症病人获得长期而稳定的减重效果的唯一手段，胃肠外科手术不仅能减重，同时可能改善甚至治愈肥胖症相关的多种代谢性疾病，尤其是 2 型糖尿病，治疗重度肥胖，预防、减缓甚至阻止肥胖并发症的发生和发展。

设计意图：联系现实生活热点话题——减肥问题，能激发学生的兴趣，在分析资料解决问题的过程中，发展了学生批判性思维，提高了学生运用知识灵活解决问题的能力。

7. 扩充知识，归纳总结。

教师播放动画，展示蛋白质的基本结构，以及它们各自的形成过程。教师引导学生观看动画，并要求学生归纳总结出蛋白质的形成，并通过操作虚拟实验平台，还原蛋白质的形成过程。

设计意图：通过运用动画的直观手段，使抽象的知识具体化，促进学生理解。学生在虚拟实验平台上操作，有利于巩固加深对蛋白质结构的理解。

8. 课堂小结，拓展延伸。

教师明确柑橘的营养成分包括无机盐、糖类、脂肪和蛋白质，柑橘食用过多，会导致肥胖、糖尿病等可能性升高。进一步引导学生思考我们应该如何健康饮食，为家人设计健康食谱。

设计意图：及时进行知识整合，在此基础上，联系学生的日常生活，激发学生的积极性，并通过为家人设计健康食谱，建立健康的饮食习惯和形成一定的责任意识。

（四）教学反思

本节课联系学生熟悉的宜昌柑橘，以问题为导向驱动学生学习，通过图片、动画等多种形式的直观手段引导学生观察和思考，并通过探究实验和虚拟实验等多种形式让学生亲自体验和操作，能丰富学生的感性经验，提高学生的动手操作能力、解决问题的能力、合作交流的能力。学生通过解决情境中的问题，能够形成一定的责任意识，并建立健康的饮食习惯。在此过程中，学生的核心素养得到全面发展。

"人体从外界摄取营养从而获得生命活动所需的能量"教学设计

（一）前端分析

本节内容整合了人教版高中生物学必修1第4章、第5章的内容，包括被动运输、主动运输、细胞的能量"货币"ATP及细胞呼吸的原理和应用等四个部分的内容。

细胞呼吸的原理和应用，学生在初中阶段已经学习过"绿色植物的呼吸作用"，对呼吸作用有了一定的认识，具备了一定的知识基础，能够更容易理解呼吸作用的原理，并且学生在初中阶段已经接触过呼吸作用的实验，具备一定的实验探究思维，能更好地进行呼吸作用相关的科学探究。关于被动运输、主动运输、细胞的能量"货币"ATP等部分内容比较抽象，学生不易理解，因此需要借助图片、视频等直观的手段呈现，丰富学生的感性经验，便于学生理解和接受。

本节课首先联系实际生活，以宜昌柑橘为例，创设问题情境，激发学生的好奇心，并利用视频和资料，引导学生思考问题：柑橘在人体中是如何被吸收利用的？其次，以动画的形式，引导学生区分被动运输和主动运输的异同。再次，通过类比人体生活的环境，提出问题，引导学生思考细胞生活的环境，以及生命活动需要的能量是如何在这种适宜的环境中释放的。接着，通过图片展示，引导学生分析有氧呼吸的场所和过程。最后，以小组为单位的合作学习形式，建构ATP模型，认识ATP的结构，理解ATP供能的原理。

（二）教学目标

依据课程标准并围绕培养学生核心素养的要求，制订如下教学目标：

1.通过小组合作的形式，比较被动运输和主动运输的异同，提高学生归纳与概括的能力。

2.通过类比人体生活的环境，阐明细胞生活的环境需要适宜的条件。

3.通过观看图片，分析有氧呼吸的场所和过程，强化结构与功能相适应的观念，并能完成有氧呼吸相关计算。

4.通过分析资料，建构ATP模型，描述ATP的结构和功能，阐明ATP供能的原理。

（三）教学过程

1.创设情境，导入新课。

教师呈现人体消化食物的视频，内容是日常饮食的食物中的蛋白质、糖类、脂肪等在消化道被分解成了小分子物质。教师以柑橘为例，提出问题：柑橘中的主要成分——糖类在消化道被消化分解为葡萄糖之后，是怎么进入内环境的呢？

设计意图：以视频的形式呈现，让学生直观感知食物的消化分解过程，并以学生熟悉的食物柑橘为例，能够引起学生的兴趣，激发学生思考，为后面的学习奠定良好的基础。

2.引入事实，总结概念。

教师运用多媒体播放动画，内容是葡萄糖进入红细胞和葡萄糖进入小肠上皮细胞的过程，引导学生以小组的形式，共同讨论和总结这两种运输方式的异同。教师补充被动运输和主动运输的概念和特点。

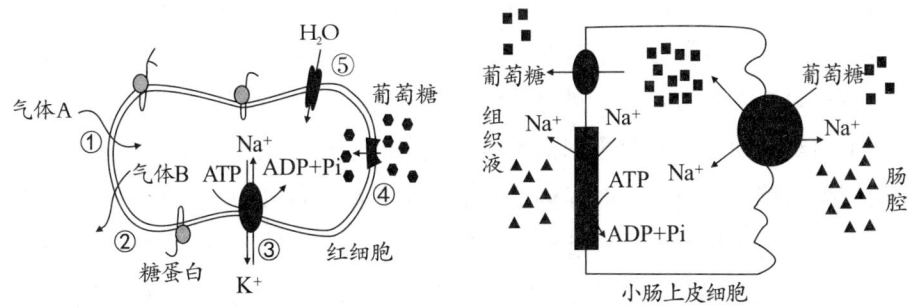

图4-3　葡萄糖进入红细胞的过程图　　图4-4　葡萄糖进入小肠上皮细胞的过程图

设计意图：以动画的形式呈现两种不同的运输方式，有利于学生形成丰富的感性经验。通过学习小组合作学习的方式，有利于提高学生的交流表达能力，在归纳和总结这两种运输方式的异同的过程中，能够发展学生归纳和概括的能力。

3. 逐步深入，引导探讨。

葡萄糖是生命活动的主要能源物质，通过吸收进入细胞的葡萄糖中的能量怎样才能释放出来呢？教师讲述：如同我们生活的环境一样，细胞要生活在适宜的环境中，有机物在体外燃烧可以释放其中的能量，而细胞内的葡萄糖不可能通过燃烧释放出能量，细胞中的生化反应需要酶的参与，酶的作用条件温和，所以细胞中应该有一个将葡萄糖中的能量释放出来而又不伤及细胞的过程——细胞的呼吸作用。我们每时每刻都在进行呼吸运动，当肋间外肌肉和膈肌收缩时，胸腔扩大，外界气体通过呼吸道进入肺，即吸气过程；当肋间外肌肉和膈肌舒张时，胸腔缩小，肺泡内部分气体通过呼吸道排出体外，即呼气过程。教师提问：呼吸作用能否简称为"呼吸"？学生回答不能，因为呼吸作用涉及氧化分解反应，而呼吸是指呼吸系统的物理运动过程。那么呼吸作用的实质是什么？教师讲解细胞呼吸的实质，细胞呼吸是指有机物在细胞内经过一系列氧化分解，生成二氧化碳或其他产物，释放能量并生成ATP的过程。

设计意图：比较细胞呼吸与燃烧、细胞呼吸与呼吸，总结细胞呼吸的概念，区分细胞内化学反应与自然界的不同，并能联系酶的特点加以解释。

4. 小组合作，共同探究。

利用酵母菌探究细胞呼吸的方式。"葡萄美酒夜光杯，欲饮琵琶马上催。"将葡萄酿成美酒需要酵母菌的参与，在利用酵母菌生产酒的时候要注意密封发酵，但是在培养酵母菌的时候却要注意通气。教师提问：为什么利用酵母菌酿酒的时候需要密封而大量培养酵母菌的时候要通气呢？学生结合已有知识和生活经验回答，密封是创造无氧环境，便于酵母菌在此条件下进行呼吸作用产生酒精，在通气的时候创造有氧环境，酵母菌在有氧条件下释放的能量更多，有利于其进行细胞增殖。教师提问：（1）为什么通常用酵母菌研究细胞呼吸？（2）酵母菌在有氧或无氧条件下进行细胞呼吸的产物是什么？如何检测这些产物？学生查找资料，思考讨论，并回答问题。酵母菌在有氧和无氧条件下都进行细胞呼吸，在有氧条件下产生较多的 CO_2，在无氧条件下

产生酒精和少量 CO_2，鉴定有无 CO_2 的产生可使用澄清石灰水和溴麝香草酚蓝溶液，鉴定产生 CO_2 的多少可看澄清石灰水变浑浊程度或溴麝香草酚蓝溶液由蓝变绿再变黄的时间长短。

设计意图：以兼性厌氧菌——酵母菌为例，结合酿酒的情境，学习细胞呼吸的方式。

5. 小组讨论，比较归纳。

科学家通过大量实验证实，细胞呼吸可以分为有氧呼吸和无氧呼吸两种类型。对绝大多数生物来说，有氧呼吸是细胞呼吸的主要形式，教师提问：在学习细胞器时，与细胞有氧呼吸有关的细胞器是什么？学生回答线粒体，教师阐明有氧呼吸的主要场所是线粒体，用课件展示线粒体的结构，学生进行观察并表述，教师以问题做引导：（1）线粒体由几层生物膜构成？（2）外膜和内膜在形态上有什么区别，内膜的结构特点如何与线粒体的功能相联系？（3）内膜上和基质中有哪些物质？

教师展示有氧呼吸相关视频，根据线粒体的结构分阶段进行讲解，学生观察、倾听、讨论，自行总结有氧呼吸三个阶段发生的场所、条件、反应物、产物及能量变化，总结有氧呼吸的总反应式，完成表4-3。

表4-3 有氧呼吸

项目	第一阶段	第二阶段	第三阶段
场所			
条件			
反应物			
产物			
释放能量的量（填"多"或"少"）			
合成 ATP 的量（填"多"或"少"）			

分析呼吸作用过程中的能量问题。教师提供问题和相关计算，学生通过计算了解能量的转化效率，呼吸过程释放的能量少部分储存在 ATP 中，大部分以热能形式散失，因此在有些情况下，可以通过控制条件如低温保存蔬菜，来控制细胞呼吸速率，减少有机物的消耗。

许多细胞在缺氧条件下可以进行无氧呼吸，教师提供无氧呼吸的资料，引导学生分析：（1）无氧呼吸过程可以分为几个阶段？各阶段分别发生在什么场所？（2）无氧呼吸第几阶段有能量释放和 ATP 的合成，未释放的能量储存在什么物质中？（3）哪些生物的无氧呼吸产生乳酸，哪些生物的无氧呼吸产生酒精？学生总结分析不同生物进行无氧呼吸的产物，以及无氧呼吸的总反应式，完成表 4-4。

表 4-4　无氧呼吸

项目	第一阶段	第二阶段
场所		
条件		
反应物		
产物		
释放能量的量（填"多"或"少"）		
合成 ATP 的量（填"多"或"少"）		

比较归纳有氧呼吸与无氧呼吸的相同点和不同点，指导学生完成表 4-5。

表 4-5　有氧呼吸与无氧呼吸的区别

项目		有氧呼吸	无氧呼吸
不同点	有无氧参与		
	最终生成物		
	产生能量的量（填"多"或"少"）		
	进行部位		
相同点	过程		
	实质		
	意义		

设计意图：通过对比、归纳的形式，学习有氧呼吸和无氧呼吸的过程、场所及产物，并比较有氧呼吸和无氧呼吸，理解细胞呼吸可以将储存在有机物中的能量转化为生命活动所需的能量。

6. 小组互评，课堂小结。

细胞呼吸的产物之一是 ATP，在众多物质中，为什么 ATP 是直接能源物质？引入 ATP 的结构，学生阅读资料，分小组建构 ATP 分子结构的物理模型，小组互评，师生共同总结。回顾以前所学知识，思考哪些生命活动需要 ATP 供能，ATP 又是如何供能的？学生观看 "ATP 供能的一般过程" 视频，理解 ATP 供能的原理。

设计意图：通过分析资料，建构模型，观看视频，理解 ATP 是驱动细胞生命活动的直接能源物质。

（四）教学反思

本节课以吸收的营养物质——葡萄糖为线索，通过分析资料，观看图片、视频，小组合作讨论、制作模型等教学过程，分析细胞运输葡萄糖的方式，葡萄糖在细胞内如何通过细胞呼吸缓慢释放能量，细胞呼吸的产物之一 ATP 为何是直接能源物质。

"神经与体液调节、酶的活性"教学设计

（一）前端分析

神经调节与体液调节是人教版高中生物学选择性必修 1 的内容，酶的主要内容位于人教版高中生物学必修 1。本节课包括神经调节、体液调节、酶的作用和本质、酶的特性等教学内容。本节课整体以消化吸收过程为基本线索，设置了吃柑橘、消化不良的生活情境，首先以渴觉产生反映神经调节的基本过程，接着分析食物的消化过程不仅包括物理过程也需要酶等物质的参与，而酶的产生受到调节，胰液是消化过程中的重要物质，胰液中包含多种酶，本节课以促胰液素的产生为例，概括体液调节的一般过程。关于酶的本质和作用，联系生活实际，提供酶的发现历程资料，指导学生讨论分析，概括酶的本质及作用，并认同科学是在不断地探索和争论中前进的。本节课教学难

点是设计实验、实施实验以及对实验现象的观察与分析，教师在教学过程中可适时点拨，帮助学生提升探究能力，发展学生科学探究素养。

（二）教学目标

依据课程标准并围绕培养学生核心素养的要求，制订如下教学目标：

1. 以渴觉产生与促胰液素产生为例，概括神经调节与体液调节的一般过程。

2. 通过阅读酶本质的探索历程资料，概括绝大多数酶是一类催化生化反应的蛋白质。

3. 认同科学是在不断地探索和争论中前进的。

4. 通过对酶催化作用具体实例的讨论，说明酶对生命活动的重要意义。

5. 通过"酶的活性受到环境因素影响"实验，学会科学探究的一般过程，提升探究实践能力。

（三）教学过程

1. 创设情境，导入新课。

宜昌柑橘是生长在湖北宜昌的水果特产，宜昌柑橘营养丰富，鲜嫩多汁，酸甜丰富的汁水也有助于人们止渴。利用多媒体课件展示宜昌柑橘和柑橘果汁的图片，教师依托情境提出问题：一些同学在口渴的时候或许会选择鲜甜的果汁解渴，果汁中含有大量水分，还有糖类、无机盐和维生素。我们都知道当人体需要补充水分时会产生"渴"的感觉并且尿量会减少，这与什么调节有关呢？学生根据已有知识回答：渴觉的产生与神经调节有关，尿量减少与体液调节有关。教师展示水盐调节流程示意图，让学生结合图片根据已有知识简要说明，水盐平衡的调节机制依赖于神经—体液调节，当内环境渗透压增高时，下丘脑的渗透压感受器感受到刺激，兴奋经传入神经传至大脑皮层，产生渴觉，主动饮水，同时下丘脑渗透压感受器控制垂体释放抗利尿激素，促进肾小管集合管重吸收水，使尿量减少。教师注意引导学生回顾神经—体液调节知识，学生思考并回答。

设计意图：以湖北地方特色水果的情境引入课堂，贴近学生生活，能够引起学生兴趣，引导学生联系已有经验，用生物学知识解决现实生活问题。

2. 柑橘进入消化系统需要经过一系列消化过程才能被人体完全吸收，教师展示消化系统图片，并提问：消化过程只包括物理消化吗？有没有什么物质参与消化过程呢？学生结合已有知识和教师提示回答出酶，教师说明消化过程需要多种酶的参与，并提问：大家还记得消化过程中的酶吗？学生回答教师补充，唾液淀粉酶、胃蛋白酶、胰蛋白酶、脂肪酶等，并且酶的产生需要受到调节。教师展示"促胰液素的发现史"，总结促胰液素的产生受到体液调节。

设计意图：通过学生熟知的消化过程，回顾消化过程所需要的酶以及体液调节知识，学生进一步理解酶对生命活动的重要意义。

3. 绝大多数酶是催化生化反应的蛋白质。

与生活联系：教师课件展示"多酶片"的图片，讲述有些人吃多了柑橘会消化不良，医生开的药品中通常会包含消化酶类药物，说明有多种酶参与消化过程。教师提问：酶的化学本质是什么？酶有什么作用？给学生提供酶本质的探索历程资料。

1773年，意大利科学家斯帕兰扎尼设计了一个巧妙的实验：将肉块放入小巧的金属笼中，然后让鹰吞下去，过一段时间他将小笼取出，发现肉块消失了。于是，他推断胃液中一定含有消化肉块的物质，但是什么，他不清楚。1835年，德国科学家施旺从胃液中提取出了消化蛋白质的物质，解开胃的消化之谜。

1926年，美国科学家萨姆纳从刀豆种子中提取出脲酶的结晶，并通过化学实验证实脲酶是一种蛋白质。

20世纪30年代，科学家们相继提取出多种酶的蛋白质结晶，并指出酶是一类具有生物催化作用的蛋白质。

20世纪80年代，美国科学家切赫和奥尔特曼发现少数RNA也具有生物催化作用。

布置任务：整理资料中的信息，自行设计表格，总结归纳酶的本质、元素组成、合成原料等知识。示例见表4-6：

表 4-6　酶的相关知识归纳表

化学本质	绝大多数是＿＿＿＿＿＿		少数是＿＿＿＿＿＿
元素组成			
合成原料			
合成场所			
来源	一般来说活细胞都能产生		
作用场所			
生理功能			

设计意图：以日常生活情境体现酶的重要作用，学生运用归纳与概括的科学思维分析资料，总结酶的本质。

4. 酶的高效性。

教师展示"过氧化氢在不同条件下的分解"的实验视频，并提问：该实验体现了酶的什么特性？学生回答出酶的特性之一——高效性。再结合该实验过程，引导学生回顾实验的自变量、因变量，以及实验结论：过氧化氢酶比 Fe^{3+} 的催化效率更高。教师展示其他类型的实验数据并进行总结提示：大量实验数据表明，酶的催化效率是无机催化剂的 $10^7 \sim 10^{13}$ 倍，酶具有高效性。思考讨论：酶的"高效性"对生命活动有什么意义？学生进行思考，以小组形式讨论问题，并回答酶可以高效率地催化各种生物化学反应进行，各种生命活动离不开酶的高效性。

设计意图：设置开放性的思考讨论问题，学生可以运用学过的生物学知识，结合生活经验回答问题，深入理解酶可以高效率地催化各种生物化学反应的进行，生命活动中的消化、吸收、呼吸、运动等过程都离不开酶的高效性。

5. 酶的作用条件温和。

展示"多酶片"的使用注意事项：不宜与热水一起服用，否则会降低药物功效；尽量整片吞服，不要嚼碎服用。因为本品为肠溶衣与糖衣的双层包衣片，内层为胰酶（在酸性条件下易破坏），外层为胃蛋白酶，肠溶衣能抵挡胃酸对胰酶的破坏，使其顺利通过胃到达小肠，释放有效成分，发挥胰酶的功效，嚼服或捣烂后服用都会降低药效，甚至使药效全无……

教师提问：（1）同学们从"多酶片"的注意事项中能得出哪些与酶有关的信息？（2）酶在任何条件下都能发挥出相同的功效吗？（3）提出你的假设。学生从"多酶片"注意事项中提取有关酶的信息，如消化过程有胃蛋白酶和胰酶，酶发挥作用需要在合适的条件下，胃酸会破坏胰酶的活性但不破坏胃蛋白酶的活性，热水会破坏酶的活性等。教师引导学生提出合理假设，即酶的活性受到温度、pH 等环境因素的影响。

设计意图：结合学生日常生活经验中能接触到的药品注意事项，与学生生活相联系，让学生分析注意事项中的生物学相关知识，培养学生处理信息、提取信息的能力，在获得的信息基础上提出问题并作出假设，提升学生的科学探究素养。

6. 设计实验，验证假设。

教师提供实验材料：新配制的质量分数为 2% 的淀粉酶溶液，新鲜的质量分数为 20% 的肝脏研磨液，缓冲液，质量分数为 3% 的可溶性淀粉溶液，体积分数为 3% 的过氧化氢溶液，物质的量浓度为 0.01 mol/L 的盐酸，物质的量浓度为 0.01 mol/L 的氢氧化钠溶液，热水，蒸馏水，冰块，碘液，斐林试剂，试管，量筒，小烧杯，大烧杯，滴管，试管夹，酒精灯，三脚架，陶土网，温度计，pH 试纸，火柴。

教师补充相关背景知识和注意事项，学生分小组讨论要验证的假设，思考实验的自变量、因变量、实验材料选择、预期实验结果，设计实验方案。小组展现实验设计方案，教师给予评价及鼓励，小组成员根据评价及建议修改、完善实验方案。

表 4-7　实验方案

	编号	试管 1	试管 2	试管 3
实验设计	底物			
	酶			
	控制条件			
预期实验现象				
实际实验现象				
实验结论				

小组合作，进行实验。教师巡视观察，指导探究活动。小组展示实验结果，教师点评、小组成员互评、小组之间互评。总结：酶的活性受到温度、pH 等环境因素的影响。

设计意图：针对生物学现象进行思考和讨论，并设计实验方案、实施方案以及对结果的交流讨论，掌握科学探究的一般思路和方法，培养学生乐于团队合作、勇于创新的精神，评价主体多元化，调动学生参与评价的积极性与学习积极性，使评价结果更为客观。

7. 课堂小结。

人的渴觉产生、消化吸收等过程受到神经—体液调节，食物进入消化系统需要多种酶的参与，绝大多数酶是催化生化反应的蛋白质，生命活动中的消化、吸收、呼吸、运动等过程都离不开酶的高效性，酶的活性受到温度、pH 等环境因素的影响。

（四）教学反思

本节课联系学生熟悉的吃柑橘后消化不良创设问题情境，以消化吸收过程为线索，通过分析渴觉的产生、消化过程中酶的产生、酶的本质和作用、酶的高效性的意义、酶的活性受到环境因素的影响等学习内容，深入理解神经调节、体液调节、酶对于消化吸收过程的意义，结合观察图片、分析资料、教师讲授、小组讨论、进行实验等学习活动发展学生核心素养。

五、案例点评

本单元以湖北省特产"宜昌柑橘"大情境展开了多元且具有不同水平要求的问题和任务，促进了思维深度和广度的发生，实现学习进阶和深度学习。

首先设计了相对低阶的任务：对生物学现象进行描述、概括和定义的问题。这样的问题引导着观察、体验、描述、概括与分析等学习活动，回答生物学事实是什么。如关键问题 1：宜昌柑橘的营养价值包括什么？围绕该关键问题，本单元进行以下学习活动：如教师呈现宜昌柑橘的图片及宣传短片，学生观看后总结分析宜昌柑橘的营养成分；学生思考并设计实验验证宜昌柑橘中的营养成分（糖类、蛋白质、脂质等），观察颜色反应现象得出结论。

其次设计了相对高阶的任务：解释现象背后发生的原理和本质的问题。

这样的问题引导着解释、深层次的归纳与演绎、反映系统机理的模型建构等活动，即回答生物学现象或事实为什么发生。因此本单元围绕"人和动物获取其他生物营养物质并转化为自身物质来维持生存"概念，以此引导以下学习活动的进行：如借助虚拟实验平台，学生动手操作还原蛋白质的建构过程机制；小组设计"探究温度影响酶的活性"实验，归纳解释酶的活性受到环境因素的影响。

此外在任务完成的评价方面，本单元围绕学科核心素养拟定了不同水平要求的评价指标。以纸笔测验、作业练习、课堂行为观察、实践与应用检测等多样的评价方式匹配指向思维型教学思维发生的多元化特点。

案例5 "生命个体的结构与功能相适应，各结构协调统一共同完成复杂的生命活动，并通过一定的调节机制保持稳态"概念教学设计与案例分析

一、整体设计思路

围绕"结构与功能"相适应，初中生物学部分已经就"生物体具有一定的结构层次，能够完成各项生命活动""人体的结构与功能相适应，各系统协调统一，共同完成复杂的生命活动"等概念展开一系列讨论。高中生物学部分进一步从个体层面以选择性必修1"生命个体的结构与功能相适应，各结构协调统一共同完成复杂的生命活动，并通过一定的调节机制保持稳态"这一大概念指向"结构与功能"展开学习，同时还涉及"稳态与平衡"这一重要跨学科概念。以核心素养为依据，结合学情分析制订单元教学目标，设置了单元主线情境：冬奥会运动员的生理状态及其变化。以该情境体现单元教学整体性，并将主线情境发散为多个不同的小情境，分别制订任务、学生活动以及学习评价，以促进大概念的建构和核心素养的达成。

二、概念进阶

表5-1 "生命个体的结构与功能相适应，各结构协调统一共同完成复杂的生命活动，并通过一定的调节机制保持稳态"概念进阶

层级	生命个体的结构与功能相适应，各结构协调统一共同完成复杂的生命活动，并通过一定的调节机制保持稳态
经验	认同环境因素和机体自身内部因素会影响身体健康指标，身体内部环境的变化会引发机体的自动调节，以维持内环境的稳态
映射	阐述神经元是神经系统结构与功能的基本单位； 概述神经调节的基本方式是反射，其结构基础是反射弧

续表

层级	生命个体的结构与功能相适应，各结构协调统一共同完成复杂的生命活动，并通过一定的调节机制保持稳态
关联	说出人体的内分泌系统主要由内分泌腺组成； 阐明神经细胞膜内外在静息电位状态具有电位差，受到外界刺激后形成动作电位，并沿神经纤维传导； 阐明神经冲动在突触处的传递通常通过化学传递方式完成
系统	分析位于脊髓的低级神经中枢和脑中相应的高级神经中枢相互联系、相互协调，共同调节器官和系统的活动，维持机体的稳态； 举例说明激素通过分级调节、反馈调节等机制维持机体的稳态
整合	举例说出神经调节与体液调节相互协调共同维持机体的稳态

三、大单元设计

（一）单元教学目标设定

基于课程标准的内容要求、学业要求和学业质量水平，围绕核心素养及其表现水平，制订本单元教学目标如下：

1.通过分析运动员的不同行为，概述神经系统的组成，通过观察、认识神经元，逐步建构结构与功能相适应的生命观念；通过分析相关疾病的原因，说明中枢神经系统各部分的功能，倡导健康的生活方式。

2.举例说明反射的概念与反射弧的组成，比较条件反射与非条件反射的异同，举例说明条件反射的形成过程与意义。

3.阐明兴奋在神经纤维上的产生及传导机制，说明突触传递的过程及特点，说明滥用兴奋剂、吸食毒品的危害，自觉拒绝毒品并向他人宣传毒品的危害。

4.说出组成人体的主要内分泌腺及其功能，举例说明它们在功能上的联系，归纳概括研究内分泌腺和激素功能的基本方法，并能用该方法分析新情境下的相关问题。

5.通过建构人体血糖的平衡调节和甲状腺激素分泌调节概念模型，阐述反馈调节和分级调节维持机体稳态的机制，说明激素分级调节机制及其意义。

6.运用激素调节原理分析与健康相关的实际问题（如滥用激素类药物等），说出以科学知识指导健康生活的重要性。

7.比较神经调节和体液调节的特点，以体温调节和水盐平衡的调节为例，建构神经调节和体液调节的相互协调关系模型。

8.运用人体稳态与平衡观，结合神经调节和体液调节机制，说出健康生活方式的意义。

（二）单元教学内容分析

本单元以大概念"生命个体的结构与功能相适应，各结构协调统一共同完成复杂的生命活动，并通过一定的调节机制保持稳态"统领机体稳态调节机制相关内容。该大概念包括多个次位概念，例如，"概述神经调节的基本方式是反射（可分为条件反射和非条件反射），其结构基础是反射弧""阐明神经细胞膜内外在静息状态具有电位差，受到外界刺激后形成动作电位，并沿神经纤维传导"等。次位概念是形成重要概念和大概念的基础，常常在一节课的时间里可以完成，每个次位概念又包含若干具体知识，比如"神经系统的基本结构""神经元的结构""神经调节的基本方式"等。这些知识往往比较零碎，却是解释具体事例及建构整体概念所必需的。从知识本身来看，整体化意味着"联系"，所以梳理出知识之间的联系是单元教学设计的前提。

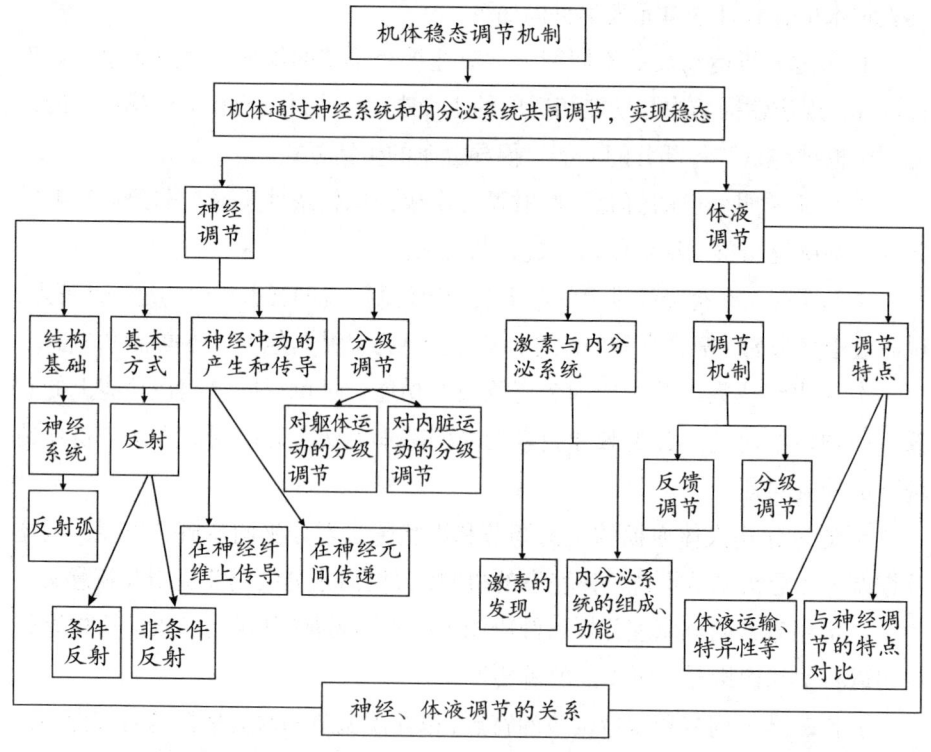

图 5-1　单元概念图

（三）单元教学情境设计

单元教学情境的创设要进行顶层设计。生物学情境的创设需要结合教学目标，将生物学要解决的问题信息蕴含在特定的、真实的情境中，从而去设计活动。而这一系列"情境—问题—活动"的设计，最终都是为了寻求学生核心素养的达成。所以在进行情境创设时，要着眼于学生适应未来社会发展和个人生活的需要，要指向生命观念、科学思维、科学探究和社会责任等方面，全方位地进行设计。课程标准提倡"引导学生从真实情境中提出问题"，建议教师要围绕教学目标和教学内容，联系学生的个人经历、社会生活和生产实践创设真实情境，指导学生提出问题。

就"机体稳态调节机制"整体教学而言，"冬奥会中的运动"大情境能覆盖神经调节、体液调节等话题，同时围绕冰雪运动相关事实自成情境脉络。[①]教学情境紧扣教学目标和教学内容，联系学生的个人经历、社会生活和生产实践，这样的情境便有了"灵魂"，可以带给学生更多生命的启迪和思考。

本单元的主题情境以北京冬奥会展开。2022年冬奥会在北京举办，根据冬奥会开幕式及运动赛事的情境引出相关生物学问题："冬奥会场上，无论是精彩绝伦的开幕式表演，还是滑雪、滑冰等项目都给人带来了美的享受和竞技比赛的乐趣。在冰天雪地的寒冷环境条件下，运动员们能成功地完成难度大且危险系数较高的运动需要机体各部分如何精妙地配合？运动员们的机体是如何适应极端的环境条件和极大的身体能量消耗的？其机体是如何维持在相对稳定的状态的？"在大情境的基础上，为了建构次位概念，可以相应建立多个与大情境相关的小情境，例如，在学习"神经调节的结构基础""神经调节的基本方式"等知识时可以出示情境："北京冬奥会上中国运动员在自由式滑雪女子坡面障碍技巧决赛中摘得银牌。这项比赛在充分展现运动员各种技巧的同时还考验运动员随机应变的能力以及自身的速度感。神经系统对人体的调控发挥了重要作用，为什么神经系统能够及时感知机体内、外环境的变化？神经调节的结构基础是什么？兴奋在反射弧中是以什么形式传导

---

① 吴开其、魏诗琴、崔鸿：《以"概念—情境—问题"为中心的单元整体教学》，《中学生物教学》2023年第4期。

的？怎样传导的？"在学习"体液调节"的相关知识时可以出示情境："越野滑雪是当之无愧的最能燃烧热量的比赛项目，最长比赛距离长达50千米。越野滑雪相当于冬季项目中的马拉松，赛道长，时间长，负伤风险虽小，却极度地比拼耐力。比赛过程中运动员消耗了大量的葡萄糖，为何运动员的血糖水平却能保持相对稳定？"在学习"体液调节和神经调节关系"时可以出示情境："北京冬奥会会场气温低至 −6℃，为何在如此严寒的天气里这些运动员的体温仍然能保持 37℃左右的正常体温呢？正常机体是通过怎么样的调节方式使得我们的体温无论是在炎热还是寒冷条件下总是保持相对稳定的？"通过设置相关的问题情境，引发学生思考，从而开启探究过程。

（四）单元教学问题设计

以"情境—问题—活动"为主线设计单元教学问题，要围绕核心问题整体化设计单元学习活动。大情境之下建立的小情境有利于学习和解决核心问题之下的相互关联的若干关键问题。本单元的核心问题是"神经调节和体液调节如何参与维持内环境稳态"，该核心问题可分解为四个关键问题：

1. 神经系统为什么能够及时感知机体内、外环境的变化？
2. 神经系统如何调控各器官、系统的活动，实现机体稳态？
3. 内分泌系统如何调节机体维持稳态？
4. 神经调节与体液调节有何区别与联系？

（五）单元教学活动设计

在单元情境的引导下，以核心问题为导向，通过设计多样化的学习活动帮助学生建构大概念，进一步发展核心素养。单元整体化视角下的单元学习活动是由若干个子学习活动组成的，它们之间既有情境的联系又有生物学知识的逻辑联系。在情境上，各个子学习活动均围绕冬奥会和体育运动的大情境而设计。在生物学知识上，各个活动的安排顺序呈现出学习进阶的特点，符合知识本身的逻辑和学生认知习惯。针对本单元核心问题分解成的子问题，主要设计了以下学习活动：

活动 1：结合植物人、脑血栓及高位截瘫的病例分析，阅读教材，自主建构神经系统结构的概念图，分析花样滑冰运动员完成复杂动作主要受神经系统的哪些器官支配，给运动员的训练提供神经科学方面的建议。

活动2：小组讨论列举并体验常见的反射活动，概括反射的特点、类型与意义，以缩手反射为例分析反射弧的结构组成。

活动3：分析科学实验数据，逐步建构神经冲动的产生、传导和传递的概念，尝试解释兴奋剂在神经冲动的传递中的作用机制，并对个别运动员在比赛中服用兴奋剂事件进行评价。

活动4：以运动员听到发令枪声立即起跑的条件反射为例，分析高级中枢对低级中枢的调控。

活动5：阅读教材"人体内主要内分泌腺及其分泌的激素"，归纳概括内分泌系统的组成和功能。讨论滑雪运动员参加比赛时，体内哪些激素的含量会升高。

活动6：小组讨论比赛过程中运动员消耗了大量的葡萄糖但并不会导致血糖大幅下降的原因，归纳概括运动员身体内血糖的来源和消耗路径，建构血糖平衡的概念模型，理解反馈调节的意义。

活动7：冬奥会比赛场地的温度在0℃以下，而运动员比赛时穿着单薄，小组讨论比赛过程中运动员的体温并不会有较大幅度变化的原因，归纳概括人体的产热和散热途径。组织学生体验手握冰袋及原地高抬腿跳，逐步建构体温调节的概念模型，理解神经—体液调节机制。

活动8：户外滑雪运动若保护不当会出现失温现象，严重可危及生命，调查户外运动或作业时发生失温引起伤亡的事件，分析失温的原因，制订野外活动防失温方案。

学生在以上活动的基础上建构重要概念"神经系统能够及时感知机体内、外环境的变化，并作出反应调控各器官、系统的活动，实现机体稳态"和"内分泌系统产生的多种类型的激素，通过体液传送而发挥调节作用，实现机体稳态"，进而有助于建构大概念"生命个体的结构与功能相适应，各结构协调统一共同完成复杂的生命活动，并通过一定的调节机制保持稳态"，最终形成"稳态与平衡观"，深化"结构与功能相适应"的生命观念。

（六）单元评价设计

评价具有诊断、导向和激励的作用，科学的教学评价能促进教师的"教"

和学生的"学"。单元评价以学生发展为本，以生物学课程内容和学业质量标准为依据，聚焦生物学核心素养。素养导向下的测评模式中，强调以任务情境为载体，基于学科核心素养的内涵和表现维度进行情境化的问题或试题设计，评价学生在解决具体任务时表现出的素养水平。

在本单元的教学中，设计了多种形式的评价。从评价主体来看，包括学生自评、同伴互评、小组评和教师评；从评价内容来看，不仅关注学生对主干知识的理解掌握情况，还关注学生核心素养的表现；从评价方法来看，包括过程性评价和终结性评价，主要包括的具体方法如阶段性纸笔测验、作业练习、课堂行为观察、实践与应用检测等。

例如，在对"建构神经调节和体液调节的相互协调关系模型"这一教学目标的达成情况进行评价时，依据课程标准设计了如表 5-2 的评价维度和水平层次划分。

表 5-2　"建构神经调节和体液调节的相互协调关系模型"评价量表

活动载体	评价维度	水平层次	自评	他评	师评
冬奥会比赛场地的温度在 0℃以下，而运动员比赛时穿着单薄，小组讨论比赛过程中运动员的体温并不会有较大幅度变化的原因，归纳概括人体的产热和散热途径。组织学生体验手握冰袋及原地高抬腿跳，逐步建构体温调节的概念模型，理解神经—体液调节机制	生命观念	水平一：初步具有稳态与平衡观，能认识到体温的稳定是人体产热和散热保持平衡的结果			
		水平二：具有稳态与平衡观，能够理解给出的体温调节模型，认识到维持体温稳定的调节方式是神经—体液调节			
		水平三：具有稳态与平衡观，能结合冬奥会运动员在寒冷环境中维持体温相对稳定的情境，阐明体温调节机制			
		水平四：具有稳态与平衡观，并能运用稳态与平衡观解释户外作业时发生失温症状的原因，指导设计野外防失温方案			
	科学思维	水平一：能够认识到体温调节模型是基于科学事实经过科学论证形成的			
		水平二：能够运用归纳的方法概括出人体产热及散热的途径和规律，能建构较为简单的体温调节模型			

续表

活动载体	评价维度	水平层次	自评	他评	师评
冬奥会比赛场地的温度在0℃以下，而运动员比赛时穿着单薄，小组讨论比赛过程中运动员的体温并不会有较大幅度变化的原因，归纳概括人体的产热和散热途径。组织学生体验手握冰袋及原地高抬腿跳，逐步建构体温调节的概念模型，理解神经—体液调节机制	科学思维	水平三：能够运用归纳的方法概括出产热及散热的途径和规律，能够用文字、符号和图式建构清晰的体温调节模型			
		水平四：能够运用归纳的方法概括出人体产热及散热的途径和规律，能够用文字、符号和图式建构清晰的体温调节模型，能运用模型解释冬奥会运动员体温调节过程			
户外滑雪运动若保护不当会出现失温现象，严重可危及生命，调查户外运动或作业时发生失温引起伤亡的事件，分析失温的原因，制订野外活动防失温方案	科学探究	水平一：能够正确使用工具、借助多种途径进行失温事件调查，获得有用资料			
		水平二：能够正确使用工具、借助多种途径进行失温事件调查，对获得的信息进行整理得出失温常见症状与引发失温的环境状况			
		水平三：能够正确使用工具、借助多种途径进行失温事件调查，根据对调查结果的分析，设计防失温方案，能够在小组合作中推进任务的实施，能运用专业术语介绍方案			
		水平四：能够正确使用工具、借助多种途径进行失温事件调查，能够基于对相关资料的查阅，设计恰当可行的方案，能够在团队中起到组织和引领作用，运用专业术语精确阐明所设计的方案，并展开交流			
	社会责任	水平一：认同户外活动时需做好防护，珍爱生命			
		水平二：认同户外活动时需做好防护，接受科学的防失温建议			
		水平三：认同户外活动时需做好防护，在进行户外活动时积极践行防失温措施			
		水平四：能运用生物学知识分析失温的原因，积极探索设计防失温方案，并积极向他人宣传			

单元主题：生命个体的结构与功能相适应，各结构协调统一共同完成复杂的生命活动，并通过一定的调节机制保持稳态

核心素养
- 生命观念
- 科学思维
- 科学探究
- 社会责任

教学目标

- 通过分析运动员的不同行为，概述神经系统的组成，认识神经系统结构与功能相适应，通过观察、说明反射与反射弧的组成，说明条件反射相适应的原因，导导健康的生活方式
- 举例说明反射的概念与反射弧的组成，比较条件反射与非条件反射的异同，举例说明反射的形成过程与意义
- 阐明兴奋剂在神经纤维上的产生与传导过程及传递，说明滥用兴奋剂、毒品的危害，自觉拒绝毒品并宣告食毒品的危害
- 说出人体内主要内分泌腺及其功能，归纳概括它们在功能上的联系和内分泌腺和激素的相关研究方法，并阐明该方法的相关问题
- 通过建构人体血糖调节和甲状腺激素调节的平衡模型概念模型，阐述激素分级调节的特点，说明激素调节的实际问题，说出以科学知识指导生活与健康的重要性
- 运用神经调节和体液调节原理解决相关的实际问题（如体温调节用激素类药物等），说出以科学知识指导生活与健康的重要性
- 比较神经调节和体液调节的特点，以体温调节为例，运用人体神经和体液调节相互协调的机制，建构人体体液调节和神经调节机制，说出健康的生活方式的意义

关键问题

- 神经系统为什么能够及时感知体内、外环境的变化？
- 神经系统如何调控各器官、系统的活动，实现机体稳态？
- 内分泌系统如何调节机体稳态？
- 神经调节与体液调节有何区别与联系？

学习活动

- 活动1：分析花样滑冰运动员完成复杂动作主要受神经系统的哪些器官支配，给运动员的训练提供神经科学方面的建议
- 活动2：小组讨论列举并分析反射弧的结构组成
- 活动3：讨论兴奋剂在神经冲动的传递中的作用机制，并对个别运动员兴奋剂事件作出评价
- 活动4：以运动员听到发令枪声立即起跑的条件反射为例，分析中枢神经系统中高级中枢对低级中枢的调控
- 活动5：讨论滑雪运动员参加比赛时，体内哪些激素的含量会升高
- 活动6：小组归纳概括血糖的来源和消耗途径，建构血糖平衡的概念模型
- 活动7：体验手握冰袋及原地高抬腿跳，逐步建构体温调节的概念模型
- 活动8：分析失温的原因，制订野外活动防失温方案

学习评价

- 课堂行为观察，关注学生在课堂上的表现及其表现，进行学生自评、他评与教师评
- 进行作业练习测验，关注课堂知识点的记忆和理解情况
- 实践与应用检测，利用课余时间，以小组形式为单位查找所学知识、资料，结合课堂知识，形成有关中暑的调查报告

图5-2　单元设计目标、问题、活动及评价网络图

四、课时设计部分案例

"神经冲动的产生和传导"教学设计

（一）前端分析

"神经冲动的产生和传导"是人教版高中生物学选择性必修 1 的内容。本章包括神经调节的结构基础、神经调节的基本方式、神经冲动的产生和传导、神经系统的分级调节、人脑的高级功能五部分内容。

反射现象与反射弧属于宏观知识，学生更容易接受，再加上学生在初中阶段已经初步了解过神经系统的组成、反射和反射弧，因此教材将神经调节的结构基础、神经调节的基本方式的内容放在前两节，在复习的同时进行知识深化。后三节对学生来说是全新的内容，其中，神经冲动的产生和传导属于微观知识，在细胞水平上研究反射传导的是什么，它是如何产生的，又是如何传导和传递的。这部分内容较为抽象，不容易理解，因此在教学过程中教师可以呈现科学研究中的实验方法、过程和数据，可以将抽象的知识形象化，利用模型、动画演示或模拟演示等方法帮助学生内化知识，还可以根据单元大情境创设学生熟知的小情境，激发学习兴趣，加强模块知识之间的联系。这样设计的教学，不仅有利于学生内化知识点，形成知识体系，还有利于学生科学思维习惯和探究实践能力的培养。

本节课首先创设冬奥会项目情境，激发学习兴趣，并根据学生已经掌握的反射和反射弧的内容提出问题：神经系统为什么能如此迅速地对内、外环境变化作出反应？兴奋在反射弧中是以什么形式传导的？怎样传导的？其次，向学生展示科学研究的背景，引导学生沿着科学家的研究思路思考问题，最终明白知识的来龙去脉。再次，当学生知道了神经递质的作用机制后，再引导学生思考兴奋剂的作用原理。对于学有余力的同学可布置课外探究活动：调查医用麻醉剂的原理。最后的课堂小结再次提出课程一开始的问题：神经系统为什么能如此迅速地对内、外环境变化作出反应？引导学生总结兴奋以电信号的形式在神经纤维上传导，以化学物质的形式在神经元之间传递。

（二）教学目标

依据课程标准并围绕培养学生核心素养的要求，制订如下教学目标：

1.通过观看电刺激蛙的坐骨神经腓肠肌实验、动作电位产生时离子过膜的演示动画，说明兴奋在神经纤维上传导的形式，概述静息电位和动作电位的形成机制，发展科学思维能力、探究实践能力。

2.通过教师讲解和铁链模拟活动，建构"兴奋部位和未兴奋部位由于电位差的存在而发生电荷移动，形成局部电流。局部电流刺激临近的未兴奋部位发生同样的电位变化，将兴奋向前传导，后方又恢复为静息电位"的概念。

3.通过科学史、电镜下的突触照片、蛙心灌流实验和突触传递兴奋的过程演示动画，阐释兴奋在到达突触时发生"电信号—化学信号—电信号"的信号转换，深化结构与功能观，加强科学思维习惯。

4.通过兴奋剂、毒品和神经类药物的作用机制分析，形成健康的生活理念，能够主动宣传吸毒的危害。

（三）教学过程

1.创设情境，导入新课。

北京冬奥会上中国运动员在自由式滑雪女子坡面障碍技巧决赛中摘得银牌。这项比赛在充分展现运动员各种技巧的同时还考验运动员随机应变的能力以及自身的速度感。神经系统对人体的调控发挥了重要作用，为什么神经系统能够及时感知机体内、外环境的变化，并作出反应调控各器官、系统的活动？兴奋在反射弧中是以什么形式传导的？

设计意图：以学生熟知的冬奥会项目创设问题情境，激发学习兴趣，建立知识间的联系。

2.观看视频。

播放电刺激蛙的坐骨神经腓肠肌标本肌肉快速收缩的录像，引导学生大胆猜想：联系震动、声、光、电等知识，猜想兴奋以哪种形式在神经纤维上传导？教师鼓励学生设计实验证明自己的猜想。在学生设计实验的基础上补充：神经纤维很细，电极无法插入。引导学生思考：如何解决这一问题？在学生讨论的基础上补充：20世纪30年代英国科学家发现来自乌贼的巨大神经纤维，其轴突直径可达1 mm，是实验的理想材料，加之发明了微电极技术，使测量电位差的微电极易于插入。

设计意图：让学生在一定程度上重温科学家的研究历程，培养学生作出假设和设计实验方案的探究实践能力，同时使学生体会到实验材料和实验技术在科学研究中的重要性。

3. 展示图片。

教师展示单根神经纤维膜在静息状态下两侧电位差的图片。引导学生思考：为什么膜两侧会出现电位差？接着教师展示离子在膜两侧的分布图，提供膜两侧钠离子和钾离子浓度的数据。引导学生讨论并用一句话概括静息电位存在的原因。

设计意图：基于实验现象和数据，引导学生逐步推理得出静息电位的形成机制。

4. 展示科学史和演示动画。

教师展示科学家霍奇金和赫胥黎的实验结果——测量神经冲动在单根神经纤维上的传导。引导学生思考：为什么兴奋时膜两侧会出现电位反转？教师展示动作电位产生时离子过膜的微观过程演示动画。引导学生讨论并用一句话概括动作电位形成的机制。

设计意图：结合科学史和演示动画，引导学生逐步推理得出动作电位的形成机制。

5. 教师利用动作电位的传导过程图讲解动作电位沿神经纤维传导的过程。接着模拟兴奋传导：教师拿一根细长的铁链，抖动铁链一端，让学生观察震动沿着铁链一端传导至铁链另一端的过程。同时，提醒学生思考：如果在神经纤维中间给予电刺激，产生的动作电位会怎样传导？

设计意图：讲授与模拟活动结合，既加强了学习的科学性，又使抽象的知识具体化、形象化，利于学生内化知识。

6. 再次提出课前创设情境中的问题：为什么神经系统能够及时感知机体内、外环境的变化，并作出反应调控各器官、系统的活动？引导学生总结神经冲动的传导特点。

设计意图：及时进行知识整合。

7. 展示科学史和突触模式图。

1897 年，英国神经生理学家谢灵顿通过研究狗的屈腿反射，发现兴奋沿神经纤维传导的速度与其在反射弧上的传导速度不同：前者约为 40 m/s，而在反射弧上的传导速度平均低于 15 m/s。引导学生思考：为什么跨神经元时兴奋传递速度大幅降低？神经元之间有什么样的结构？接着展示德国生理学家勒维的蛙心灌流实验。引导学生分析：兴奋在神经元之间以什么方式传递？最后展示电镜下的突触，说明突触和神经递质的关系。

设计意图：结合科学史引导学生推理分析，由学生自己发现突触和神经递质的存在之后，教师再结合模式图进行讲解，更有利于学生内化知识，深化核心素养。

8. 学生阅读教材并观看突触传递兴奋的过程演示动画。引导学生思考：神经递质引起突触后膜变化的结构基础是什么？神经递质与突触后膜上的受体结合后的去向是哪里？该过程异常可能引发的结果是什么？北京冬奥会参赛国家里并没有俄罗斯的原因是世界反兴奋剂机构对俄罗斯运动员使用兴奋剂的处罚。组织课堂讨论：可卡因是一种兴奋剂也是一种毒品，可卡因的作用机理可能是什么？进而提出吸毒有害健康。布置课外探究任务：医学上使用的麻醉剂是什么机理？

设计意图：培养学生自学能力，通过回答教师提出的问题串，加深对知识的理解，深化结构与功能相适应的生命观念。运动员使用兴奋剂被处罚不能参加冬奥会的事例可以让学生体会诚信的重要性，同时，引出与本节课内容相关的兴奋剂作用原理。通过对兴奋剂等神经类药物的作用分析，呼吁学生形成健康的生活理念，并主动宣传吸毒的危害。

9. 课堂小结。

再次提出课前创设的问题情境：为什么神经系统能够及时感知机体内、外环境的变化，并作出反应调控各器官、系统的活动？兴奋在反射弧中是如何传导的？引导学生总结神经冲动传导和传递的过程及特点。教师进一步补充：突触中的神经递质类型不同、作用结果不同，突触单向传递，突触后天可变，多个突触之间还会形成复杂的突触联系，这些特点是实现复杂反射活动的结构基础，在此基础上，人和动物的神经系统通过反射活动，对外界刺激作出快速、精确的反应，有利于动物适应环境变化，保证其生存、繁衍。

设计意图：及时进行知识整合，在此基础上引出结构与功能观、进化与适应观。

（四）教学反思

本节课联系学生熟知的冬奥会项目创设问题情境，以问题为导向开始本节课的学习，通过分析科学家做过的实验、模拟动画、教师讲授、铁链模拟、小组讨论等学习活动，最终学生能对该问题作出合理解释。在此过程中，学生的核心素养得到全面发展。

"激素调节的实例"教学设计

（一）前端分析

"激素调节的实例"是人教版高中生物学选择性必修 1 的内容。本节包括激素调节的两个实例——血糖平衡的调节和甲状腺激素分泌的分级调节两部分内容。

教材首先展示马拉松运动员长跑过程中，人体血糖的消耗与维持的真实情境。通过学生的计算和讨论活动，切实理解人体血糖浓度始终处在动态变化中，维持血糖稳定和血糖平衡的调节是生命活动的需要，以此展开血糖平衡的内容。教材从分析人体血糖的来源和去路开始，引导学生认识到，血糖平衡的调节是通过调节血糖的来源和去路实现的，并提出这种调节方式为反馈调节。关于甲状腺激素分泌的分级调节，教材从抵御寒冷的情境，引出甲状腺激素分泌的调节主题。教材正文的最后一段，指出分级调节现象，不仅存在于甲状腺激素分泌的调节过程中，肾上腺皮质激素、性腺分泌性激素等也存在分级调节现象，由此总结出分级调节是普遍存在的一种激素调节机制，指出这一种调节机制对维持机体稳态的意义。

本节课以冬奥会越野滑雪运动为情境展开，使学生思考如何才能实现血糖的平衡。教师以运动员运动时的机体变化及生活经历引导学生一步步阐释血糖的来源及去路。教师在本节课引导学生自主建构"血糖来源及去路""血糖平衡的调节"及"甲状腺激素分泌的分级调节"概念模型这三个活动，逐渐掌握重要概念，同时锻炼模型与建模能力。引导学生自主总结反馈调节和分级调节的含义，并比较两者的区别，强化学生对这两个概念的理解。

（二）教学目标

依据课程标准并围绕培养学生核心素养的要求，制订如下教学目标：
1.以稳态与平衡的观念建构血糖平衡调节的概念模型，阐述激素反馈调节维持机体稳态的机制。

2. 以稳态与平衡的观念建构甲状腺激素分泌调节的概念模型，阐述激素分级调节机制及其意义。

3. 关注糖尿病，了解糖尿病与饮食习惯的关系，养成健康生活的方式。

（三）教学过程

1. 创设情境，导入新课。

教师仍以冬奥会运动员为情境引入激素调节的实例：你知道冬奥会中哪个项目是最消耗热量的吗？越野滑雪是当之无愧的最能燃烧热量的比赛项目，最长比赛距离长达 50 km。越野滑雪相当于冬季项目中的马拉松，赛道长，时间长，负伤风险虽小，却极度地比拼耐力。比赛过程中运动员消耗了大量的葡萄糖，会导致血糖下降吗？为什么？

学生结合生活经验和初中阶段所学知识得出血糖会维持在稳定的范围内。教师提问：那么人体如何补充血糖使其维持在稳定的范围内呢？

设计意图：教师以越野滑雪运动员的运动为情境，引导学生关注人体血糖的变化，以此展开教学。

2. 实例 1：血糖平衡的调节。

教师引导学生回顾糖原的相关知识，学生回答肝糖原会分解为葡萄糖进入血液中。除此之外，教师提示学生越野滑雪作为一项极限运动，运动员在比赛过程中会"燃烧脂肪"，脂肪不仅给运动员提供了热量，并且部分脂肪会转化为葡萄糖进入血液中，维持血糖平衡。以上两种方式是人体补充血糖的两种途径，但不是最主要的，教师引导学生思考：什么是血糖来源的主要途径？学生联想到食物中的糖类。

教师提出运动员消耗血糖是为了产生能量，因此，血糖的主要去路是氧化分解。除此之外，多余的血糖会合成肝糖原和肌糖原。教师提出：若人们吃了很多食物会怎样？学生回答长胖，变成脂肪。教师由此总结血糖的三个去路。教师引导学生根据上述分析总结血糖的三个来源和三个去路，自主建构概念模型。

设计意图：教师以越野滑雪运动员的运动为情境，引导学生一步步分析血糖的来源和去路，使学生自主总结，建立稳态与平衡观，培养学生的总结与归纳能力和模型与建模能力。

教师展示胰岛素和胰高血糖素，引导学生比较这两种激素的产生细胞和作用。教师提出：运动员持续运动过程中，什么激素在发挥作用？该激素调节血糖的过程是如何的？引导学生建构血糖下降的激素调节概念模型。接着教师组织学生自主建构血糖上升的调节过程概念模型，补充血糖调节过程概念模型。教师提出这种调节为反馈调节，引导学生自主总结反馈调节的特点。

设计意图：首先学生在教师的引导下建构血糖下降后调节的过程概念图，接着学生以此为支架，自主建构血糖上升的调节过程概念图，培养学生的合作交流能力和建模能力。

教师展示糖尿病相关内容，阅读教材"与社会的联系"，提问学生1型糖尿病和2型糖尿病治疗的区别，可课后查找资料进行学习。

设计意图：关注糖尿病，了解糖尿病与饮食习惯的关系，引导学生养成健康生活的习惯。

3.实例2：甲状腺激素分泌的分级调节。

教师展示运动员比赛的温度，提问人体中的什么激素发挥了抵御寒冷的作用，以此展开甲状腺激素的教学。教师引导学生分析教材"思考·讨论"的问题，学生自主建构甲状腺激素分泌过程概念模型。教师提出问题：为什么说甲状腺激素分泌是分级调节？甲状腺激素的反馈调节与胰岛素的反馈调节有何不同？

设计意图：教师利用资料引导学生自主建构概念模型，培养学生的推理分析能力和模型与建模能力。将反馈调节和分级调节进行比较，深化学生对两者概念的理解。

（四）教学反思

本节课通过创设主线情境，吸引学生注意力和兴趣的同时，使学生思考生命现象的本质，以此展开激素调节的教学，通过多个概念模型建构的活动，引导学生自主理解血糖平衡调节和甲状腺激素分泌调节，并培养模型与建模能力。通过糖尿病相关资料，引导学生关注该疾病，养成健康生活的方式。

"体液调节与神经调节的关系——以'体温的调节'为例" 教学设计

（一）前端分析

"体液调节与神经调节的关系"是人教版高中生物学选择性必修1的内容。本章包括激素与内分泌系统、激素调节的过程、体液调节与神经调节的关系三部分内容。本节内容一方面是对第2章神经调节和第3章前两节体液调节内容的总结，另一方面也是揭示了这两种调节方式之间的关系。

教材中本节内容由两部分组成："体液调节与神经调节的比较""体液调节和神经调节的协调"。"体液调节与神经调节的比较"包括两大要点：其一是体液调节和激素调节的关系，其二是神经调节和体液调节的特点比较。"神经调节和体液调节的协调"是本节的重点内容，也是难点，通过人体体温调节和水盐调节两个实例的分析，总结出神经调节和体液调节的关系。"体液调节与神经调节的比较"这一部分相对简单，容易理解，而"神经调节和体液调节的协调"部分涉及的信息较多，教材中的图解相对抽象，理解难度更大。因此，对教材进行适当梳理和调整，将"体液调节与神经调节的比较"部分与关联性较强的第2节"激素调节的特点"部分划归为同一课时的教学内容，而将"神经调节和体液调节的协调"部分的两个实例设计为两个课时，第一课时主要学习体温调节的过程，第二课时主要学习水盐平衡调节的过程。这样处理，更有利于加强知识之间的内在联系和聚焦重难点，学生既能掌握基础知识，又避免了实际教学过程中课堂容量的失衡。

本节课首先以北京冬奥会为背景创设问题情境，让学生思考为何人体的体温在寒冷环境下依然能保持在37℃左右，从而展开体温调节的学习。通过类比生活实例，说明机体通过产热量和散热量达到平衡从而维持体温的平衡。通过分析对比平静和运动状态下身体各器官的产热和散热情况，归纳得出人体产热和散热的主要途径。之后通过设疑、组织活动等方式，联系前面学习的知识，逐步建构和完善体温调节的神经—体液调节概念模型。最后，结合日常生活相关的"中暑"，将体温调节的知识进行迁移，理解机体稳态的调节是有限度的。

（二）教学目标

依据课程标准并围绕培养学生核心素养的要求，制订如下教学目标：

1. 通过分析体温平衡的生物学现象和事实，掌握体温平衡的概念，建立稳态与平衡的生命观念。

2. 通过从所给的资料中梳理归纳信息，自主建构概念模型，掌握寒冷和炎热环境下的体温调节过程，培养科学思维的能力。

3. 通过分组合作、探究讨论因体温平衡失调引起的中暑现象，在知识迁移应用的过程中发展探究实践能力和合作交流能力，并关注体温失调的预防措施，关爱生命健康。

（三）教学过程

1. 创设情境，导入新课。

教师展示北京冬奥会开幕式的相关影像视频，引导学生观看并提出问题：北京冬奥会的场地上寒风阵阵，气温低至 –6℃，一位旗手却无惧严寒，以赤膊涂油、身套草裙、脚踩人字拖的"清凉装扮"亮相，被中外观众戏称为"冬奥会最抗冻的旗手"。为何在如此严寒的天气里这位运动员的体温仍然能保持37℃左右的正常体温呢？正常机体是通过怎么样的调节方式使得我们的体温无论在炎热还是寒冷条件下总是保持相对稳定的？

设计意图：联系北京冬奥会开幕式相关现实情境，引发学生兴趣，吸引学生注意力，并通过问题情境设置，以设疑的方式使学生在短时间内进入主题，同时带着疑问开启体温调节过程的学习。

2. 类比生活实例，说明体温相对恒定的机制。

教师展示热水壶及水壶的功能设置区相关的图片资料，提出问题：用热水壶将水煮沸后，如果我们断开热水壶电源不再继续加热，水温会如何变化？如果我们将热水壶设置为保温模式，保温温度为60℃，水温为何就能保持不变呢？教师通过类比，引导学生得出结论：当产热量与散热量相等时，水就可以达到恒温。

设计意图：结合生活实例，类比"水温"和"体温"，设计问题引导学生积极思考，主动分析探讨，最终得出正确的结论，从而有效地发展学生的科学思维。

3.分析归纳人体的产热和散热途径。

教师展示机体主要产热和散热器官在安静和运动状态下的产热和散热资料数据，引导学生归纳总结得出人体产热和散热途径，并比较安静和运动状态下产热和散热器官的差异。

设计意图：结合数据资料，引导学生运用理性思维分析相关事实资料，总结归纳，得出结论，培养学生的科学思维，同时过渡到人体的体温维持平衡是神经和体液调节共同维持产热量和散热量动态平衡的结果。

4.建立体温调节的概念模型。

（1）寒冷条件下体温调节的概念模型。

教师设计问题串：在寒冷条件下，机体的产热量和散热量与适宜温度相比，是如何变化的？根据已经学习过的知识，机体产热与哪些激素是密切相关的？引导学生小组合作得出寒冷条件下机体通过甲状腺激素、肾上腺素分泌的概念模型。

教师组织学生活动，促进学生亲身体验。让一名学生手握冰袋，随后，请学生说出手握冰袋的感觉，并让学生分组讨论出现这些感觉的原因。在教师引导下总结得出：寒冷时起鸡皮疙瘩是因为立毛肌收缩；发抖是因为骨骼肌战栗；手心发白是因为毛细血管收缩。从而进一步完善模型。教师提问：上述过程是神经调节，还是激素调节？若是神经调节，请分组在该模型的基础上建构反射弧的概念模型，引导学生进行合作学习。

结合寒冷条件下体温的神经调节模型和体液调节模型，在教师指导下，完善寒冷条件下体温的神经—体液调节模型。

（2）炎热条件下体温调节的概念模型。

教师组织学生活动，让一名学生原地高抬腿跳。请学生说出原地高抬腿跳后的感觉，并让学生分组讨论原因。总结得出：手心发红是因为毛细血管舒张；手心出汗是由于汗腺分泌增多。类比寒冷情况下的神经调节建构反射弧的概念模型。并结合资料，分析得出：在炎热条件下，肝脏和肌肉等器官产热减少。完善炎热条件下体温的神经—体液调节模型。

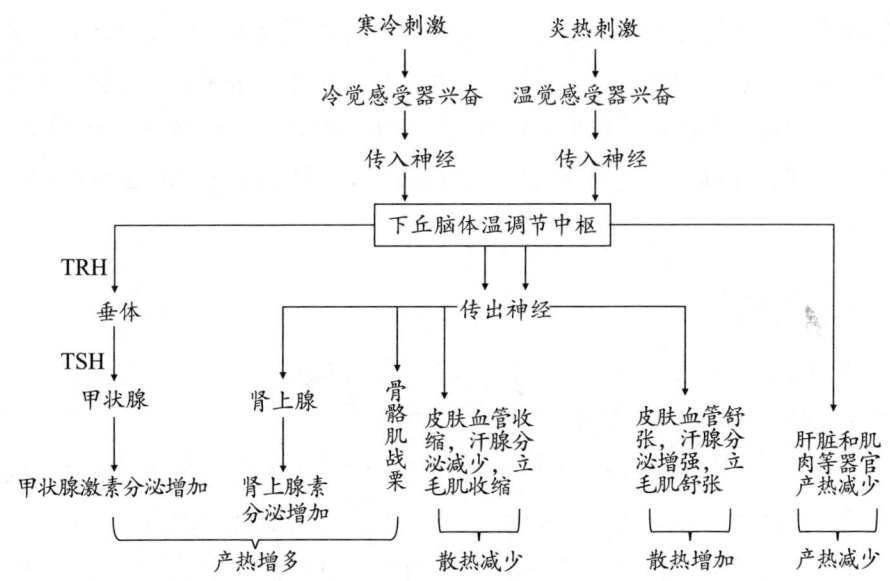

图5-3　体温调节概念模型示例

设计意图：通过回顾旧知、启发式提问和背景资料，引导学生逐步建构寒冷环境中体温调节的激素调节概念模型，充分发挥学生的主体性。通过组织学生开展活动，亲身体验感悟和理性分析，建构寒冷和炎热条件下体温的神经调节模型。通过动手建模，让学生的思维可视化，在锻炼动手能力的同时，也进一步培养了学生的科学思维。

5.联系生活中的"中暑"实际问题，迁移知识。

教师引入"中暑"情境，提出问题：中暑产生的原因是什么？中暑后，病人的体温是升高还是降低？出现中暑现象后，机体能否进行正常的生命活动？以中暑现象为例，机体通过复杂的调节机制维持体温平衡的意义是什么？生活中应该如何避免出现中暑现象？引导学生进行小组合作探究学习。

设计意图：教师通过引导学生关注生活，利用科学知识解释现实生活中的实际问题，培养学生知识迁移的能力。学生通过自主探讨中暑的成因和危害等，深刻理解稳态和平衡的生命观念，渗透了社会责任意识，培养学生的科学思维。

（四）教学反思

本节课通过创设冬奥会相关的问题情境，引导学生主动感悟、观察比较、分析综合、搭建概念模型等多元化的方式建构体温平衡调节的概念体系。经过联系事实的逻辑论证，崇尚真知、尊重事实和证据、讲求逻辑分析、质疑和批判、创新，发展科学思维。教师引导学生结合社会实际问题，激发学生社会责任感，理解生命观念，关爱生命健康，从而将核心素养渗透整节课的教学设计。

五、案例点评

本单元以冬奥会大情境展开了多元且具有不同水平要求的问题和任务，促进了思维深度和广度的发生。

首先设计了相对低阶的任务：对生物学现象进行描述、概括和定义的问题。这样的问题引导着观察、体验、描述、概括与分析等学习活动，回答生物学事实是什么。如围绕"参与稳态调节的系统由哪些子系统或要素构成"这一问题，本单元进行以下学习活动：如冬奥会运动员完成复杂动作需要神经系统的参与，结合植物人、脑血栓病人的脑部CT及高位截瘫病人的病因，归纳总结神经系统的结构组成与功能；阅读膝跳反射及脊髓灰质炎病症的资料，回顾反射弧的结构组成及功能；结合电刺激蛙的坐骨神经腓肠肌标本、测量神经冲动在单根神经纤维上的传导及蛙心灌流实验等，分析神经冲动的产生、传导和传递的条件；阅读教材"研究激素的方法""人体主要内分泌腺及其分泌的激素"，归纳内分泌系统的组成和功能。

其次设计了相对高阶的任务：解释现象背后发生的原理和本质的问题。这样的问题引导着解释、深层次的归纳与演绎、反应系统机理的模型建构等活动，即回答生物学现象或事实为什么发生。因此本单元围绕人体系统为什么能维持机体稳态的平衡，其要素之间存在怎样的关系，并以此引导以下学习活动的进行：如借助神经系统的分级调节模型解释缩手反射与排尿反射实例；分析越野滑雪运动员血糖的来源和去路，建构血糖平衡的概念模型，解释越野滑雪运动员为何能"耐力持久"；分析教材中"思考·讨论"的问题，自主建构甲状腺激素分泌过程概念模型，理解分级调节的意义。

此外在任务完成的评价方面，本单元围绕学科核心素养拟定了不同水平要求的评价指标。以纸笔测验、作业练习、课堂行为观察、实践与应用检测等多样的评价方式匹配指向思维型教学思维发生的多元化特点。

案例6 "生态系统中的各种成分相互影响，共同实现系统的物质循环、能量流动和信息传递，生态系统通过自我调节保持相对稳定的状态"概念教学设计与案例分析

一、整体设计思路

初中生物学部分已经就"植物有自己的生命周期，可以制造有机物，直接或间接为其他生物提供食物，参与生物圈中的水循环，维持生物圈中的碳氧平衡"和"生物与环境相互依赖、相互影响，形成多种多样的生态系统"两大内容围绕"生物与环境"的问题展开单元教学。高中生物学部分继续就"生物与环境"相关的生态学内容展开讨论，围绕选择性必修2中"生态系统中的各种成分相互影响，共同实现系统的物质循环、能量流动和信息传递，生态系统通过自我调节保持相对稳定的状态"这一大概念展开系统学习。结合高中生物学课程标准构建单元概念框架：以群体的视角认识种群、群落、生态系统各个层次的生命系统的动态变化和稳定为主线，落实生态学的重要概念，并在此基础上引导学生树立可持续发展观。以核心素养为依据，结合学情分析对本单元内容进行整合与重构，加强内在关联性。确立以"制作湖泊生态缸的模型"这一主题情境统领整个单元的教学，使零散、细碎的知识系统化。围绕该主题情境，基于课程标准的内容要求、学业要求和学业质量水平，围绕核心素养及其表现水平，制订本单元的教学目标。在单元教学目标的指引下，以"情境—问题—活动"为主线，将关键问题"如何制作一个模拟的湖泊生态系统模型"进行分解，形成四个相互关联的子问题：湖泊中的荷花和鲤鱼在生长过程中数量如何变化？湖泊中的各种群在群落中的关系、生长和分布情况如何？湖泊生态系统中的物质、能量和信息如何传递？模拟的湖泊生态系统和真实情况有什么不同？针对关键问题分解成的子问题分别

设计具有内在联系的若干个学习活动，并且创设真实情境促进目标与活动的有机结合。在整个单元学习的过程中，通过过程化、持续性、表现性的单元评价体系检测单元学习的质态，引导学生在学习过程中发现问题，在问题解决的过程中习得和运用知识，进而发展学生的核心素养。

二、概念进阶

以大概念"生态系统中的各种成分相互影响，共同实现系统的物质循环、能量流动和信息传递，生态系统通过自我调节保持相对稳定的状态"作为学习进阶终点，基于布鲁姆教育目标分类理论，结合分析课程标准与教材要求，进行进阶水平的划分。

表6-1 "生态系统中的各种成分相互影响，共同实现系统的物质循环、能量流动和信息传递，生态系统通过自我调节保持相对稳定的状态"概念进阶

层级	生态系统中的各种成分相互影响，共同实现系统的物质循环、能量流动和信息传递，生态系统通过自我调节保持相对稳定的状态
知识	说出种群的特征与数量变化及其影响因素； 说出群落的结构、类型、演替，生态系统的结构和功能，生物多样性等概念
理解	运用数学模型表征种群数量变化的规律并说出影响种群数量的变化因素； 举例说明不同类型群落的结构、特征及演替规律； 运用图示等方式表征和说明生态系统中物质循环、能量流动、信息传递的过程和特征
应用	解释种群研究在有害生物防治、渔业生产中运用的原理； 评估湿地引种的生态风险； 对相关的生态学实践运用作出合理的解释和判断
分析	从生态系统具备有限的自我调节能力视角出发，预测和论证某一因素对生态系统的干扰可能引发的各种潜在变化
综合	设计制作生态瓶，观察和比较不同生态瓶的稳定性，撰写报告分析其原因
评价	探讨人类活动对自然生态系统动态平衡的影响及人工生态系统带来的社会、生态、经济效应，提出人与自然和谐相处的合理性建议，树立和践行"绿水青山就是金山银山"的生态环保意识

三、大单元设计

（一）单元教学目标设定

基于课程标准的内容要求、学业要求和学业质量水平，围绕核心素养及其表现水平，制订本单元教学目标如下：

1. 运用数学模型表征种群数量变化的规律，分析和解释影响这一变化规律的因素，并应用于相关实践活动中。

2. 举例说明不同类型群落的结构、特征及演替规律。

3. 运用图示等方式表征和说明生态系统中物质循环、能量流动和信息传递的过程和特征，并对相关的生态学实践应用作出合理的分析和判断。

4. 从生态系统具备有限的自我调节能力的视角出发，预测和论证某一因素对生态系统的干扰可能引发的各种潜在变化。

5. 分析或探讨人类活动对自然生态系统动态平衡的影响及人工生态系统带来的社会、生态和经济效益，并尝试提出人与环境和谐相处的合理建议。

（二）单元教学内容分析

1. 内容选取特点

本单元的内容在介绍种群、群落、生态系统等知识的基础上，注重引导学生通过学习生物与生物、生物与环境的关系，尝试综合、整体地理解个体与群体、局部与整体、生物与环境之间的复杂关系，由此建立起一系列思想观念，感悟和形成稳态与平衡观、物质与能量观，同时反映不同层次生命系统的独特性，以及上下级层次之间的关系，从而引导学生从生态的视角再次感悟局部与整体之间的关系。本单元的内容还具有浓郁的中国底色，在内容选择上，关注我国国情，反映我国科技进展和生态建设新成就，渗透中华优秀传统文化，在阐述生态学概念、渗透生态学思想时，还注意联系生产、生活，注意融入科学研究和环境保护实践。

2. 内容结构设计

本单元内容围绕大概念"生态系统中的各种成分相互影响，共同实现系统的物质循环、能量流动和信息传递，生态系统通过自我调节保持相对稳定的状态"，安排了四个模块内容，先按照种群、群落、生态系统的层次依次展开，以从群体视角认识各层次生命系统的动态变化和平衡为主线，落实生态学的重要概念、体现生态学的思想观念。在此基础上，再全面引导学生从可持续发展的角度思考"人和自然界"的关系，其主要内容就是维持生物圈的稳态与平衡，因此，第四模块内容可以视为第三模块的延伸，既能提升责任意识，又能提高担当和行动的能力。经过分析，本单元的内容体系可大致表示为图 6-1。

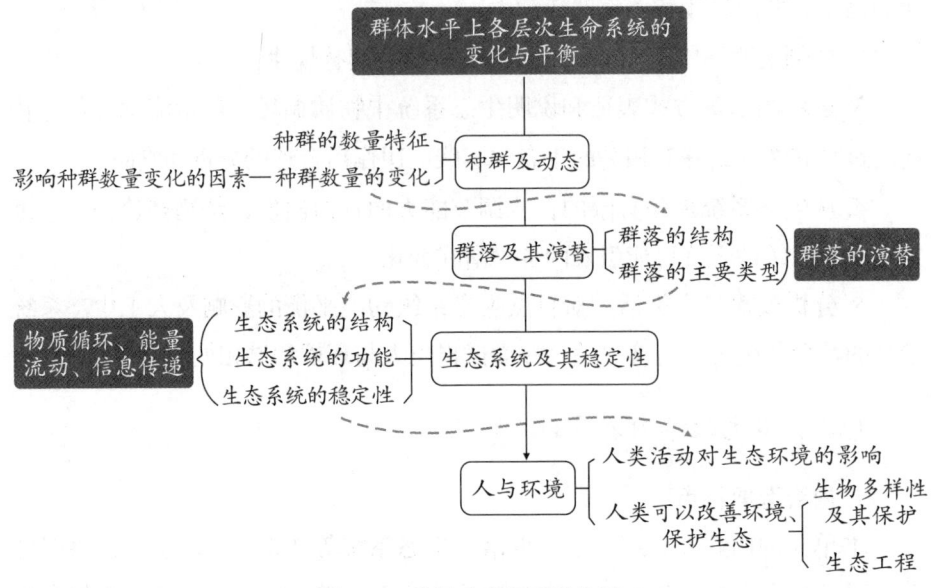

图 6-1　单元内容体系结构图

（三）单元教学情境设计

单元教学情境的创设要进行顶层设计。生物学情境的创设需要结合教学目标，将生物学要解决的问题信息蕴含在特定的、真实的情境中，从而去设计活动。而这一系列"情境—问题—活动"的设计，最终都是为了寻求学生核心素养的达成。所以在进行情境创设时，要着眼于学生适应未来社会发展和个人生活的需要，要指向生命观念、科学思维、科学探究和社会责任等方面，全方位地进行宏观设计。课程标准提倡"引导学生从真实情境中提出问题"，建议教师要围绕教学目标和教学内容，联系学生的个人经历、社会生活和生产实践创设真实情境，指导学生提出问题。因此，情境创设不仅能激发学生的兴趣、引发认知冲突、引入学习主题，还需尽量真实，能够将生物学知识与生产探寻、生活实际、科学研究密切联系，这样的情境便有了"灵魂"，可以带给学生更多生命的启迪和思考。

本单元的主题情境以"制作湖泊生态缸的模型"展开，引出对下列问题的探讨：湖泊中的荷花和鲤鱼在生长过程中数量如何变化？湖泊中的各种群在群落中的关系、生长和分布情况如何？湖泊生态系统中的物质、能量和信息如何传递？模拟的湖泊生态系统和真实情况有什么不同？在这个大情境下，为了建构次位概念，相应建立起多个与大情境相关的小情境，见表6-2。

表6-2　单元教学情境设计

子问题	子情境	设计意图
凭借生活经验建构湖泊生态系统模型	不同地区的湖泊风景照	引导学生结合图片和生活经验，根据自己的理解初步建构一个湖泊生态缸的模型
探究湖泊中种群数量变化	播放真实湖泊的全貌及其中荷花和鲤鱼的种群数量变化的视频	引导学生观察真实的湖泊生态系统，基于实地调查数据和资料，分析湖泊中荷花和鲤鱼的种群数量变化
探究湖泊中各种群在群落中的关系、生长和分布情况	浮萍在不同条件下的生长状态	引导学生通过对水草、浮萍、荷花等种群的分布和密度的调查，分析各种群的结构和生理形态对环境的适应性
探究湖泊生态系统中的物质、能量和信息传递	湖泊近十年的图片资料	引导学生从物质、能量、信息传递等方面解释湖泊生态系统是如何维持长期稳定的
模拟的湖泊生态系统和真实情况的不同之处	生态缸模型建构	要求学生进行生态缸模型的设计，不断修改完善自己的湖泊生态缸模型，并且就"模拟的生态系统和真实情况之间的区别"这一问题进行分享交流
提出湖泊保护建议	模拟召开保护湖泊生态系统的生物多样性的会议	让学生体验林农业工作人员这一职业，以科学报告或写作的形式明确人类活动对生态系统的影响，并提出保护建议

（四）单元教学问题设计

本单元以"情境—问题—活动"为主线，围绕关键问题"如何制作一个模拟的湖泊生态系统模型"，整体化设计单元学习活动。然后将关键问题分解成相互关联的四个子问题：

1.湖泊中的荷花和鲤鱼在生长过程中数量如何变化？

2.湖泊中的各种群在群落中的关系、生长和分布情况如何？

3.湖泊生态系统中的物质、能量和信息如何传递？

4.模拟的湖泊生态系统和真实情况有什么不同？

（五）单元教学活动设计

单元教学设计是通过设计学习活动，引导学生通过活动建构学科概念，并逐渐发展核心素养。整体化视角下的单元学习活动是由若干个学习活动组成的，它们之间有着内在的逻辑联系。本单元活动针对关键问题分解成的子问题分别设计。

活动 1：凭借生活经验建构湖泊生态系统模型。

活动 2：实地调查湖泊中的荷花和鲤鱼的种群数量。

活动 3：收集湖泊中的浮萍，养在适宜的装置中，定期记录其数量变化。

活动 4：观察光照、装置大小、营养液等因素对浮萍生长的影响。

活动 5：实地调查湖泊中水草、浮萍、荷花等种群的分布和密度，分析各种群的结构和生理形态对环境的适应性。

活动 6：查阅湖泊四季和近十年的照片资料，分析群落的季节变化和演替变化及其原因。

活动 7：建构湖泊生态系统中水草、鲤鱼、虾、荷花以及藻类和细菌、真菌的食物网，并分析其能量流动和物质循环情况。

活动 8：收集资料制作 PPT，展示生态系统中的信息传递方式。

活动 9：实地调查湖泊的生物多样性情况，采访林农业工作人员，了解人类活动对湖泊环境的影响，并撰写科学报告，提出保护建议。

活动 10：根据学习成功建构湖泊生态系统模型。

学生在以上活动的基础上建构大概念"生态系统中的各种成分相互影响，共同实现系统的物质循环、能量流动和信息传递，生态系统通过自我调节保持相对稳定的状态"，最终形成"物质与能量""稳态与平衡"的生命观念。

（六）单元评价设计

在本单元中，基于活动设计中的任务要求，设计了多种形式的评价。一是重视形成性评价，通过学生具体的行为表现评估学生对概念的理解，例如，用调查记录表、实验报告、科学写作评价表对学生的实地调查、实验活动、科学写作等活动的结果进行评价等。二是终结性评价，要关注核心素养的落实，通过评价任务和作业考查学生运用知识分析和解决实际问题的能力，例如，通过量表评价学生的模型设计是否具有科学性、创新性、逻辑性和合理性等。三是评价主体多元，引导学生在老师评、同学评的基础上进行自我反思，发现自己在学习中的优点和不足，进而改进和完善学习的方法。在此基础上尝试设计本单元的单元学习评价方案（如表6-3）和"模拟湖泊生态系统的生态缸模型设计"的评价量表（如表6-4）。

表6-3 "生物与环境"单元学习评价方案

评价要素	评价方法	具体描述
实地调查任务 （活动2、活动5、活动9）	视频录像 调查记录表 科学写作	①小组在调查过程中录制视频，将调查方案、步骤、反思等剪辑成影片进行展示，作为衡量学生学习的态度和能力的依据之一。 ②要求学生设计并完成种群数量、种群密度等调查记录表，用以对学生设计和实施调查方案、分析调查结果等能力的评价提供依据。 ③利用科学写作评价表对科学报告的书写规范、术语使用、所提出的生态保护建议的合理性和可行性等方面进行评价
实验活动 （活动3、活动4）	实验检核表 实验报告	①利用实验检核表对学生的实验操作能力进行评价，可从操作规范、熟练操作实验仪器、实验步骤、实验结果记录等方面进行实验检核表的设计。 ②利用实验报告对实验结果进行评价和反思，实验报告应包含实验目的、实验原理、实验步骤、实验结果、分析讨论、反思讨论等内容，要求实验报告书写规范、严谨
学习活动 （活动6、活动7、活动8）	课堂行为观察 学习成果展示	①关注学生在课堂上师生互动、自主学习、同伴合作等行为表现，对学生在绘制食物链和食物网、分析能量流动和物质循环、总结信息传递方式等学习活动的完成度进行评价，学习过程中对信息收集与处理能力等进行评价。 ②利用PPT、小组汇报等形式进行成果展示，从思路清晰程度，表述准确程度，汇报形式创新性、多样性等方面进行评价
建构湖泊生态系统模型 （活动10）	模型制作 模型设计评价量表（见表6-4） 改进方案	①利用评价量表，从物种丰富度、维持时间、美观程度、尺寸、所用材料等方面对生态缸模型进行评价与完善，优秀作品可在校内展示。 ②根据教师和同学的反馈评价，组内讨论并提出生态缸的改进方案，为下一届学生的活动开展提供经验和教训

表6-4 "模拟湖泊生态系统的生态缸模型设计"评价量表

模型编号：＿＿＿＿＿＿ 评分人：＿＿＿＿＿＿ 评价等级：＿＿＿＿＿＿

评价项目	评价标准	好	较好	一般	较差	差
生态系统的组成成分	1. 包含生产者、消费者、分解者以及非生物的物质与能量等组分					
	2. 所选择生物的比例、数量、体积大小合适					
	3. 所选物种的种类丰富，符合湖泊生态缸的要求					
	4. 所选物种之间存在捕食与被捕食的关系，能通过食物链和食物网形成复杂的营养结构					
	5. 体现出生态系统的物质循环、能量流动、信息传递的基本功能					
生态缸的装置设计	1. 所选材料容易获取，尽可能降低成本，做到废物利用					
	2. 生态缸的尺寸大小适宜					
	3. 生态缸无色透明					
	4. 生态缸能够封闭，构成微型生态系统					
	5. 装水量合理，留有合适的空间					
生态系统的稳定性	1. 经过一定时间启动、植物生存状态依然良好，无大面积死亡、腐烂等情况					
	2. 生态缸水质、基质状况良好，无浑浊、变绿、基质松散等情况					
	3. 生态缸制作完成后能在较短时间内达到稳定状态					
	4. 达到稳定后，各物种数量和种类波动幅度在正常范围内					
	5. 生态缸维持稳定的时间较长					
模型设计的美观程度	1. 生态缸的外观造型精美					
	2. 位置布局具有和谐美，大小、尺寸适宜					
	3. 生态系统中各组分之间紧密联系，构成结构与功能的统一体，体现出整体美					
	4. 与所观察的自然湖泊生态系统相似，具备真实美					
	5. 传递可持续发展、人与自然和谐相处的观念，具备生态美					

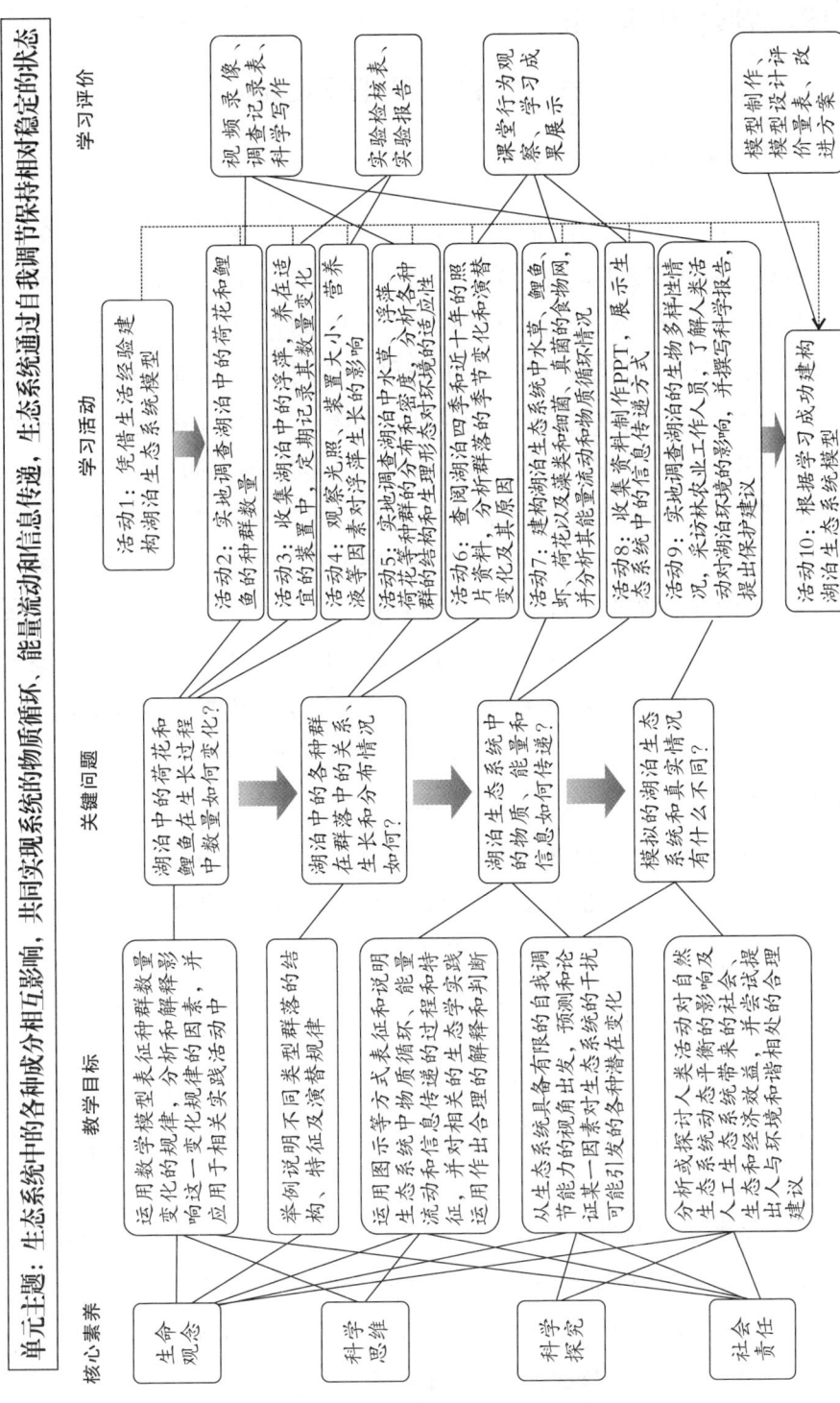

图6-2 单元设计目标、问题、活动及评价网络图

单元主题：生态系统中的各种成分相互影响，共同实现系统的物质循环、能量流动和信息传递，生态系统通过自我调节保持相对稳定的状态

学习评价

| 视频录像、调查记录、科学写作 |
| 实验检核表、实验报告 |
| 课堂行为观察、学习成果展示 |
| 模型制作、模型设计评价量表、改进方案 |

学习活动

凭借生活经验建构湖泊生态系统模型

活动1：实地调查湖泊中的荷花和鲤鱼的种群数量

活动2：收集湖泊中的浮萍，养在适宜的装置中，定期记录其数量变化

活动3：观察光照、装置大小、溶氧等因素对浮萍生长的影响

活动4：实地调查湖泊中的浮萍、荷花种群的分布和密度，分析各种群的结构和生态对环境的适应性

活动5：查阅湖泊四季和近十年的照片资料，分析种群的季节变化和演替变化及其原因

活动6：建构湖泊生态系统的水草、鲤鱼、荷花以及藻类和细菌、真菌的食物网，并分析其能量流动和物质循环情况

活动7：收集资料制作PPT，展示生态系统中的信息传递方式

活动8：实地调查湖泊的生物多样性情况，采访林水业工作人员，了解人类活动对湖泊环境的影响，并撰写科学报告，提出保护建议

活动9：根据学习成功建构湖泊生态系统模型

活动10：

关键问题

湖泊中的荷花和鲤鱼在生长过程中数量如何变化？

湖泊中的各种群在群落中的关系情况生长和分布如何？

湖泊生态系统中的物质、能量和信息如何传递？

模拟的湖泊生态系统和真实情况有什么不同？

教学目标

运用数学模型表征种群数量变化的规律，分析和解释影响这一变化规律的因素，并应用于相关实践活动中

举例说明不同类型群落的结构、特征及演替规律

运用图示等方式表征说明生态系统中物质循环、能量流动和信息传递的过程和特征，并对相关的生态实践作出合理的解释和判断

从生态系统具备有限的自我调节能力的视角出发，预测和论证某一因素对生态系统的干扰可能引发的各种潜在变化

分析或探讨人类活动对自然生态系统动态平衡带来的社会效益，尝试提出人与环境相和谐的合理建议

核心素养

生命观念

科学思维

科学探究

社会责任

四、课时设计部分案例

"种群的数量特征"教学设计

(一)前端分析

"种群的数量特征"属于人教版高中生物学选择性必修 2 的内容。本节需要重视科学调查方法的内容,给学生创设相关情境,让学生积极主动地思考调查种群密度的方法,进而引出种群重要的数量特征——种群密度,让学生掌握种群密度的两种调查方法:样方法和标记重捕法。在知识内容上,这一节主要介绍了种群的数量特征,包括种群密度、出生率和死亡率、迁入率和迁出率、年龄组成和性别比例,这几个特征并不是单纯的并列关系,而是有内在的逻辑关系,有层次之分的。种群密度是种群最基本的数量特征,出生率和死亡率、迁入率和迁出率直接影响种群密度,年龄组成和性别比例都是通过影响出生率和死亡率间接影响种群密度的。

本节包括调查种群密度的方法和种群的数量特征,学生在选择性必修 1 已经学习了稳态及其调节机制等相关知识,本案例将从宏观生物学的角度分析种群这个生命系统的重要特征。相较于这节中种群密度的概念和调查方法比较难掌握的情况,种群的其他几个数量特征理解起来相对比较容易,所以在实施教学的过程中,通过开展多种形式的学生活动来培养学生主动参与课堂教学活动的意识,巧妙借助生活实例,将种群的几个数量特征放到具体情境中去加深理解,并在现实中加以应用。

(二)教学目标

依据课程标准并围绕培养学生核心素养的要求,制订如下教学目标:

1. 通过模拟调查湖泊中的荷花和鲤鱼数量,能阐释种群密度的概念,学会调查种群密度的方法。

2. 通过资料分析与思考、小组讨论,能阐明种群的几个基本特征以及分析种群其他特征对于种群密度的影响,即种群特征之间的内在关系。

3. 通过对我国人口年龄结构变化的讨论,关注人口问题,了解我国生育政策、关注濒危动物种群数量的变化及保护措施。

（三）教学过程

1. 创设情境，导入新课。

教师提供情境：水葫芦原产于南美洲，1901 年作为一种观赏花卉引入中国，由于其无性繁殖速度极快，曾经造成过严重的危害，某一湖面全部长满了水葫芦，致使其他水生生物处于灭绝的边缘。教师说明种群研究的中心问题是种群的数量特征及其变化规律，引入本节对于种群的数量特征的学习。学生初步感知研究种群数量在实践上具有重要的意义。

设计意图：以"生物入侵"作为资料创设教学情境，不仅能引发学生的学习兴趣，导入新课，还能引导学生积极关注生态文明建设。

2. 探究。

活动一：模拟探究池塘中荷花的种群密度。

教师引导学生阅读教材，理解种群、种群密度的概念并能作出判断。简要介绍种群密度的调查方法。展示模拟湖泊的真实情况绘制的示意图，提出如果要在此湖泊中调查荷花的种群密度，我们应该怎么做。

学生模拟探究，用分布有小黑点的 A4 纸模拟湖泊，小黑点模拟荷花，尝试探究荷花的种群密度。

教师呈现相关的资料供学生阅读并引导学生在小组内探讨以下问题：（1）在哪儿取样？（2）样方的大小如何确定？样方的数目如何确定？（3）采用怎样的取样方式？（4）样方边线上的点应当如何计数？

学生总结利用样方法调查种群密度时的注意事项和操作要领，制订出探究湖泊中荷花的种群密度的调查方案并在班级内进行小组展示，在交流讨论的过程中进一步完善方案。

教师引导学生分析模拟情况与实际情况的差距，说明在实际调查过程中还需考虑地形、人力、物力等多方面的因素。

设计意图：通过组织学生进行小组合作，对相关问题进行深入的讨论、分析后，制订取样方案，旨在促进学生深刻领悟样方法取样的一般规律，提升学生科学思维和科学探究能力，以及运用科学的方法解决实际问题的能力。

活动二：模拟探究池塘中鲤鱼的种群密度。

教师提问：要调查湖泊中鲤鱼的种群密度，用样方法可以吗？利用直观模式图讲解标记重捕法的原理。

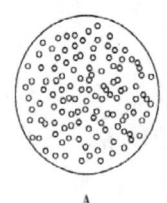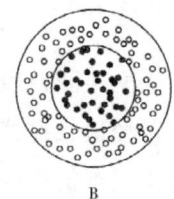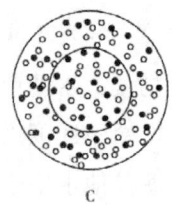

图 6-3　模拟标记重捕法模式图

请同学结合图示讨论 B 图中小圆范围内的黑色圆点以及 C 图中小圆范围内的黑色、白色圆点可分别用标记重捕法计算公式（$M/N=m/n$）中的哪一个字母表示？学生根据直观模式图，解释标记重捕法中各个字母代表的含义，学会计算方法。

引导学生探讨如果出现下列情况会导致估算的结果偏大还是偏小：（1）若鲤鱼被捕捉后，第二次不容易捕捉。（2）标记过于醒目，被标记的动物容易被天敌发现。（3）标记过于醒目，重捕时更容易被人发现。（4）标记脱落。（5）调查期间有同种鲤鱼放入。（6）该地调查期间多只未被标记的鲤鱼个体死亡。学生小组对各种情况进行分析，说出其对估算结果的影响。然后总结归纳出进行标记重捕法时的注意事项和操作要领。

设计意图：结合直观的模式图，化抽象的数学公式为形象表达，帮助学生理解。在分析讨论中，促进学生深刻领悟标记重捕法的一般规律，提升学生的交流表达能力和分析、归纳的能力。

活动三：探究种群的其他数量特征。

教师提问：种群密度是最基本的数量特征，此外还有其他数量特征吗？要求学生阅读教材上的例子，回答以下问题：（1）如何计算出生率和死亡率？出生率和死亡率如何影响种群数量？（2）迁入和迁出如何影响种群数量？（3）如何运用年龄结构预测种群数量的变化趋势？（4）性别比例是如何影响种群数量的？

学生分析得出出生率、死亡率、迁入率、迁出率可以直接决定种群数量，年龄结构通过影响出生率和死亡率间接影响种群数量，性别比例通过影响出生率间接影响种群数量。

设计意图：基于事实，让学生运用分析和比较等科学思维的方法，理解出生率、死亡率、迁入率、迁出率、年龄结构和性别比例对种群数量的影响。

3. 总结：要求学生绘制概念图表示各数量特征之间的关系，并尝试举例说明其对种群数量的影响。

设计意图：建构概念图，帮助学生深化对概念的理解，巩固所学知识。

4. 迁移运用。

教师提供我国人口年龄结构变化图和我国人口分布的相关资料。引导学生预测我国人口的变化趋势以及分析造成我国人口分布不均匀的因素。学生分析交流，认同迁入、迁出对我国人口分布的影响，认同计划生育政策的重要性。

设计意图：引导学生关注人口问题，了解计划生育国策，培养社会责任感。

5. 课后拓展。

利用空余时间引导学生以小组为单位开展探究：收集湖泊中的浮萍，养在适宜的装置中，定期记录其数量变化；观察光照、装置大小、营养液等因素对浮萍生长的影响并记录。发放任务清单记录小组探究的结果，以便下节课的探讨、交流。

设计意图：培养学生动手动脑的能力。

（四）教学反思

本节以"生物入侵"为资料，创设探究情境。从探究种群数量特征发散到影响种群数量变化的因素跨度较大，教学中需要注重概念之间的联系和概念在情境中的应用，避免孤立地建构概念。

本节探究的种群数量特征中的样方法和标记重捕法是重点也是难点，鉴于真实调查的困难，本案例采用操作性更强的模拟调查。但即便采用纸上进行的模拟探究也会耗时更多，实际教学课时需要2个课时以上。

在引导学生模拟调查池塘中浮萍和鲤鱼的种群数量时，还需要提醒学生考虑真实自然环境下调查的问题，可采用头脑风暴的方式让学生说出调查中可能遇到的问题，如样方中"压线"问题，标记重捕中标记物脱落等问题。

本部分种群密度特征与其他种群数量特征之间关系的学习，可以发挥学生自学能力，可通过建构概念图的方式进行展示并予以评价，以提高教学效率。

"种群的数量变化及其影响因素"教学设计

（一）前端分析

"种群的数量变化及其影响因素"包括了人教版高中生物学选择性必修2的内容。本部分包括种群的"J"形增长、种群的"S"形增长、种群数量的波动，探究培养液中酵母菌种群数量的变化，以及探究影响种群数量变化的各种因素。教材通过实例来说明如何建构种群增长模型，并详细讨论了种群增长的两种方式，在理想环境中，种群增长呈"J"形曲线；在环境资源有限的情况下，种群增长呈"S"形曲线。种群增长的两种曲线各有产生的条件和特点，可以通过建构的数学模型来解释种群数量的增长。种群数量变化除了增长以外，还存在波动、下降等其他形式。教材分析了影响种群数量变化的各种因素，特别指出了人类对种群数量变化的重要影响。因此在教学过程中要注意进行人文精神教育。

从教学思路上看，课标中本部分对应的具体内容标准是："尝试建立数学模型解释种群的数量变动"和"举例说明阳光、温度和水等非生物因素以及不同物种之间的相互作用都会影响生物的种群特征"，属于能力层面的"模仿"水平和知识层面的"理解"水平。对应的"学业要求"是：运用数学模型表征种群数量变化的规律，分析和解释影响这一变化规律的因素，并应用于相关实践活动中。因此，建立数学模型的方法是本模块科学方法教育的侧重点，从建构模型的视角出发，存在"现象—本质—现象"，或"具体—抽象—具体"的思路，通过"分析问题—探究数学规律—解决实际问题—建构数学模型"的方法让学生体验由具体到抽象的思维转化过程，引导学生用数学方法解释生命现象，揭示生命活动规律。

（二）教学目标

依据课程标准并围绕培养学生核心素养的要求，制订如下教学目标：

1.通过探究培养缸中浮萍数量的变化等活动，尝试建构种群数量增长的数学模型，并能够利用该数学模型来表征、解释和预测种群数量的变化，认同模型在生物学研究中的应用。

2.通过分析和讨论，举例说明种群的"J"形增长、"S"形增长、波动等数量变化情况，并归纳影响种群数量变化的非生物因素和生物因素。

3.通过探究、分析和讨论生物因素和非生物因素影响浮萍种群数量变化的情况，说明各种因素对种群数量变化的影响，并说明种内竞争以及不同物种之间的相互作用对种群数量变化的影响。

4.运用种群数量变化规律解决生产生活中的实际问题，关注人类活动对动植物种群数量变化的影响，并阐明种群研究在实践中的应用，培养保护野生动物、合理利用生物资源等社会责任感。

（三）教学过程

1.创设情境，导入新课。

请学生分享自己利用课余时间进行探究所得到的结果：（1）收集湖泊中的浮萍养在适宜的装置一段时间内的数量变化。（2）分析光照、装置大小、营养液等因素对浮萍生长的影响，谈谈对任务清单上问题的理解。引导学生探究种群数量的变化及其影响因素。小组汇报，分享探究成果。

设计意图：引导学生积极开展课外实践，培养科学探究的能力和表达交流的能力。

2.建构模型，交流讨论。

（1）学习建模：

教师展示教材"问题探讨"中细菌繁殖的相关资料，提出问题：假设某种细菌每 20 min 繁殖一代，计算一个细菌繁殖 n 代后的数量（假设资源和生存空间没有限制）。请用公式表达出第 n 代细菌的数量，并在纸上画出曲线图。

建构模型：学生通过教师的引导，在假设的前提下，得出第 n 代细菌的数量为 $N_n=2^n$，并且绘制出曲线图。

检验、修正模型：请学生利用真实的实验数据对建构的模型进行检验、修正。学生总结建构数学模型的一般步骤：提出问题—作出假设—建构模型—检验、修正模型。

（2）体验建模：

分析浮萍在营养和生存空间充足、营养和生存空间有限这两种不同的情况下，种群数量的变化会有何不同？

建构模型：根据建构数学模型的一般步骤，引导学生进行小组讨论，提出假设、建构预测的模型图。

检验、修正模型：依据小组培养浮萍时记录的相关数据，引导学生对模型进行检验、修正，建构真实的模型图并分析各组之间的差异。

小组通过提出假设尝试绘制预测的模型图，后根据自己探究所得的真实数据进行检验和修正。

（3）建构概念：

引出"J"形曲线、"S"形曲线、K值的概念。引导学生总结种群呈"J"形增长、"S"形增长的前提条件、变化趋势以及这两种模型中各参数的具体含义。

设计意图：初步建立建模思维，掌握模型建构的一般步骤，培养学生归纳、总结的能力，为后面自主建模打下基础。通过让学生自主提出假设，进行模型建构，进一步建立模型与建模的思维。通过对自己探究的数据和图像的分析，培养学生分析、获取图像信息的能力。通过对比、总结，培养学生科学归纳的能力。

3.科学探究，归纳总结。

除了营养和生存空间会影响种群数量的变化外，还有哪些因素会影响种群数量的变化？对课前各小组探究光照、装置大小、营养液等因素对浮萍生长的影响的结果进行分析探讨。就以下问题进行探讨、交流：（1）影响浮萍数量变化的因素有哪些？哪些属于生物因素？哪些属于非生物因素？（2）为什么在营养和生存空间有限的情况下浮萍不能无限增长？（3）其他种群会对浮萍的种群数量造成影响吗？分组讨论，归纳影响种群数量的因素，并用思维导图的形式呈现。

设计意图：通过讨论、分析，引导学生将所学的知识与自己的生活实际建立起联系。运用思维导图的方式进行总结有助于学生形成结构化的知识体系。

4.应用知识，解决问题。

拓展应用1：

重现情境：水葫芦原产于南美洲，1901年作为一种观赏花卉引入中国，由于其无性繁殖速度极快，曾经造成过严重的危害，某一湖面全部长满了水葫芦，致使其他水生生物处于灭绝的边缘。提出问题：假如你来处理水葫芦泛滥事件，根据本节课所学的知识，你会提出什么建议？

拓展应用 2：

湖泊内野生鱼类资源丰富，为了可持续发展，专家建议渔民所用的渔网的网目不能过小，否则会影响来年的鱼的产量，这是为什么？请用种群数量特征的知识进行解释。学生分析讨论。

设计意图：教师列举生活中的实例，引导学生运用所学的生物学知识解决生活的实际问题。引导学生参与社会议题的讨论，培养社会责任感，形成可持续发展的观念，树立生态文明意识。

5. 总结完善思维导图。

引导学生以"种群"为中心，分"数量特征""数量变化""影响数量变化的因素""应用"四方面绘制本章的思维导图。学生根据自己的理解绘制思维导图。

设计意图：引导学生对种群相关的知识进行回顾总结，为后面群落及生态系统的学习奠定基础。

附件：探究湖泊中浮萍的种群数量变化及其影响因素

本活动旨在让学生通过对在湖泊中收集的浮萍进行连续 7 天的培养，观察记录其在营养和生存空间都充足、营养和生存空间有限两种情况下的种群数量变化，收集数据，建构数学模型，绘制浮萍种群数量变化的曲线；以及观察光照、装置大小、营养液等因素对浮萍生长的影响，记录其在不同条件下的生长情况并回答相关问题，达到探究种群数量变化规律及其影响因素的目的。

1. 材料准备

湖泊中的若干浮萍、纯净水瓶等。

2. 实施建议

本实验持续时间较长（7 天），因此一定要提前做好周密的计划。

（1）在湖泊中采集浮萍进行培养。

（2）创设营养和生存空间都充足、营养和生存空间有限两种情况，观察并记录其在两种情况下的种群数量变化。

（3）自主设计方案观察光照、装置大小、营养液等因素对浮萍生长的影响，记录其在不同条件下的生长情况。

3. 实验记录

根据各小组探究的情况将数据记录在下表（如有探究其他因素的小组，可以仿照下表创建表格记录数据）。

表6-5　不同营养和生存空间下浮萍种群数量增长情况（单位：个）

时间/天	1	2	3	4	5	6	7
营养和生存空间都充足							
营养和生存空间有限							

表6-6　不同光照下浮萍种群数量增长情况（单位：个）

时间/天	1	2	3	4	5	6	7
光照充足							
光照不足							

4. 表达交流

依据观察的结果整理数据准备小组展示，结合观察及收集相关资料尝试回答下列问题：

（1）影响浮萍数量变化的因素有哪些？哪些属于生物因素？哪些属于非生物因素？

（2）为什么在营养和生存空间有限的情况下浮萍不能无限增长？

（3）其他种群会对浮萍的种群数量造成影响吗？

5. 注意事项

（1）在湖泊中采集浮萍时要注意个人安全。

（2）小组分工合作、互帮互助，共同完成任务。

（四）教学反思

本节承接上一节内容，利用拓展任务中对浮萍的研究的情境，建构种群数量增长的"J"形、"S"形曲线并对其进行分析，使用数学模型来直观、精准地描述生命规律。教学中外出调查比较困难，可以在实验室中培养浮萍，结合前一节内容，可以把"用样方法调查种群数量""调查种群数量变化""探究影响种群数量变化的因素"三个实验一起做，提升生物学学习的实践性。

同时，本节的探究还可让学生先做预实验，观察浮萍繁殖情况，再选择统计的单位时间，如天或周，以更好地描述种群数量的变化，体验预实验的必要性，有条件的学校可以扩大参与面，在课外进行。

此外，可以将调查的浮萍种群数量变化与酵母菌种群数量变化两个实验进行对比，分不同的兴趣小组进行。学生先假设可能的变化模型，再以数据进行拟合，让学生体验模型建构的基本过程，学生在深入了解自然规律、掌握科学探究方法的同时，养成了严谨的科学态度，逐步形成科学思维，学会运用模型来表征对本质的理解。

五、案例点评

本单元教学设计重视概念、规律、理论等形成过程，包括为什么引出这个概念和规律，怎样得出概念和规律，以及怎么认识概念和规律在学科结构中的地位及其应用。比如在"制作湖泊生态缸的模型"活动展开时，结合一组问题：湖泊中的荷花和鲤鱼在生长过程中数量如何变化？湖泊中的各种群在群落中的关系、生长和分布情况如何？湖泊生态系统中的物质、能量和信息如何传递？模拟的湖泊生态系统和真实情况有什么不同？学生通过回答这些问题，在应用概念的同时巩固了生态系统中"物质与能量观"的概念和规律。

此外，本单元教学过程中提出能够引发学生认知冲突的高认知问题和设置进阶的项目式学习，给学生留有足够的时间，引导学生进行积极主动的探究。比如在"探究湖泊生态系统中浮萍的种群数量变化"中安排"依据观察的结果整理数据准备小组展示"的环节，要求学生结合观察及收集相关资料，尝试回答问题解决背后的生物学本质的问题："影响浮萍数量变化的因素有哪些？哪些属于生物因素？哪些属于非生物因素？""为什么在营养和生存空间有限的情况下浮萍不能无限增长？""其他种群会对浮萍的种群数量造成影响吗？"这些较为深入的问题倒逼学生产生高认知。

案例7 "遗传信息控制生物性状，并代代相传"
概念教学设计与案例分析

一、整体设计思路

以必修 2 "遗传信息控制生物性状，并代代相传"这一生物学大概念为基础，结合课程标准构建单元概念框架，以核心素养为依据，结合学情分析制订出单元教学目标。学生在初中阶段已经学习了生物的遗传与变异，生活中随处可见的遗传和变异现象为学生分析遗传学问题打下了基础，本单元的学习重点在于以"遗传信息"为线索，探索遗传的分子生物学基础，并且进一步解释基因控制性状的机制以及亲子代之间性状的差异，这些可遗传的变异对于生物的进化具有重要意义。为了推动学生形成生物学大概念，提升解决真实问题的能力，根据单元教学目标提炼关键问题"新冠病毒如何实现增殖与变异？"以此问题为核心，创设出真实单元大情境："导致新冠感染的病原体新型冠状病毒究竟是如何增殖的？又是如何产生诸多变种的？"为了让学生更好地解决该问题达到单元目标，分别制订如"分析科学家探索遗传物质历程的经典实验，设计实验证明新冠病毒的遗传物质"等子任务、"新型冠状病毒的变种'德尔塔''奥密克戎'等是如何产生的？"等子情境，并设计学生活动及学习评价，最终促进大概念的建构和核心素养的达成。

鉴于情境有限的覆盖面和整个单元教学的整体性，"有性生殖中基因的分离和重组导致双亲后代的基因组合有多种可能"这一重要概念涉及的"减数分裂、分离定律和自由组合定律"内容没有很好地包容进去，因此这一部分内容可以另起大情境进行单元教学。但从概念建构的完整性来说，"减数分裂、分离定律和自由组合定律"这一部分内容是从遗传到变异过渡的关键，是"遗传信息控制生物性状，并代代相传"这一大概念的重要支撑，应在恰当的时机融入，本案例仅仅是考虑情境设置的需要将其暂时独立开来。

二、概念进阶

表 7-1 "遗传信息控制生物性状，并代代相传"概念进阶

层级	遗传信息控制生物性状，并代代相传
经验	知道病毒需要在活细胞内完成增殖； 知道 DNA 是主要的遗传物质，基因是包含遗传信息的 DNA 片段； 了解遗传信息发生改变可以引起生物变异
映射	知道病毒的基因是 DNA 或 RNA，新冠病毒是 RNA 病毒； 概述 DNA 和 RNA 都可以储存遗传信息； 解释 RNA 适于作为 DNA 和蛋白质之间信使的原因； 理解 DNA 和 RNA 的复制过程中可能出现差错
关联	理解基因通常是有遗传效应的 DNA 片段，新冠病毒的基因是有遗传效应的 RNA 片段； 解释基因以 RNA 为信使指导蛋白质的合成并控制生物的性状； 知道新冠病毒侵染细胞的过程以及合成蛋白质的方式； 阐明病毒通过基因突变实现变异
系统	理解亲代传递给子代的遗传信息主要编码在 DNA 分子上； 阐明由基因突变、染色体变异和基因重组引起的变异属于可遗传的变异
整合	认同遗传信息控制生物性状，并代代相传； 举例说明新冠病毒的增殖和变异是如何实现的

三、大单元设计

（一）单元教学目标设定

基于课程标准的内容要求、学业要求和学业质量水平，围绕核心素养及其表现水平，制订本单元教学目标如下：

1. 通过分析肺炎链球菌的转化实验、噬菌体侵染细菌的实验、烟草花叶病毒侵染烟草的实验，阐明 DNA 是主要的遗传物质，运用科学方法设计实验探究新冠病毒的遗传物质。

2. 通过科学史资料，分析讨论并逐步建构 DNA 双螺旋结构模型，认识 DNA 储存遗传信息的方式；运用假说—演绎法探究 DNA 的复制方式，阐明

DNA 半保留的复制方式和复制过程，认同科学家对真理的追求和探索精神。

3. 通过比较 DNA 与 RNA 结构的相似之处，说明 RNA 能够储存新冠病毒遗传信息的原因，基因通常是有遗传效应的 DNA 片段，新冠病毒的基因是有遗传效应的 RNA 片段。

4. 通过转录和翻译等事实性资料分析，利用文字、图解、模型等形式阐述转录、翻译的过程，明确遗传信息的流动方向，构建中心法则，分析新冠病毒在宿主细胞内的增殖过程，归纳新冠病毒遗传信息的流动方向。

5. 通过分析基因表达产物与性状的关系实例，阐明基因控制生物性状的两种方式，分析新冠病毒感染特定细胞的方式。

6. 通过对基因突变、染色体变异相关实例的分析、讨论，以及对人类遗传病致病机理的探讨，阐明可遗传变异的类型，分析新冠病毒的变异类型，形成参与社会议题的责任感。

（二）单元教学内容分析

本单元涉及"遗传信息控制生物性状，并代代相传"中"基因的本质、基因的表达、生物的变异"相关内容。该大概念包括多个重要概念，例如，亲代传递给子代的遗传信息主要编码在DNA 分子上，由基因突变、染色体变异和基因重组引起的变异属于可遗传的变异。次位概念是形成重要概念和大概念的基础，常常在一节课的时间里可以完成，每个次位概念又包含若干具体知识，比如"DNA 是主要的遗传物质""DNA 的结构为双螺旋结构""基因通常是有遗传效应的DNA 片段"等。这些知识往往比较零碎，却是解释具体事例及建构整体概念所必需的。从知识本身来看，整体化意味着"联系"，所以梳理出知识之间的联系是单元教学设计的前提。

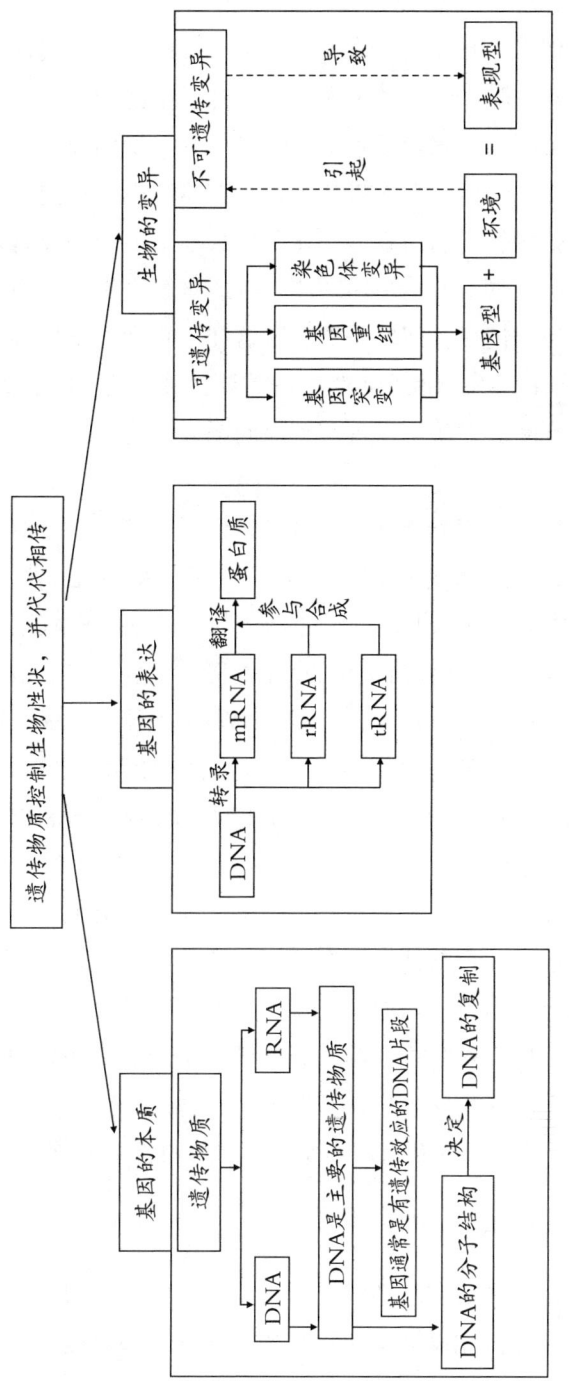

图7-1 单元概念图

（三）单元教学情境设计

课程标准提倡"引导学生从真实情境中提出问题"，建议教师要围绕教学目标和教学内容，联系学生的个人经历、社会生活和生产实践创设真实情境，指导学生提出问题。相较于单一教学设计的情境创设，单元教学情境的创设可以打破碎片化情境，形成贯穿单元的整体情境，在同一情境的不同问题中，给予学生更多的启迪与思考。在单元教学情境的创设时，要进行顶层设计，需要以特定、真实的情境为载体，以通过解决生物学问题实现能力的提升为目的，设计"情境—问题—活动"这样一系列教学环节。同时，要着眼于学生适应未来社会发展和个人生活的需要，关注情境的真实性与适应性，并注重完整性，不断启发学生发现与解决问题，最终实现核心素养的全方位提升。

本单元的主题情境以新冠病毒展开，举例说明新冠病毒对人类生产生活造成的巨大影响，自然而然引出下列问题："新冠病毒是如何实现增殖与变异的？"在此大情境的基础上，创设若干个与大概念紧密联系的小情境以支撑次位概念。例如，在"梳理转录和翻译过程"时可以出示情境：某外国老板想要生产某一产品，但语言不通，需要懂外语的经理用汉语转达老板的设计思想以指导员工来生产产品。请找出基因的表达中与"老板""经理""员工""产品"等形象所对应的内容，并找出其中对话的形式分别体现了哪些过程。在学生思考并厘清思路后继续补充情境：新冠病毒是一种 RNA 病毒，它生产"产品"还需要懂外文的"经理"翻译为中文通知"员工"吗？猜测它是如何生产产品的？通过补充新情境，在小情境的基础上实现与大情境相关知识的串联。在"探究基因突变的原因、特点与意义"时可以出示情境：用甲醛超标的材料装修房屋，对孕妇和胎儿会造成一定的危害和影响，这也与基因突变有一定的关系。在激起学生认知冲突的同时设计一系列问题深入剖析该情境，并且可以为之后探究新冠病毒变异的原因和意义做铺垫。

（四）单元教学问题设计

本单元以"情境—问题—活动"为主线，围绕关键问题"新冠病毒如何实现增殖与变异"整体化设计单元学习活动。然后将关键问题分解成相互关联的四个子问题：

1.科学家如何确定新冠病毒的遗传物质是哪种物质？

2.DNA 和 RNA 为什么能够储存和传递遗传信息？

3.新冠病毒如何感染细胞并实现增殖？

4.为什么新冠病毒有很多变异类型？

（五）单元教学活动设计

单元教学设计是通过设计学习活动，引导学生通过活动建构学科概念，并逐渐发展核心素养。整体化视角下的单元学习活动是由若干个学习活动组成的，它们之间有着内在的逻辑联系。本单元活动针对关键问题分解成的子问题分别设计。

活动 1：分析科学家探索遗传物质历程的经典实验，设计实验证明新冠病毒的遗传物质。

活动 2：建构 DNA 双螺旋模型，解释遗传物质所具有的特性。

活动 3：列表比较 DNA 和 RNA 的结构，归纳新冠病毒储存遗传信息的方式。

活动 4：设计实验证明 DNA 的复制方式，观看 DNA 复制的视频动画，概述 DNA 复制过程。

活动 5：利用模型演示真核生物遗传信息的转录和翻译过程，构建中心法则。

活动 6：类比新冠病毒 RNA 的增殖和表达过程，说明新冠病毒遗传信息的流动方向。

活动 7：总结基因控制生物性状的方式，说明新冠病毒感染细胞时的特异性识别过程。

活动 8：分析实例总结可遗传变异的三种类型，说明新冠病毒的变异是由基因突变引起的。

学生在以上活动的基础上建构大概念"遗传信息控制生物性状，并代代相传"，最终形成"结构与功能相适应"的生命观念。

（六）单元评价设计

单元教学评价要与单元目标相联系，并朝着检测学生核心素养水平的方向开展设计。素养导向下的测评模式中，强调以任务情境为载体，基于学科核心素养的内涵和表现维度进行情境化的问题或试题设计，评价学生在解决具体任务时表现出的素养水平。在本单元中，评价任务的设计与单元目标和活动设计中的任务相契合，基于活动设计中的任务要求，注重评价形式的多元化。

一是基于观察实验现象或者分析科学史实的过程性评价，包含学生能否运用生命观念或生物学原理解释实验现象和结果；通过学生运用所学知识进行模型建构并完善模型情况进行评价；通过探究性活动评价量表对课上活动进行评价；利用学生能否准确回答学案中的问题进行评价；通过课上小组合作，展示交流过程进行生生、师生评价。对整个单元评价的设计注重实效性和延续性，每完成一个学习任务，立即针对性进行学习评价，并且评价设计注重延续性以便于判断学生核心素养发展情况。例如，在第一课时对"利用模型演示真核生物遗传信息的转录和翻译过程，构建中心法则"的模型建构活动进行评价时，参照表 7-2 评价标准。

表 7-2　"利用模型演示真核生物遗传信息的转录和翻译过程，构建中心法则"评价标准

优秀	学生对活动的参与积极性高；能正确完成对 DNA 转录和翻译的模型建构，模型完整美观；能够在团队中起组织和引领作用，展开交流并对模型进行评价，同时依据模型说明转录和翻译模型建构过程并阐述出异同点；基于模型建构过程，采用适当的科学思维方法揭示中心法则，并能绘制出中心法则图解
良好	学生对活动的参与积极性较高；能完成对 DNA 转录及翻译的模型建构；在小组学习中能主动合作，完成 DNA 转录和翻译的模型建构，并运用科学术语说明转录和翻译模型建构过程；基于转录和翻译模型，运用归纳的方法概括遗传信息流动过程，并能够用图示或者文字方式阐明中心法则内涵
合格	学生对活动的参与积极性一般；基本能搭建完整美观的模型；能与他人合作完成探究，但不能完整说出转录和翻译模型建构过程；以探究遗传信息流动规律的科学事实为基础形成对中心法则的简单认识，并用图示等方式正确表达
需改进	学生对活动的参与积极性较低；搭建的模型结构不完整；与小组间的交流较少，不能说明转录和翻译模型建构过程；能够认识到中心法则是基于科学事实经过论证形成的，并能用中心法则解释简单的转录或翻译现象

二是终结性评价，包括传统的纸笔测试和开放性书面作业，主要通过相关习题来进行。评价标准是围绕"结构与功能""进化与适应"等生命观念，通过多角度设问方式，考查学生模型与建模、批判性思维、创造性思维、科学审视社会性议题的科学思维能力，并且突出对健康防疫方式等社会责任意识的考查。

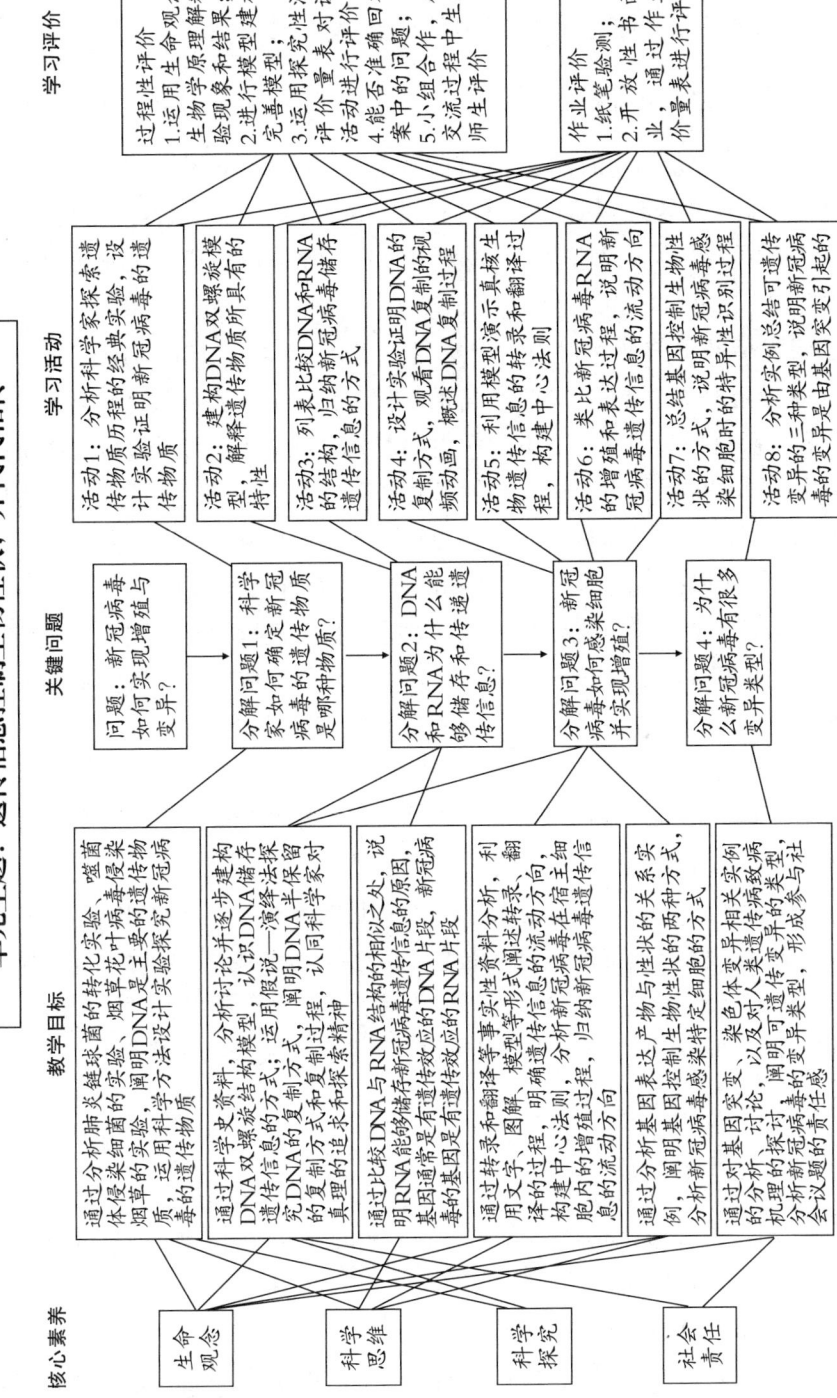

图7-2　单元设计目标、问题、活动及评价网络图

四、课时设计部分案例

"基因指导蛋白质的合成"教学设计

（一）前端分析

"基因指导蛋白质的合成"选自人教版高中生物学教材必修 2。通过本节的学习，学生需要理解遗传信息的转录与翻译两大主干内容，以及 DNA 与 RNA 结构的比较、三种不同的 RNA 以及遗传密码的组成三大侧枝内容，知识内容偏多，并且较为理论化。

课程标准中与此相对应的要求是：概述 DNA 分子上的遗传信息通过 RNA 指导蛋白质的合成。本节内容的地位及作用如下：从教材层面上看，本节内容在教材中起着承上启下的作用，本节内容是在学习了遗传的物质基础和基因的本质的前提下，进一步加深对基因及其作用机理的认识，也为后面学习基因对性状的控制进行了必要的知识铺垫。从章节层面上看，本节内容是本章学习的基础，对学生理解生物的遗传具有重要意义。

本节课首先创设问题情境，激起学生疑惑，病毒没有细胞结构，且只有基因组进入宿主细胞，那它的蛋白质外壳是如何合成的呢？学生带着疑惑进入课堂后，教师首先引导学生思考宿主细胞中基因和蛋白质的存在部位，并归纳出 RNA 适合作为 DNA 信使的原因。随后，通过创设具体的工厂生产产品情境，引导学生利用类比推理方法初步理解转录和翻译中的物质变化。接着，通过小组合作建构转录模型，进一步深化对转录的理解。并且针对性设置问题串，帮助学生突破对翻译过程的疑惑。其次，学生自主归纳比较填写 DNA 复制、转录、翻译的表格，分析出遗传信息的流动规律。最后，首尾呼应，先展示新型冠状病毒生活史模式图，随后引导学生绘制出新冠病毒遗传信息的流动图解并解答导入课堂提出的问题，并继续补充反转录病毒 HIV 的资料，师生共同完善中心法则。

（二）教学目标

依据课程标准并围绕培养学生核心素养的要求，制订如下教学目标：

1. 通过问题探究、资料分析等方法，比较 RNA 与 DNA 的结构，归纳 RNA 适于作为 DNA 信使的条件。

2. 通过模型建构、资料分析、合作学习，探究基因指导蛋白质合成的方式，演示并概述遗传信息的转录和翻译过程。

3.运用数学方法,分析 DNA 的碱基、RNA 的碱基与氨基酸之间的对应关系。

4.基于地球上几乎所有的生物都共用一套遗传密码的事实,阐明生物界的统一性,认同当今生物可能有着共同的起源,形成进化观。

5.通过自主绘制新冠病毒及艾滋病病毒遗传信息传递概念图,修正中心法则,认同科学是不断发展的,认同生命是物质、能量和信息的统一体,关注社会热点议题。

(三)教学过程

1.创设情境,导入新课。

展示新型冠状病毒研究:SARS-CoV-2 首先通过与特定的宿主细胞受体结合并通过胞吞进入宿主细胞,但只有基因组进入宿主细胞。提问:病毒没有细胞结构,且只有基因组进入宿主细胞,那它的蛋白质外壳是如何合成的呢?

设计意图:聚焦科学前沿和社会热点问题,以问题为任务驱动,激发学生的学习兴趣,从而对基因如何指导蛋白质合成展开思考,开启学生的思维之旅。

2.温故知新,设疑激趣,证明 RNA 是 DNA 的信使。

教师先提问回顾:基因和蛋白质在细胞中的存在部位分别是哪里?引导学生对以下问题进行探究:位于细胞核中的基因如何指导细胞质中的核糖体合成蛋白质?学生进行猜测以后得到不同观点。学生据此尝试寻找能够证明自己观点的证据,得到结论:基因和蛋白质并不能直接进行联系,要以 RNA 作为媒介才能实现联系。随后教师呈现资料进行补充:DNA 分子直径约 2 nm,核糖体由大小亚基构成,直径约 23 nm,而核孔只有 0.9 nm。通过资料分析,引导学生细致归纳 RNA 适合作为 DNA 信使的原因。

设计意图:利用了探究性学习策略,通过问题引导学生积极思考,努力获得事实和证据等信息,并通过分析信息,最终得出正确的结论,有效地发展了学生的科学思维这一核心素养。

3.情境创设,类比学习,初步梳理转录和翻译过程的物质变化。

教师创设情境:某外国老板想要生产某一产品,但由于语言不通不能到车间去亲自指导生产,于是他把自己的想法告诉了工厂懂外语的经理,经理带着老板的设计思想到生产车间指导生产，用汉语指挥员工把相应的原料运输到特定的位置，组装成一个大型的产品。引导学生通过阅读教材，找出基因的表达中与"老板""经理""员工""产品"等形象所对应的内容，并找出其中对话的形式分别体现了哪些过程。通过自主阅读、小组讨论、总结归纳，以类比推理的方法找到情境与教材内容的联系，初步理解转录和翻译过程的物质变化，认识相关概念，如遗传信息、mRNA、密码子、tRNA 等。

通过以上情境，教师继续进行提问：（1）"老板"与"经理"是如何实现沟通的？（2）"经理"如何将指令传递给"员工"？（3）"员工"进行了什么样的操作来完成产品的制作？引导学生思考 DNA 和 mRNA 之间能够准确传达信息的原因是依靠碱基互补配对这一机制完成的，mRNA 进行指挥时，tRNA 作为搬运工，通过碱基互补配对实现了信息的匹配，以及原料的搬运。引导学生思考：新型冠状病毒是一种 RNA 病毒，它生产"产品"还需要懂外文的"经理"翻译为中文通知"员工"吗？

设计意图：通过情境创设策略，拉近新知识与学生的距离，激发学生学习热情的同时带有严谨的知识逻辑性。这样，在具体情境问题的解决过程中，学生不断内化和迁移知识体系，真正从情境中得到学习的动力。此外，也为后面继续深入分析新冠病毒的增殖过程做好铺垫。

4. 模型建构，体验合作，深化"转录"概念。

教师展示精心设计好的 DNA 双链结构平面模型，以小组为单位开展合作学习，自主设计转录过程的模型，准备转录过程所需的原料、酶、能量等材料，演示得到转录的产物 RNA 单链，并以小组为单位进行展示，学生在汲取他人点评和反馈的意见之后，进一步对模型进行修正。

设计意图：在分组合作学习以及模型建构的过程中，培养学生的合作意识和表达交流能力，并在修正模型的同时，有效发展了科学探究这一学科核心素养。

5. 有效设问，开展探究，突破"（以 mRNA 为模板）蛋白质合成过程"这一难点。

教师利用问题串设问：（1）碱基和氨基酸之间有怎样的对应关系？（2）至少需要多少个碱基的组合才能够决定 21 种不同的氨基酸？（3）哪种物质实现了碱基和氨基酸之间的转换？其作用如何？（4）tRNA 怎样与 mRNA 对应呢？（5）密码子与反密码子的关系如何？（6）翻译过程是如何进行的？在逐一分

解问题的基础上，指导学生主要针对问题（1）开展合作探究，学生在运用数学知识的基础上，理解碱基和氨基酸之间并不是一一对应的，至少需要3个碱基才能够决定21种不同的氨基酸，每种氨基酸对应的碱基组合至少为一种。教师继续引导学生开展探究：如何确定密码子所对应的氨基酸？学生通过思考，提出设计重复序列碱基可以帮助确认氨基酸的种类。在学生探究过程中，教师游走于各组之间，了解各组学习进展情况并搜集疑难问题，适当参与讨论进程，最终引导各小组成功设计出材料，建构翻译过程的模型，通过课堂展示、组内自评与组间互评等方式，提升学生课堂参与感，有效调动学生的学习主动性，建构完善且科学的模型，得到正确的多肽链。

设计意图：通过问题串分解问题，层层设问，从而逐步突破教学难点。并针对问题（1）引导学生开展探究性学习，在这一过程中学生体验了科学家破译遗传密码的推理和探究过程，认识到几乎所有生物共用一套遗传密码的事实，也更认同科学家大胆质疑和勇于实践的科学精神与态度。

6. 总结提升，解答疑惑，构建中心法则。

引导学生自主总结DNA复制、转录和翻译三大过程，填写完成表格7-3。并且鼓励学生自主分析出遗传信息传递的一般规律：遗传信息可以从DNA流向DNA，即DNA的复制；也可以从DNA流向RNA，进而流向蛋白质，即遗传信息的转录和翻译，构建出中心法则。

表7-3　DNA复制、转录和翻译三大过程内容表

项目	复制	转录	翻译
场所	细胞核（主要）	细胞核（主要）	细胞质／核糖体
模板	亲代DNA两条链	DNA的一条链	mRNA
原料	4种脱氧核苷酸	4种核糖核苷酸	21种氨基酸
酶	解旋酶、DNA聚合酶	RNA聚合酶	多种酶
特点	边解旋边复制，半保留复制	边解旋边转录，DNA双链全保留	一个mRNA上可以连续结合多个核糖体，顺次合成多肽链
碱基互补配对	A-T，T-A，C-G，G-C	A-U，T-A，C-G，G-C	A-U，U-A，C-G，G-C
产物	两个双链DNA分子	mRNA	蛋白质（多肽链）
信息传递方向	亲代DNA→子代DNA	DNA→mRNA	mRNA→蛋白质

设计意图：通过表格对比，梳理出 DNA 复制、转录和翻译过程的区别和联系，共同建构出基因表达的核心概念，提升学生的思维能力。并从中渗透生命是物质、能量和信息的统一体，强化学生的生命观念。

7.学以致用，解答疑惑，完善中心法则。

教师先展示新冠病毒生活史模式图 7-3，随后重新提出疑惑：病毒没有细胞结构，且只有基因组进入宿主细胞，那它的蛋白质外壳是如何合成的呢？引导学生小组合作学习讨论如下问题：新冠病毒的遗传物质是什么？新冠病毒进行复制的模板是什么？新冠病毒遗传信息的翻译过程与人遗传信息的翻译过程有什么不同？尝试按中心法则的形式绘制出新冠病毒遗传信息的流动图解。讨论后引导学生分组展示答案和流动图解模型，共同总结出新冠病毒的遗传物质为 RNA，与特定的宿主细胞受体结合并通过胞吞进入宿主细胞后，病毒的 RNA 会充当 mRNA，在宿主细胞的核糖体内完成复制和翻译，并生成 RNA 聚合酶以及组装蛋白，完成病毒重新组装后大量释放。

继续补充 HIV 生活史模式图 7-4，引导学生再次绘制出其遗传信息流动图解。最后，师生共同归纳完善中心法则。

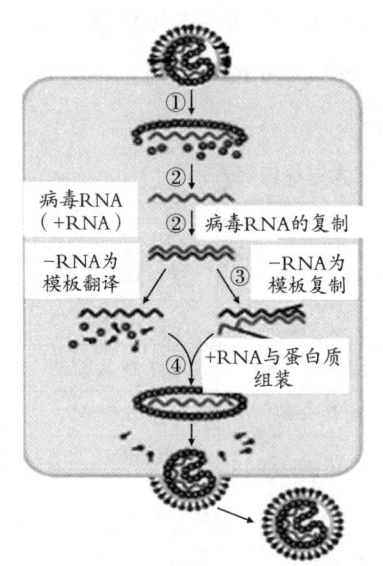

图 7-3　新冠病毒生活史模式图

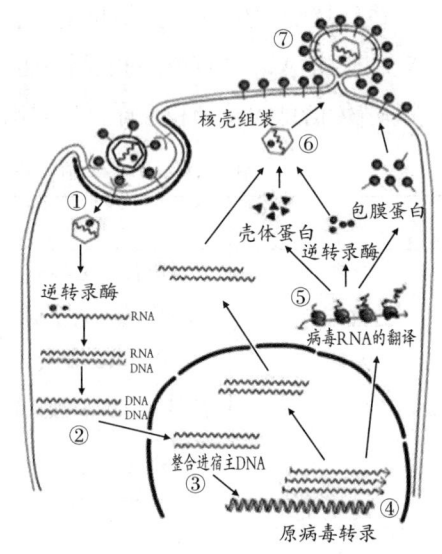

图 7-4　HIV 生活史模式图

设计意图：首尾呼应，学生运用所学知识解决实际生活中的生物学问题，切身体会到生物学的价值与意义，提升了社会责任感。并认识到科学是不断发展的，认同生命是物质、能量和信息的统一体。

（四）教学反思

本节课以新冠病毒的情境贯穿始终。教师首先针对学生既熟悉又陌生的新冠病毒如何在宿主细胞中合成蛋白质提出疑惑。随后，引导学生进行知识回顾、类比学习、模型建构、合作探究，层层推进，最终实现知识的整合和迁移运用。学生在探究问题过程中，不仅培养了学习兴趣，还提升了动手能力、分析和解决问题的能力。且通过"寻找 RNA 作为信使的证据""转录模型建构"等活动，学生自主梳理信息，深刻体会到科学研究的一般方法，训练了科学思维和科学探究能力。此外，课堂最后首尾呼应，学生将生物学知识应用于解决熟悉的新型冠状病毒问题，增强了学生的防疫意识和对健康文明生活方式的认同感，从而使学生的核心素养得以全面发展。同时，在教学过程中，教师充分引导学生参与讨论，综合利用提问、模型建构等方式对学生的课堂表现进行综合性评价，运用教师评价、组内自评、组间互评等方式，做到评价主体多元化，评价方式多样化，根据评价及时调整教学进度，达成教学目标，落实了核心素养。

"基因突变"教学设计

（一）前端分析

"基因突变"这一内容选自人教版高中生物学教材必修 2。整体来看，第 5 章旨在解释子代与亲代之间性状相似而又不完全相同这一普遍生物学现象的机理；"基因突变与基因重组"这节内容遵从了从现象到本质，从宏观认识到微观探讨的认知逻辑，结构严谨；基因重组的知识已经在"基因的自由组合定律"和"减数分裂"相关章节学习过，所以本节的重点在于基因突变，它是可遗传变异的一种重要方式。

高中生物学课程标准对本节内容的要求为：概述碱基的替换、插入或缺失会引发基因中碱基序列的改变；阐明基因中碱基序列的改变有可能导致它所编码的蛋白质及相应的细胞功能发生变化，甚至带来致命的后果；描述细胞在某些化学物质、射线以及病毒的作用下，基因突变概率可能提高，而某些基因突变能导致细胞分裂失控，甚至发生癌变。这一内容的学习是对基因指导蛋白质的合成过程的拓展，也为后续学习其他变异类型打下基础。

本节课以医生收到朋友的提问创设情境，让学生感同身受地思考，新型冠状病毒的变种是怎样产生的？为什么它这么容易变异呢？意义何在？带着疑惑进入课堂后，明确变异同样出现在进行有性生殖的生物上。首先创设"求助信"情境，引导学生明确镰状细胞贫血的发病原因。随后创设"讨论会"情境，提供皱粒豌豆、囊性纤维化的形成机制，引导学生明确基因突变的概念。接着引入"李先生患结肠癌"新情境，明确细胞癌变的原因、过程与特征。并接着提供"装修甲醛超标"情境，在问题解答中学生明确基因突变的原因、特点与意义。最后首尾呼应，引导学生联系旧知识，并运用新知识给医生的朋友回信，并在此过程中进一步说明新冠病毒变异的原因和意义。

（二）教学目标

依据课程标准并围绕培养学生核心素养的要求，制订如下教学目标：

1.通过分析镰状细胞贫血的病因，阐明基因突变的概念，树立结构与功能相适应的生命观念。

2.通过讨论结肠癌发生的原因，阐明细胞癌变与基因突变之间的关系，尝试建构细胞癌变的概念图，提升养成良好的生活习惯、选择健康生活方式的社会责任感。

3.通过辨析资料，讨论新冠病毒变异的原因和意义，辨别生活中的伪科学，并提升防疫意识，养成珍爱生命的态度和健康的生活方式。

（三）教学过程

1.情境导入，引发思考。

一名医生一天收到一位朋友的来信，朋友表达了自己的疑惑：新型冠状病毒出现了"德尔塔""奥密克戎"等多个变种，新型冠状病毒的变种是怎样产生的？为什么它这么容易变异呢？这对它来说有什么意义？医生的工作十分繁忙，你能替他回答吗？

设计意图：从学生生活中实际生物学问题切入，创设新冠病毒变异的真实情境，启发学生的探究欲望和认知冲突，积极调动了学生的思维积极性，为之后的深入学习做铺垫。

2. 情境创设，明确镰状细胞贫血的发病原因。

教师补充，引导学生思考：除病毒外，进行有性生殖的生物，基因在代代相传的过程中，会不会也发生变化呢？随后展示"一封求助信"，引导学生先以医生视角进行分析判断，搭建学习支架。图片支架：展示信件中的附件资料，观察提供的血红细胞图片，它和我们平时所观察到的血红细胞形状是否一样？信息支架：信件中的资料不足，教师提供外援，适时地呈现其他资料供学生分析，通过对比正常和异常情况下的血红蛋白分子中的氨基酸序列来引导学生发现造成红细胞形态异常的直接原因。知识支架：深入剖析病因，层层递进。教师给出不完整的资料，引导学生分析mRNA序列以及DNA序列发生的变化，从而对新旧知识进行联系，确定红细胞形态异常的直接原因与根本原因。随后撤去支架，引导学生梳理知识内容，绘制镰状细胞贫血的概念图，进行回信。

设计意图：创设求助信的情境，立马调动起学生的思维积极性。并通过提供图片支架、信息支架以及知识支架，充分发挥学生的主动性，引导学生通过自主探究、合作交流的过程，进行分析比较、归纳概括，形成良好的思维习惯和思维品质，发展了科学思维和科学探究的核心素养。

3. 回归情境，明确基因突变的概念。

重新回归情境：医生在回信后，将这一病例情况与其他医生召开研讨会分享，大家针对这一情况纷纷展开讨论。首先，教师提供信息，帮助学生回顾皱粒豌豆、囊性纤维化的形成机制。随后，引导学生用关键词对两种疾病进行简单的概括，根据基因突变的位置、类型、结果等要点，尝试归纳基因突变的概念。请小组代表进行分享，其他小组成员进行点评与补充。最后，引导学生对网上存在的"基因突变所导致的疾病一定会遗传"观点进行判断，明确基因突变发生遗传的条件。

设计意图：通过情境，明确其他性状的改变与基因序列改变的关联。帮助学生回顾之前所学的内容，分析性状改变的根本原因，充分发挥学生的主动性。最后，引导学生利用所学知识对网络观点进行判断，加深对知识的印象，提升判断的能力，成为健康中国的促进者和实践者。

4. 引入新情境，明确细胞癌变的原因、过程与特征。

创设李先生与医生的对话情境，说明李先生患结肠癌的事实，吸引学生的注意力，为问题提出做准备。并搭建学习支架。信息支架：如果你是医生，你会如何回答他？引导学生阅读教材，根据结肠癌发生的简化模型解释结肠癌发生的原因。

随后深化情境，李先生还是很疑惑，表示自己的身体一直以来都很健康，细胞中怎么会有癌基因呢？继续搭建学习支架。信息支架：引导学生阅读教材，解释细胞癌变的原因，并提出疑惑，健康人的细胞中存在原癌基因和抑癌基因吗？从基因控制蛋白质的合成进而控制性状的角度，说一说原癌基因和抑癌基因的作用分别是什么？图表支架：提供细胞正常生长增殖的不完整的概念模型，引导学生根据刚刚所学内容进行补充。随后尝试分析细胞发生癌变与两种基因突变的关系。利用新旧知识之间的联系帮助学生冲破这一过程中思考与分析的阻碍。通过提问与回答，明确原癌基因和抑癌基因的突变引起细胞发生癌变的过程。信息支架：阅读资料，从癌细胞的特征这一角度，总结癌细胞之所以令人"闻之色变"的原因。最后，教师总结强调癌细胞的特征，并说明正是由于癌细胞的这些特点，它不仅不会发挥原本细胞的正常功能，还会挤压其他细胞的生存空间和营养条件等，对我们的身体健康有很大危害。

最终进行情境延伸，李先生终于接受了这个事实，决定办理住院，积极接受治疗。医生也强调，要养成良好的生活习惯，选择健康的生活方式，以避免癌症的发生。组织学生进行讨论：对此，你们有什么感想？从癌症预防、社会责任等角度谈谈你的看法。

设计意图：情境的连续性保障知识的逻辑性和连续性，利于学生理解。通过展示不完整的图表支架，引导学生回顾原癌基因和抑癌基因的作用，利用旧知识解决新问题，学生在分析归纳过程中，形成良好的思维习惯和思维品质，培养科学思维。通过阅读资料，锻炼学生提炼信息和总结的能力，加深学生对知识内容的理解，形成结构与功能观。引导学生踊跃发言，表达自己的看法，培养学生的社会责任感。

5.分析实例，建构新知，明确基因突变的原因、特点与意义。

教师展示资料：用甲醛超标的材料装修房屋，对孕妇和胎儿会造成一定的危害和影响，这也与基因突变有着一定的关系。引导学生思考：甲醛属于哪种诱发基因突变的因素？还有哪些诱变因素？有甲醛的房屋一定会对胎儿造成影响吗？基因突变还有哪些特点？基因突变对性状有什么影响？一定是不利影响吗？通过对问题的分析，引导学生明确基因突变的诱发因素、特点以及意义，全面深入地对基因突变进行了解。

设计意图：小组合作讨论，从教材中提取相关信息并进行分析总结，锻炼学生交流合作和语言表达能力。

6.拓展延伸，解答疑惑，阐明新冠病毒变异的原因和意义。

教师引导学生回忆一开始提出的问题，新型冠状病毒的变种是怎样产生的？学生根据所学知识回答出可能是基因碱基序列发生了改变。教师补充，新冠病毒变种中的基因突变主要发生在刺突蛋白（S蛋白）区域（新冠病毒通过此蛋白与受体结合，抗体可阻断这种结合），因此发生基因突变的新型变异株可以采用新方式与受体结合。为什么它这么容易变异呢？这对它来说有什么意义？教师引导学生回忆上节课所学的新冠病毒的生活史并结合新知识，组织小组讨论发言，最终总结得出：病毒复制过程产生的一系列亚基因组mRNA都可能作为RNA的模板链，导致病毒的高复制率和高突变率。基因突变是新冠病毒产生新基因的途径，这有利于病毒适应环境的选择压力和逃避宿主的免疫监视。随后教师组织同学们以小组为单位回复医生朋友的问题。

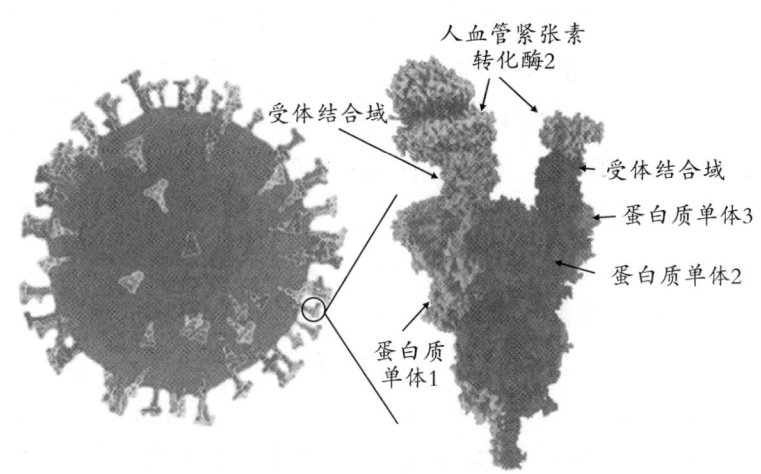

图7-5 奥密克戎S蛋白的结构图

设计意图：首尾呼应，学生运用所学生物学知识解答了疑惑，提升对生物学的兴趣。在解答问题的过程中，回忆之前所学新冠病毒复制、转录和翻译的相关知识，巩固知识的同时从另一角度审视新冠病毒变异的原因，将基因突变这个新概念纳入原有的认知结构中。并且深入了解新冠病毒变异的原因和意义后，提升了学生的防疫意识，对生命形成敬畏感，帮助学生养成珍爱生命的意识。

（四）教学反思

教师以情境创设贯穿整个课堂，适时引导学生通过生活化的情境进入学习主题，在这一过程中，以问题解决为驱动和导向，发挥学生的主观能动性，深化对基因突变概念理解的同时，解释更广泛的生物学现象，获得知识迁移的能力。并在解答学习支架问题、交流讨论的过程中提升了分析问题和解决问题的能力。同时以新冠病毒变异的原因和意义为主线，引导学生通过知识迁移解答问题，能较好地提升学生的逻辑思维能力，并在剖析新冠病毒变异原因和意义的过程中，无形提升了防疫意识和形成珍爱生命的观念。

五、案例点评

首先，本单元的教学体现了思维型教学中思维的深刻性。碱基和氨基酸之间有怎样的对应关系？至少需要多少个碱基的组合才能够决定 21 种不同的氨基酸？哪种物质实现了碱基和氨基酸之间的转换？其作用如何？ tRNA 怎样与 mRNA 对应呢？密码子与反密码子的关系如何？翻译过程是如何进行的？这些问题引导学生回答 DNA 和 RNA 为什么能够储存和传递遗传信息。

其次是思维的批判性。本单元中"DNA 是主要的遗传物质"学习中设置了"艾弗里的实验说明了蛋白质不是遗传物质吗？""噬菌体侵染大肠杆菌实验说明了蛋白质不是遗传物质吗？"这两个问题，引导学生批判性思考实验设计究竟是怎样达到实验目的的，为什么不能得出其他结论。

再次是思维的灵活性。比如"病毒没有细胞结构，且只有基因组进入宿主细胞，那它的蛋白质外壳是如何合成的呢？"这一问题的回答，是为了更好地说明利用病毒作为实验材料的优点，需要学生结合正在学习的"DNA 是主要的遗传物质"对应实验的目的回答。问题的提出本身具有生成性，同时要求学生能活学活用。

最后是思维的独创性。比如设计了"新型冠状病毒的变种是怎样产生的？""为什么它这么容易变异呢？"这样的问题，学生可从进化、病毒结构、病毒中存在的"中心法则"等角度进行不同的且具创造性的回答。

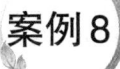

案例8 "生物的多样性和适应性是进化的结果"概念教学设计与案例分析

一、整体设计思路

以"生物的多样性和适应性是进化的结果"这一生物学大概念为基础,结合课程标准构建单元概念框架;以核心素养为依据,结合学情分析制订单元教学目标;通过提炼关键问题"生物的多样性和适应性是怎样形成的?"然后将关键问题分解成多个子问题,并分别制订任务、情境、学生活动以及学习评价,以促进大概念的建构和核心素养的达成。

在初中阶段,学生已经学习了生物进化的相关内容,初步了解了生物进化的化石证据和达尔文自然选择学说的基本内涵,但对达尔文自然选择学说的深层含义与局限性了解较浅。教材中囊括了许多实例,如蝴蝶与昆虫的翅色、长颈鹿的长颈、蝗虫的交配和产卵、捕食者与被捕食者之间的斗争等,学生大都有感性的认识,有的学生甚至可能通过新媒体渠道或科普书籍,对以上现象和进化论的其他观点有更深层次的理解。在教学中,可鼓励这些学生积极发言,参与课堂讨论,为新课注入活力,促进学生间共同学习与教学进度。通过高中教材遗传学部分的学习,学生已经知道基因的分离定律、自由组合定律、基因突变、基因重组和染色体变异等,还知道基因与性状的关系,为本单元内容的学习与深入理解奠定了基础。

二、概念进阶

表8-1 "生物的多样性和适应性是进化的结果"概念进阶

层级	生物的多样性和适应性是进化的结果
经验	初步了解生物进化的化石证据; 初步了解达尔文自然选择学说的基本内涵; 知道基因的分离定律、自由组合定律、基因突变及其他变异等相关遗传知识

续表

映射	通过化石记录、比较解剖学和胚胎学等事实，说明当今生物具有共同的祖先；举例说明种群内的某些可遗传变异将赋予个体在特定环境中的生存和繁殖优势；阐述变异、选择和隔离可导致新物种的形成
关联	通过细胞生物学和分子生物学等知识，说明当今生物在新陈代谢、DNA 的结构与功能等方面具有许多共同的特征；阐明具有优势性状的个体在种群中所占比例将会增加，说明自然选择促进生物更好地适应特定的生存环境；概述现代生物进化理论以自然选择学说为核心，为地球上的生命进化史提供了科学的解释
系统	理解地球上的现存物种丰富多样，它们来自共同的祖先；理解适应是自然选择的结果
整合	理解生物的多样性和适应性是进化的结果

三、大单元设计

（一）单元教学目标设定

基于课程标准的内容要求、学业要求和学业质量水平，围绕核心素养及其表现水平，制订本单元教学目标如下：

1. 运用化石等直接证据和比较解剖学、胚胎学、细胞生物学和分子生物学等间接证据，说明当今生物具有共同的祖先，举例说明当今生物具有许多共同特征。

2. 运用达尔文的自然选择学说解释适应的形成，说明适应是自然选择的结果，评述达尔文的自然选择学说的贡献和局限性，形成进化与适应观。

3. 阐明自然选择对种群基因频率变化的影响。

4. 阐述变异、选择和隔离可导致新物种的形成。

5. 概述现代生物进化理论以自然选择学说为核心，为地球上的生命进化史提供了科学的解释。

（二）单元教学内容分析

本单元属于必修 2 概念"生物的多样性和适应性是进化的结果"的相关内容。该大概念包括两个重要概念及其下属多个次位概念，例如"地球上的现存物种丰富多样，它们来自共同祖先"。次位概念是形成重要概念和大概念的基础，常常在一节课的时间里可以完成，每个次位概念又包含若干具体知识，比如种群、种群基因库、基因频率等概念的内涵。这些知识往往比较零碎，却是解释具体事例及建构整体概念所必需的。从知识本身来看，整体化意味着"联系"，所以梳理出知识之间的联系是单元教学设计的前提。

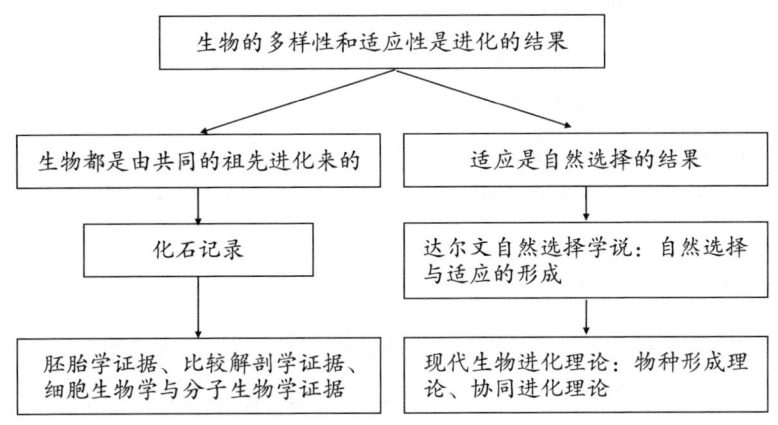

图8-1　单元概念图

（三）单元教学情境设计

本单元的主题情境以"将46亿年的进化浓缩为24小时"的视频展开。视频把生物进化的过程巧妙地浓缩成24小时，先是早上4点钟出现单细胞生物，再到晚上8点50分海洋动物的猛然涌现，再到最后几分钟人类的出现，激发学生对于生物进化的好奇心，引出下列问题：不同生物之间有什么关系呢？为什么会形成如此多样的生物？生物是如何适应其所在的环境的？在大情境的基础上，为了建构次位概念，可以相应建立多个与大情境相关的小情境，例如，在"理解协同进化的含义"时可以出示情境："动物世界中狮子、猎豹对羚羊的追逐与捕食"。结合书中图片，提出问题：如果一片草原上，东、西部各有羚羊种群，只是东部有狮子与猎豹，而西部没有如此强大的天敌，一直这样下去，哪边的羚羊会跑得更快？引导学生思考协同进化的含义。

（四）单元教学问题设计

本单元以"情境—问题—活动"为主线，围绕关键问题"生物的多样性和适应性是怎样形成的？"整体化设计单元学习活动。然后将关键问题分解成相互关联的七个子问题：

1. 什么证据可以证明生物有共同的祖先？

2. 适应是如何形成的？

3. 为什么说种群是生物进化的基本单位？

4. 种群的基因频率为什么会发生变化？

5. 自然选择与种群基因频率的变化有什么关系？

6. 隔离在物种形成中起到什么作用？

7. 生物多样性是如何形成的？

（五）单元教学活动设计

单元教学设计是通过设计学习活动，引导学生通过活动建构学科概念，并逐渐发展核心素养。整体化视角下的单元学习活动是由若干个学习活动组成的，它们之间有着内在的逻辑联系。本单元教学活动针对关键问题分解成的子问题分别设计。

活动1：分析化石、胚胎学、比较解剖学、细胞生物学、分子生物学等证据，探究生物的起源。

活动2：回忆自然界中"结构与功能相适应"和"生物适应环境"的实例，明确生物学中适应的含义。

活动3：基于生物学事实，归纳出适应的特点。

活动4：学习拉马克的观点，并通过分析"老鼠尾巴切割实验"来评价其学说正确与否。根据生物学事实，进行推理，得出合理推论，明确适应是如何形成的。理解达尔文学说，了解达尔文学说的局限性。客观评价拉马克进化学说和达尔文自然选择学说。

活动5：思考生物进化的基本单位是什么并给出理由。

活动6：用数学方法探究种群的基因频率为什么会发生变化。

活动7：基于生物学事实（如桦尺蛾）进行分析，并概括出自然选择与种群基因频率变化的关系。

活动8：基于生物学事实（如两个鼠种群、加拉帕戈斯群岛的地雀）分析隔离在物种形成中的作用。

活动9：基于生物学事实归纳概括出协同进化的含义。

活动10：观看视频、分析资料，分析生物多样性是如何形成的，思考其对人类社会的意义。

活动11：回忆本单元所学内容，尝试解释自然界生命史，了解发展中的进化理论，形成科学精神。

学生在以上活动的基础上建构大概念"生物的多样性和适应性是进化的结果"，最终形成"进化与适应观"这一生命观念。

（六）单元评价设计

本单元的评价强调应关注学生对生物学大概念的理解和融会贯通，以生物学大概念、重要概念等主干知识为依托，检测学生的核心素养发展水平。基于活动设计中的任务要求，设计了多种形式的评价。一是基于科学资料分析的过程性评价，包含通过能否在新情境下结合现学知识给出相应的回答或解释进行评价；通过能否准确回答学案中的问题进行评价；通过课上的展示交流过程进行生生、师生评价。二是作业评价，包括完成开放性书面作业和通过作业评价量表进行评价。

例如，在对"利用自然选择学说解释适应的形成过程"进行评价时，在明确"适应是如何形成的"问题之后，呈现古今长颈鹿的图片，引导学生对比古今长颈鹿的不同点，并尝试用达尔文的观点对长颈鹿长脖子这一适应特征进行解释，从而检验学生是否能解释现象，并能够在新情境下解决相关问题；是否正确掌握自然选择学说，建立起科学的生命观。之后，抛出话题"耐药菌的出现与抗生素滥用的关系"，组织讨论，从而引导学生迁移应用，检验学生学习成果。

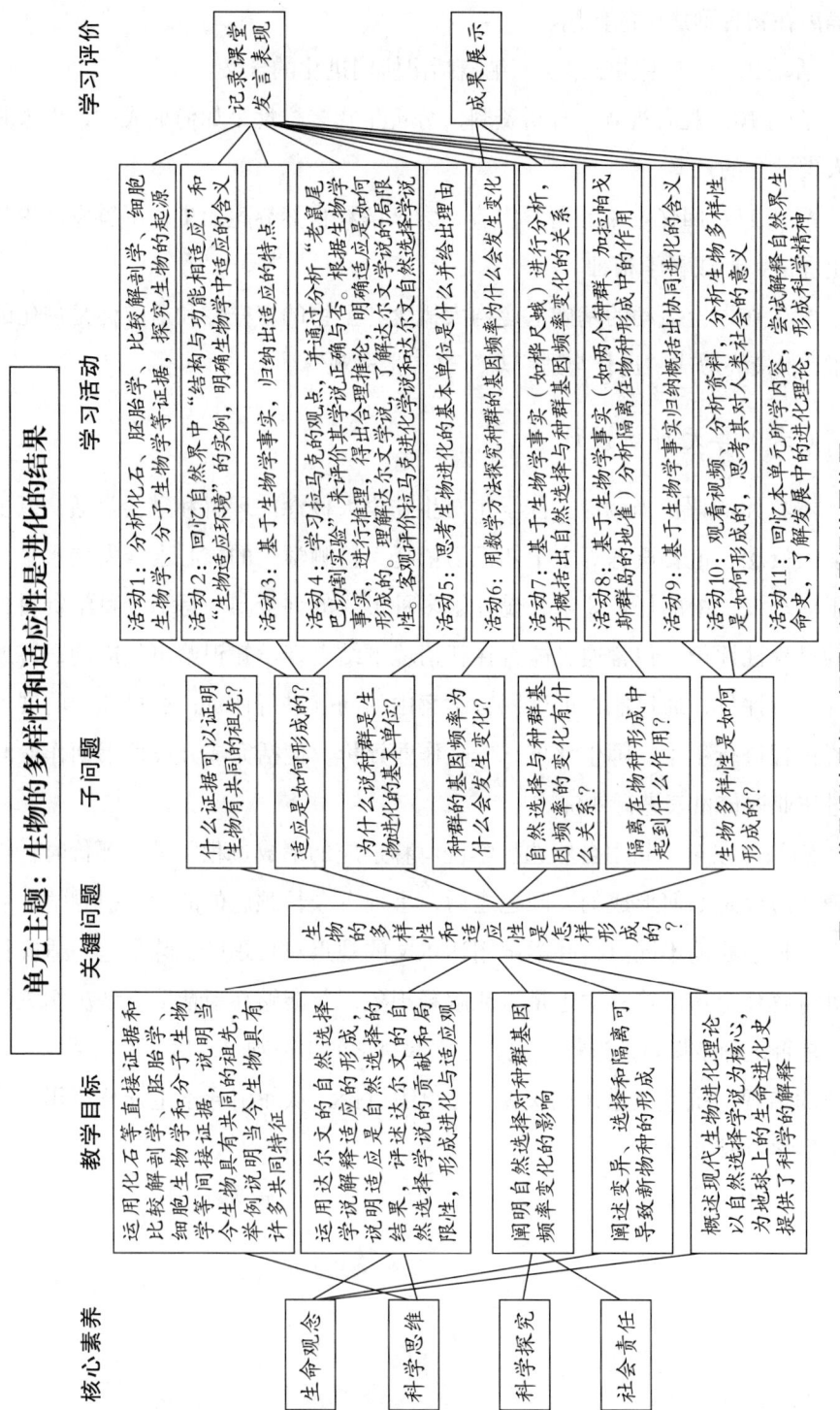

图8-2 单元设计目标、问题、活动及评价网络图

四、课时设计部分案例

"自然选择与适应的形成"教学设计

（一）前端分析

本课时内容位于人教版高中生物学教材必修 2，是本单元教学中的第二课时，主要内容可以概括为以下三部分：适应的含义、适应的特征以及适应形成的机制。本节内容是本单元中的关键内容，位于"生物的多样性和适应性是进化的结果"这一大概念下，将问题聚焦于"适应是自然选择的结果"这一重要概念，是学生理解本单元大概念、理解现代生物进化理论和自然选择学说的关键，对学生进化与适应观的形成具有举足轻重的作用。就与上下节的关系而言，本节内容具有承上启下的作用，向上承接"地球上现存丰富多样的物种皆来自共同的祖先"，向下引出新物种的形成以及生物多样性等内容。

对于学生的核心素养培育上，教师讲授本课内容时，可以以丰富的活动为载体，强化学生的结构与功能观并使其逐渐形成进化与适应观，发展逻辑推理与分析概括等能力，通过引导学生对自然选择学说进行科学的评价，帮助他们形成正确的自然观念。

教材在呈现内容时，逻辑清晰，故教学时无须对内容的顺序进行大的调整。本课内容难度不大，可侧重于学生对自然选择学说观点的迁移应用，提高其迁移应用的能力。本课可以利用枯叶蝶、凤蝶、枭蝴蝶这三种蝴蝶创设问题情境，引导学生思考如下问题：1. 枯叶蝶的外形和颜色与枯叶类似，你认为这有怎样的适应意义？ 2. 为何在同一种生存环境中，会有色彩暗淡的蝴蝶，也会有色彩鲜艳的蝴蝶呢？这说明适应具有怎样的特点？ 3. 适应是如何形成的呢，有哪些学说可以解释这一问题？以问题为驱动，以问题解决为目的，引发师生对适应的含义、特点及其形成机制的探索。

（二）教学目标

依据课程标准并围绕培养学生核心素养的要求，制订如下教学目标：

1. 能够举例说出自然界中普遍存在适应，理解适应的含义；通过基于教师提供的生物学事实，进行科学的分析，归纳概括出适应是普遍存在的、适应是相对的、适应方式具有多样性这一结论，发展归纳概括能力、语言表达能力，锻炼逻辑思维。

2. 分析"老鼠尾巴切割实验"得出结论，并科学客观地评价拉马克进化学说，形成正确的科学史观。

3. 基于生物学事实，在教师的引导下，结合所学知识进行逻辑推理，得出合理推论，理解达尔文自然选择学说，并在此基础上，阐述适应的形成过程，逐步形成进化与适应观。

4. 学生能够运用自然选择学说对自然界的适应现象进行解释；在了解达尔文学说的局限性以及现代进化理论的基础上，明确科学在自我更正中进步发展，形成正确的科学态度，发展科学素养。

（三）教学过程

1. 创设情境，导入新课。

引导学生对本单元学习开始时的视频进行回忆，思考为何在同一生存环境中，同一生物的种类却不相同。呈现枯叶蝶、凤蝶、枭蝴蝶三种蝴蝶的图片，引导学生依次思考如下问题：（1）枯叶蝶的外形和颜色与枯叶类似，你认为这有怎样的适应意义？（2）为何在同一种生存环境中，会有色彩暗淡的蝴蝶，也会有色彩鲜艳的蝴蝶呢？这说明适应具有怎样的特点？（3）适应是如何形成的呢，有哪些学说可以解释这一问题？

设计意图：直观呈现出多种蝴蝶，吸引学生注意。创设问题情境，增强学习动机，并明确本节课的学习任务。将情境与单元情境相联系，使教学前后连贯。

2. 明确适应的两层含义。

呈现适应的两层含义，引导学生对此进行讨论，利用书本所学知识和日常经验，举出自然界中结构适应功能和生物适应环境的实例，并谈谈自己对适应含义的理解。集思广益，通过举例进行解释可以加深学生对适应这一生物学术语的理解，锻炼思维能力，并初步理解适应是普遍存在的，为后续归纳出适应的特点做铺垫。

3.归纳概括适应的特点。

回到导入时未解决的问题，为何在同一种生存环境中，会有色彩暗淡的蝴蝶，也会有色彩鲜艳的蝴蝶呢？这说明适应具有怎样的特点？引导学生得出适应方式的多样性这一结论。

呈现生物学事实引发学生思考，并得出适应具有相对性这一结论。如：（1）枯叶蝶也会被天敌捕食；（2）在冬季来临前，雷鸟的羽毛会由黑色变成白色，这种适应特征有没有局限性？

设计意图：呼应导入，使得课程内容环环相扣，学生在学习过程中便可逐步解决之前存疑的问题，增强成就感。通过分析生物学事实，既训练了学生分析概括能力，又使学生对适应有了全面而深刻的理解。

4.解决"适应是如何形成的"这一问题。

介绍物种不变论和拉马克的用进废退和获得性遗传学说，引导学生思考这种观点是否成立。呈现"老鼠尾巴切割实验"，引发认知冲突，引导学生对拉马克学说的意义进行公正客观的评价。随后介绍达尔文的自然选择学说。

根据人教版教材"达尔文自然选择学说的解释模型"，将事实1、2、3呈现出来，组织小组合作学习，引导学生得出推论1。之后呈现事实4、5，引导学生得出推论2，并最终得出推论3。明确可遗传变异和环境的定向选择是适应形成的必要条件。

设计意图：学生通过对实验的分析，从而判断拉马克观点是否正确，印象深刻，锻炼思维能力。通过评价拉马克学说的意义，促进学生正确看待科学史中错误观点的价值，发展科学素养。借助教材模型，引导学生根据生物学事实进行推理得出相应结论。

5.解释与评价。

利用自然选择学说解释适应的形成过程，科学评价自然选择学说。呈现古今长颈鹿的照片，引导学生对比古今长颈鹿的不同点，并尝试用达尔文的观点对长颈鹿长脖子这一适应特征进行解释。介绍达尔文自然选择学说形成的时代背景和达尔文自然选择学说的局限性。简要介绍以达尔文自然选择学说为核心的现代进化理论。引导学生科学评价自然选择学说并思考其对于社会发展的意义。抛出话题"耐药菌的出现与抗生素滥用的关系"，并组织学生进行讨论。

设计意图：学以致用，及时巩固，本环节作为对学生学习情况的检验，同时也可锻炼学生的语言表达能力。学生通过学习认识到科学是在不断的自我更正中进步的，体会科学技术与社会之间的关系。本环节同时为第三课时的种群基因组成的变化与物种的形成做铺垫。

6. 小结。

与学生共同梳理，以板书的形式对本节课的重点内容进行总结并加以强调。并就达尔文自然选择学说的不足之处提出疑问，为第三课时的学习做铺垫。

设计意图：梳理重点内容，使学生对所学知识的重点内容及其脉络更清晰。引发学生思考，促使其课后预习，体现单元教学的连贯性。

（四）教学反思

进化部分的学习需要基于"长时间"的宏观尺度进行审视，需要发挥学生想象力去联系研究对象的过去、今天与未来。比如，依托蝴蝶翅色进行推理、讨论并初步提出与自然选择学说相关的假设。此时，学生对自然选择学说的来龙去脉了解得还不完整，需要进一步结合实例去完善理论，如对拉马克进化学说的肯定与否定，对长颈鹿形成的假设以及对假设的批判，在讨论与碰撞中逐步形成共识，形成与达尔文进化理论相吻合的观点。

在完善自然选择学说后，还应给予学生充分表达的机会，以讨论形成的共识去解释原有的现象，如重新解释枯叶蝶翅色，雷鸟的羽色。还需要以形成的共识去解释新的现象，如细菌耐药性产生的原因。整个教学中不断假设、验证、修正并应用，初步经历一个理论从不成熟到成熟应用的过程。

"协同进化与生物多样性的形成"教学设计

（一）前端分析

本课时内容位于人教版高中生物学教材必修 2，是本单元教学中的第四课时，主要内容可以概括为以下三部分：协同进化、生物多样性的形成以及发展中的生物进化理论。该内容位于"生物的多样性和适应性是进化的结果"这一大概念下，将问题聚焦于"生物多样性的形成"这一概念，是学生理解本单元大概念的关键。作为单元中的最后一部分内容，本课是对前三节课内容的总结和延伸。

对于学生的核心素养培育上，讲授本课内容时，可以呈现丰富的生物学事实及现代进化理论，强化学生的进化与适应观，认同生物多样性的重要性，并在此基础上，认同人类应该尊重自然、顺应自然、保护自然。通过了解自然界生命史及进化理论的发展，增强科学素养，勇于质疑和创新。

教材呈现内容的思路是，首先呈现具体的生物学事实，进而归纳出协同进化的含义，引出协同进化促进了生物多样性的形成，之后介绍生物多样性的形成过程，介绍发展中的生物进化理论。教材逻辑清晰，故本节教学时不对内容顺序进行大的调整。本课内容难度不大，可将侧重点放在学生对发展中的生物进化理论的理解上，着重培养学生的科学精神以及社会责任。本课可以以协同进化的例子如丝兰和丝兰蛾、榕树和榕小蜂等进行导入，进而引发师生对于生物多样性的形成及其对人类社会的重要性等内容的探讨。

（二）教学目标

依据课程标准并围绕培养学生核心素养的要求，制订如下教学目标：

1. 学生运用科学思维分析生物学事实或文献等资料，归纳概括出协同进化的含义，并合理阐述，发展科学思维及语言组织、表达能力。

2. 根据目前的生物学证据，进行合理推测，明确生物多样性是进化的结果，认同生物多样性的重要性，增强保护生物多样性的意识。

3. 学生能够认同人与其他物种都是自然界进化的产物，有着或多或少的亲缘关系，能够树立起敬畏生命和尊敬、顺应、保护自然的观念，并思考如何在生活中落实，提出可能的途径。

4. 通过了解生物进化理论发展的历史，认同科学的基本特点是以怀疑作为审视的出发点，以实证作为判断的尺度，以逻辑作为论辩的准绳；认同科学在不断的自我更正中发展，形成科学的态度，尊重证据，崇尚理性。

（三）教学过程

1. 创设情境，导入新课。

引导学生对本单元学习开始时的视频进行回忆，思考"生物多样性是怎样形成的？自然界中的生物彼此之间有怎样的关系或意义？"这两个问题。

图片展示丝兰、榕树并介绍它们是虫媒花的繁殖特点，引发学生对"为其传粉的昆虫一定有着与之相适应的结构"的猜想。播放视频介绍丝兰蛾、榕小蜂。抛出问题，引发思考：（1）昆虫传粉的专门化对植物繁衍有什么意义？（2）虫媒花的进化与传粉昆虫的进化有怎样的关系？

设计意图：将教学情境与单元大情境相联系，使教学前后连贯。随后以照片的形式直观呈现出自然界中比较独特的虫媒花，吸引学生，引发思考，增强学生的学习动机，引出随后对协同进化这一含义的学习。

2. 明确协同进化的含义。

播放动物世界中狮子、猎豹等捕食的视频，结合书中图片，提出问题：如果一片草原上，东、西部各有羚羊种群，只是东部有狮子与猎豹，而西部没有如此强大的天敌，一直这样下去，哪边的羚羊会跑得更快？请作出猜想并运用本单元所学知识作出解释。在学生回答上述问题之后，进行追问，捕食者的存在有什么意义？结合上述生物学事实，引导学生对协同进化的含义进行归纳。

设计意图：视频本身具有趣味性、直观性，视频结合书中图片方便理解。问题引发思考，活跃思维，要求学生进行解释时对所学知识进行迁移应用，追问作为过渡，同时发展归纳概括能力。

3. 明确生物多样性的形成过程。

播放"将 46 亿年的进化浓缩为 24 小时"的视频（同本单元第一课时创设单元主题情境的视频），请学生观看视频并进行思考：生物多样性的形成与协同进化有什么关系？教师呈现生物多样性的文献以及人类对生物多样性的利用等资料，组织合作学习，由学生进行分析。

设计意图：同样的视频，在不同的情境下播放却可引发不同的思考，也是对导入的呼应。前几课时的学习可以解决本单元教学中的大部分问题，此次聚焦于生物多样性的形成过程，既增强直观性、趣味性，又有助于学生对学习内容的复习和综合运用。学生明晰生物多样性与人类社会的关系，认同生物多样性为人类提供资源和适宜环境，进而形成尊重自然、保护生物多样性的责任意识。

4. 了解发展中的生物进化理论。

引导学生回忆本单元学习过的内容，小组讨论，尝试用自己的话对自然界的生命史作出解释。呈现近代生物学家的观点，与学生进行讨论。

设计意图：这是对本单元所学知识的综合运用，有利于学生对知识的整合、语言表达能力的锻炼，同时也使教师获得反馈。明确现有的进化理论仍无法解决许多疑问，使学生认同科学的基本特点是以怀疑作为审视的出发点，以实证作为判断的尺度，以逻辑作为论辩的准绳。

5. 小结与升华。

与学生共同梳理，以板书的形式对本节课的重点内容进行总结并加以强调。对本单元教学的主题进行升华，重视学生人文素养的培育。引导学生思考如何在日常生活中爱护生命，保护自然。

设计意图：梳理重点内容，使学生对所学知识的重点内容及其脉络更清晰，体现单元教学的连贯性。升华主题，培养学生敬畏生命、爱护动物、保护自然以及正确的科学态度，能够将观念与态度落实成力所能及的行为。

（四）教学反思

这一节内容，虽然可读性较强，且容易理解，但如果需要学生深入对"生物多样性"和"协同进化"之间的关系进行哲学思考，教学难度也较大。

一方面，生物多样性是协同进化的前提。协同进化主要强调生物之间的关系，正因为多样的生物有多样的价值、作用和地位，才能形成协同。可借助丝兰与丝兰蛾、榕树与榕小蜂之间的关系进行说明。除此之外，还需要学生以对立统一的视角分析捕食者与被捕食者之间的协同进化关系，以捕食关系扩充协同进化的概念。

另一方面，协同进化是生物多样性的保障。除了补充较多协同进化以及生物多样性的实例外，更多地还要体现进化这一历程。为此，视频教学也是很好的选择。教学中需要提供充足多样的实例供学生分析和验证，才能让学生全面地理解协同进化和生物多样性之间的关系。

五、案例点评

从问题设计看，本单元的教学很好地体现了教学过程中思维层次化发生过程。比如在"自然选择与适应的形成"教学过程中，教师结合情境预设了"枯叶蝶的外形和颜色与枯叶类似，你认为这有怎样的适应意义？""为何在同一种生存环境中，会有色彩暗淡的蝴蝶，也会有色彩鲜艳的蝴蝶呢？这说明适应具有怎样的特点？""适应是如何形成的呢，有哪些学说可以解释这一问题？"这三个问题本身具有层次感。而在第二个问题的回答后，教师继续结合情境追问：在冬季来临前，雷鸟的羽毛会由黑色变成白色，这种适应特征有没有局限性？这就构成了局部问题思考的层次化。也就是说本单元教学不仅体现整体问题的层次化设计，还进行了局部问题的层次化设计，进而引发整体和局部的思维的发生。

从活动设计看，本单元设计了丰富多样的活动和任务，以适应学生的不同学习风格和认知方式，引发多元化的思维发生。例如，有归纳任务"基于生物学事实归纳概括出协同进化的含义""基于生物学事实，归纳出适应的特点"；有评价活动"学习拉马克的观点，并通过分析'老鼠尾巴切割实验'来评价其学说正确与否。根据生物学事实，进行推理，得出合理推论，明确适应是如何形成的。理解达尔文学说，了解达尔文学说的局限性。客观评价拉马克进化学说和达尔文自然选择学说"；也有基于事实和数据的分析概括讨论活动"用数学方法探究种群的基因频率为什么会发生变化""基于生物学事实（如桦尺蛾）进行分析，并概括出自然选择与种群基因频率变化的关系""基于生物学事实（如两个鼠种群、加拉帕戈斯群岛的地雀）分析隔离在物种形成中的作用"。学生在完成多样的任务中投入多元化的思维活动。

案例9 "细胞工程通过细胞水平上的操作，获得有用的生物体或其产品"概念教学设计与案例分析

一、整体设计思路

延续初中生物学课程标准中"细胞能通过分裂和分化形成不同的组织"这一重要概念，高中阶段以"细胞工程通过细胞水平上的操作，获得有用的生物体或其产品"概念为核心，以发展学生核心素养为目标，结合学情分析制订单元教学目标。通过分析单元内容提炼出"怎样将细胞工程应用到生产生活中？"的关键问题，将关键问题拆分成若干个子问题，结合社会关注的热点话题和生物学科技发展前沿，设计若干情境、学生活动及学习评价，从而促进学生核心素养的达成。

二、概念进阶

表 9-1 "细胞工程通过细胞水平上的操作，获得有用的生物体或其产品"概念进阶

层级	细胞工程通过细胞水平上的操作，获得有用的生物体或其产品
经验	知道动植物细胞核具有生物体完整的遗传信息，具有发育为完整个体的潜能
映射	知道植物组织培养和植物体细胞杂交技术的基本原理、流程和实际应用；知道动物细胞培养是动物细胞工程的基础，由此发展而来的干细胞培养、单克隆抗体制备、动物细胞核移植等对人类具有重要意义
关联	知道植物细胞工程和动物细胞工程之间既有联系又有区别，并比较归纳植物细胞工程和动物细胞工程之间的异同和各自的实际应用
系统	知道胚胎工程与动物细胞工程交叉渗透，互相促进；知道细胞工程技术在现实生活中的实际应用
整合	认同细胞工程对人类生产生活的重要意义，面对日常生活中与干细胞、克隆动物等有关话题时，能应用生物学的基本概念和原理进行思考，参与讨论

三、大单元设计

（一）单元教学目标设定

基于课程标准的内容要求、学业要求和学业质量水平，围绕核心素养及其表现水平，制订本单元教学目标如下：

1. 通过教材和相关资料的分析，概述细胞工程基本技术的概念与原理。

2. 通过虚拟仿真实验或分析资料，阐明细胞工程技术的操作流程，绘制相关知识网络结构。

3. 通过资料分析或网络搜索，自主地提出有关细胞工程的探究实践课题，并针对所提出的课题进行实验设计。

4. 针对细胞工程的应用进行资料收集，对有关细胞工程的社会热点议题进行讨论，制作细胞工程知识科普海报，认同细胞工程具有巨大的应用前景，科技具有两面性，提升对科学、科技与社会关系的认识。

（二）单元教学内容分析

本单元以选择性必修 3 "细胞工程通过细胞水平上的操作，获得有用的生物体或其产品"概念为核心，每个重要概念又包含若干具体知识，比如"植物细胞的组织培养技术""核移植""干细胞应用"等。这些知识往往比较零碎，却是解释具体事例及建构整体概念所必需的。单元内容共分为三节，分别是植物细胞工程、动物细胞工程和胚胎工程，且每节又分为若干小节。例如，动物细胞工程包括三个小节，第一小节介绍了动物细胞培养，以及在此基础上发展起来的干细胞培养及其应用。第二小节讲述了动物细胞融合技术和单克隆抗体技术以及应用。第三小节进一步介绍了动物细胞工程中综合性更强、难度更大的动物体细胞核移植技术及其应用。可以看出，本单元涉及的新技术多、知识容量大，学生比较陌生，理解难度大，需要教师通过一定的教学策略，引导学生理解本单元的内容。例如，将玉米单倍体育种过程使用流程图梳理出主线逻辑，将复杂知识简化处理，以便学生理解。

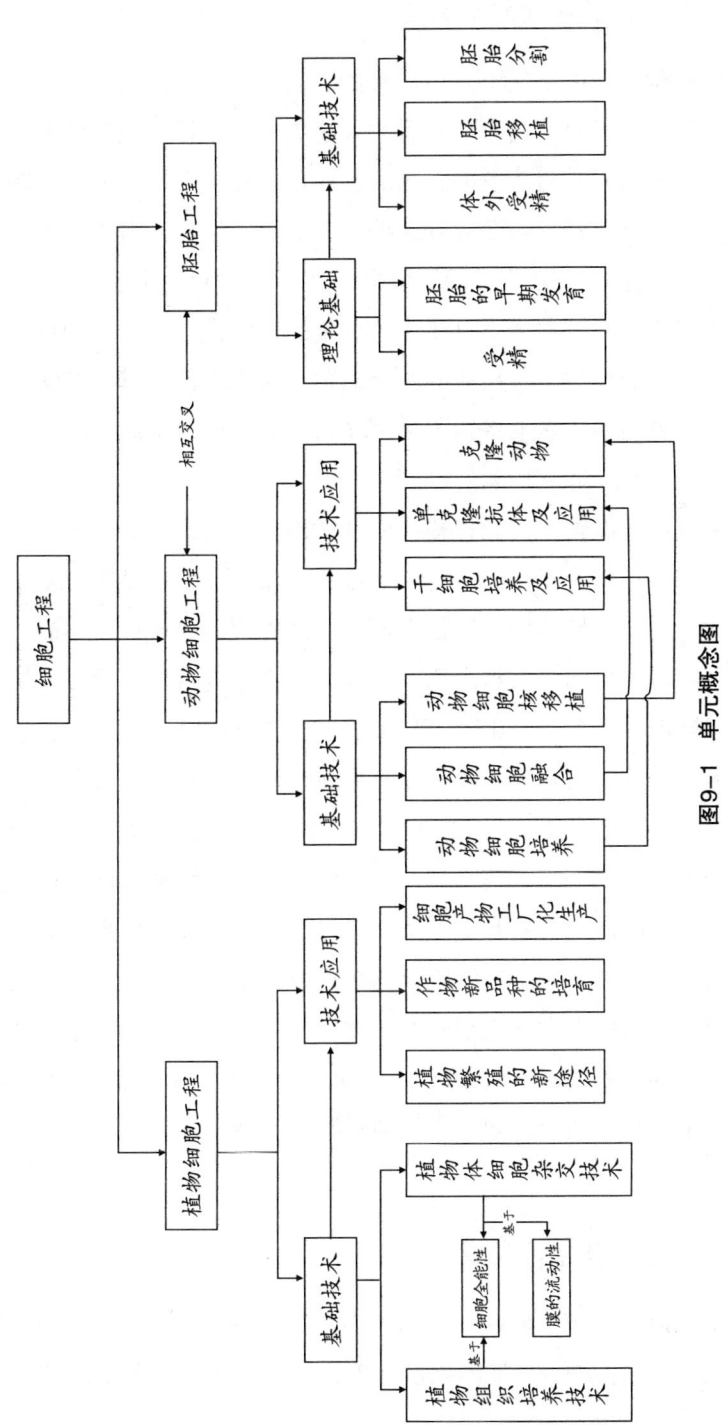

图9-1 单元概念图

（三）单元教学情境设计

单元教学目标的落实不是由教师的"教"来实现，而是需要开展以"情境—问题—活动"为主线的学习活动来达成。将学科知识蕴含在特定的情境之中，让学生在真实的情境中感知信息和理解知识，借助情境问题的解决来落实学生的核心素养。创设大概念统摄下的单元情境，需要与学生真实的生活紧密相连，促使学生在真实的情境中解决真实的问题，从而获得真实的成长。为此，在设计单元教学情境时要注意情境的真实性、生活性和科学性，着眼学生的日常生活和学生感兴趣的社会话题，这样不仅能够激发学生学习的兴趣和动力，更能够让学生将知识紧密联系生活，做到学以致用，并在问题的解决中建构概念，提升素养。

本单元的主题情境以角色模拟的形式展开。假设学生是拥有香蕉园和牧场的农场主，由于巴西蕉（三倍体）口感较好但是易感染香蕉枯萎病，而大蕉（三倍体）品种不易感病，但是大蕉的口感青涩，商业价值不高，同时你有许多健康的母黄牛和一头高产奶牛，现在你希望获得口感较好的抗病的巴西蕉和高产的奶牛，由此，引出以下问题："怎样利用细胞工程帮助我们改良巴西蕉和繁育高产奶牛？"在大情境的基础上，建立起多个与大情境相关的小情境来帮助学生建构次位概念，例如，在"探究如何融合大蕉和巴西蕉体细胞"时出示我国科学家的研究文献资料，让学生自主阅读和分析其中信息，回答学案中相应的问题，提升学生重点信息的抓取、关键信息的分析等能力；在"探究如何将高产奶牛的细胞核移植到卵母细胞中"时，可以为学生出示动物细胞核移植技术发展史纪实性短视频，依次介绍胚胎细胞克隆猕猴、体细胞克隆猴等一系列克隆研究成果，引导学生回顾初中阶段学习过的克隆羊多莉的产生过程，结合旧知来设计项目方案，帮助学生更好地完善知识网络结构。

（四）单元教学问题设计

本单元以"情境—问题—活动"为主线，围绕关键问题"怎样将细胞工程应用到生产生活中？"整体化设计单元学习活动。将关键问题拆分成九个子问题：

1. 如何利用抗病的大蕉（三倍体）研发出抗病的巴西蕉（三倍体）？

2. 在抗病巴西蕉的研发操作中应注意哪些问题？

3. 如何利用一头濒临死亡的高产奶牛和一头健康的母黄牛产生出一头高产小奶牛？

4. 如何将这头高产奶牛的细胞核移植到卵母细胞中？

5. 融合后的细胞在体外培养中需要哪些营养物质？

6. 如何通过这一头高产小奶牛快速产生出一群高产小奶牛？

7. 能否通过细胞核移植以外的技术产生出高产小奶牛？

8. 如何利用细胞工程技术在短时间内产生大量治疗奶牛布病的抗体？

9. 细胞工程技术还有哪些应用？

（五）单元教学活动设计

单元教学活动的设计要以落实单元教学目标为宗旨，为学生精心设计各类活动，促进学生在教学活动中提升核心素养。同时，单元教学活动设计应关注活动之间的进阶性、逻辑性和多样性。为此，本单元活动针对关键问题分解成的子问题分别设计。

活动1：讨论合作，提出想法，共同讨论思考如何利用抗病大蕉培育出抗病巴西蕉。

活动2：分析资料，绘制植物细胞工程技术操作流程图，建构知识网络结构。

活动3：进行植物组织培养虚拟仿真实验，熟悉要点。

活动4：自主设计有关植物组织培养的探究性实验并实施。

活动5：分析资料，总结动物体细胞核移植技术的概念原理，建构动物细胞培养流程图。

活动6：小组合作，初步设计克隆高产奶牛的项目方案。

活动7：分析资料，总结动物细胞体外培养条件，建构动物细胞培养流程图。

活动8：对比植物体细胞杂交技术，绘制动物细胞融合技术流程图。

活动9：小组合作，结合胚胎工程相关知识，完善克隆高产奶牛大量生产的项目方案。

活动 10：掌握原理，利用橡皮泥或超轻粘土，建构受精过程和胚胎早期发育过程的物理模型，最后建构胚胎工程概念模型。

活动 11：收集干细胞培养及其应用的相关资料，构建利用干细胞培养生产高产小奶牛的项目方案。

活动 12：收集单克隆抗体的相关资料，结合所学知识，构建利用单克隆抗体制备大量奶牛布病抗体的项目方案。

活动 13：分为植物细胞工程组、动物细胞工程组和胚胎工程组，针对技术的应用收集资料并在课堂上汇报分享。

活动 14：理性探讨，理解科学。针对细胞工程技术带来的利与弊进行辩论与探讨。

活动 15：课后实践，科普分享。以小组形式制作细胞工程科普海报，撰写科普推文，向周围人群介绍细胞工程。

（六）单元评价设计

评价是检测目标达成的主要手段。单元评价需要贯穿于整个教学活动过程之中，关注教学过程中学生主动参与的程度、学习投入的态度和学习最后的成效。为了实现单元教学目标，单元评价设计应依托真实的情境，以单元教学目标为导向，以学生解决问题的表现为评价内容，令单元评价发挥"以评促教，以评促学"的作用，实现"教—学—评"一体化。

在本单元中，为实现"教—学—评"一体化，根据单元教学目标、单元教学内容和单元教学活动设计了多种形式的评价。一种是指向学生学习活动过程的表现性评价，包含通过检核表对虚拟实验操作的过程进行评价；通过能否经过资料分析或视频观察准确地解决学案问题进行评价；通过是否能够准确建构各种模型进行评价；通过特定的评价量表对学生的实验设计、社会实践以及分享交流等学习活动过程中的表现进行评价。另一种是指向学习活动结束后的量化评价，即课堂学习后完成学案中的课堂测验题、单元学习活动结束后完成相应的纸笔测验，评价学生认知能力方面的发展。

例如，对"阐明细胞工程技术的操作流程概念图"的评价指标是：

1.活动与体验——能通过实验设计、分析和推理，探究和分析细胞工程；能通过抽象事实的概括，形成对细胞工程中技术的概念的理解，并建立合理的知识框架。

2. 联系与建构——能将所学的知识和生活中的经验与细胞工程结合起来，建构出具有科学性、艺术性的概念图。

3. 本质与变式——能把握细胞工程中各项技术的联系，在理解各项技术的内涵、操作和应用的基础上，了解细胞工程的外延。

4. 迁移与应用——能够利用细胞工程技术解决新情境下的相关问题；能正确理解细胞工程，建立起正确的科学观。

表 9-2 "阐明细胞工程技术的操作流程概念图"评价量表

项目	评价内容	标准	等级	师评	自评	他评
细胞工程概念图	活动与体验	能够对提供的资料进行有逻辑、有步骤的详细分析，并和大家详细地分享自己的分析过程，理解细胞工程的概念和原理	A			
		能够对提供的资料进行分析，能够和大家大致地分享自己的分析过程，初步理解细胞工程的概念和原理	B			
		能够对提供的资料进行初步的分析，能够和大家简略地分享自己的分析过程，知道细胞工程的概念和原理	C			
		无法对提供的资料进行初步的分析，没有分析过程，不理解细胞工程的概念和原理	D			
	联系与建构	能够根据自己的理解并结合生活经验，设计出一份科学、美观、有创造性、内容丰富的细胞工程概念图	A			
		能够根据自己的理解，设计出一份科学、美观、简洁的细胞工程概念图	B			
		能够在寻求他人部分的帮助下，设计出一份科学的细胞工程概念图	C			
		能够在他人的帮助下，初步设计出一份科学的细胞工程概念图	D			

续表

项目	评价内容	标准	等级	师评	自评	他评
细胞工程概念图	本质与变式	能针对细胞工程在生活中的应用和自己的生活经验，向他人宣传介绍自己的概念图，积极制作细胞工程概念图海报，帮助他人正确地理解细胞工程的概念、原理和应用，并建立起科学的生命观念	A			
		能针对细胞工程在生活中的应用，向他人宣传介绍自己的概念图，主动制作细胞工程概念图海报，帮助他人理解细胞工程的概念、应用，并初步建立起科学的生命观念	B			
		能针对细胞工程在生活中的应用，向他人宣传介绍自己的概念图，制作简略的细胞工程概念图海报，帮助他人了解细胞工程的应用，并初步建立起科学的生命观念	C			
		能针对细胞工程在生活中的应用和自己设计的概念图，初步理解科学的生命观念	D			
	迁移与应用	能够根据自己设计的概念图，创造性地对问题情境设计一份科学、详细的解决方案，并选用恰当的表达方式，阐明其内涵，并且能够创造性地提出新的问题和设计方案	A			
		能够根据自己设计的概念图，对问题情境设计一份科学的解决方案，并选用恰当的表达方式，初步阐明其内涵	B			
		能够根据自己设计的概念图，对问题情境设计一份较为科学的解决方案，并选用一定的表达方式，简略阐明其内涵	C			
		能够根据自己设计的概念图，初步对问题情境设计一份简略的解决方案，简略地阐明其内涵	D			

图9-2 单元设计目标、问题、活动及评价网络图

四、课时设计部分案例

"植物细胞工程的基本技术"教学设计（第一课时）

（一）前端分析

"植物细胞工程的基本技术"是人教版高中生物学选择性必修3的内容。本小节内容包括细胞的全能性、植物组织培养技术和植物体细胞杂交技术三个方面的内容。

教材中首先呈现了植物组织培养技术的理论基础——细胞的全能性，再通过理论学习与实践操作引导学生掌握植物组织培养技术，在植物组织培养技术的基础上，植物体细胞杂交技术得以发展。这样的设计虽然能让学生按部就班地接受知识，但不利于学生核心素养的发展。对此，教师可对教材进行重新梳理与加工，更有助于学生掌握基础知识，体验知识的形成过程。

本节课首先创设情境，让学生联系旧知思考如何利用抗病的大蕉（三倍体）研发出抗病的巴西蕉（三倍体），在问题的引导下逐渐掌握与问题情境密切相关的植物体细胞杂交技术的原理，在思考如何进行进一步实验操作的基础上，引导学生回顾旧知，掌握植物组织培养技术及其基本理论。在理论学习的基础上，依托虚拟仿真实验，熟悉植物组织培养的技术操作，进行自主探究。课后走进实验室，动手探究植物组织培养技术，在设计、分享和修改完善实验方案，合作分工实施实验方案的过程中提升实验操作能力和思维能力。

（二）教学目标

依据课程标准及围绕培养学生核心素养的要求，制订如下教学目标：

1.通过观察植物工程技术的视频和图片，阅读相关资料，分析归纳出技术的操作流程图，并说出植物体细胞杂交技术的结构基础是膜的流动性，进一步形成结构和功能相适应的生命观念。

2.通过操作植物组织培养技术的虚拟仿真实验，阐明植物组织培养操作过程中的关键要点，建构植物组织培养的基本流程和概念。

3.通过分析影响植物组织培养技术的操作因素，自主地提出影响植物组织培养技术因素的探究实践课题，并针对所提出的课题进行实验设计，能够发现他人实验设计中所存在的问题并提出相应的修改意见。

4. 能够运用本节课所学知识，设计抗病巴西蕉品种研发的实验方案，并利用科学的语言进行解释说明。

（三）教学过程

1. 情境创设，激发兴趣。

呈现健康的巴西蕉（三倍体）和患上香蕉枯萎病的巴西蕉图片，向学生介绍香蕉枯萎病已经成为巴西蕉毁灭性的病害。大蕉（三倍体）具有抗香蕉枯萎病的性状，但是它的口感青涩，所以市场效益不高。

向学生提问：现在假设你是一位农场主，你希望自己的巴西蕉不会感染上香蕉枯萎病，你要如何利用大蕉抗香蕉枯萎病的性状，让你的巴西蕉不感病呢？采用传统的杂交技术可以吗？

设计意图：利用学生生活中经常食用的巴西蕉创设情境，激发学生思维和学习兴趣，同时链接旧知，和学生共同探讨为什么传统杂交方式无法产生抗病的巴西蕉，引发学生对新技术的好奇。

2. 活动一：了解基本原理，走进植物体细胞杂交技术。

提供支架：为学生呈现必修 1 细胞膜的结构和功能中的图片。

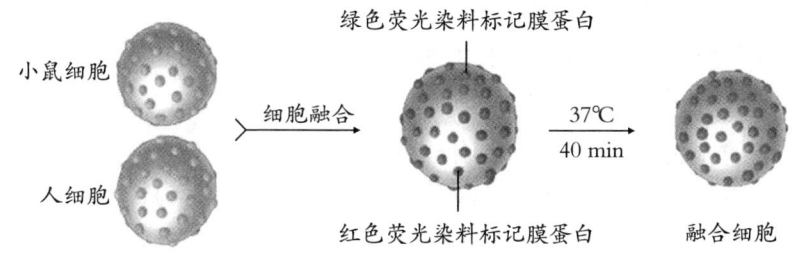

图 9-3 荧光标记的小鼠细胞和人细胞融合实验示意图

（1）引发学生思考：你能根据上图，大胆想象出一个合理的技术，利用大蕉来实现抗病的巴西蕉品种的研发吗？

（2）点拨指导：科学家们也想到了这样的办法，但是大家可以观察巴西蕉和大蕉细胞图，由于具有细胞壁，二者的细胞无法很好地融合，对此你有什么办法呢？

（3）阅读"抗病的巴西蕉"研发过程的资料，回答问题：

①去除细胞壁的方法有哪些？

②促进原生质体融合的方式有哪些呢？为什么原生质体可以融合，它的原理是什么？

③杂种细胞形成的标志是什么？再生的细胞壁应该形成于有丝分裂的哪一个时期呢？

④为什么一个细胞能够生长成为一株完整的植株呢？

⑤这项技术和传统的杂交技术相比有什么优势呢？

（4）教师小结，梳理知识：针对植物体细胞杂交技术中植物体细胞融合的部分进行小结，梳理细胞融合过程和操作关键点，并请学生绘制植物体细胞杂交过程的流程图。

设计意图：利用旧知为学生提供支架，引导学生思考摸索，激发学生的科学想象力和思维潜能，阅读资料并分析抗病巴西蕉的研发过程，通过回答问题和建构技术流程过程图，一方面不仅提升学生分析问题、解决问题的能力，另一方面也让学生的思维过程以外显的形式表现出来。

3. 活动二：回顾旧知，掌握植物组织培养技术。

向学生提问：现在你已经拥有了一株由杂种细胞发育而来的抗病的巴西蕉植株，你能运用哪一项技术使抗病的巴西蕉大量生产呢？这项技术过程是怎样的，运用了什么原理呢？

回顾胡萝卜植物组织培养技术相关知识，播放胡萝卜植物组织培养操作视频，并阅读相关资料，回答以下问题：

（1）这项技术的基本原理是什么呢？

（2）什么是愈伤组织呢？愈伤组织的应用有着怎样的特点呢？如何脱分化形成愈伤组织呢？

（3）使用什么激素能够诱导愈伤组织分化呢？

（4）该项技术在进行操作时应注意哪些问题呢？

（5）自主归纳植物组织培养技术的操作步骤流程图。

教师小结，梳理知识：介绍愈伤组织的概念、植物组织培养操作技术流程与要点。从科学性、艺术性的角度点评学生绘制的操作流程图。

设计意图：链接旧知，在回顾旧知的同时整合新知，帮助学生完善知识结构体系。播放植物组织培养过程视频，帮助学生更好地理解植物组织培养技术，并了解植物组织培养技术操作过程，为后续学生自主操作虚拟实验提供支架。

4.活动三：虚拟实验，操作植物组织培养技术。

根据绘制的植物组织培养技术流程图进行虚拟仿真实验，熟悉植物组织培养操作过程，并在操作中思考：

（1）选择植株哪一部分的组织材料最适合进行植物组织培养操作？为什么这一部分的材料更合适？

（2）为什么要进行无菌操作？如何保证无菌？

（3）结合之前所学习的知识，你认为培养基内应该包含哪些物质呢？

（4）培养基内的物质必须严格按照教材中的实验方案进行灭菌吗？

（5）植物组织培养过程还应该注意哪些因素？

设计意图：使用虚拟仿真系统熟悉植物组织培养技术的操作，科学地选择实验材料、实验环境和操作，并引发学生思考，为后续进行植物组织培养探究性实验做好准备。

5.课后总结，梳理思路。

教师总结，梳理课程：教师梳理整节课的关键点，并进行板书整合。

向学生提问：现在你可以结合植物体细胞杂交技术和植物组织培养技术，设计一个利用抗香蕉枯萎病的大蕉培育出一株抗香蕉枯萎病的巴西蕉实验方案并进行关键点说明吗？同时阅读补充资料并且思考，为什么科学家在进行马铃薯—番茄杂种植株培育时没有出现期待的效果呢？

设计意图：回归原本问题，利用本节课所学的知识解决问题，做到知识的活学活用，起到点题和巩固的作用。

6.活动四：课后走进实验室，动手探究植物组织培养技术。

课后作业，设计方案：组织学生分组，通过资料阅读或网络检索的方式，选择自己感兴趣的课题，例如，非无菌操作对植物组织培养技术的影响；培养基中不同浓度比例的激素对植物组织培养的影响；不同温度、光照对植物组织培养技术的影响等各类课题，制订实验方案。在周末或空余时间由教师陪同前往实验室操作，完成实验操作流程，记录实验过程并整理数据，形成实验报告。

设计意图：课上课下相结合，线上线下相结合，组织学生设计、分享和修改完善实验方案，课后走进实验室合作分工实施实验方案，做好实验方案记录和总结，提升学生实验操作能力和思维能力。

（四）教学反思

本节课利用大单元问题"怎样利用细胞工程帮助我们改良巴西蕉和繁育高产奶牛？"中的巴西蕉创设情境，作为引入细胞工程中植物细胞工程的第一节，有助于学生在学习生物学的过程中产生对探究实践的渴望，激发学生因生物学的魅力所引发的深层学习兴趣，并通过问题的联结，引导学生自主探究、建构概念，锻炼学生的动手能力、分析问题能力、交流合作能力、科学思维方式及科学态度等，为后续学习动物细胞工程做好铺垫，促进学生核心素养的发展。

"动物体细胞核移植技术与克隆动物"教学设计（第四课时）

（一）前端分析

"动物体细胞核移植技术与克隆动物"是人教版高中生物学选择性必修3的内容。本小节内容包括动物细胞核移植技术的概念及相关原理、体细胞核移植技术的过程、体细胞核移植技术的应用前景及存在的问题三个方面的内容。

教材中首先通过问题情境引入本节学习的主题——动物细胞核移植技术，并介绍了其概念、分类等相关理论基础，在此基础上结合我国克隆高产奶牛的实例，讲述使用动物体细胞核移植技术的过程，帮助学生深入了解该项技术后，引导学生了解动物体细胞核移植技术在生产实践中的应用情况和问题。这样的设计虽然能让学生按部就班地接受知识，但不利于学生核心素养的发展，且该部分内容与动物细胞工程的其他常用技术（动物细胞培养技术、动物细胞融合技术）以及胚胎工程的内容紧密联系、相互交叉。对此，教师对教材进行了重新的梳理与加工，以动物体细胞核移植技术相关项目方案设计为主线，以问题为导向，穿插介绍动物细胞工程的其他常用技术与胚胎工程的内容，有助于学生在任务驱动的过程中体验发现问题、解决问题的过程，最终建构概念、形成完整知识体系。

本节课首先创设情境，让学生联系旧知思考"如何用一头濒临死亡的高产奶牛和一头健康母黄牛产生出一头高产小奶牛"，借助克隆猴的实例，提出问题"克隆猴过程中包括哪些关键步骤"，引导学生自主思考建构动物细胞核移植技术的概念，同时深入理解技术原理，还增强了学生的民族自豪感和自信心。基于任务驱动来建构动物体细胞核移植技术的技术流程，形成项目方案，引导学生在自主建构技术流程的过程中发现问题、解决问题，并基于关键问题，链接动物细胞工程的其他常用技术（动物细胞培养技术、动物细胞融合技术）与胚胎工程的内容，体现大概念视域下的单元教学理念，帮助学生在探究过程中建构完整知识体系。

（二）教学目标

依据课程标准及围绕培养学生核心素养的要求，制订如下教学目标：

1. 通过分析材料，结合我国培育的体细胞克隆猴的实例，建构动物细胞核移植技术的技术流程图，阐明动物细胞核移植技术的概念、分类，并认同细胞的结构对其功能的影响，进一步形成结构与功能观。

2. 通过对比动物胚胎细胞核移植技术、动物体细胞核移植技术的难度，阐明动物体细胞核移植技术的原理，认同我国科学家取得的世界瞩目的科研成果，增强科技自信和民族自豪感。

3. 初步设计克隆高产奶牛的项目方案，并在设计方案的过程中与小组成员交流讨论，发现问题，课后合作思考探究，尝试解决问题，发展工程思维。

（三）教学过程

1. 情境创设，激发兴趣。

呈现优良品种奶牛图片，介绍奶牛品种是影响奶牛产奶量的主要因素之一，向学生提问"假设作为一位农场主，你要如何用一头濒临死亡的高产奶牛和一头健康母黄牛产生出一头高产小奶牛？传统的杂交技术可行吗？"

设计意图：创设贴近生产生活实际的情境，以问题为任务驱动，激发学生思维和学习兴趣，学生相互谈论，链接旧知，同时让学生认识到动物细胞工程与生活生产实践的紧密联系。

2. 活动一：建构概念，认识技术。

播放动物细胞核移植技术发展史纪实性短视频，视频中依次介绍胚胎细胞克隆猕猴、体细胞克隆猴等一系列克隆研究成果，引导学生回顾初中阶段学习过的克隆羊多莉的产生过程、必修1中学习过的细胞核的功能部分内容，展示胚胎细胞克隆猕猴、体细胞克隆猴的培育流程图，通过问题串帮助学生自主建构概念：

（1）克隆猴用到了什么技术？

（2）动物细胞核移植技术包括哪些关键步骤？

（3）你能根据动物细胞核移植技术的大致流程自主总结出动物细胞核移植技术的概念吗？

设计意图：借助克隆猴的实例，通过问题驱动引导学生分析教师提供的支架，自主思考建构概念，引导学生链接旧知，完成知识迁移，同时发展学生提炼信息、归纳分析的科学思维。

3. 活动二：对比分析，掌握原理。

引导学生进一步思考：核移植技术的"核"可以来自什么细胞？你能比较不同种类的"核"进行移植的技术难度吗？为什么体细胞克隆猴的诞生能够轰动世界？小组讨论、组间交流后，教师进行点拨指导，进一步分析胚胎细胞核移植、体细胞核移植难易程度不同的原因，带领学生深入体会科学家艰苦奋斗的科学精神，认识到我国科技实力的进步。

设计意图：比较、分析动物细胞核移植中"核"的来源以及对应的技术难度，是对该技术的分类、原理的深入理解的突破口。而利用我国科学家取得重大科研成果的情境，也是在将爱国主义教育融入教学，增强了学生的民族自豪感和自信心。

4. 活动三：任务驱动，深化理解。

结合我国培育的体细胞克隆猴的实例，让学生通过小组讨论，初步合作建构、绘制动物细胞核移植技术的操作步骤流程图，完成克隆高产奶牛的项目计划书。在此过程中，教师通过巡视各组完成流程图、计划书的情况，时刻关注学生提出了哪些问题，交流讨论中学生对问题的回答是否准确，提出的问题中哪些对于概念建构是特别有意义的。

设计意图：流程图是用一些图形符号和文字说明构成的图示，它具有简单明了、直观形象的特点，有利于学生对动物细胞核移植技术流程形成直观认识。基于任务驱动来建构技术流程、形成项目方案，引导学生在自主建构技术流程的过程中发现问题，让学生围绕任务展开学习，在组内合作学习的过程中提出问题并寻找答案，获得知识的同时发展思维。

5. 活动四：课后思考，合作探究。

教师对各组提出的问题进行整合，再向全班学生提出关键的、具有点拨性的问题。例如，如何将高产奶牛的细胞核移植到卵母细胞中、融合后的细胞在体外培养时需要哪些营养物质、如何进行胚胎移植等。根据课上提出的关键问题，小组合作在课后查找资料，尝试回答。

设计意图：基于学生合作学习中自主提出的问题，引导学生主动学习找到问题的答案，并基于关键问题，链接动物细胞工程的其他常用技术（动物细胞培养技术、动物细胞融合技术）与胚胎工程的内容，体现大概念视域下的单元教学理念，帮助学生在探究过程中建构完整知识体系。

（四）教学反思

本节课依托与生产生活实践紧密联系的情境，以问题为引导、以任务为驱动，引导学生自主建构概念、对比分析、建构技术流程、设计项目方案，在自主探索与合作交流中获取知识、发展思维，再从探究中提出新的问题，继续寻求问题的答案。这样的教学模式既能激发学生源于生物本身的魅力而生发的深层次的学习兴趣，还能培养学生的动手能力、分析和解决问题的能力、交流合作的能力以及科学的思维方法等，从而使学生的核心素养得到全面的发展。

五、案例点评

在教学方式选择上，本单元学习方式的设计充分考虑了实际教学情况。细胞工程是微观层面的并且对实验技术有一定的要求，教学中恰当地采用虚拟仿真实验和模型建构的方式辅助模拟探究和实践，使操作性学习思维的发生可以显性化。

在思维型教学问题设置方面，以综合的探究性问题的设计促进学生的深层次学习。其中提出的"如何利用抗香蕉枯萎病的大蕉（三倍体）研发出抗香蕉枯萎病的巴西蕉（三倍体）呢？"这样的真实且综合问题，统领着植物细胞组织培养和植物体细胞融合技术的学习，学生在解决这一有价值的关键问题的同时，将原有多倍体的概念、染色体变异概念与细胞工程概念整合起来，建立起关于植物细胞的综合概念体系。

在学段衔接方面，本单元与初中生物学跨学科实践专题对接，有条件的学校可以不局限于以上教学设计，可在植物组织培养的基础上进行真实的实验，让完整的项目化学习真实发生，通过一边思考"选择植株哪一部分的组织材料最适合进行植物组织培养操作？""为什么这一部分的材料更合适？""无菌操作过程中是如何保证无菌的？""培养基内应该包含哪些物质？""培养基内的物质必须严格按照教材中的实验方案进行吗？"等问题，一边完成植物组织培养，获得目的植株。

主要参考文献

一、著作与标准类

[1] 崔鸿.中学生物学教学设计[M].高等教育出版社，2016.

[2] 郭成.课堂教学设计[M].北京：人民教育出版社，2006.

[3] 中华人民共和国教育部.义务教育生物学课程标准（2022 年版）[S].北京：北京师范大学出版社，2022.

二、期刊论文类

[1] 褚宏启.核心素养十年路：持续引领基础教育质量提升[J].中小学管理，2022（07）：60-61.

[2] 丁奕然，李雁冰.《义务教育生物学课程标准（2022 年版）》解读与教学建议[J].天津师范大学学报（基础教育版），2022，23（03）：7-12.

[3] 郭学恒，李东海.指向科学探究素养测评的高考生物学试题探析[J].生物学教学，2020（02）：60-62.

[4] 胡卫平.深入理解科学思维 有效实施课程标准[J].课程·教材·教法，2022，42（08）：55-60.

[5] 胡卫平.青少年科技创新素质的培养途径[J].科普研究，2020，15（06）：5-13，100.

[6] 胡卫平，郭习佩，季鑫，等.思维型科学探究教学的理论建构[J].课程·教材·教法，2021，41（06）：123-129.

[7] 胡卫平，林崇德.青少年的科学思维能力研究[J].教育研究，2003（12）：19-23.

[8] 胡卫平，魏运华.思维结构与课堂教学——聚焦思维结构的智力理论

对课堂教学的指导[J].课程·教材·教法，2010，30（6）：32–37.

[9]李飞燕.生物学教学中社会责任素养的培养研究[J].中学生物教学，2023（05）：17–19.

[10]李步振.高中生物学生实验评价量表设计与运用初探[J].中学生物学，2012，28（06）：61–64.

[11]林崇德.多元智力与思维结构——兼质疑加登纳的多元智力[J].心理发展与教育，2005，21（z1）：10–15.

[12]林崇德.中国学生发展核心素养：深入回答"立什么德、树什么人"[J].人民教育，2016（19）：14–16.

[13]林崇德，胡卫平.思维型课堂教学的理论与实践[J].北京师范大学学报（社会科学版），2010（01）：29–36.

[14]卢媛.知识与生物学学科核心素养的关系初探[J].生物学教学，2023，48（09）：73–76.

[15]毛梦.基于生物学学科核心素养的初中生物学教学内容设计与实践[D].延安大学，2021.

[16]潘紫千，张玲.生物学课堂上学生活动的设计原则[J].中学生物教学，2015，（07）：17–19.

[17]任小贝.生物学新授课常见类型与教学策略[J].生物学通报，2001（10）：17–20.

[18]首新，黄秀莉，李健，等.基于STEM学习目标的高阶思维评价[J].现代教育技术，2021，31（03）：20–27.

[19]孙立会，王晓倩.计算思维培养阶段划分与教授策略探讨——基于皮亚杰认知发展阶段论[J].中国电化教育，2020（3）：32–41.

[20]谭永平.生物学学科核心素养：内涵、外延与整体性[J].课程·教材·教法，2018，38（08）：86–91.

[21]谭永平.再论"用教材教"——发展高中生科学思维的视角[J].生物学教学，2020，45（09）：6–8.

[22]王宏.让思维型教学充盈课堂[J].中学政治教学参考，2022（31）：53–55.

[23]王万里.高中生物学教学中学生"社会责任"养成的构建[J].中学

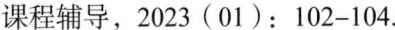

课程辅导，2023（01）：102-104.

[24]吴成军.试论科学思维及其在生物学学科中的独特性[J].生物学教学，2018，43（11）：7-9.

[25]吴开其，魏诗琴，崔鸿.以"概念—情境—问题"为中心的单元整体教学[J].中学生物教学，2023（04）：26-29.

[26]邢秀凤.语文课思维教学的必要性和实施策略[J].教育研究，2018，39（12）：63-70.

[27]张华.论核心素养的内涵[J].全球教育展望，2016，45（04）：10-24.

[28]张迎春.理解以"核心素养为本"的义务教育生物学课程标准——《义务教育生物学课程标准（2022年版）》解读[J].全球教育展望，2022，51（06）：98-108.

[29]赵国庆.思维教学研究百年回顾[J].现代远程教育研究，2013（06）：39-49.

[30]赵占良.对生物学学科核心素养的理解（二）——科学思维及其教学[J].中学生物教学，2019（10）：4-7.

三、外文著述类

[1]Chu S K W, Reynolds R B, Tavares N J, et al. 21st Century Skills Development Through Inquiry-Based Learning[M]. Springer, 2017.

[2]LIN C, LI T. Multiple intelligence and the structure of thinking[J]. Theory and Psychology, 2003（13）：829-845.

[3]van der Graaf J, van de Sande E, Gijsel M, et al. A Combined Approach to Strengthen Children's Scientific Thinking: Direct Instruction on Scientific Reasoning and Training of Teacher's Verbal Support[J]. International Journal of Science Education, 2019（9）：1119-1138.

[4]Venville G, Adey P, Larkin S, et al. Fostering thinking through science in the early years of schooling[J]. International journal of science education, 2003, 25（11）：1313-1331.